张颂文集

播音主持艺术论

/第二版/

张颂 著

中国传媒大学出版社
·北京·

向张颂老师学习(代序)

我是1986年来北京广播学院(现中国传媒大学)上学的。当时从南方一个小山村跌跌撞撞走来,一开口全是家乡话,普通话说不利索,也不善表达。我偶然看到一本《朗读学》,一翻就上瘾了,把它读了三遍。当时正是求知若渴的年龄,这本书给了我语言表达方面很好的启蒙教育,对我未来的成长起到了很大的帮助作用,我对这本书充满感情。至今我还清晰地记得,这本书是1983年出版的,书的作者,正是我敬仰的张颂老师。我毕业后留校工作,对张颂老师有了进一步了解,了解愈深,敬仰愈隆,早已萌生写写张颂老师的想法。不久前,中国传媒大学出版社为纪念张颂老师逝世十周年,准备修订出版"张颂文集",约我写几句。借此机会,我把欲吐之词尽书之,表敬仰之情,寄缅怀之意。

张颂老师是追求理想、不忘初心的楷模。

张颂老师非常热爱党。习近平总书记说:"一个人也好,一个政党也好,最难得的就是历经沧桑而初心不改、饱经风霜而本色依旧。"张颂老师就是这样一个人。他从小对党充满感情,在北京师范大学读书时就写了入党申请书。之后,无论人生如何跌宕起伏,他信仰不移,信念不改。因历史原因,张颂老师在1984年才得以入党。但是在思想上,他从填写入党申请书之日起,就一直以一个共产党员的标准严格要求自己。他认为,新闻媒体是党的喉舌,而从事播音工作更是直接用喉舌为党服务。尤其是培养广播电视语言传播人才,培养播音员、主持人,更使他感到责任重大,任务艰巨。所以他时时告诫自己,必须政治高标准,业务严要求,才能不辜负党,不辜负播音主持专业教师这一份工作,不辜负"人民教师"这一光荣称号。

张颂老师是献身学术、开拓创新的楷模。

张颂老师非常热爱学术研究工作。他于1963年8月从中央人民广播电台调入我校新闻系播音专业任教,从此开启学术生涯。没有专业教材,参照资料也少,他便长期坚持自编教材。播音学教材《播音基础》的初稿写出来后,他向人征求意见。有人说他把播音写玄了,播音有学吗?他因此陷入苦恼。但他并未止步。播音学与朗读学相交相融,他便从朗读学方面着力,很快,中国第一本《朗读学》横空出世。接下来,张颂老师又琢磨起播音学来了。张颂老师有一股不服输的精神,他执着于学术理想,认为耳得之声、目遇之色皆有学问,播音里面一定是有学问的,他要一点一点把它全部给挖出来!试上高峰窥皓月,偶开天眼觑红尘。张颂老师带领他的同事们悟中华有声之道,得往圣不传之学,终于打破了"播音无学"的说法:他反复修改、完善,推出了播音基础理论研究的奠基之作《播音基础》(后改为《播音创作基础》)等;他主编的《中国播音学》标志着世界范围内绝无仅有的播音学理论体系的建立;他撰写的《播音语言通论》《播音主持艺术论》《语言和谐艺术论》等是对播音学理论体系的充实、深化和拓展;他撰写的《朗读学》《朗读美学》等开创了有声语言艺术精品的创作范式。时至今日,连传媒业非常发达的西方国家也不曾有这样的学科和这样成建制地培养学士、硕士、博士的教育体系,他的理论成果在播音主持艺术界乃至世界有声语言传播界都具有不可替代的重要指导作用!

张颂老师是立德树人、教书育人的楷模。

张颂老师非常热爱教学工作。他以赤诚之心、奉献之心、仁爱之心投身教育事业。他曾说:"接受师范教育,从事教学工作,是我自觉的选择,无怨无悔,乐在其中。"张颂老师认为教师应该先律诸己,"种树者必培其根,种德者必养其心";张颂老师认为教师应该力求进取,有所作为,实现"教学相长、继往开来"的理念,身先士卒,率先垂范;张颂老师认为教师是"红烛",应该"春蚕到死丝不断,蜡炬成灰热犹存"。张颂老师一直坚守"德才兼备,声形俱佳""以播为主,一专多能"和"有稿播音锦上添花,无稿播音出口成章"的专业人才培养理念,一直坚持理论与实践相结合、大课与小课相结合、课堂讲授与大运动量训练相结合的专业人才培养方法。其中,他特别强调语言功力,即观察力、理解力、思辨力、感受力、表现力、鉴赏力、调检力、回馈力。他一直强调:"教师不但要有教学能力、科研能力,还要有示范能力。"他认为,本科是高校的基础和重心,教师必须使学生在本科阶段扩大视野、夯实根基、扬长补短,培养事业心和责任感,养成如饥似渴的学习习惯,提高在话筒前、镜头前"体现时代精神,充满人文关怀"的自觉性。张颂老师亲自带领学生坚持晨练(练声),因此斗牛之下,白杨树旁,中传学子诵明月之诗,歌窈窕之章!张颂老师爱才惜才,只要发现好苗子,便不放过。很多学生在张颂老师鼓励下考上我校,后来成为我国优秀播音员、主持人。《荀子·劝学》有云:"学莫便乎近其人……学之经莫速乎好其人。"张颂老师,学生所好也。张颂老师家里,常常挤满了前来求教、"打牙祭"的学生。在学生心中,张颂老师是严师,更是慈父。而在张颂老师心中,学生是他最大的财富和骄傲。他一直有一个理想,就是希望"播音员、主持人的创造性,能够催生有声语言表达的典范,传承'书同文',成就'语同音',让中华文化响彻寰宇,光耀千秋"。

张颂老师是夫妻恩爱、家风清正的楷模。

积善之家,必有余庆。成就张颂老师的,是时代,更是家庭。他和夫人赵培根老师几十年来相濡以沫,相敬如宾。两人虽是经人介绍相识,老家却在河北易县同一个地方,可以说青梅竹马。燕赵大地的淳朴民风,思想观念的高度契合,成全了这一桩金玉良缘。张颂老师把全部心力用在教学科研上,赵老师独自揽下全部家务,全力支持。工作后,张颂老师一家四口住在厂桥附近12平方米的又破又小的房子里,床边放一把凳子,就是他从事学术研究的桌台,《朗读学》《播音基础》等书,就是在这样的环境下完成的。在厂桥居住的20多年,天热时,张颂老师趴在斗室奋笔疾书,赵老师就在身后摇扇。后来条件改善了,搬进了楼房。张颂老师有腿疾,上楼梯时赵老师跟在身后,下楼梯时赵老师走在身前,以防他摔倒。张颂老师几十年来一直资助贫困学生,先后受资助的学生不下十位。自己的日子也不宽裕,但赵老师从无怨言……他们夫妻和睦,勤俭持家,恩爱偕老。张颂老师品行高致,学问高深,德高望重,为我国广播电视事业做出了不可估量的重大贡献,赢得了人们的普遍尊敬和爱戴。他多次被评为全国优秀新闻工作者,获得国家级"有突出贡献专家"称号并享受国务院特殊津贴,还是第二届国家级教学名师。而他的每一份荣耀,都有夫人赵培根老师的默默奉献与无悔付出!

……

现在全国上下正在弘扬"三牛"精神,张颂老师就是播音学领域的孺子牛、拓荒牛、老黄牛。张颂老师曾把"语同音"作为自己毕生追求的理想。在媒体融合、万物互联的现时代,"语同音"显得多么重要。张颂老师的真知灼见、远见卓识,令人十分钦佩!

大学之大,大在大师,张颂老师就是播音学领域的世界级大师。中国传媒大学已经绘就"十四五"规划蓝图,正迎来高质量发展关键时期。这需要广大中传人踔厉奋发,笃行不怠,对接国家战略,贡献中传智慧,向着建设世界一流传媒院校的目标而不懈努力。念兹在兹,我们需要一大批像张颂老师这样的大师,我们无比怀念他。

向张颂老师学习!

〔廖祥忠,中国传媒大学党委书记、校长,教育部新文科建设工作组副组长,教育部高等学校动画、数字媒体专业教学指导委员会主任委员〕

目 录

前言／1

杂记编

关于传受模式的思考
　　——语言传播杂记之一／3
关于语言文化的思考
　　——语言传播杂记之二／5
关于节目品位的思考
　　——语言传播杂记之三／7
关于传者身份的思考
　　——语言传播杂记之四／9
关于传者素质的思考
　　——语言传播杂记之五／11
关于一专多能的思考
　　——语言传播杂记之六／13
关于新闻传播的思考
　　——语言传播杂记之七／15
关于受众期待的思考
　　——语言传播杂记之八／17
关于信息共享的思考
　　——语言传播杂记之九／19

关于认知共识的思考
　　——语言传播杂记之十 / 21

关于愉悦共鸣的思考
　　——语言传播杂记之十一 / 23

关于网络控制的思考
　　——语言传播杂记之十二 / 25

关于学术争鸣的思考
　　——语言传播杂记之十三 / 27

关于听觉阈限的思考
　　——语言传播杂记之十四 / 29

关于视觉美感的思考
　　——语言传播杂记之十五 / 32

关于语言本质的思考
　　——语言传播杂记之十六 / 35

关于播音标准的思考
　　——语言传播杂记之十七 / 38

关于竞争上岗的思考
　　——语言传播杂记之十八 / 41

关于贴近受众的思考
　　——语言传播杂记之十九 / 44

关于评奖标准的思考
　　——语言传播杂记之二十 / 47

关于精益求精的思考
　　——语言传播杂记之二十一 / 50

关于"通用语言"的思考
　　——语言传播杂记之二十二 / 53

关于无稿播音的思考
　　——语言传播杂记之二十三 / 56

关于有稿播音的思考
　　——语言传播杂记之二十四 / 59

关于规范意识的思考
　　——语言传播杂记之二十五 / 63

关于声形俱佳的思考
　　——语言传播杂记之二十六 / 66

关于谈话功能的思考
　　——语言传播杂记之二十七／69
关于传播观念的思考
　　——语言传播杂记之二十八／72
关于传播规格的思考
　　——语言传播杂记之二十九／76
关于人文关怀的思考
　　——语言传播杂记之三十／80

教学编

回眸播音主持专业30年／87
继承播音传统　发挥播音优势　突出播音特色
　　——为播音专业建立40周年而作／94
传媒与教育散论／99
播音主持专业教育的人文内涵／104
教学思想的统一与理论教学的加强
　　——播音主持艺术学院教学研讨会上的发言提纲／105
有声语言训练的起点与归宿
　　——《节目主持技能训练》序／108
齐越精神的永恒价值
　　——齐越播音艺术与教学思想研讨会上的发言／112
播音专业教育40年启示录
　　——为庆祝北京广播学院50年华诞而作／115
播音教学法研究管窥／120
努力为广播电视事业培养更多更好的播音人才／124
给播音系同学的一封信／131
给报考播音主持艺术专业同学的一封信
　　——曾致编著《播音主持高考宝典》代序／133
主持人大赛随想／136

理论编

浅谈播音中情、声、气的关系／143

研究播音理论是一项紧迫的任务 / 150
研究播音理论仍是一项紧迫的任务 / 156
播音浅谈 / 164
普通话播音中的几个基本问题
　　——兼评美、澳、苏、英、日的普通话播音 / 172
论播音语气 / 179
简论播音艺术的欣赏层次 / 187
"播音腔"简论 / 194
深化播音内涵　加强语言魅力 / 199
话语权力简论 / 208
话语心态简论 / 213
话语样式简论 / 219
话语表达简论 / 225
话语传播简论 / 230
传媒语言引领价值的本土意义 / 235
传媒语言文化身份的当下识别 / 243
传媒语言与儒释道文化精神的追求 / 251
广播电视语言传播的共同体意识
　　——有声语言的价值观 / 256
中国播音学发展论 / 260
"中国播音学博士文库"总序 / 279
《语言传播人文精神的阙失与重构》序 / 284
《当代广播有声语言的创新空间》序 / 286
《播音创作主体论》序 / 288
《中国电视节目主持人文化影响力研究》序 / 292
《播音主持心理学教程》序 / 295
《影视配音艺术》序 / 299
《朗诵艺术指要》序 / 303

前沿编

谈谈播音的降调问题 / 311
向主持人进一言 / 317
论广播电视语言的净化和美化 / 319

坚持规范化　走向多样化
　　——节目主持艺术中的语言态势 / 325
面对新世纪，广播播音何处去 / 330
"字正腔圆"的艺术风范
　　——简论夏青的播音艺术 / 334
"口语至上"批判 / 337
试论新闻播音的创新空间 / 343
广播电视的网络优势 / 346
捍卫电视新闻的严肃性，拒绝娱乐化！ / 351
电视节目主持人不该演艺化！ / 355
电视综艺节目的审美走向及媒体责任 / 358
论语言传播的三重空间 / 363
大众传播与人际交流 / 366
试论中国播音学的发展与世界华语播音的融通范式 / 370
新闻发言人的口语表达 / 375
语言启蒙行动宣言（代序） / 377
广播电视与语言文字规范化
　　——兼谈克服"口语至上"倾向 / 382
试论中央电视台新闻频道的价值取向 / 386
双语播音主持漫议
　　——赵琳著《双语播音主持艺术》代序 / 391

后记 / 395

前言

这些年陆续发表和没发表的东西,积攒起来,筛选一下,可以作为《播音主持艺术论》出版了。

很可惜,电脑主板坏了两回,重装了系统,所有暂时存放在 C 盘的材料都丢失了。有些还能靠打印的文稿复制,有些就毫无办法再拣拾回来了。好在都不是什么重要的文字,也不会成为遗憾的。只是增加了工作量,显得尴尬罢了。

这几年,进入我的视野的问题,没有全部表达自己的看法,在此简略地记上一笔,也是一家之言吧!

我曾经说过,唯利是图必然导致道德沦丧。所谓道德沦丧,包含了很多"不应该如此"的世事是非判断。有些人不知道什么是"感恩",在逆境中得到救助,当"名"和"利"都满足了,却以为都是自己奋斗的结果,竟旁若无人地"得志便猖狂"起来。有些人不了解什么是"伎俩",总是用小聪明玩弄花招,获得暂时的利益,就放肆起来,以为天下人都是傻瓜!那些一味向钱看的经营者,对消费者毫不留情,欺诈盘剥而振振有词。最典型的事例,就是"朝三暮四"的伎俩。如《庄子·齐物论》中的著名故事,养猴子的人给猴子吃橡子,说早三晚四,猴子急了;改为早四晚三,猴子乐了!这不是公然把消费者当猴子耍嘛。人们只能听之任之,没有任何脾气。这种非人性化的市场运作,给人们带来的是"经济效益第一"的价值观,只要能够达到赚钱的目的,采取的手段可以无所不用其极!有些人竟不懂得什么是"良知",把恶劣和庸俗的污泥浊水泼向人间,甚至"老虎戴素珠",硬说这是大众的喜好。有些人不明白什么是"诚信",大言不惭而行为不端,引经据典而寡廉鲜耻……这些行为的核心属于"不劳而获""少劳多获"的范畴,"拔一毛以利天下,不为也"。一切讲究"利用价值",正所谓

"用人朝前,不用人朝后",充分剥夺"可利用资源",用得着的,就千方百计敲骨吸髓;用不着的,就弃之如敝屣,哪里还会存有一丝一毫的"感恩"之念。当年,赫鲁晓夫称斯大林为"最伟大的父亲",竭尽谄媚的本领,掩饰野心,阴谋篡国;一旦大权在握,便翻脸不认人,极尽侮骂之能事,抛尸扬灰,自命不凡。所谓"满脸子道貌岸然,一肚子男盗女娼",由此可见一斑!中国历史上,皇权至高无上,往往"忠臣十道本,惹得龙颜大怒,甚至推出午门斩首;太监一句话,引得龙心大悦,直至独揽国家大权"。我们的确应该警惕"钱"与"权"对人们心灵的腐蚀和对人们欲望的诱惑!恺撒大帝临终时嘱咐他的侍从:"把我的尸体装进棺椁以后,一定要让我的双手伸出棺外!"他的用意是:让世人明白,伟大富有如恺撒大帝者,死去之后,也是两手空空!和谐社会的核心是精神世界的和谐,如果物欲横流,尔虞我诈,"宁教我负天下人,不教天下人负我",那么,很难到达"己所不欲,勿施于人""诸恶莫做,众善奉行"的道德彼岸。

　　理论和学术,是清如水、明如镜的事业,揉不得半粒沙子,容不得些许假冒伪劣。古人创作,以"头悬梁、锥刺股、凿壁偷光、囊萤映雪"为志,以清心寡欲、专心致志为魂,于是才有"增益其所不能"的灵感与冲动,"吟成一个字,捻断数根髭",生产出旷世之作,流芳千古,福泽子孙。为了开科取士、身价倍增、榜上有名、光宗耀祖,有些人竟不惜投机取巧、抄袭作弊,搞乱了秩序,破坏了规矩。这应该属于"无耻文人"的行径。如今,名利的诱惑是表面现象,成果的量化是客观原因,导致敢于冒天下之大不韪进行抄袭作弊的内因,还是"心中无事业"和"肩上没责任",而根本的病灶,不能不说应归结为人格的丧失与良心的泯灭。人格的打造,良心的锤炼,首先在于"踏破铁鞋""众里寻他",而不能只期望"唾手可得""蓦然回首"。当人们生活在某种见利忘义的氛围里,远大的理想已经化为泡沫;当自己的"食槽"通向"饮食男女"和"颠倒黑白"的时候,追求虚幻的公正和空洞的平等也几乎已经成为"共识";人们对于信仰缺乏信心,对于主体失去主见,似乎习以为常、司空见惯。论著不管质量,只算数量;学术不讲深度,只求速度,常常作"急就章"。这是各方面都感到无奈的事,可又是多么令人悲凉的事!但却已经成为欺行霸市的规矩,先进的人文精神完全被纸醉金迷的血盆大口所吞噬!在这种条件下,像曹雪芹付出一生穷困潦倒写成的传世巨著,维特根斯坦研究数年写成创立一个新学派的《逻辑哲学论》,恐怕都很难出现在我们面前了!真正甘于寂寞、修身养性,抗干扰、挡诱惑的仁人志士,需要更大、更强的定力,才能坚持"十年磨一剑""铁杵磨成针"的韧性,创造举世无双、为民造福的奇迹!

　　教育是国强民富的基石。教育公平,全民共享,是民族兴旺绵延的根本。教育质量不断提高,人才培养薪火相传,是奋发有为改革创新的源泉。高等学校只有坚持特色,才能够独树一帜。教育理念必须落实到每一位教育者的言行之中,以身作则、为人师表应该体现在每一句话、每个课时里,一定要讲求课时效率。本科四年,是由一节一节课时连续组成的,浪费一节课,就是浪费了所有上课学生的时间。正如鲁迅所说:"浪费别人的时间,无异于谋财害命!"每一节课,都应该字字珠玑、语语中的!东拉西扯、胡聊乱侃,怎能对得起学生及其家长?怎能对得起严肃的"传道、授业、解惑"的课堂?怎能对得起"一日为师终身为父"的教师职业和教育岗位?教师是主导,学生是主体,为学生服务,就要一视同仁、严格要求、亲切关怀、教学相长,而不是在学生面前百般迎合、招欢引笑!勤奋学习、刻苦钻研,是学生时期的重大责任;修养心身、锤炼意志,是学生时期的至高境界。"严师出高徒""教不严,师之惰",学生尽管一时不快,却总能终身受益;学生尽管一时满足,倒很可能追悔莫及!我们无论如何也不该"误人子弟"!教师评价学生,在于"德"和"才",而不是"亲疏"和"贫富";学生评价教师,在于"严"与"智",而不是"放纵"与"偏袒"。现在的某些畸形评价体系,导致价值的扭曲,教师担心对学生提出切中要害的意见,从而得罪学生,评定"低分";学生害怕教师严格按照教学规范提出批评,从而对自己失去好感。这样互相警觉,形成了"你好,我好,大家都好"的局面。长此以往,何谈教育质量?科研同教学脱节,"教"与"学"都疲软,都"轻松过关",甚至"赞声不绝",质量却下滑,人才却平庸……高等教育的规范运作、高效行进受到阻遏,"质量工程"必定会变成"渣子工程"。关键在于"管理"!求真务实、开拓创新、不图虚名、不搞形式,是非常艰苦的事——百年树人,教育是后天,需要潜移默化、润物无声!急功近利、虚夸浮躁必然造成长久的遗憾。

发表如此议论,完全出于一种无奈——本应这样,却未能这样!我自己,不过是个"符号"而已。数年来,它负载了多种庞杂的信息:承受了无数可贵的恩泽,得到了万分温暖的帮扶,也见识了五花八门的谣言,经历了两面三刀的伤害。这个符号,可以随时戴上高帽、挂上胸牌游街示众;也可以偶尔放射出微弱的光束,照出一点脚下的曲径。2006年8月,我竟然获得了国家级高等学校教学名师奖,实在自惭形秽,只有愧领。不过,它代表了我们这个学科,我们这个教学,心里确实感到了温暖!这个符号究竟不是虚拟的!但是,前路漫漫,难道真的可以解脱、可以松弛了吗?"廉颇老矣,尚能饭否?一日三遗矢。"我仍要坚持自己的座右铭:"尽人力,听天命。"坚持自己的人生哲学:"宁教天下人负我,我不负天下人!"人生是美好的,但并非事事如意,既不必怨天尤人,更不必"以物喜,以己悲"。我这个符号,只是个符号而已!多少年来,"符号"不过属于"形式",只要不是"金玉其表,败絮其中",也就算跨越了"盛名之下,其实难副"的尴尬,不至于"如坐针毡""芒刺在背"地过日子。我终于从符号的缝隙间读懂了这样一句话:"赞美和诽谤都平心静气地容忍,也不要和愚妄的人空作争论!"

张颂写于"三书屋"
2008年3月20日

杂记编

关于传受模式的思考
关于语言文化的思考
关于节目品位的思考
关于传者身份的思考
关于传者素质的思考
关于一专多能的思考
关于新闻传播的思考
关于受众期待的思考
关于信息共享的思考
关于认知共识的思考
关于愉悦共鸣的思考
关于网络控制的思考
关于学术争鸣的思考
关于听觉阈限的思考
关于视觉美感的思考
关于语言本质的思考
……

关于传受模式的思考*
——语言传播杂记之一

广播电视传播,语言应该在其位,谋其"正"。中国历史发展中的"重文轻语"现象还远没有众叛亲离,西方语言中的"自然"之风又扑面而来助纣为虐。改革,在规律的关怀下,虽然曲折,但无疑是在前进着、深化着,把那些风声鹤唳淹没在历史车轮的轰鸣中。

传播学的研究,方兴未艾。热衷于"模式"的推敲,似乎成了时髦,且常有以"发明""开创"了什么而自喜者。模式的崇拜者企图把大众传播模式化,并以建造类似秦砖汉瓦的模具,向往一劳永逸为目的。以国外、域外模式为模式的人是否明白:"模式不可避免地具有不完整、过分简单以及含有未被阐明的假设等缺陷。适用于一切目的和一切分析层次的模式无疑是不存在的。"①

传播,包括广播电视传播,最难割舍线性和时间性这对孪生姊妹。不管科技发展到什么水平,传者和受者之间,总是"千里姻缘一线牵""一寸光阴一寸金",心无旁骛,坚定不移。

传者与受者只能是"我播你听"的线性传播关系,当然也有"你提议我参考"的线性反馈关系存在。传播播出什么节目,包含什么内容和形式,受者要听命于传者的安排,因此,传播带有强制性。哪怕同时有50套电台的节目,500个频道的电视节目,受者只要选择其中的一个节目,就在遵从着传者的意志,被这个节目引导。传者应该努力满足受者在信息、知识和欣赏娱乐方面的多种需要,使受者在"以事省人、以理服人、以情感人"的潜移默化中,得到大千世界的陶冶和鼓舞,积极地面对人生。广播节目要"声情并茂、悦耳动听",电视节目要"形神兼备、赏心悦目",传者义不容辞。

线性传播关系就是两点之间的"一线牵",当然是由传向受的单向传播

---

* 原载于《现代传播》1997年第4期。
① 麦奎尔,温德尔.大众传播模式论[M].祝建华,等,译.上海:上海译文出版社,1987:4.

关系。这是广播电视传播的基本格局,任何丰富多彩,任何无穷魅力,都必须融入这单向关系之中。我国的"口耳之学",外国的"主导动机",正包含了这种格局。就是"接受美学"也不否认这个基本格局。

流行的"热线电话",有众多受者参与的现场,也没有改变这个格局。受者通过电话向传者发问或回答、介绍、评论之时,这位受者立即转为传者,他的言辞被众多的受者听到,"他播你我听"。他挂断电话,便又回到受者的位置,听其他传者的言辞。现场中,除说话者外,其他人只是"旁听",成为现场的受者。说话者即传者,除现场的受者在听,现场外的受者也在听。通电话者、现场说话者,因其是否进入媒体而决定其传受身份,而不是永远作为受者。在这里,媒体中起主导作用的传者,却不能因此而转为受者,哪怕是暂时的。

未来的信息高速公路,也改变不了这线性传受格局,即使每一个网址都成为工作站,仍然存在信息发出者——传者,信息接收者——受者这一基本格局。虽然网络的纵横交错比广播电视的覆盖会出现更为密集丰富的结节点。

线性传播格局依赖于时间的推移。分分秒秒的时值或充分利用或任其流逝,真是"时不我待""时不再来"。这便是"子在川上曰:逝者如斯夫"的千古慨叹的根由。

广播电视的传播,一经开始,便一泻千里,流入千家万户,就是把全部接收器关闭,它仍会"我行我素",照播不误。因此,传者的热望便是打开的收音机、电视机等越多越好,打开的时间越长越好。要做到这一点,传者必须学会利用时间、把握时间。于是,多出精品以吸引人;于是,分出了第一黄金段、第二黄金段……于是,尽量科学地排出节目时间表。时间意识应该全力加强,要像鲁迅说的"浪费别人的时间,无异于谋财害命"。不讲究上乘之作,不讲究播出效率和效果,难道不是在浪费受众的时间?

正因为时间性的制约,广播电视传播必须遵从历时性的传播规律,信息在前,传受在后;传在前,受在后。新闻报道的"新近发生"不能改为"正在发生",原因也在于此。例如:火灾、水灾的报道,本就是水火在前,报道在后,同样谈不到"共时"。反馈、前馈等,更不例外。

线性中生发着立体动感,时间性上叠印着历史积淀,这都为传者的创作灵感、敏锐反应提供了广泛的视野。有志者不会在线性、时间性的制约中束手无策,反会发现无穷的奥妙与无限的乐趣。

关于语言文化的思考*
——语言传播杂记之二

在广播电视节目中,有声语言责无旁贷地承担着主干或主线的重任。它应该是字字珠玑,金声玉振,字正腔圆,余音绕梁。可惜近些年来,有声语言被冷落了,似乎失去了自己的功能,被"符号解读""意思沟通"之类的诠释弄得灰头土脸,真有点儿"自惭形秽"了。

语言是什么?人们总是以权威的口吻引用斯大林的定义,即"交际和交流思想的工具"。"工具"论,成为语言的枷锁,销蚀了"手之舞之足之蹈之"的自由空间,泯灭了形象与感情的神游天地。这与欧美语言的本性相合,而与汉语的精妙大异其趣。20世纪语言的转向进入"交流",虽有其历史渊源,却也并未增添什么新意,如果说,语言从"工具"论提升到"文化"论,那便意味着认识的深化,这一转向才是真正具有了全人类的意义,或者说哲学的意义。

语言的"文化"论内涵,不过是说文化在典章、器物和意识形态方面必须化入语言的识别,进入语言的层面,才能体现出它们的现实价值和历史定位,也才能把思维成果和实践结果恰当地表述给后人。

在语言研究中,有两种极端的认识:一是把语言看作罪魁祸首,一切思维混乱、哲学片面、认识分歧、知识浅薄等都归咎于语言;另一是视语言为万能,甚至超过了客观世界本身,语言先于世界而存在。这类稚嫩、偏执的认识现在还是容易判别的。这两极之间,还有若干模糊的看法,就不那么好分辨了。"工具"论便似是而非地被一再阐释,不过只是一例。

广播电视传播中的语言问题,不能不同各种语言观相联系,不能不受各种语言观的影响。

欧美语言是一种形态语言,性、数、时等在一定语境中发生不同变化,决定了语句的具体语义。反过来说,某一语义,在这一表达形式下,只能如

---

* 原载于《现代传播》1997年第5期。

此安排词语序列。于是，思维定势确定了语言定势，社会公认某一语义，便实现了表达的目的。

汉语，是一种具象语言，迥异于形态语言。从文字组合的角度，从词语序列的角度，从有声语言的角度，从语境的角度，都无法确切地了解语义的具体走向，光从文字、语音上，更难把握语句的本质。"言简意赅""辞约义丰"，正是汉语特征的准确概括。阴阳五行、九九归一，视通万里，思接千载，完全打破了性、数、时等形态的格式，让文字、语音的整合变异，开拓出了以一当十、举一反三的意象空间。

在交际和交流思想的过程中，各种语言都重视通俗和浅白，但各有特点。欧美语言特别重视思想，重视思想的形成，重视思想的自然表露。"逻辑钳力"在交际中占有突出的位置。诗歌、戏剧等艺术创作，也有明显的印记。汉语表现在日常谈话中同样讲究通俗易懂，上口顺耳。但汉语更重视感情，重视感情的积聚，重视感情的恰当抒发。"艺术魅力"往往引人入胜，语言的感染力功不可没。莎翁《奥赛罗》里思想的闪光，郭老《屈原》里感情的火焰，不是一种对比么？西方的幽默常来自思路的迂回折返，中国的相声总出自语言的夸张误会，也可见一斑。

语言的民族性不可忽视。汉语的审美层次中修辞的千姿百态，在日常生活语言中并未失落，难道在广播电视中就可以抛弃么？有人热衷于浅白，追求"说话"的平实，并非不可，但不应把这看作纪律，必须人人如此、每个节目都如此，那样何来多样化？何来百花？

韵律美，是一种文化形态，口口声声要在节目中体现文化内涵的人，仅仅把文化局限在"思想"中，那么，"抬起头来看见了月亮，低下脑袋想起了老家"也可以成为千古绝唱了。语言的韵律，既在思想中，也在感情中；既在逻辑中，也在形象中。我们所说的韵律美，完全不是语言游戏的沉渣泛起，更不是六朝骈文的空虚寄托，而是常态语言的升华，审美语言的凝结，精品节目中的题中应有之义。

轻视语言，忽视语言的审美层次，肯定会受到语言的惩罚，只是早晚的问题罢了。

那么，现在我们该做些什么和能做些什么呢？首先是规范化，让语言进入民族的规范圈之内，在真实和真正的意义上，成为民族共同语，而不要掺杂方言土语。其次，允许不同的语言形态、语言样式、语言样态共同生存，优势互补，而不要人为地、主观地硬分优劣，竭力褒贬。最后，从现实出发，从自身条件出发，努力弘扬民族语言的优良传统，提高语言品位，而不要浅尝辄止、讳疾忌医。

汉语是一个开放的体系，她像弥勒佛一样，"大肚能容天下可容之事，笑口常笑天下可笑之人"。

关于节目品位的思考*
——语言传播杂记之三

广播电视中节目的主体地位是毋庸置疑的,日常说的听节目、看节目,正是对其的一种认可。可见,节目质量便成为节目的生命,也就成了广播电视的生存和发展的支点。

能否称得上节目,大约要看在某个单位时间里,相对独立的内容和形式的完整性。哪怕是长系列的一个片段,也不能有头无尾,或者毫无收束感。如此,便面临着逻辑链条的起讫、形象展现的始末。当然,节目不必像八股文似的,非得按起承转合的套数走,但那思路、文路、态势和走向,绝不该模棱两可,甚至丈二和尚令人摸不着头脑。现在的节目中,正有些不知所云、不知所终者,好像制作者并无主意,也不在意,很有些印象主义、现代主义的味道呢,究竟明白节目为何物么?

其实,重点应该研究节目的内容、节目的形式,以及二者辩证统一的关系。内容决定形式,形式反作用于内容,这种一般性的认识还不能完全解决节目质量的问题,因为,内容极为广泛,形式甚是多样,它们之间并没有现成的对应公式,必须下一番选择的功夫,有时是多次的否定之否定之后,才顿开茅塞。任何炒冷饭、赶浪头、追时髦、图便捷的做法只会带来"为赋新词强说愁""乔太守乱点鸳鸯"的后果。

节目分类,一般根据内容,如:新闻评论、知识服务、教育欣赏、综艺娱乐。也可根据对象,如对工人、对农民、对青少年、对学龄前儿童、对老年人、对妇女、对解放军、对华侨、对港澳台同胞……根据形式,如报告新闻(口播新闻)、现场报道、录音报道、实况转播、配乐通讯、广播谈话、电视访谈、专题片解说、主持人节目……

自从设立了主持人节目后,一种新的形式出现了,并且受到了欢迎。这个新形式只是增加了传播的品种,丝毫不意味着它"笼盖四野""一统天

---

* 原载于《现代传播》1997年第6期。

下"。每一种形式都有其存在的价值,每一种形式都有其不可替代性。当然,有的形式会被改造,甚至被淘汰,但是,总会不断出现适应时代需求的新形式。任何停滞的、静止的、凝固的观点都是错误的。如果从早到晚广播电视里只是一个个主持人节目,"内容决定形式,形式反作用于内容"的一般认识也就是痴人说梦了。

新的节目从出现到发展再到成熟,并不意味着"放之四海而皆准",总有其特殊性、局限性。主持人节目,就是指设置了主持人的节目,如果只是为了设置主持人而设置主持人,必会走向形式主义。没话找话,本可不说话也要说两句,一句话就能说明白也得多说几句,否则,就不能显示主持人的存在,这不是画蛇添足么?这样下去,节目恐怕会离精品越来越远了。

节目内容和形式共同确立节目的品位。人有人品,诗有诗品,节目也可以有品位,用以考查节目的规格、档次。节目中,有高雅品位、平实品位、通俗品位,每个品位又分上、中、下三级。高雅品位,并不含有贵族、皇家所专有的意思,大体是指有一定文化深度和审美层次的节目。平实品位,大多是朴实无华、切实可行的节目。通俗品位,一般是说直白浅显、有趣易懂的节目。高雅品位要注意上限,那种古奥难解、晦涩艰深的内容,不宜在广播电视中传播,也不在高雅之列。通俗品位要注意下限,那种迎合媚俗、低级浅薄的内容,理应禁绝,当然不在通俗之列。高雅、平实、通俗三个品位,都有上品、中品、下品之别。上品是上乘之作,也称为精品,内容和形式都表现出精美的品格。中品具有良好的品格,却在某些方面差强人意。下品则显得有些粗糙。

广播电视节目是群体智慧的结晶。略有瑕疵,即便是白璧微瑕,也显示着群体水平的参差。其中,出头露面的播音员或主持人的表现是至关重要的,他们既是群体的代表、节目的亮点,也是受众注意的重点。而语言,更是节目画龙点睛之笔,熠熠生辉之处。语言内容、词语序列、辞采文风都直接影响着节目的品位。

节目的品位,在线性和时间性的制约中,不能不讲求文化的含量。单位时间里,大千世界的精华浓缩其中,生命活动的细胞跳跃其中,使人见微知著,因小见大。这不是传播者万能,传播者表现出的是汇集、汲取、加工、完善的功夫,善于传播而已,岂有他哉。

节目的品位,同主创人员和制作群体的思想道德素质、文化艺术修养有密不可分的联系。创制人员的世界观、人生观、价值观、美学理想,肯定映照在节目中。那些不上品位的节目之所以能播出,那些精品能有口皆碑,都可以证明这一点。节目的品位,不怕稚嫩,就怕敷衍,也属这方面的问题。

在频率频道繁多、节目源匮乏的现在,不讲品位、不上品位的节目,也许能乘虚而入,但终究是要被冷落的。竞争必将日益激烈,那些恬然自得、塞责有术的创制者,早就该有些危机感了。而有志有识之士,正秣马厉兵,迎接脱颖而出的机遇。

关于传者身份的思考*
——语言传播杂记之四

传者身份众说纷纭,不过,一打纲领不如一个行动。主观动机同客观效果从来都没有全等过,不是形象大于思想,就是思想大于形象,广播电视语言传播尤其如此。理论上的认定,传者的自我感觉,都离不开传播实践的检验,离不开受众的评价。

口头上,理论上,有不少认识是正确的,表述是明确的,如"平等态度""知心朋友",并没有错误之处。过去"良师益友"的提法,也并非不可。关键是话筒前、镜头前怎样体现。

中华民族的美德之一,在人际关系中被概括为"卑己尊人"。实际上,用现代的话说,就是谦虚,虚怀若谷,责己严,谨避俗。只有如此,才能尊重他人,尊敬他人,待人宽,为人仁。卑己尊人,不含有自卑、自悲、自愧不如、自惭形秽等任何贬低自己的意思。

卑己尊人,有其社会原因。小农经济的狭隘眼界和心胸,等级制度的唯名和唯上,家庭观念的重男与从长,儒家思想的学优与入仕,培育了自高自大和自轻自贱两极心态,在人际交往中时有表现,竭力掩饰也无法消除。对这两极心态的否定正是"卑己尊人"的实质。"南村群童欺我老无力"的杜甫,之所以能发出"安得广厦千万间""吾庐独破受冻死亦足"的震撼人心的呼喊,"衙斋卧听萧萧竹"的郑板桥,之所以能产生"些小吾曹州县吏,一枝一叶总关情"的沁人心脾的感受,不能不归结为抛却了因袭的重担,闪耀出博大精深的识见的光芒,这不正是卑己尊人的形象写照么?

卑己尊人需要超尘脱俗,甚至脱胎换骨。这种自我改造、自我超越的功夫,艰辛不亚于改造自然、改造世界的筚路蓝缕。走出人际传播的常态,进入大众传播的媒体,传者是不会轻而易举地做到卑己尊人的。

当代的传者,往往表现为:在芸芸众生之上的"智者",或在茫茫人海之

---

* 原载于《现代传播》1998年第1期。

中的"火炬";在"上帝"之下的教士,或在豪门之前的仆人。前者总在为人们指点迷津,后者总在对人们祈求恭迎。这些,只会引起受众的反感,而不会使受众得到启发、产生共鸣。

世界上的事就是如此奇怪,你越觉得自己了不起,越觉得自己有思想、有水平,受众就越觉得你在"装腔作势""借以吓人",就越不买你的账。你越觉得自己有办法,越觉得自己会奉承、会迎合,受众就越觉得你在"低三下四,取悦于人",就越不上你的"轿"。

传者在广播电视传播中,处在媒介的前沿,成为信息发布的始端,服务行为的起点,欣赏娱乐的前导,谈天说地的窗口。传者的工作,就是汇天下之精华,集人类之大成,抒世间之真情,议万事之是非。犹如歌者善歌,舞者善舞,传者一定要善传。善于传播,因其善于发现、善于选取、善于表现、善于制作,而非善于、擅长各科,三十六行,行行是状元。专家型的传者极少,多为特邀。医学泰斗不必为制作定期节目而奔波,经济学博导也没有精力把节目策划和播出作为自己的主要任务。

传者,是一个集合概念,是节目制作群体的统称。由哪些人组成,各环节都需要什么样的人,采取什么组合形式,当然由节目需要而定,既不缺少,也不冗余。播音员、主持人只是群体的代表人物,节目的一切工作环节、全部生产流程,都要由他们去出头露面加以体现。一束灯光、一样色彩、一个镜头、一次调音、一篇文字、一种编排、一回合成……直至一个眼神、一种发型、一次化妆、一样服饰……都应有高水平的展示,更不用说智囊团的研究、编导的策划、内容的推敲、形式的创意。在哪个环节上出了纰漏,在哪道工序上有了偏差,都会降低节目的整体质量。谁的参与愿意劳而无功?谁的心血愿意付诸东流?群体,绝不是乌合之众,绝不是散兵游勇。

传者,作为以有声语言为主干或主线驾驭节目进程的播音员、主持人,又怎能不"卑己尊人",谦恭温和、庄重亲切地面对受众?

传者,出声露面时,不应贪天之功以为己有,也不应顺从"上帝"以为己任。卑己尊人,才容易让人接受,也才会对受众负责。"知心朋友"不是酒肉朋友、私人朋友,而应是挚友、诤友,君子之交,同志之谊。

首先是挚友。真诚相待,息息相通,荣辱与共,甘苦同心。不了解受众,对受众形同路人,永远不可能想受众所想,急受众所急。

其次是诤友。坦率相告,因势利导,循循善诱,晓以大义。真正的朋友,不隐藏自己的观点,不怕指出对方的不足,应该使用批评的武器,热切期待对方扬长补短。在这一点上,诤友无异于良师。

传者必须体现阶级的意志,充任有力的喉舌,以事省人、以理服人、以情感人。

世界各国都有传者,都自称是"您的朋友"并宣称"愿意为您效劳",最后还总会"谢谢您的收听(看)",似乎所有传者的身份都相同,都是服务者,但为谁服务和服务什么,就大相径庭了。我们,当然是"为全中国人民和全世界人民服务"。唯此为佳,舍此不为。

关于传者素质的思考*
——语言传播杂记之五

播音专业人员(播音员、节目主持人)在广播电视语言传播的岗位上,有着特殊的素质要求。首先是新闻工作者的共性要求,其次是语言传播的专业要求。个性体现共性,共性寓于个性,二者不可割裂,二者不可混淆。新闻工作者的共性要求,论者甚众,而专业要求往往一笔带过。这是当代某些学科领域里一种不良的倾向,且产生了比较明显的误导。

素质,既有共性又有个性,不宜空泛,不宜芜杂。新闻工作者的党性,是共性,包括世界观、人生观和价值观,体现在立场、态度、观点、方法上,体现在理论修养、政策水平、思想觉悟、道德水准诸方面,十分具体。新闻工作者的文化追求,一言以蔽之:博古通今、学贯中西。但由于新闻工作者的工作重心不一,岗位要求各异,必须面对专业的特殊性,否则就失去了工作范畴、工作特点,完成岗位任务的手段、方式和途径的支点、归宿。

语言传播,理应立足于语言,归结为语言,如此才能符合自身的工作规律,实现传播群体的完美合力。"八仙过海,各显其能",虽然都是"仙",虽然都要"过海",但各有高招,才形成了多样统一的格局。

语言传播,以有声语言(包括副语言)为主干或主线,既不同于写字著文,又不同于街谈巷议,那有声语言,正是语言传播者素质的集中所在。这素质,党性是头脑,文化是躯体,语言是喉舌。无党性,犹如痴呆;无文化,犹如木偶;无喉舌,就会有口难言。语言,正是党性、文化的凝聚点、爆发点。语言中,饱含着生命的体验、人生的况味、个性的闪光、审美的理想。语流中,积淀着传统的精粹,映照着时代的风云,显现着民族的精神,展示着艺术的魅力。这一切,均应包容在语言功力的高远境界之中,融化在"言为心声"的磨砺冶炼之中。

素质中的天赋部分,可以在后天加强,并非不可改良。特别是心理感

---

* 原载于《现代传播》1998年第2期。

悟,若是先天不足,后天也能习得并丰富起来。珠圆玉润的嗓音,喷弹有力的唇舌,端庄大方的形象,积极自如的状态,都具有很强的可塑性。

素质中的养成部分,既可以拓展延伸,又可以汇集加深。"工欲善其事,必先利其器",传者当善传,有声语言传播者当善言。为了言人之欲言、人之未言、人之难言,就要具有一定的观察力、捕捉力、理解力、感受力、表现力、鉴赏力、调控力、回受力。这些能力,归结为有声语言的驾驭能力,或统而言之:语言功力。

素质,有起步层面,也有提高层面,起步参差不齐,提高水平不一。这个过程,学习无终点,磨炼无止境,应是一生追求的目标。如果舍本逐末,缘木求鱼,恐怕要事倍功半。

当前在素质问题上,有两种认识值得探讨,否则,不利于素质的提高。

一种是"泛素质论",有句顺口溜:"素质就像一个筐,什么事都往里装。"社会生活的方方面面,个人言行的种种问题,都归结为素质问题,并到此为止,从无下文。"泛素质论"的要害是无重点,似乎人人均如此。

另一种是"唯共性论",把那些作为人的素质、公民的素质、共产主义者的素质中的共性,那些最基本、最明显的素质要求,认定为唯一的重要素质,缺乏辩证唯物主义的差别论、重点论方法。这是因为把"不可或缺"同"特殊之点"混淆在一起了,这是对特殊性的抹杀。

事实上,素质在民族、社会、群体、个人与政治、思想、道德、科学、文化、职业、专业、岗位的差异,经常是在对立统一中不断进行动态调整的,对立不是孤立,统一不是混合,重点不是静止,特殊不是片面。"天赋养成"必须坚持发展观,"重点特殊"应该立足功能观。

"泛素质论"和"唯共性论",在天赋养成的基础教育中显得理由充足,一旦进入专业成才层次就"四面楚歌"了。特别是对于在岗人员素质的调查工作,罗列若干条,要求被调整者确定哪些项目是最重要的,往往表现出"泛素质论"和"唯共性论"的影响,哪一项也不愿放弃。除了带有某些偏爱心理外,大约主要是对谈职业、谈专业的"重点特殊"不甚了了。因此,这类的调查过程和调查结果也只能是泛泛而论了。

现在的问题是,专业人才的培养、使用,尤其是选拔,素质确乎重要,但如何具有明确的指向性、导引性,应该"心中有数"。传者的素质,必须"善传",善于广播传播,善于电视传播,善于报刊传播……广播电视中,又有善采、善编、善播、善摄录、善化妆……这是事实,这是走向。

当然,基础教育与专业成才不可分割,天赋养成与重点特殊相辅相成,任何绝对、片面的做法都会贻害无穷。复合型人才,永远是被需要的,关键是怎样"复合"。如果把播音员、节目主持人"复合"到编辑、记者之中,那么,广播电视中的有声语言也就同生活语言"复合"到一个层面去了,岂能轻视?

关于一专多能的思考*
——语言传播杂记之六

复合型人才有多方面要求与表现，在知识结构上应该是较宽的知识面和精深的专业的统一，在能力上应是理论研究能力和实践应用能力的统一。这样，复合型人才的特点就可以表述为"一专多能"。

一专多能，一般包含两层含意，一是以本专业为主，兼具相关的若干专业能力；二是在本专业诸项业务中，有一两项达到了相当高的水平。以播音专业为例，一是以播音为主，既能采访又能编辑，也能摄录，还能化妆、调光……二是在新闻播音、专题播音、文艺播音、节目主持……各项业务中，某一、二类水平更高。这两层含意，是一种基本常识，并非什么高深的理论，可惜有些论者往往对这毫不在意。

当前值得注意的，是对人才培养和人才需求方面的"通才"与"专才"的认识。这两者是不大一致的。

通才论者，认为应该培养"全才"，应该什么都会，"十八般武艺样样精通"。广播电视中，应该"采编播录控合一"，应该"全能"。过去那种采编播"分离"状态是"铁路警察各管一段"，不利于传播。有的同志还指出："合一"是一种能力的表达，不应当解释为一个节目的采编播都由一个人完成，否则就"未免太机械了"。

通才，古今中外都有，"通"的范围可以无限扩大。20世纪50年代，我国的县级广播站，播音员不但要播音，还要采访、写稿、编节目、值机、放音、当会计、当出纳、当会议记录员、招待员……这种情况到现在也还有，真是"合一"到无以复加的地步了。一则，县站播音水平要求不高，二则经费和编制有限。就说美国吧，一个在读的大学生，除了本专业之外，还要学另外的，也许是同本专业风马牛不相及的技能，为的是将来好找工作，不至于失业，已经"合一"得没边儿了。应该说，通才是社会的一种需要。

---
* 原载于《现代传播》1998年第3期。

但是,可以肯定地说,通才和通才教育只是社会的一种需要,而不是全部需要。任何社会中都不可避免地需要"专才"。职业高中、中专、技校等,可以说是通才教育的主要基地;而大专及以上学历教育,就成了专才教育的重要途径。

广播电视系统,根据具体情况吸纳通才和专才,并行不悖。不过,事业的发展、受众的需求、精品的制作、技术的进步,都在呼唤高层次、高规格的专门人才队伍的成长壮大。"全能""合一"的口号大约不再受到人们的青睐,"一专多能"的生命力将日益旺盛。

随着当代科学技术明显的整体化、综合化的发展趋势,众多的边缘学科、横断学科、交叉学科相继出现。但是,这一过程不能得出知识综合就是各门学科丧失自己特性的结论,或者说,综合化就是几个学科的混合,甚至说,综合化就是几个学科"集于一身",几种专业"合而为一"。应该说,这一过程是诸多学科相平衡、相协调的过程。这样认识,才有利于通才教育、专才教育以及人才的规格培养,正因为如此,"一专多能"便成为一个跨世纪的科学口号。

"采编播录控合一"或"采编播集于一身",引导人们只注意业务范围的扩大,把精力——一个人有限的精力平均分散到各相关业务领域,不分主次,而失去普遍中的特殊和共性中的个性,成为样样均通、样样稀松的所谓"通才"。"集于"采访者"一身",采访无法深入;"集于"编辑者"一身",编辑难于精致;"集于"播音员"一身",则播音员苦于强化语言功力的实施,疲于奔命而鲜有所获。这一点似乎早有呼吁,至今却少有成效。

有些理论家以为发现了改革的关键,只要主持人一"合一",便会同播音员划清界限,发生本质的差异,造成原则的区别,从而把播音员和主持人都应达到的"一专多能"的要求抛到九霄云外了。可叹的是,此种理论误导却曾盛极一时,多少年轻有为的主持人耽误了锤炼语言功力的大好时光,多少内容精深的节目陷入了捉襟见肘的尴尬境地!犹如特级烹饪师,长时间去了解市场、挑选价廉物美的蔬菜、肉蛋,长时间去洗涮搭配,而缩短了灶上的时间,减少了烹饪的实践,荒疏了高超的技艺,降低了色香味的质量,这值得么?

目前的状况是,数十万记者、编辑,人才济济,优势极大,是否让他们都走近话筒、走上荧屏?几万播音员、主持人,难于选拔、难于培养,是否让他们用大部分精力去采、去编,用小部分精力去播?广播电视传播,是综合性、群体性都很强的工作,十分讲究"形成合力""配合默契"。人人都"扬长避短""扬长补短",发挥各自的优势,形成"优势互补,各展所长"的局面,何愁没有精品问世?

"合一"或"集于一身",是自给自足的小农经济狭隘眼界的业务观,是当代某种浮躁心态缺乏深入事物内里的一种反映,恐怕连"通才"也无法接受。说"博古通今,学贯中西",也是在某门学识上、知识积累上,不可能是"全才"的概括。每一门学科,学习者穷毕生精力也许只能到达一定水平,却不会登峰造极,在掌握基础知识、基本技能之上,还是学有所专、用有所长的好。当然"专"可变,"能"可展,自不待言。

关于新闻传播的思考*
——语言传播杂记之七

新闻节目是广播电视的龙头、主体、骨干,这大约已是不争的事实。广播电视的改革是以新闻改革为突破口的,这大约也是不可否认的定论。各国的传媒、各广播电视机构,都花大气力抓新闻传播,这并不是巧合,应该说是"英雄所见略同"。

无论从内容上、种类上、体裁上还是样式上,新闻总是有广义和狭义之分。作为上层建筑中观念形态的表现,文学艺术讲究对"会有的事实"的建构,新闻传播则要求对"已有的事实"的报道。狭义的新闻正是"对新近发生的事实的报道",广义的新闻就包括了通讯、评论等。但是在实际传播中,除了"新闻节目"外,还有所谓"新闻性节目",那范围就广泛得多了。这里,我们称之为新闻传播。

广播电视新闻传播,不能不以有声语言为主干或主线,辅助成分包括副语言、音响、画面等。从有声语言的创作依据看,分为有稿播音和无稿播音;从有声语言的表达样式看,大体分为播报和谈话。播报和谈话又有多种不同的语言样态,以使内容和形式、体裁和风格尽可能达到完美统一。

播报的样式,是传播的需要。那密集、真实的信息,那概括的词语,那迅捷的时效,那庄重的可信度,那客观的叙述……不容慢条斯理,不容仔细描摹,而必须在"先睹为快"之后,进入"一吐为快"的行动之中。因此,语言上要达到"字正腔圆、呼吸无声、感而不入、语尾不坠、语势稳健、讲究分寸、节奏明快、语流晓畅"的境地。如果像烂熟于胸的样子,却慢慢腾腾地说出来,就会失去新鲜感,不是新闻而是旧闻了。

播报的样态有多种,因内容形式的差异而异。宣读声明、公告等,播讲通讯、故事等,播送评论、编后话等,时而严肃沉稳,时而轻快跳跃,时而平静委婉,时而幽默风趣,不一而足。

---

* 原载于《现代传播》1998年第4期。

谈话,在新闻传播中也是常见的一种样式,主要有坐台主持、对谈、聚谈、访谈、现场采访等。要求明确目的、充分准备、重点突出、应对恰切。语言上,除了规范、明晰,还必须讲究遣词造句,讲究简明扼要,这同样需要语言功力。那种含糊其词、黏黏糊糊、耳不暇听的语言,是一种信息耗损、表达拙劣的传播,容易引起听觉逆反。

谈话,也有不同的样态,根据节目的定点、定向,具体透视与解析,分别呈现轻松交谈、郑重评述、热情谈论、昂扬抒发、冷静剖析等。由于是定点透析、定向评论,在某一现象、某一问题上做深入追寻,归根辨析,所以要由表及里,由近及远,绝无旁逸杂出,令人受益匪浅。

新闻传播中的这两种基本样式,各有千秋,各有所长,都是传播的需要,都是受众的期待,应该成为互补互通的两翼,不应该抑此扬彼,厚此薄彼。

在当前,信息广泛、密集的播报样式似乎不如谈话样式广受青睐,原因是多方面的。首先是内容。播报的内容,有不少会议新闻、公务往来,还有些缺乏新闻价值的消息,更有一些旧闻,同受众期待有距离,往往显得平淡无味。播报人员语言功力再强,人们终究还是需要内容新、价值高、密集而有效的信息,而不是单去欣赏其声音和形象。而谈话的内容,很多是大千世界中的闪光点,人们特别关注的新鲜点,就此集中材料,有述有评,当然具有较强的吸引人之处,即使谈话者语言功力逊色,只要还能容忍,人们也就会坚持收听收看。内容决定形式,怎么能不顾内容而妄加褒贬呢?形式反作用于内容,可以理解为:同样内容、同样精彩的新闻,形式越与之统一、贴切,内容就更显深刻、更加精彩。平平的内容因好形式也可以增色,丰富的内容因形式欠佳也可能失色。如果连这一点起码的认识都没有,就硬要主观判定孰优孰劣,岂不令人齿冷!

播报将永远存在,且会日臻完美,中外新闻传播大抵如此,信息高速路照样会永葆其生命力,久而不衰;谈话解析热点问题,以深补广,也会青春永驻。如果有精力,还是去发现有价值的信息吧,择其新者迅捷传播,择其重者深入辨析,各展风采,携手并肩地形成合力,以满足广大受众的需求,以发挥广播电视有声语言的魅力!

当前,新闻播音与主持人才相当匮乏,我们不能怠惰,不应松懈。不要以为新闻播报是一件易事。从事过此项工作的人都了解,一般播报显不出更强更高的功力,达到播报要求已经相当难了。重要内容的播报如果不具备很强很高的功力是会捉襟见肘、异常吃力的。那种认为播报只是"念稿",无须花气力就能胜任的看法,主要是因不知内理,但也有的出自某种偏见。这种学术偏见,有的地方还很盛行,甚至主张播报样式消亡,播报人员下岗。其实这是很危险的。历史将会证明:我们只有提高播报质量的义务,而没有轻视、忽视、蔑视的权利。

关于受众期待的思考*
——语言传播杂记之八

广播电视传播,必须考虑受众期待。但是,怎样考虑受众期待,却有不少问题值得思考。

受众不同,期待也会有差异。我国的受众,主体是广大的人民群众。人民广播电视要为人民。广大人民群众需要社会主义精神文明和物质文明的满足,而这种需要是不断增长和加强的。作为党和人民的喉舌,广播电视理当"为人民服务"。

"为人民服务",完全不是空洞和笼统的,而应该是具体和真切的。如果我们的某个节目,着意渲染高档装修居室;如果我们的某个节目,特别宣扬高级美容、桑拿浴;如果我们的某个节目,全力推销昂贵的商品;如果我们的某个节目,反复播送低俗、消沉的歌曲,等等,能够说,我们在"为人民服务"么?

"为人民服务",表现在语言传播上,语气生硬的训导,虚声嗲气的亲昵,冷漠苍白的叙说,有气无力的讲述……又怎么能体现出内心的赤诚与真挚呢?

广大人民群众期待我们准确、鲜明、生动地传达党和政府的声音,传达人民群众的呼声,弘扬主旋律,发挥"教育和鼓舞"的功能。广播电视应提倡多样化,给人民群众以高尚情操的陶冶和多方面的美感享受。

广大人民群众期待我们在有声语言中充满热情,想人民群众之所想,急人民群众之所急,爱人民群众之所爱,恨人民群众之所恨。在人民群众创造的历史进程中,他们愿意听到掷地有声的肺腑之言,他们愿意接受"达于耳、入于心"的真情实感。他们拒绝无动于衷的冰冷,他们拒绝狂放不羁的高傲。

广大人民群众期待我们在有声语言中充满变化,不同节目、栏目,不同

---

* 原载于《现代传播》1998年第5期。

内容,不同语句,都给以不同的基调、语气。"人们不希望听刚才听到的声音"(《歌德谈话录》),不过,这里不仅反对"千篇一律""千人一腔"的固定格式,也反对无依据、无内容、无感情、无对象的乱变。那种哗众取宠、自我表现、玩弄技巧、故作多情的变化,肯定是被厌恶的。缺乏浑厚的文化底蕴、缺乏返璞归真功力的表达,不过是"银样镴枪头",一时迷人耳目,不久就会夭折。

广大人民的期待,必然是多层次、多角度的。我们在节目、栏目的生产过程中,不能不考虑不同受众的具体需求。当前,节目、栏目内容的场域多有模糊,往往不顾节目、栏目的性质、任务,一味追逐热点,这是对受众期待的形而上学理解的结果。而弃雅迎俗,又会使一部分节目、栏目长期低就,失去很多"雅俗共赏"的机会。节目、栏目与受众的对应,只能是"同气相求,同声相应"的息息相通的关系,任何主观臆断、生拉硬扯都会造成"同床异梦""似是而非"。

语言传播创作主体——播音员、节目主持人,为了适应多层次、多角度的受众期待,不能不了解一切人、熟悉一切人,了解人生、熟悉人生,以使镜头前、话筒前的有声语言创作饱含人生况味,充盈生命活力。祖国的名山大川比花前月下会给人更多的感悟,海阔天空的心驰神往比冥思苦想会给人更大的激情。熟悉和热爱人民群众,观察和了解社会,才会发出时代的最强音。

广播电视的语言传播是一种由己达人的创作活动。"知彼知己,百战不殆",为人民服务,就是要为提升全体民众的思想道德水平和科学文化水平努力工作,为加强综合国力贡献才能。广播电视要奉献精品,要发挥正确舆论的引导作用,就要否定"受众是上帝"的观点。这个观点会降低传播者的责任,为迎合和媚俗找到借口。

由己达人是交际和交流的常规,当然包含着反馈。不重视反馈只是一厢情愿,满足不了受众的期待感。把反馈奉为圭臬,全部照办,也会走向片面,从而失去主动性和创造性。受众的期待中,往往有求新求异心理。传播者需要分析,并非一切新、一切异都是好的,即使一时反应强烈,即使一时赞美声不绝于耳。否则就会追求表层的华丽、形式的变幻,忘记深层的开掘、内容的丰实。

广播电视语言传播,以播音员、节目主持人为创作主体,以节目成品形态呈现给受众。而节目成品形态越完美,越能满足受众期待。我们的理论研究、实际操作,都应以此为准绳。这是宏观的、战略的格局问题,不能有一时一刻的放松。一味地在"是播音还是主持"上转圈子,一说"主持"就没完没了地"说"个不停,似乎觉得话少了就不叫"主持"了,反而引起受众的反感,那就本末倒置了。受众不管你是播音员还是主持人,他们要求完美地体现完美的节目成品形态,岂有它哉!

有一种观点,说什么要使传播对象"陌生化",大概是受了某个学科的某种理论的"启发"。用以解释广播电视的受众,恐怕有害无益。面对一无所知的"陌生人",我们怎能了解他们的"期待"呢?烹饪还要讲究适合口味,何况力求精美的节目呢!

让我们深入地了解受众的期待吧!

关于信息共享的思考*
——语言传播杂记之九

信息社会里的信息传播,无所不在,无孔不入。但信息传播的方式、信息的质量,是信息传播规律中的重要内容,实在轻视不得。

广播电视语言传播,主要是有声语言传播,其传播方式是诉诸听觉的电子传播,其特点十分明显,即线性、限时性、瞬时性。传播者不能不考虑时间概念、时间利用、时间有效性,在有限的时间段,传播尽可能密集的信息,达到尽可能高的有效率。

在有声语言传播的有效性问题上,有一些不同的认识。它们似乎都有道理,如:信息越密集越好;信息越短越好;语言越快越好……从某个角度看,并不错,但却忽略了语言传播最基本、最起码的要求:信息共享。

信息传播必须考虑传受两个方面,特别是传者,绝不能"唯我独尊""我行我素",应在广泛、深入了解受者的各种需要的前提下,组织自己的传播框架、信息汇聚、送达方式、效果预测。这其中,对有声语言的清晰度、听觉阈限、可听性、上口顺耳……更要进行明确的识别和具体的把握。

首先,传者对于信息的选择和理解,并不能等同于受者的期待和明了。"为人民服务"的宗旨要落实到对一个个信息内容的取舍上,也要体现在每一个传出信息的话语叙述方式上,这便是"弘扬主旋律,提倡多样化"。

其次,广播电视语言传播关键是"明晰"。布局谋篇、遣词造句,主次安排、音韵抉择,语流节奏、基调把握,等等,都是重要的环节。文字语言适合视觉认读,同转化为有声语言后适合听觉的"顺耳",不是一回事了。为有声语言做准备的文字语言,不能不考虑"音声化"的特点。音声化,当然要用普通话,还要注意口语化。对那些非用不可的名词术语、格言警句,还要给以适当的解释和介绍。

最后,要避免语言的芜杂和啰唆,减少信息的损耗和干扰。不要以为口语化就是日常生活的"大白话",也不要以为"广播语体"就是谁都听得

---

* 原载于《现代传播》1998 年第 6 期。

懂的"俗话"。通俗易懂，是要对"口语""俗话"进行加工的，是分不同层次的。

据此，我们就可以认识到：

信息密集，是指保有清晰度的信息越密集越好。如果因为密集而失去了清晰度，那么，信息就会成为无效信息，而无效信息会令听者莫名其妙，甚至产生误解，造成负效应。农业上在"大跃进"时搞"密植"，就是"人有多大胆，地有多大产"的"唯意志论"表现，结果只能"堆积"假象，贻笑世人。为密集而密集，忽视了人们的听觉阈限，不顾受者的接受能力，进行"填鸭式"传播，只能是传者的主观意愿，是传播权力的滥用，是信息的传者独享，是传者"信息密集"心理的自我满足，必然地，也是受者期待的落空、受者时间的浪费。应该说，这样的传者是缺乏责任感的、不称职的。

有声语言传播，以解决内容和形式的辩证统一关系为己任。词语系列的铺排，抑扬顿挫的部署，起承转合的驾驭，色彩分量的变化，无不以语言样式、样态为归宿，为具现。不同内容、不同内涵、不同感情、不同感受，应以不同的表达技巧给以揭示、展现。其中有高低、强弱、快慢、刚柔、明暗等多种差异。就语速来说，应该"快而不乱，慢而不断"，有快有慢、慢中有快、快中有慢、由快转慢、由慢转快，怎么可以只快不慢、一味加快呢？一味加快似乎增加了词语密度，增加了传播速度，但失去的却是信息的内涵，内容的深度。这实在是得不偿失的事。

有声语言传播，以其科学精神的阐发、人文精神的关怀吸引受众，感染受众。而科学精神的真谛、人文精神的奥秘常常不在词语表层，而潜藏在、蕴含在词语"不在场"的深层之中。这只有依赖有声语言创作主体以有声语言特有的表现力加以显露和昭示。这种显露和昭示，需要很强的语言功力，它使有声语言超越"稍纵即逝""过眼云烟"的迷雾，进入"意在言外""余音绕梁"的境界。

信息共享，并不是一种理论提升，而是一种传播实践，与"独享"相对立。作为传媒，达到共享是责无旁贷的，大众传媒更当如此。广播电视语言传播，不同于文字传播，已是众所周知，但在实践上往往并不尽如人意。假如你是一位报纸编辑，栏目设计、标题、正文的字体字号是不是越细越小越好呢？如果一版报纸密密麻麻填满了极小的字，内容多了，信息密集了，但是还有人看么？再加上错别字、横倒字错架其间，真成"天书"了，哪个还敢于问津呢？有声语言传播连停留、反复的机会都没有，劳神费力地听，不用说知其所以然，连知其然都得不到，听者的耳朵能忍受么？逆反心理、拒斥心理的产生绝不是信息本身的原因，也不应归咎于听者。

有点受众意识、知道一点广播电视有声语言传播规律的、负责任的传播者，一定会认真追求"信息共享"，摒弃"为密集而密集"的做法，向着"认知共识""愉悦共鸣"的高度进行精益求精的传播。

关于认知共识的思考*
——语言传播杂记之十

广播电视语言传播,最具特征的是有声语言传播,文字语言传播是其次要或辅助手段。进入网络时代以后,广播电视仍然以此特征与报纸、书刊相区别。在这方面,我们的规律性认识还有许多尚未涉及的问题。

当有声语言传播过程进入"信息共享"的范围之后,若就此止步甚至故步自封,恐怕难免进入"快餐文化"的圈圈而不能解脱。说到底,这只告诉了人们"说了什么",至于"为什么说",便被悬置起来。

我们对语言的认识,"到什么山上唱什么歌",有语境的作用;"见什么人说什么话",有对象的作用。但更重要的,还是"锣鼓听声,听话听音""言外之意""弦外之音"。孔子说"辞达而已矣",绝不是只让人了解"说什么",照苏东坡的解释,"夫言止于达意,则疑若不文,是大不然,求物之妙,如系风捕影,能使是物了然于心者,盖千万人而不一遇也,而况能使了然于口与手乎?"(《答谢民师书》)只有这样理解,才是"言以足志,文以足言"的本意。了然于手,诉诸文字,具有了稳定性和持久性;而了然于口,按索绪尔的说法,具有了"当下性和直接性"。二者各有优长,各有局限,但需要"足志""足言",缺一不可。

了解"说什么"之后,应该解决"为什么说"的深层含意,而不应一说了之。这就应该进入比信息共享更高一层的"认知共识"范围。"认知共识",主要是指我们语言传播中,必然包容理性的内涵,并要在人生观、世界观、价值观的走向、取向上,进行体认、理解、沟通和同构。不一定在每个细枝末节上如此,可以求大同而存小异。

"为什么说",不是对具体语言内容的简单诠释,而是宏观认知上的理性重合,即传者的理念与受者的理念的融通。这样,传者的目的才可能实现,受者的期待才可能满足。

---

* 原载于《现代传播》1999年第1期。

继"为什么说"之后,还要解决"怎么说"的问题。当代关于传播模式的讨论、应用中,有一种糊涂观念,往往把"线性单向传播"模式全盘否定,而代之以将来才会出现的"双向互动传播"模式,其原因就在于混淆了"传播模式"与"话语方式"。"我播你听"的模式并未发生质变,但由于在"怎么说"的问题上呈现了多样化,特别是"谈话"类节目的增多,便误认为是传播模式发生了变化。其实,个体向群体、少数人向多数人、传媒向大众,这种格局会长期存在,没有必要在这一点上转圈子、绕弯子。语言传播的核心问题,一定要集中到"怎么说"上来,才会对传播有利、有益。

"怎么说",实质上是对有声语言传播者、有声语言发出者的一种高标准的要求。有声语言要在传播中"及于受众",就是要"入于耳、及于脑、达于心"。听者所接收的,不仅是感官的刺激,还是思维的能力和感情的活力。同样一句话,词语序列是固定的,由于"怎么说"的差异,给人的印象和认知可能大相径庭。很多人不了解这一点,至今对"怎么说"的认识还停留在"遣词造句"的文字语言规则上,大大忽略了语音的意义和语流的表达规律。

语音的意义是随着人们对世界的认知过程与认识程度逐步加深的,语流的表达规律是同人们对语言的把握与对语流的驾驭紧密相连的。卓别林说,一个"是"字有50种说法,而"不是"竟可以有500种说法,正说明了有声语言表达的多义性、多向性、多层性、多识性。以为"怎么想就怎么说",那是否定了"说"的功能,夸大了"想"的威力。"词不达意""口是心非""说者无意,听者有心",正说明了"想"与"说"不一定同一,也就强调了"说"的相对独立性。何况还有语境、对象的诸种变化呢!

林语堂在《生活的艺术》一书中曾指出:"一个博学的学者,须把那专门的智识消化了,并且和他的人生观察联系起来,才能够用平易简明的语句把这专门智识贡献出来。"就是说,首先要消化那智识,并且融入对人生的感悟,然后要让人明白,表达时"平易简明"。广大受众需要在信息共享中深化认知,但不能不考虑认知水平即接受能力。研究如何根据受众的认知水平进行有声语言传播,是十分重要的。太深奥了、太隐晦了,肯定是不行的,但是太浅白了、太啰唆了,也进不了认知领域。传者自身对智识的消化,是为了贡献出来,让人接受,而不是为了显示,让人迷惘。

当前,我们很多人只满足于"信息共享",在此基础上谈论什么特征、规律、个性和风格,而忽略了为受众创造理解、认知、思维、想象的空间。传者只为维护自己的主宰地位而冥思苦想,为树立自身的风格特征而上下求索,至于受众的生理、心理需要,传播内容的深度和广度,民族语言的人文精神,中国特色的融会贯通,特别是有声语言的文化蕴含,似乎不甚了了,如此,距"认知共识"恐怕还较遥远。

为了达到"认知共识",让我们加深自身修养,讲求表达规律,主动关怀"言简意赅""辞约义丰"的境界,充分发挥有声语言创作的社会功能吧!

关于愉悦共鸣的思考*
——语言传播杂记之十一

广播电视传播,要发挥教化功能,也要发挥娱乐功能及其他必要功能。当我们说信息共享的时候,不应忘记认知共识,而当注意认知共识的时候,更不能忽略愉悦共鸣的审美特质。

虽然,现在来谈论语言传播中的美学层面还为时尚早。不论是传播者还是受众,美学意识还不够强烈。人们往往满足于"是什么",连"为什么"都鲜有人问津。好像听故事,只问人物好与坏,结局离与合,于是那些毫无道理的虚构,毫无根据的编造都能获得多种传播渠道,甚至不胫而走。语言也是这样,只问是否念了错别字,没念错别字就认为好;或者只问是不是顺溜,只要顺溜,没有打结,就认为好。现在还有一种观点,认为语言表达规范和完美是不真实的,而不规范、不完美倒是真实的。因此,主张"缺陷的个性",大概是追新猎奇的心态的反映吧!

愉悦,是一种美感,由两个方面组合而成。一方面,创作方,要力求达到一种层面,即在真与善的基础上,营造出引人入胜的范围与境界;另一方面,接受方,能够进入一种层面,即在生存状态、道德情操的追求中,生发出赏心悦目的性情与向往。二者的愉悦达到了和谐,便产生了共鸣,缺一不可。

语言传播的美感营造,大体上是四个层面:

第一,音声美:主要是声音圆润、清朗,吐字归音准确、清晰。这是一种直觉,不需要更多琢磨、思索就可以获得。

第二,意蕴美:主要是词语晓畅,蕴含明确,主次显明,逻辑清楚,无粉饰,不生涩。这是思想感情的鲜活生命力的表现,应在"由己达人"的过程中毫无挂碍。

第三,分寸美:主要是基调恰切,政策分寸、艺术分寸到位,重度、中度、

---

* 原载于《现代传播》1999年第2期。

轻度调配,词语疏密度、起伏度的安排,对于文化内涵的揭示程度、思辨向度的深浅显现等要求。

第四,韵律美:主要是有声语言的外在美,音韵铿锵、掷地有声,刚柔并济、酣畅淋漓,平仄间隔、抑扬交错,缓疾有节、强弱互补,明暗相映、浓淡并比。显示出悠长的韵味与悦耳的愉悦。

这四个层面,包含了感觉美和知觉美、内在美和形式美、直觉美和通感美、理性美和情感美、主体美和客体美、实在美和空灵美、时间美和空间美等多方面、多角度的综合,相互差异又互相贯通,可随遇而安,又可登堂入室。

这样说,并没有故弄玄虚、夸大其词,历来那最优秀的朗诵,那脍炙人口的播音,正是美不胜收的明证。有些论者,既缺乏创作主体的传播体验,又缺乏接受主体的感悟,并非"性情中人",却要在这类问题上自命不凡、指点迷津,致使语言传播中美的创造受到压抑,美的享受徘徊不前,最后反而归咎于"语言传播不过是信息传递",否认其美的特质,这岂止语言传播的悲哀?

一般意义上,接受者的欣赏水平,尤其要由传播者来提升,传播不仅是沟通,更是引导。传播者提升接受者,首先必须提升自身。引导接受者的过程,是不断用更高层次的美感陶冶接受者的过程,而这种陶冶又必须是实实在在的、潜移默化的,绝非以其昏昏、使人昭昭所能奏效。当这种陶冶经过一次次强化,使接受者逐步具有了听音乐的耳朵、审美的眼睛、心领神会的性情的时候,创造美与接受美就可以一步步进入愉悦共鸣的境界了。试想,如果传播者并无审美经验,又缺乏审美意识,不具备创造美的自觉性,那么,接受者所面对的,当然只有权且充饥的食物,而没有色、香、味的享受了!广播电视传播如是,语言传播亦如是,怎能责怪接受者,怎能推卸传者的责任呢?

语言传播,归根到底,是一种人文精神的终极关怀,永远逃离不了创造美的规律。早一天认识到这一点,早一天解决这一问题,便早一天由自在进入自觉。

在愉悦共鸣的问题上,应该努力避免制作理想蓝图过程中的片面性。一般表现为:向内容倾斜时,过分关注表象而忽视深层,如追逐阴暗面,以曝光为满足,或热衷于爆炸性、轰动性,以瞬时浓烈为顶点;向形式倾斜时,着意光色特技的使用而忽视与内容情理的契合,或一味显露真实的平铺直叙,以旁观的冷漠掩饰观察的浅薄和思辨的苍白。这类片面性,并不能真正点燃生命之火,反而会在人们的心灵里突显美的缺憾,忘掉"谁笑在最后谁才是胜利者"的箴言,忘掉"长歌当哭,那是在痛定之后的"格言。愉悦共鸣也就在此时烟消云散了。至于有些"出新",不过是在选用修辞格、重组造句法上下些表面功夫,表达的只是一般意义和观点,除了让人费解之外,就根本与愉悦共鸣风马牛不相及了。

"信息共享"要达到基本要求,"认知共识"要进入实质层面,"愉悦共鸣"就要升至"心有灵犀一点通"的琼楼玉宇中了。让曲虽高,和不寡,正是美学的任务。新世纪是美学的世纪,语言传播必须迎头赶上!

关于网络控制的思考*
——语言传播杂记之十二

信息社会实现网络化之后，必然面临网络控制的问题。社会的发展、科学和技术的进步，总要突破局限，同时加以制动。人类对于水的开发利用是如此，对于电的发明与利用也是如此。刚刚发明了电，人们在利用时就伴随着恐惧：能置人于死地，能置物于毁灭。于是如何控制它，自然就成了研究的重点和关注的焦点。当今，人们对于网络也经历着同样的路程。国际互联网，多向互动传播……似乎无法控制，要"天下大乱"了。

从语言传播的角度看，实现控制是可能的。绝密、机要信息，另有相应通道，除了间谍和破译，一般人是得不到的。这就是一种控制。虚假的、攻击性的、破坏性的信息，现在在广播电视大战中也并不鲜见，辟谣、反驳、斥责就是了，正如有批评就可能有反批评是一样的，总比私下传播小道信息好些，上网入了平台就公开了，"礼尚往来，来而不往非礼也"，真理愈辩愈明了，何惧之有。这也是一种控制。"道高一尺，魔高一丈"，不斗争哪有胜利？"彻底的唯物主义者是无所畏惧的"。

网络用户，有集团传者和个体传者两大群体。集团传者包括政府、党派、团体、广播电视、通讯社、报刊、图书资料馆所……其中，广播电视包括广播电信、电视台以及各个节目生产制作公司。个体传者就是拥有网址的用户。个体用户，既可以传，又可以收；既可以助人，又可以求助。

对网络用户的管理，将来要立法，要有相应的国际组织，要有国际公约，以解决用户行为、用户之间关系等出现的问题与矛盾，各个国家也会使用"公、检、法"权力，对本国网络用户进行有序调控，并负责与国际上相关机构发生制衡关系，甚至采取联合行动。例如目前的禁毒、引渡等。保障合法权益、处理违法事件，会有不断完善的举措。这在理论上和实践上都应该是可行的，而不是无奈的。

---

* 原载于《现代传播》1999年第3期。

从广播电视传播角度看，实现控制也是可能的。一方面，广播电视集团公司内部，有一套运行管理体制和规范。注册登记、宏观调控、监督检查，审批程序、运营行止，都不会放松。另一方面，各自为政的制作公司也要注重节目的社会效益和经济效益，注重精品节目的生产。不如此，节目播出的中标率、各台的采用率也不会高。长此以往，就会被淘汰，至少信誉不会可人。因此，控制的关键在于节目内容和形式的导向，以及对各类节目的具体要求。只要坚持喉舌的主功能，弘扬主旋律，提倡多样化；只要坚持"扫黄打非"，不论上星还是上网，广播电视传播的质量应该说是可以控制的。

从广播电视传播者的角度看，记者、编辑、播音员和节目主持人、工程技术人员……还应有相应的专业要求，而且必须持有"上岗证"，即具备任职资格。就像律师、会计师一样，进行社会化的考评，严格而规范，科学而公开。所谓社会化，不可能是无序的：谁想当律师就随便走上法庭进行辩护；谁想当会计师就随便到一个单位给人做账；谁想当记者就随便去事件发生地进行采访；谁想当编辑就随便进行编排；谁想当播音员和节目主持人就随便参加节目生产，播报新闻、解说专题或主持评论、综艺节目；谁想录音录像、设计制造、调控修理，就能随便进入机器设备的生产使用过程。如果大家都随意做自己想做的事，或者随意用什么人干事情，或者负责人自定标准，那么，"社会化"也就进入了无序混乱的状态，党的领导、政府的管理、宏观调控、舆论监督、竞争机制等，也就成了一句空话。

新闻播音员、评论员，各电台、电视台是肯定要统一管理的。有些节目主持人可能会由各制作公司根据节目需要去物色、选用。什么人可以出任节目主持人，就是现在也没有比较完善的考核、聘任章程，明显不合格的主持人并不少见。往往是"饥不择食"而"矮子里拔将军"。不论是统一管理还是各取所需，都应该标准化、规格化，分门别类、分层分级地考核、评聘，由主管领导、同行专家、受众代表组成"合议庭"，即评聘委员会。培训上岗，定期考评，竞争激励、能上能下，形成制度，形成风气。避免主观失度、不正之风。这是最好的途径，走的是公开、公平、公正的路。

如此，集团传者就能选优集萃，推陈出新，个体传者只好处于"略输文采、稍逊风骚"的境地。市场经济的宏观调控和微观竞争必然造成优胜劣汰，但网上优势却永远不会造就学阀作风和学术霸权主义，因为网络文化给了每个网民发表学术观点的权利。媒介学术霸权和故步自封的衰亡，将使学术争鸣和网络批评实现真正的"社会化"，媒介集团传者和个体网民的竞争态势日趋平等，对媒介的赞扬与批评会更加实事求是，全社会"匹夫有责"，共同营造着进步的民主权利、高雅的文化氛围、浓郁的民族特色、广阔的交流渠道。这正是人类文化进步的成果：在发展的同时实施控制，在控制的同时促进发展。因发展而担心失控，因控制而担心停滞，是不必要的，因为历史是这样走过来的，今后还要这样走下去。

关于学术争鸣的思考*
——语言传播杂记之十三

"两为"和"双百"方针促进了我国文学艺术的发展,特别是改革开放以来,"一个中心两个基本点"使我们更加明确了前进的方向。

人们的认识总是在"实践—认识—再实践—再认识"的过程中不断深化的,而实践是检验真理的唯一标准,经过实践检验的正确认识也是螺旋式上升的。我们对广播电视传播规律的认识如此,对语言传播规律的认识同样如此。

在广播电视语言传播规律上,存在不同的学术观点,是十分正常的。正如人们对语言的认识、对传播的认识,都有一个由表及里、由浅入深的过程一样,面对复杂而又稚嫩的广播电视传播,特别是语言传播,学术研究的角度不同、层面不同,甚至概念、范畴出现不同的认识,是一种好的、兴旺的学术景观。现在,总体上是争鸣太少,真正的学术争鸣更少。

目前的状况之所以显得同其他学科差距较大,主要因为:一是普泛性的单项研究多,深广性的综合研究少,相关学科的前沿成果不大能进入本学科的研究领域;二是个体性的单向研究多,学术视野不够开阔,双向和多向研究显得不足,因此,"各吹各的号,各有各的调",鲜有交汇和碰撞;三是学术研究的园地少,不但大批研究心得没有发表的机会,还容易造成学阀作风和学术霸权主义,在学术刊物上以"争鸣"作点缀,以自己的观点统领一方,使一些持不同观点的研究者不愿问津。

当然,"争鸣"是有一定基础的,即在更大范围、更大观念上趋同,在较小范围、较小观念上显异。如在承认"存在"和"意识"的基础上,才有谁决定谁的争论;在承认"主体"的基础上,才有"主体性"与"主体间性"的争论。广播电视语言传播同样有这样的情况。播音员和节目主持人的存在是一种共识,但他们是不是党的喉舌,认识就不一样了。有人认为是喉舌;

---

* 原载于《现代传播》1999年第4期。

有人就认为不是喉舌,明确提出:播音是"适宜搞政治宣传的",而主持人则是听众的朋友,贴近且沟通;还有的人认为"播音员时代过去了","主持人将来的社会化,便成了自由职业者"。这是在"喉舌"问题上"是不是"和"能不能"的分歧。这是不是学术争鸣,可以不下结论;这是不是原则问题,却应该是专家学者、管理者必须明确的。对此,竟没有见到争鸣的文章。还有,播音员、节目主持人的有声语言功力是不是第一位的业务要求?他们同记者、编辑都是新闻工作者,业务上有无侧重?至今,这方面的研究文章大都是不置可否或模棱两可的。为什么也不见尖锐的争鸣文字呢?

在学术争鸣的问题上,往往有五种不宜有的态度:一是某个观点是常识性错误,不必与之争论,参与这类争论品位不高;二是在实践中检验吧,这类看法肯定碰壁,不必理睬它;三是不同意这个观点,但要条分缕析地去驳斥,不但花气力,而且不一定说得透,缺乏信心;四是各自说各自观点,争什么,哪有那么多时间;五是费力写出一篇,人家不给发表,那不是白搭……

学术研究总有两个方面:正论和驳论。正面阐述观点是重要的,但是捍卫自己的观点,对不同的观点进行辨析、批评,也不是无足轻重的。二者都是理论建设的需要,学术争鸣就是为了"各抒己见,畅所欲言",在该学术领域中呈现兴盛繁荣的局面,打破那种"万马齐喑"的气氛。没有批评的学科是即将衰亡的学科,有批评、有斗争才会促进学科的发展,才会出现不同的体系、不同的流派。

学术争鸣,是"兼听则明,偏信则暗"的需要,是"广采博收,取长补短"的需要,更是"坚持真理,修正错误"的需要。因此,学术争鸣是一种责任,我们应该有争鸣的学术勇气。

学术争鸣,有是非之争,也有主次之争,有共时之争,也有历时之争。这些关系,有时并列,有时交叉,并不一定是单一的。

学术争鸣,要争,就要先搞懂弄通对方的观点,这才是郑重的、严肃的学术态度和学术作风,如有人指责"无稿播音"的提法不对,认为播音都是有稿的,无稿就不能叫"播音",但又认为节目主持是无稿的,却可以叫"采编播",这就自相矛盾了。如有人说什么时候科班出身的人少了,思想者型的人多了,主持人中心制就可以实行了。这里面的"科班出身"与"思想者型"似乎水火不相容,且不说有各种科班,有各种科班出身的人,其基本概念和逻辑关系都是混乱的,我们能认为这样说是严谨的吗?

我们缺乏学术争鸣的热烈气氛,我们缺乏尖锐的学术批评。"吾爱吾师,吾更爱真理",在清除学阀作风和学术霸权主义的过程中,在消除唯我独尊、狂妄自大心态的过程中,我们应该鼓励解放思想、实事求是的学术争鸣的勇气,我们应该支持尖锐泼辣、有理有据的学术争鸣的作风,那种"各打五十大板"的老好人,那种脱离实际、颐指气使的"老大"作风,是不利于广开言路、匡正学风、沉静心态、刻苦钻研、明辨学理、探寻真知的。

关于听觉阈限的思考*
——语言传播杂记之十四

语言传播主体必须考虑使受众"愿意接受"的一系列问题,而语言接受主体也需要考虑"能够接受"的一系列问题。"能够接受"与否,并不完全取决于传者,其中必定存在着受者的接受能力、接受水平、审美意识、美学理想诸方面的起点。

广播电视传播是否因其为"大众传播"就说它属于"大众文化"的范畴,就以"世俗文化"对待它,这其中有概念、性质、任务、要求等值得深入探讨的广泛论题,恐怕不能以偏概全,以点带面。那基本观点、重点认识,在此前的思考中已略陈己见,现在,还可以从受众"听觉阈限"的角度,继续进行思考。

一

凡有听觉的人,都受制于听觉阈限精疏的状况。有的人听觉阈限精微锐敏,有的人听觉阈限粗疏迟钝。这里,既有先天的生理条件、心理积淀,又有后天的环境影响、能动习得,两方面缺一不可,但究竟是互补还是互斥,因人、因时、因地、因事而显出不同程度的差异:从客观上说,有社会发展、时代氛围、人际关系、科技进步、文化负载等;从主观上说,有性格爱好、现实需要、理想追求、生存心态等。

大千世界给人们的听觉刺激是十分丰富又相当杂乱的,因此,在听觉的活动中,有主动和被动、选择和排除、专注和随意、辨别和领悟等多种情况发生,而且会在相对转换中获得更切实的具体感受,并为听觉阈限的日渐精微提供更多的契机。当然,听觉阈限是感觉阈限的一个部分,不是孤立的,在听觉活动中常常得到其他感觉的补充或受到干扰。

---

* 原载于《现代传播》1999年第5期。

从听觉阈限的思考中，我们会发现在精微和粗疏之间、锐敏与迟钝之间存在着多种多样的层级，可以分上中下，可以分高中低。忽视这一点，无论传者或是受者都将处于迷茫、空泛的状态，会叹息知音不在，知心难求。

二

语言的工具性、文化性，比起其他的声音来，更需要听觉阈限的精微锐敏。有声语言传播的"稍纵即逝""驷马难追"，密集信息的"吐纳珠玉""卷舒风云"，常会使受者"凝神倾听""应接不暇"。这其中，"明晰"是第一要义。

当受者提出"这个人在说什么呢？""他知道自己在说什么吗？"这类平常但却十分尖锐的问题时，大约是两种情况：一是内容较深、词语较专，而受者知识有限，理解不了；一是内容易懂，话语不清，而受者希望了解，听觉纷乱。前一种，是对受者听觉阈限估量过高，注意改进就好了；后一种，是传者自身的有声语言达不到"明晰"的要求，不应责怪受者。

当受者只是要求"听清楚、听明白"的时候，我们连这一点都做不到，难道不该汗颜么？受者之所以听不清楚、听不明白，是因为传者的语言水平过低。字头吐不清、字腹拉不开、字尾不到位，词无轻重，句无主次，缺少起码的语言功力，不会用基本的表达技巧，更谈不上时代感、分寸感了。这不仅说明传者的基本素质不高，更说明传者岗位的过度宽容，犹如烹饪师做不熟饭菜，裁剪师做不好衣服，仍然自我感觉良好一般。

有的电台、电视台，一些节目和栏目，程度不同地存在着这种状况，而且长期不见起色，竟还命为"名牌""名人"。漠视有声语言，无视听觉阈限，在传播竞争、文化竞争的当代，是迟早要碰壁的。

三

的确，正如马克思所说："对于不辨音律的耳朵说来，最美的音乐也毫无意义。"我们的受众正在不断提高自己的听辨力，听觉阈限也日益变得精微和敏锐。这里，也有诸多广播电视节目不断灌输、不断引导的功劳。

但是，还是有最差的音乐刺激着受者的耳鼓，那就是不规范、不标准、吐字含混、口齿不清、表达不力的有声语言。这种有声语言通过广播电视传播进入人们的生活中，直如嚼不动的米饭、穿不下的紧衣，令人难以承受。

为什么这种现象居然可以存在？为什么那听不清道不明的话仍然如故，面对大量的无效信息、刺耳的语言废料竟充耳不闻、熟视无睹？如此缺乏基本语言知识和起码语言常识的传播，如果不反求诸己，那是无法解释、无法改变的。

语言传播主体应该清醒，完全有时间当一回受众听一听自己的节目，完全有空闲"不耻下问",当然也应该有提高语言质量的紧迫感。语言传播的节目制作者、制片人,也应该清醒,完全有时间、有能力先替受众把一把关,让主持人、播音员把话说清楚,改不了就换人。可怕的是他们的听觉阈限都太粗疏、迟钝,根本就听不出问题,找不到症结,甚至也许还因为这种语言的"自然""亲切""生活"而洋洋得意呢!

当语言哲学、语言美学、语言文化学逐渐充实到听觉阈限的可容性空间的时候,那含混不清的有声语言,在广播电视传播、网络传播中就不可能再有立足容身之地了!

关于视觉美感的思考*
——语言传播杂记之十五

电视传播在听觉刺激的同时增加了视觉刺激,比现有的广播传播只有听觉刺激的确更丰富。人们从电视里不仅能听到声音,还能看到画面,得到了更多的官能满足,坐在某个地方,可以"周游世界",甚至遥望日月星辰的秘密。人们在感叹科学技术的威力时,难道没有超越知识层面的需求么?

电视机屏幕的尺寸再大,框在其中的东西也是被剪裁、被截取的"沧海一粟"。在一个瞬间,也只能看到大千世界的一小点儿天地,在转瞬之间,才能看到那另一小点儿。这正是电视传播的时空局限。夸大这一点,会放松我们的责任感,走向工具万能论;认识这一点,并切实把握它,才有可能逼近视觉美感的创造高度。

一

小时候,美术老师让我们作画,说看谁在一张画纸上画的骆驼最多,我们大家便千方百计把骆驼画小,连骆驼腿间都要画上个极小的。老师看着我们的画忍俊不禁。她在黑板上做示范,中间画一个骆驼,前面画了一个骆驼的后半身,后面又画了一个骆驼的前半身,然后说:"我画的骆驼最多!"我们极为钦佩。从那时起,我们好像茅塞顿开,不断追寻着思维、联想、观察、捕捉、想象、创造的多角度、多层面、全方位、立体化的境界,并推及语法修辞、布局谋篇的写作和表情达意、言志传神的话语。

电视传播中的画面,浅层的感知给人们以"是什么"的回答,不能扭曲生活的真实、颠倒现实的关联。令人莫名其妙的画面,制作者自己可能明白,观众却糊涂了,连播出的标准都没有达到,这应是不允许的。即使画面

---

* 原载于《现代传播》1999 年第 6 期。

本身清晰,但观众也许不知道"是什么",那就要说明,要解释。也有时,说明白了又没有相应的画面出现,甚至只是不相关的画面,让人丈二和尚摸不着头脑,"是什么"的问题仍然没有回答。这都是不应该的。

更为普遍的是图解式的画面,无异于画蛇添足。工业报道就是机器转动,农业报道就是麦浪滚滚,科研就是实验室,军事就是练兵场。更有甚者,电视连续剧《三国演义》中,当阳桥前张飞一声吼,曹军中有人吓破了胆,居然用"口吐绿汁"加以图解,这还有一点艺术性么?视觉是人们生活中非常重要的感知觉,它有一目了然的能力,千万不要小看它;它还有视通万里的功能,更不要简化它。

二

由于人脑的高级神经活动,眼、耳、鼻、舌、身是互补联动的,视觉有其综合力、分析力、拓展力和穿透力。视听觉更是具有极大的融合力,电视传播必须"声画和谐、形神兼备"。

有声语言、音乐、音响等充分发挥作用,理应带给人们视觉美感,这是电视传播义不容辞的责任。

视觉美感首先是形美。物体的精美,景色的优美,包括了光与色、时与空、动与静……人物,包括五官端正、举止大方……电视画面上的媒介人物又有更高的要求。但是,不能因为素质的重要就否认形美的必要。把主张形美与贬义的"花瓶""靓男俊女"的认识等同起来是片面的。"花瓶""靓男俊女"也有形美的一面,应予肯定,因为这也是视觉美感的要素。姣好的形象加上高深的素质才构成完美,而任何完美也不可能"无缺"。再高深的素质,如果五官不正、缺陷明显,也是不宜于"出头露面"作为媒介人物在电视上出现的。个别记者、编辑缺乏自知之明,形象欠佳却频频出镜,是对电视传播中的形美置诸脑后,对自身的"神采飞扬"过于迷信所致。

视觉美感其次是神美。物体的特质,景色的幽深,包括了坚与韧、虚与实、显与隐……人物,包括秀外慧中、气盛言宜……人们在接受视觉刺激时,理念在和谐中生发,情感在融合中起伏,赏心悦目,心驰神往,乐在其中,乐此不疲。而且没有什么干扰,不为细枝末节、芜杂凌乱的东西分散注意力。如果人物的眼神飘忽、迷离,摇头晃脑,故作多情,装腔作势等,也属于干扰因素,会失去视觉美感。

三

视觉美感,从观众来说,是视觉阈限精微与视觉审美意识的强化;从电视传播者来说,是视觉判断的准确、视觉艺术的把握与视觉美感生成规律的运用。电视传播者应是电视画面的第一观者,是视觉美感的第一获得者。这既是责任又是义务,要充分认识与享用。无论是审视自己的作品还是借鉴他人的优长,都十分需要。必须坚决反对向生活平面的"贴近",摒弃对崇高的背叛、对艺术的厌恶、对俚俗化的膜拜和对原典的鄙视。我们的电视传播应该表现出对人文精神的终极关怀,占领时代的制高点,使观众在视觉美感中体味到深厚的文化底蕴和强劲的生命能力。

　　一个好的电视节目,不会有后现代的文化消费印记,也不会有殖民地文化的媚俗倾向。它是在积极自如、昂扬亢奋中造就的精神升华的结晶,是在严肃认真、倾心投入中生产的文化积淀的精品,而视觉美感正在其中。

关于语言本质的思考*
——语言传播杂记之十六

近些年,谈论语言的文字多了起来。这是好现象,说明语言受到了重视。但是,关于语言是什么,语言的本质如何认识,却众说不一。人们每天在使用语言,语言的昨天、今天和明天,那作用几乎尽人皆知。为什么仍不能确切地把握它呢?

也许这正是语言博大精深、千姿百态的反映吧!

一

有了人才有语言,有了人群才有了语言,人是社会的节点,个体的人聚集成群体中的个体,人与人之间有了交往,语言便应运而生。人比鸟兽高明,因此,人类的语言便显得明晰便捷,少歧义、不含糊、容易学、方便用。使用语言,可以表意,可以传情,于是,喉头声带发达了,于是思维感情丰富了。政治、经济、军事、文化……都借助语言而显示了自己的现实存在和发展要求。

人们认识到,声音是语言的物质外壳,语言是思想的直接现实。这就是说,语言离不开声音,"心里的话"别人是听不见的,而你怎么想的,就怎么说出来,你说的话正是你想到的意思。

后来,人们又从社会功能上去认识语言,说语言是交际和交流思想的工具。语言如果只是工具,恐怕就同写字用的笔、代步用的车没什么大的区别了。说语音、词汇、语法是工具,似乎还可以,如果说一句、一段完整的话也是工具,就不大妥当了。因为那里边已经包含着说话者的目的、志向、情感、精神了。

现在,人们逐步认识到语言是文化的显现,成为文化的载体,这的确是

---

* 原载于《现代传播》2000 年第 1 期。

一个重要的进步。还有人说"言为心声",正是语言的主体性表述。看起来,从不同的角度去认识语言是十分必要的,只有如此,才能逼近语言的本质。

二

认识到了语言是人的,是人群的,是社会的;认识到了语言是文化的、精神的;认识到了语言是声音的、物质的,大约就可以明确它不仅仅是工具,不仅仅是材料,不仅仅是规则。可不可以说,语言是人文精神的音声化呢?其中,包括人文精神和音声化两个方面。

人文精神,是人们在现实生活中的存在状况在意识形态、思辨深度上的具体反映,随社会发展、时代进步而变化,同世界观、人生观、价值观、文化修养、美学理想紧密相连。人文精神对个体人的观照是强烈的,几乎无时不在。人文精神可以凝结在典章器物上,打上时代的烙印,流传于后世;人文精神也可以融入社会交往中,显露思维的轨迹,远播于海外。一幅绘画、一支乐曲,无不是人文精神的张扬,只不过有文野、高下之分罢了。

音声化,不只是声音的问题。语言的声音不同于风声、雷声,它是人声(或模拟人声);音声化,是指人的声音,显然还要具有语音的系统性、词汇的序列性和语法的规则性这三大要素。这样,音声化就区别于色彩化的绘画、器具化的音乐了,也可以与其他民族的语言共有音声化的含义而又有语音、词汇、语法诸方面的差异了。

"人文精神的音声化"是一个整体,为了解释方便才分开来谈,其核心,正是一个"人"字。因此,语言的本质正在于其"人文性"。

这里,主要是说明人文精神的音声化就是语言,人文精神是被音声化了的存在,而音声化本身恰恰被人文精神所充盈、所熔炼、所涵化。即使是言不由衷、口是心非、口蜜腹剑、巧言令色,也是一种人文精神的音声化,不过那是语言的异化现象,正证明语言并非万能,还要有"言而有信""言行一致"等考察与约束。

三

人们强调语言的本体论,这无疑是正确的,应该重视语言的现象分析,重视语言的结构分析、功能分析,特别是语言规则的分析。但是,似乎不应忽视语言整体的微观与宏观分析的结合。

说到底,语言是人的,是由人在长期的实践中创造和发展的。人是发出、深化、驾驭语言的主体。语言现象,是语言主体进行的语言活动。语言活动丰富生动、千差万别,是一个有极大可容性空间的语料库,规律自在其中。语音的变异、词汇的扩展、语法的多样,既相对独立,又互相联系,而这一切,都离不开语言主体的创造性、开拓性、群众性、时代性。从人文精神的音声化层面,注重语言主体的研究,也许能冲破"工具论"的机械性,集结"文化论"的普泛性,打开语言本质的大门,推动语言活动的科学化、规范化。语言学的研究,在立足本土、吸收西学的过程中,应大力激发本体和主体的活力,变静态研究为动态研究,变平面研究为立体研究,变表层研究为深层研究,让语言学"门可罗雀"的"冷门"成为"举袂成荫"的"闹市",让人们把"不学而能"的语言看作"羽化登仙"的基点。语言素质的提高将和综合国力的增强同行共进。

我们有理由企盼语言学的鹏程万里!

关于播音标准的思考*
——语言传播杂记之十七

播音标准问题,自有播音创作以来就存在。创作者和接受者,包括管理者,不论是否意识到、是否明确,也时常在心里掂量,在言谈话语中涉及。任何一种传播行为(语言传播当然不会例外),都有规范,都有思想范式,不可能好坏不分、是非不辨。因此,逐步在理性上树立一个标尺,用以估量现实中的诸多现象,是一种社会责任,对播音标准的思考,恐怕不是多余的。

一

语言,自其产生以来就有标准:说清楚了么?听明白了么?这大概是最起码、最表层的标准了。如果说不清楚、听不明白,语言的社会功能也就消失,语言的价值只能等于零。岂止等于零,简直可以说还会产生相反作用,即说的和听的反会南辕北辙、背道而驰。

在现实生活中,这种现象屡见不鲜。把"站在船头看郊区"说成或听成"站在床头看娇妻",把取得成绩"靠政策和机遇",说成或听成"靠警察和妓女",不是相当严重的误会么?语言的规范化,推广全国通用的普通话,其基本道理不是极为明显的么!为什么至今仍有想不通、不同意、无所谓甚至对着来的呢?这就属于对标准问题的认识了。

标准有范围大小:像老子说的"鸡犬之声相闻而老死不相往来"的小地方,这么点儿人,长相厮守,一个眼神、一个手势都知道是什么意思,语言互通就更不用说了。大如中国,南腔北调,不统一标准就很难交往。

标准有严宽差别,像处世哲学的一种:严于律己,宽以待人。但是严有上限,即不应苛刻;宽有下限,即不能无边。也就是说,严也罢,宽也罢,都在一定界限之中,而不能超过一定的界限。超过一定界限就失去了标准,

---

* 原载于《现代传播》2000 年第 2 期。

而失去标准就意味着主观意志代替了客观标准。

我们说标准是客观的,那就是不以主观好恶、主观取舍作为评定的标准,那就是标准的公正、合理性原则。

我们说标准是客观的,但并非不可移易,而承认其时代、社会、阶段、群体的共有、共识,即多数性原则,其可变性有客观依据、充分证明和相对稳定的理由。普通话的标准制定及实施,包括实施过程中的宽严界限,已经给定了现阶段的客观性,任何主观意志都不应无视其存在,漠视其权威性地位。

二

广播电视语言传播,由于带有公众性,必须有一个多数性规范,但这还不是它的标准,它应有自己独特的、明确的传播标准。

例如:普通话的一级甲等,97分以上即可达到,但97分以上意味着允许出现30个0.1分的扣除率,即30个小错误。这从传播层面看,不是太多了么?就说20分钟的节目,有一两个哪怕仅仅是字音错误,就相当多了,何况30个?

那么,语言传播中,特别是播音(当然包括主持)中,应有什么具体标准呢?我想,不如通俗地给以分列:

第一,无差错标准:字音、词汇、语法、语流及知识、常识、观点、论点等,不允许出现差错,一旦发生应立即改正。不坚持这一点,在语言文化、思想政治等方面,就会发生导向性错误或偏差。

第二,明晰性标准:字字珠玑、语语中的。语意、章句、思路、逻辑、感情、态度、目的、对象、政策分寸、描写论述、引文用典等,必须清清楚楚、明明白白。表达上要坚持快而不乱、慢而不断,不含糊、不模棱两可。

第三,真诚性标准:认认真真、实实在在,不敷衍,不做作,不故作多情,不故弄玄虚,不妄自尊大,不媚态百出。一言一行都对受众负责,都发自肺腑,都全力而为。

第四,适应性标准:适应广播、电视,适应节目、栏目,适应语体、风格,适应听众、观众。不脱离规定情境,不脱离语言样式,不脱离自在身份,不脱离受众期待。要准确定位,要一专多能,要随遇而安,要随机应变。不可一味追求个性,一心实现自我,不可模糊主体意识,忘记创作理想。这适应,当然是主动积极的,不是被动消极的。要准确理解和把握适应性的双向互动内涵。

第五,审美性标准:从用气发声、吐字归音,到表达技巧、艺术处理,都必须进行审美观照,竭力避免粗俗、低俗、庸俗、世俗,全力进入音美、意美、情美、形美的审美视阈,不以"质朴"失美,不以"华丽"害美。传播者是美的使者,心灵美才会语言美、仪态美。

三

播音标准,应该建立在"真、善、美、新、雅、精"的中华民族当代人文精神的基础上。任何以私人化、世俗化的口实消解崇高的人文精神的标准,都会把人们引入歧途,最终,消解了传播主体,消解了道义和责任。人们呼唤严格传播标准,严格标准传播!

关于竞争上岗的思考*
——语言传播杂记之十八

广播电视体制改革步伐正以前所未有的速度加快进行。先行者精益求精,后继者风起云涌。不论多么艰巨、多么曲折,大势所趋已是事实。这一改革,同其他行业一样,目的是增强综合国力,实现21世纪的战略目标,而核心是人才资源的优化配置。

一

我们所说的人才,首先是有理想、有道德、有文化、有纪律的全面发展的人才,更是有创新能力的、可担重任的人才。广播电视的从业人员,是从社会上吸纳来的,社会人才的状况直接影响广播电视人才的状态。由于21世纪信息工程和生物工程的发展,知识经济的成熟,高等教育的普及进一步加快,人才的成活率、成熟率日益提高,人民生活水平的小康化,将极大地促进人才规格的升级。到那时,再也不是"有没有人才"的问题,而成了"有没有更优秀人才"的追问。

人才问题自古有之,一直存在着社会埋没和自我埋没两种情况。历史上那些怀才不遇、遁隐山林之士,一片丹心、报国无门之士,多为社会埋没;而纵情酒色、玩物丧志之徒,不学无术、鼠窃狗偷之辈,总是自我埋没。所谓"千里马常有而伯乐不常有",当属社会埋没;而自视甚高、耽于幻想、屡屡碰壁仍不识前路,大概会自我埋没。今天,有广阔的成才之道,每个人面前又机遇很多,社会埋没的人越来越少,这是社会不断进步的表现。但这并不意味着每个人都能"如愿以偿""志得意满",原因很简单:社会的"岗位"设置不是无限的。

广播电视事业的发展,也面临如何设岗和如何上岗的问题,"岗位"肯

---
* 原载于《现代传播》2000年第3期。

定要少而精,这正是对人浮于事、因人设事的否定,是对择优聘用、任人唯贤的肯定。

二

如何解决岗位设置相对少而要求上岗的人相对多这一矛盾呢?只有采取竞争上岗的办法。这种竞争,是真才实学的较量,是综合素质的比对,是专业优势的展现,是个体潜能的释放。当然,不是什么人都可以参与任何岗位的竞争,每个、每类岗位都一定有下限的规定,如性别年龄、学历学位、经历经验、成绩成果等。不同的专业规格,有不同的要求下限的规范,即任职资格证书,也就是上岗证。它涵盖了上这个岗应具备的条件,并经过严格、公平的考查、考核和考试,专业规格的确定、岗位规范的施行,必须具有全面性、全国性、权威性、共识性,要尽力避免片面性、狭隘性、随意性、主观性。任何长官意志、利益交换、私人关系、江湖义气都成为非法,应坚决摒弃。

任职资格,只是一种上岗的可能性,是否就是上岗的现实性,还有待于具体岗位的选择和确定。播音员(主持人)个人在取得了任职资格证书以后,究竟在什么地区、什么台、什么节目上岗,还有不同的要求,还有双向选择和试用过程等情况。一个新闻播音员,具有了播音专业技术职务的中级职称以后,是在中央台还是省级台、地市级台、县级台,是在联播节目中还是整点新闻节目中,要看实际需要和个人意向,也许新闻节目不再聘用,也许自己不满意,那就去另外地方、到另外节目中去。这里,便出现了"聘用择优,自愿上岗"的格局。这个岗找不到更优秀的人才,只好降低些要求;这个岗并不很理想,只好屈居于此……岗位,有对更优秀人才的期待;人才,有对更理想岗位的向往。聘用人才的单位,对在岗人才要尊重、优待,以免人才流失;在岗人才要自重、尽责,以免降聘解聘。这种双向选择、互相制约、互相激励、动态组合的机制,营造和优化了竞争环境,形成了发挥岗位作用、高效优质运转的竞争态势,是值得提倡和实施的。

三

播音主持艺术专业人才,是一种特殊人才。其必须具有一定天赋、经过严格训练,适应并胜任在话筒前、镜头前的有声语言(包括副语言)创作活动。这样的人才,在发现、选拔、培养和使用上,都存在着明显的特点和难度,这是竞争上岗中要切实深入地加以研究的课题。

就此类专业人才的个体来说,一次考查、考核、考试的成功,绝不意味着每一次都合格;一个节目的成功,更不意味着每一个节目的优秀。一方面,有基本功扎实与否的问题;另一方面,还有实践经验丰富与否的问题,二者又在个体的生命价值取向上融合为或优长或缺失的表现。因此,竞争是长期的,是相对的,存在着必然与偶然、正常与异常的多种复杂情况。在这里,"失败乃成功之母""行百里路半九十"就成了自勉、自励的箴言。

岗位会不断调整，人才会日新月异，因此，竞争永远是动态的、螺旋式上升的。在万船齐发、百舸争流的态势中，胜利属于那些不畏险阻、勇往直前的自强不息者。

竞争中的上岗者，已无暇欣赏满眼风光，只可争分夺秒地精益求精、广采博收地继承创新，否则，一驻足便成千古恨。一旦江郎才尽，还是自动让贤，不要硬撑局面的好，人们已习惯于人才流动，"长江后浪推前浪，世上新人换旧人"，这同样是对人民负责、对受众负责。

关于贴近受众的思考*
——语言传播杂记之十九

在广播电视的改革中,对受众的研究受到了重视,提出了"贴近受众"的口号。这无疑有积极的现实意义。但是,这一口号不应作为放弃传播责任和诠释媚俗主张的挡箭牌。

一

接受美学提出重视接受者,把创作者与接受者的关系加以强化,这是正确的,但其弊端往往造成创作主体意识的淡化,这就未免有些偏颇了。"贴近受众",也存在类似的问题。

我们的广播电视,一贯以"为人民服务"为宗旨。其含义,通常表述为"党、政府和人民的喉舌",这并不影响功能的拓宽、形式的多样。我们的广播电视传统从来没有忘记过受众,除了极"左"思潮的干扰,广大广播电视工作者总是处处、时时想着受众,一心一意为着受众,并虚心倾听受众的要求和意见,把它当成改进传播工作的重要依据。

不过,广播电视工作是一种主流意识形态的宣传和灌输,是一种强大的舆论引导,而不是当受众的尾巴,唯命是听,认为受众是"上帝"。"要宣传得好,使人愿意接受",应该成为传播的指导方针。

有人认为,受众应该是中心,那么传者呢?是边缘么?是附属么?还是什么别的?如果传者也是中心,是不是会陷入二元论呢?其实,传者是传播主体,受众是接受主体或传播对象,这种表述是周延的,何必在"中心"上苦做文章呢!看起来,传播主体为了更好地服务受众而不远离、不高倨,提出"贴近受众",是有利于传受沟通、传受互动的。

---

* 原载于《现代传播》2000年第4期。

二

贴近受众,是强化传播责任意识的口号,不应以此为由,把受众的复杂群体归结为单一层次的集团,这是一个十分重要的逻辑起点。

我们的受众,即广大的广播听众和电视观众,东西南北,男女老幼,人生观、价值观、审美观、是非观……差异极多,甚至有各种情绪和心地的区别。面对这"芸芸众生",传播者只有一条路:千方百计提高其文明程度、文化水平、道德操守、生存质量,引导其从"天下为公""世界大同"的最低层级起步,走向较高的理想境界和较好的生活状态。

这里可以明确地说,不要一提起"受众"就认为其都是自觉的公民、睿智的学人。因此,贴近受众,目的是"提升"而绝非"低就"。目前的情况却是令人困惑的:把贴近受众认作迎合低俗,排斥高雅,抹平艺术,以怪异为思想解放的表征,以刺激为世人追求的目的,闹嚷嚷你方唱罢我登场,乱哄哄台上台下急急风。这不是什么"贴近",完全是邀欢买笑,的确是商品狂欢,应该是掀翻这饮鸩止渴的筵席的时候了。

三

当我们看《智取威虎山》,杨子荣在座山雕面前说出"么哈么哈,正晌午时说话,谁也没有家"的时候,不会有人责问:共产党人怎么能说土匪黑话?因为,只有说黑话,才有可能打进去完成捣匪巢的任务。

我们的广播电视,在有声语言上,理应起规范的表率作用,自不待言。那种非规范、反规范、抵制规范、冲击规范的言行,竟然利用起"贴近受众"的口号,为自己不规范的语言穿金戴银,恐怕抓到的这根稻草是掩不住其中的败絮的。

规范的语言,是受众最希望听到的语言,只有语言规范,才能真正贴近受众。不规范的语言,贴近的是不规范的同道,还会得到几声喝彩。

不规范的语言,即使是几个语音问题,几句语法问题,也应是严肃的、郑重的广播电视工作者所不取的;偶然的错误,也会感到内疚,决心"下不为例"。

语言规范化,是一种责任,是一种操守,而不是细枝末节、可有可无。语言不规范,是不合格的上岗者,如果不思进取,可以另谋高就,怎么能大言不惭地声称这是"贴近受众"呢?我们的播音员、节目主持人,都去如此贴近受众,那么提倡推广普通话的宪法、文件、规定,不就是一纸空文了么?

语言不规范,有各种情况,用以"贴近受众","贴近"的是哪样的受众呢?用广州方言,只能贴近广州话群体,连广州全体市民都贴近不了:"比较"非念成"比脚","结束"非念成"结素"。如果"贴近"了小学生,小学生就会去质问教师,认为教学有误,那就贴近不了教师,这种"贴近",是不是误人子弟呢?

读错了音,说错了话,就老老实实承认,最好是认认真真改正,这才是有责任感、有事业心的人起码的自我要求。明明有错,拒不承认,反而用"贴近受众"强词夺理,那不是欲盖弥彰么?不但掩饰不了错误,反而连什么是"贴近受众"都被明眼人看出了浅薄的误读,这真是一种悲哀。

真心实意地去贴近受众吧!在贴近中去悉心体会到底怎样规范自己的言行,才能产生中国老百姓所喜闻乐见的节目——包括名人。

关于评奖标准的思考[*]

——语言传播杂记之二十

参加过几种评奖,广播电视节目的评奖有一定的弹性,竟会发生相反意见的论争;播音与主持作品评奖,特殊性更明显,评委往往看法不同,甚至分歧较大。

之所以设立中国播音与主持作品奖,主要是为了鼓励播音员、节目主持人提高创作觉悟,多出精品。但这同其他节目的要求有共性之外,个性差异较大。如有声语言的状况(语音规范,词汇、语法规范,表达准确、流畅,状态积极、自如,等等)、电视中的副语言(眼神、手势、化妆、服饰、体态,等等),都是其他节目、其他评奖不作为重点衡量的。

正因为如此,播音与主持作品的"作品"含义,主要指有声语言创作出来的成品,一般是播过的较完整的节目,包括新闻节目、专题节目、专题片配音、文艺类节目。这里,有声语言创作是核心,并非指策划、稿件、编排、制作等。评奖时,必须突出这个核心,而不应"旁逸斜出"。于是,顺理成章地便产生了一系列规定:有声语言要有一定的质和量,必须体现有声语言创作主体的导向意识、政策水平、驾驭能力、受众意识……声音、画面要清晰,不允许几次节目集萃,如果有声语言部分中出现不规范、不和谐的其他工作人员的话将影响评奖,等等。在评审中,发现某作品有语音、词汇、语法、修辞错误,有政策性、理论性、观点性、知识性错误,有节目内容低下、形式散乱、制作粗糙、信息模糊等毛病,将降低奖次或淘汰出局。

一

播音与主持作品奖,必须讲究有声语言的质量,这个标准不应降低。广播中的"以声传情,声情并茂",电视中的"声画和谐,形神兼备",都是这

---

[*] 原载于《现代传播》2000年第5期。

个标准中的题中应有之义。

语言的规范性,应严格遵循普通话的要求,不应放宽。参评者先要有普通话水平测试合格证,否则没有参评资格。在播音与主持作品中,不允许存在不规范的情况。

语言的多样性,因节目性质、内容、形式、对象……特别是语言样式、样态而有多种形态,如播报、谈话、宣读、讲解、朗诵、问答、评论……以不变应万变不行,转向、错位也不行。"港台腔"的地域性、边缘性、媚俗性、异质性,根本不属于多样性之列,不能进入评奖范围。

现在,广播电视节目的形态多种多样,而其边界并不十分清晰,有不少重叠、相近之处。同时,不少创新之作又会富有新意,不宜用原有形态去加以限制。这就又增加了评审的难度,出新不能出格,鼓励创新却不应猎奇。

现状就是如此,不能不在评奖标准的弹性上尽量科学地去把握"度"。

二

在评奖中还会出现许多主观的附加条件,本是希望更严格、更合理,但因缺乏共识而多有歧义。

一是对作品的审视中,对创作流程的重视削弱了对创作成品的精微把握,如:自采自编的节目,就先入为主地认为高于他人采写的节目,在语言质量上就从宽,语音欠规范,表达欠生动,似乎也可获奖;对于不是自采自编的节目,就先入为主地认为低于自采自编的节目,在语言质量上就从严。这是不正确的。"采""编"并非由自己决定,"采""编"也有水平高低的问题,既然是播音与主持作品,在语言质量上就不应有不同的要求;创作流程怎样,受众并不知道,受众只从创作成品中去认知、去感受、去评判。评奖时,应从创作成品去衡量,而不应掺入创作成品之外的其他因素,否则就会失去公平与公正。

二是对作品的优点与不足分析不够,说优点就好上加好,究竟优在哪里、优到什么程度,难以具体、精细;说缺点就一无是处,究竟哪个方面、哪一层面上不足,不足到什么程度,总觉空泛、粗疏。在审视作品时,不该"攻其一点,不及其余",也不该"知其然,不知其所以然"吧!

三是难以做到"仁者见仁,智者见智";往往"一呼百应",或者"先声夺人",少数服从多数,无暇或无力开展"争鸣",因此,研讨、点评时,只有"统一意见",缺乏不同声音。其实,把多种意见提供出来,应是创作者求之不得、受益颇多的事,对旁的作者也有借鉴意义。

这些,恐怕还是一个学术问题。立足学术、为了学术,倡导学术民主,创造学术氛围,鼓励学术争鸣,深入学术研究,对评奖标准、评奖过程、评奖结果都会大有裨益。

三

至于评奖中的其他问题,也有进一步思考和解决的必要,约略是:

第一,"指令评奖"。超出学术标准,考虑关系,下达指标,戴帽评奖。

第二,"有偿评奖"。远离学术思路,重金疏通,本无实力,后门求奖。

第三,"名人评奖"。不顾评奖标准,以"名"为实,名人都好,自然获奖。

第四,"情绪评奖"。妄解评奖标准,感情用事,臧否无据,固执己见。

这四点并不全面,评审者、参评者、旁观者、旁听者当中都有此类事例流传,或为实有,或为推测,并非无中生有,更非恶意中伤。正是"有则改之,无则加勉",真心维护评奖的权威性,促成评奖的良性循环。

某年、某类评奖,应评出水平、评出风格、评出积极性,促进节目质量的提高,不一定推出理想的高水准,一等奖可以空缺,但一定要令人心悦诚服。

评奖也有一个探索过程,总有一个由不成熟到逐渐成熟的态势。评奖越成熟,声誉越高,信誉越强,人们就越会踊跃参与,希冀从中有所收获。

评奖标准也有一个完善过程,坚持学术立场,就会日益科学、愈加公平。

关于精益求精的思考*
——语言传播杂记之二十一

无论是人类的生存和发展,无论是语言的运用和研究,人们都希望好上加好、精益求精。这是理想的召唤,历史的共识,当然,这"好",这"精",会因社会的发展、时代的进步而有不同的水平、不同的质量。然而,今天的情况,似乎发生了某些变异,很值得我们重视。

一

在"好"和"精"的价值取向上,本应以客体的期待为指认,以本体的积淀为基准,以主体的责任为依托,以精神的升华为目的,这样,才会有真正的人生价值,也才会有真正的传播价值。可是,目前却出现了这样一种情况,只以主体的满足为尺度,一切都归结为"自我感觉良好",根本不用"吾日三省吾身",更不用"修身齐家治国平天下"。对客体的要求,竟提倡"知足常乐",哪怕心并不足反"欲壑难填",乐并不足竟"得寸进尺"也毫不在意。这种引导,已经属于"垮塌"状态,哪里还有"好"和"精"的影子?

传播者理应注意对"好"和"精"的追求,建构自身的人生观、世界观、价值观,同时,完善自己的生命体验和美学理想。没有这个条件,就不可能以正确的态度、积极的热情、科学的精神、深厚的底蕴完成"由己达人"的使命。现在的问题正是由此而来,怎能认为这是尽人皆知的大道理,居然置之不理呢?

任何传播都不是孤立的、单一的,它实际上是一个社会的缩影,映照着本土的风貌、大众的心态、文化的走向、世界的变化。它反映世界情况,也为世界反映情况。从它的运作过程中,人们会毫不费力地认出它的属性,明白它的意图,了解它的水平,从而决定取舍、判别高下。正因为如此,

---

* 原载于《现代传播》2000年第6期。

"好"与"坏"、"精"与"粗",便成为传受双方的共同判别分野。传者可以制作出不好不精的节目,受众也可以不听不看。

所谓"好""精",有下限无上限。下限较模糊,就是"可听可看";上限无止境,就是"精益求精"。

二

精益求精重在一个"求"字,就是不满足可听可看,而追求更高、更美的层次。那么,怎样才算更高、更美呢?

首先,是立意。有闻必录、有话必说是不行的,要区别其价值高低、角度新老。没有什么价值,或价值不大的事情,角度不新,或离不开老套数的事情,不录、不说也罢,即使是"独家新闻",哪怕是"个性语言",也不一定就价值高、角度新。

其次,是思路。以事为线、以时为序是一般思路,应该有所变更。事物的发展变化,条条道路通罗马,并非只有一条;时间的转瞬即逝,一寸光阴一寸金,并非仅此一刻。四维之中、六合之内,任我选择,关键是思路的清晰和独特,何必一筹莫展、作茧自缚?

再次,是材料。大千世界、人生百态,总会有某些人物事件收入眼底。把那些符合立意的材料选出来,加以调整,形成鲜明生动的景观,恰似随手拈来,却会令人如沐春风。这材料,因主体的生活体验、人生阅历而显露其不同程度的丰富和深刻。

最后,是升华。这是关键的环节,是决定成败的最后一搏。全部立意、思路、材料的组织和凸现,都经过这个环节变得清新、完美,这是极具眼光、极具功力、极具理念、极具情趣的质变过程。懒惰和怯懦与它无缘,迎合和媚俗与它为敌。

这里要强调的是,创作主体的主观能动性。

纵横捭阖之中,不忘受众的期待;上下求索之时,牢记人民的嘱托。尽管节目有宗旨,群体有共识,有时仍不免受环境和潮流的影响,发生偏差,甚至误入歧途。当前,特别要警惕拜金主义、利己主义的侵袭。

所谓拜金主义,是指对金钱的追逐,遇事首先考虑经济收益的高低,而不考虑社会效益的大小,因而干扰了创作思想,削弱了精品意识,制作出了格调低下的节目;所谓利己主义,是指对自我的夸大,一事当前,唯我为上,处处表现自己、显示自己,不顾节目的需要,不管受众的期待,从而影响了立意和思路,制作出了品位低俗的节目。今天,作为传播者,有责任排除干扰,精益求精,完成自己的使命,不辜负历史赋予的机遇和岗位。

三

精益求精,首先要坚持本土传统文化的血脉,这是民族之魂、传播之根。历史上有两种倾向:一是国粹主义,即使是瘢痕,也觉得"艳若桃花",丝毫改动不得;一是民族虚无主义,"外来的和尚好念经",自惭形秽,崇洋媚外,不惜照抄照搬,步步爬行。这两种倾向完全违背了历史发展的规律,阻碍着国家民族的兴旺发达。

精益求精,必须善于广采博收、兼容并蓄。一个优秀的传播者,应该是博古通今、学贯中西、见多识广、勇于创新的行家里手;是善于"以科学的理论武装人,以正确的舆论引导人,以高尚的精神塑造人,以优秀的作品鼓舞人",善于把人类文明的精华传之当代、播于后世的专门人才。井底观天、孤陋寡闻、浅尝辄止、孤高自傲当然不适合这一岗位,也不可能生产精品。

精益求精,最重要的是强烈的人文关怀。只有站在时代的高度,在节目中贯注人文精神,进入社会的深层,在内容上融入人文内涵,开启感情的源泉,在样式上彰显人文诉求,才可能比较充分地表达人文关怀的终极目标。目前,有些节目人文关怀极为欠缺,传者(编导、撰稿、解说、播音或主持、制作、音响、灯光等)不是冷漠的看客,就是毛躁的演员,似乎受众的冷暖、人间的是非都不值一顾。如果不得不进行一些诠释或者讲解,也是敷衍一番、虚与委蛇,鲜有真正的倾情投入。其实,强烈的人文关怀是可以从各个方面给以表现的,一句话、一个眼神、一个间奏、一个镜头……无一不在传达某种人文精神。问题是有意或无意、真用或假用,以及根据什么样的价值观进行主次配置、陈述铺排。而这,完全取决于传播者的道德责任,任何主观或客观的"理由"都是解释不通的。

四

精益求精绝不是一个空泛的概念,而是一个坚实的理念,是一个广阔的空间。作为大多与生活同步传播的广播电视,即使有一部分进入信息高速路之后,那观察、认识、辨别、选择和表现的范围,也是非常辽阔广大的。比起古圣先贤、仁人志士,我们有得天独厚的优越条件,如果坐失良机、志得意满,就将追悔莫及、时不再来。我们只能发愤图强,使出浑身解数,创作时代的经典,以之惠及今日、流传后世。

精益求精,是一种美学理想。它的起点就在脚下,它的远景就在明天,只要一步一个脚印,不畏劳动,磨砺自身,融入集体,竭尽绵薄,终会收获。经典是历史长河中时代的闪光点,它属于甘于寂寞、志存高远的智者,我们期待着。

关于"通用语言"的思考*
——语言传播杂记之二十二

2001年的1月1日,《中华人民共和国国家通用语言文字法》(以下简称《通用语言文字法》)开始施行了。这是我国第一个关于语言文字的法律,在我们的社会生活中,必将发挥巨大的、长远的影响。我们的广播电视工作者,特别是有声语言传播的专业人员,一定会为此而欢欣鼓舞。

一

秦始皇曾经明令"书同文",这是具有伟大历史意义的、至今还发挥着重要作用的法规,它使得我们的社会交际、经济交易、文化交流、人际交往、人机对话都能够十分便捷、通达。这种文字的统一,对于异域的联系、思想的沟通、认知的共识、历史的承续,无异于开辟了通衢大道。

文字虽然也在发生变化,但不过是微调,即使是简化汉字,也没有脱离整体的格局。篆、隶、楷、行、草,也只是体式的变化,并不是另外的体系。之所以出现错别字,是因为在不断的调整中,文字的应用日益规范,通假字渐少,每个字的意义越来越确定。无论是大的发展趋势,还是具体的使用规则,人们已经习惯于汉字的书写了。

如今的电脑,有多种方法输入汉字,速度很快,打破了汉字必须走拼音化方向的狭隘眼界。汉字的优越性更加明显,汉字的普及不应再受干扰。而《汉语拼音方案》作为拼写和注音的工具,仍有其不可缺少的作用。

在"书同文"的同时,囿于历史局限,不能提出"语同音"的要求,后人自能了解,否则就过于苛刻了;两千多年来,一直没有得到解决的问题,怎能责怪古人?

---

* 原载于《现代传播》2001年第1期。

二

魏晋以降,各种语音和音韵书籍大量问世。"四声"和"反切"等,"古音"和"今音"等,多有发现,成果丰硕,却仍不能解决方言问题。方言的形成,与当地的文化有着密切的关系。"飞地"现象,多与人群的迁徙、会聚相关。我国方言复杂,繁衍流变广远,虽有力图规范语音的各种措施,反复宣传和长期呼吁,但收效仍然不大。中华人民共和国成立以后,提出了推广普通话的任务,成果很多,而且写进了宪法,但也未达到理想境地。近十几年来,相关的文件和法规陆续出台,推动了这一工作,还显得力度不足。人们强烈要求立法,以便用法律的形式确立规范汉字和普通话的地位,并且成为带有强制性和约束力的重要举措。今天,这已经成为现实,其历史意义完全可以上承"书同文",下导"语同音",功在当代,惠及子孙。

有了《通用语言文字法》,我们就可以理直气壮地、循序渐进地推广普通话,推广规范汉字了。少数民族的语言文字应该受到尊重,现在,有了国家通用语言文字,必将使交流更为畅达,有利于国家统一和民族团结。

三

施行了《通用语言文字法》,广播电视传播中,语言文字的使用便有法可依了。《通用语言文字法》第十二条规定:"广播电台、电视台以普通话为基本的播音用语。"这不但可以在实践操作层面进一步规范传播行为,而且还在认知层面明确了规范的意义,更重要的是,在理论层面澄清了某些糊涂观念。

规范,是一种自由。传播者的语言越规范,听众越多,传播者的创作越自由;听者的语言越规范,听懂的话越多,收听收视的行为越自由。一定要解除"规范是束缚"的思想枷锁,努力推广普通话,推行规范汉字。

播音,是一个严肃的称谓,不仅包容着传播行为,还体现着传播观念。首先,广播电视是以有声语言为主要手段传播的,图像、字幕、音乐、音响等不能代替有声语言。其次,作为大众传播媒介,有声语言必须让广大视听群体能够听得明白、愿意接受,不应使用地域方言(确需使用而又经批准的除外),不应以"生活化""亲切感"为名使用错误读音,更不应以"审音不当"为由拒绝普通话规范。这是对广大受众的尊重,这是对民族文化的尊崇,这是对传播行为的负责,这是对节目质量的承诺。因为,不规范的传播行为是一种污染,它污染语言自身,又污染语言环境。不规范的传播行为把大众传媒沦落为人际传播的汪洋大海,鱼龙混杂,泥沙俱下,何谈准确、鲜明、生动?何谈美化、美感?

"播音用语",包括播音员和节目主持人,都要在播音时以普通话为工作语言。方言播音也要走规范化的道路,不能把节目主持人的播音用语有意无意地降低标准,更不应以是什么"说"、不是"播"来混淆视听,掺杂进非普通话的成分。我们应该坚决守法,维护《通用语言文字法》的尊严和权威,不应该违法。将来会有一定的监督管理措施,以保护法律的实施。《通用语言文字法》第二十六条已有原则的规定,其中,"公民可以提出批评和建议",就是公民进行监督的权利。

四

　　《通用语言文字法》第十九条,要求"凡以普通话作为工作语言的岗位,其工作人员应当具备说普通话的能力"。也就是不具备说普通话的能力,不能上岗。所谓"说普通话的能力",就是"达到国家规定的等级标准"。目前规定,中央和省级是一级甲等,地市级是一级乙等。尚未达到的要进行培训,一般是以三年为期。

　　像审音一样,普通话测试也要不断改进,但不能因此而观望,甚至有禁不止、有令不行,即使达到了一级甲等也不应满足。因为在20分钟的测试中得到97分就属于一级甲等了,允许有3分(读错一个字,仅扣0.1分)的错误。如果是正式播出,一个错误都是不应该的。事实上,全国学习普通话的热潮、全世界学习汉语的热潮方兴未艾,会有越来越多的人达到一级甲等,形势喜人,形势逼人,我们怎能无所作为、敷衍时日呢?

　　当然,普通话达到了一级甲等,绝非就可以做播音员、节目主持人了,那特殊的要求还多得很呢。如政治思想的考查、文化水平的考试、业务功底的考核等,必须具有广播电视的行业特殊性标准。21世纪,人才竞争日趋激烈,广播电视传播必须进入美学层面,才可以应对数字化、网络化的挑战,普通话和规范汉字仅仅是基础的、起码的要求,我们不能不做好迎接美学世纪的充分准备。

　　《中华人民共和国国家通用语言文字法》的颁布与施行,给了我们巨大的压力与动力,使我们热血沸腾,也使我们认真思考:值此"语同音"的新的历史时期,是否应尽一点公民的义务呢?这既是时代的馈赠,又是后辈的期望,义不容辞,责无旁贷,怎能敬而远之?

关于无稿播音的思考*
——语言传播杂记之二十三

众所周知,播音是一项有声语言的创作活动,自从有了广播电视,就有了播音这一重要环节。播音又分为有稿和无稿,以便从创作依据上,进一步考察创作过程中的共性和个性特点,这似乎是十分简单的问题。为什么还要在无稿播音上进行思考呢?这主要是因为,目前仍有"播音怎么会有无稿"的质问,使我们不得不进行深入阐述。

一

人类的有声语言,自从有了文字,就出现了两种情况。一种是,由内部语言外化为有声语言,保有着语言的原生状态,或只言片语,或出口成章;另一种是,由文字语言转化为有声语言,成为经过字斟句酌的语言新生状态,或目视口诵,或熟记背诵。这两种状态,并不决然对立、划然隔离,而是相当紧密地交织在一起,共同为人类的交际、交往、交流发挥着巨大的作用。

有声语言,是人们日常生活中不可或缺的思想感情的载体。它大量地存在于人们的认知世界里,表现在实践的生存空间、规范空间和审美空间的广大领域中。它是一种权利,即人们与生俱来的话语权利。正是这种权利,使人们从"牙牙学语"开始,就把"由己达人"作为必然的能力,向着"表情达意,言志传神"的目标,实现着自己"社会人"的人生职责。有人认为"语言是世界观",尽管过于夸大,却也从观察和把握世界的角度道出了语言的重要;有人认为"语言是牢笼",尽管太消极,却也能够使人们从中看穿语言的局限性。"由己达人"并非易事,岂是信口开河所能奏效。这"由己达人",就包括把何种语言内容告知别人的问题。

---

* 原载于《现代传播》2001年第2期。

把什么内容告诉别人,首先遇到的就是话语依据。这依据来自两大方面:

一种依据是,从小习得的、对于世界的认识程度。这里有历史的积淀、现实的感悟、教育的浸润、经验的积累,当然也有先天的资质在起作用。这时,那思维方式、方法,那遣词造句、布局谋篇的能力,在交往的需要驱使下,便都集中在"说什么"和"怎么说"的运作过程里了。日常生活的大部分话语,都属于这种情况,我们把它叫作"即兴话语"。即兴话语的特点是"直接性"。说话者和听话者(互为依存、相互转换)都"在场"。可以是围绕某一个内容,也可以是多重内容。可以是一人主说,也可以是两人交谈。因此,即兴话语带有很强的瞬间性、片段性、残缺性、易碎性。这样,即兴话语的优长,如通俗性、贴近性、随意性、互补性,就受到了极大的损伤,人们希望得到某种改善,于是就出现了另一种依据。

另一种依据是,从识字开始获得的、对文字语言的理解程度。这里有文学的基础、时代的感受、语义的辨析、艺术的敏感,当然也有表达的悟性差异在起作用。这时,如何创造性地解读、再现文字作品,或者旁征博引名言警句,就成了话语主体的基本任务,这就是"转述话语"的"间接性"特点。虽然是"转述",虽然是"间接",仍然不可等闲视之,重要的是克服简单地念字出声,避免无动于衷地"照本宣科"。

话语权已经给定了人们这两方面的发展可能性,我们为什么不充分利用而要强行割裂呢?谁有权力决定一部分人只能运用"即兴话语",另一部分人只能运用"转述话语",二者不可逾越、不能融通呢?有人总希望把现实的运动纳入自己的主观臆断之中,并且让世人都顶礼膜拜,这实在是一种心造的幻影,只会贻笑大方。

二

人际传播,不过是"个个相传",一传十,十传百,或"有口皆碑""不胫而走",或"争相传阅""洛阳纸贵",那也行使了人们的话语权,包括"文稿"和"腹稿"两类。不可能只允许某一类单独存在,不允许另一类参与其间。

大众传播,应该是"对众传播",面对大众,形成舆论。这更加突出了规范性、庄重性、鼓励性、时代感、分寸感、亲切感,强调了社会性、普遍性、服务性、引导性。话语权的两种形态,根本不应分开、拆解,这是世界上广播电视的最一般的规律,只是在我国的"文革"前后,才出现了变态和畸形。那一时期,极"左"思潮泛滥,把毛泽东的一个批示"此文件不要播错一个字"无限扩大,使得话语心态失去常规,变得人人自危。于是,完全依据稿件,忠实于每一个字,成了话语的唯一守则。但是,怎能凭借特殊时期的状况就作出结论呢?从人民广播建立的第一天起,话语权既没有萎缩,也没有缺损。虽然因为初期的稚嫩,有稿播音比重较大,但并非没有无稿播音。从抗日战争、解放战争、抗美援朝的战事信息,到文艺节目的介绍;从服务类节目的解释,到体育节目的解说,没有文字稿件作依据的播音,都有其存在的价值,都有其施展的场合。可惜的是,那时还没有"主持"这个说法,一概都叫作播音。改革开放以后,更有许多现场谈话、录音交谈、答疑阐述、体育赛事,也很少有稿件作依据。此时,也只能叫作播音,而无法改变其称谓。

历史是铁面无私的,任何人都不能篡改。历史又是发展的,任何人都不能阻止。现在,否认"无稿播音",是因为把"播音"先验地指定了"有稿"内涵,然后再抹杀"无稿"史实,企图制造一个"削足适履"的理想蓝图,以便圆梦。更可惜的是,曾几何时,那大吹大擂、红极一时的主持人"采编播合一"的主张,其中的"播",是有稿播音还是无稿播音呢?其实,所谓主持人节目,绝不是像有些人凭空想象的那样,全部都是"无稿",至今仍有大部分是"有稿",何必非得把播音挡在"雷池"一侧,不许越过一步呢?

三

理论是灰色的,而生活之树常青。随着人们认识的不断深化,概念也要不断发展。凡是在实践中保有新鲜经验的人们,都会自觉不自觉地吸纳前沿成果,校正自己的视角,扩大自己的视阈。除了那些固执己见的人、存有偏见的人,恐怕鲜有知错不改的人。好在实践并不会停滞,理论也会给实践者丰厚的回报。有一点可以肯定:人们的话语权,是要全面行使的、不可剥夺的。话筒前、镜头前的有声语言创作,不管是"有稿播音"还是"无稿播音",永远充满着生命的活力,二者的有机结合、互相融合,将呈现更加丰富多彩的语言样式,产生无穷的艺术魅力!

关于有稿播音的思考*
——语言传播杂记之二十四

广播电视播音创作,除了无稿播音之外,就是有稿播音了。所谓有稿播音,就是在话筒前、镜头前,根据文字稿件进行有声语言创作。这在大部分节目中,如新闻、评论、专题、解说、文艺等非现场即兴的节目里,特别是一些重大的节目中,都会长期存在。但是,目前有一些模糊的认识,对于有稿播音相当轻视,甚至鄙视,认为它过时了,是没水平、没能力的表现,于是,拿起稿件来无精打采、有气无力,极大地削弱了有稿播音的生命活力。

一

自从有了广播电视,就同时出现了有稿播音。难以想象,所有的节目中、所有播音过程都没有文字稿件作依据,说话都是即兴的。新闻节目,大量是各地记者的发稿,不可能全部自采自编;评论稿件很多是相关专家学者撰写的,其他人往往不能胜任;专题稿件,也是深得个中三昧而又妙笔生花的人所擅长的。有些节目的撰稿者,还是一个集体,集思广益,各展所长,一起切磋,共同商定。一个人总有局限,全能的人在世界上也是凤毛麟角,如果只会写一般性的、平庸的稿件,又何必处处插手、时时运笔呢?让那些功底扎实、思维活跃、视角独特、文字生动的大手笔来写,不是更好吗?

广播电视节目要"汇天下之精华",面对人类文明、先进文化,一定要广采博收、撷英集萃,向受众奉献精美的精神食粮。因此,"群体性"是这种传播的显著特点。在这种传播中,一个个体人是无能为力的。众多的文化人,具有相当深厚的文化底蕴,虽然他们不能承担有声语言的创作任务,我

---

* 原载于《现代传播》2001年第3期。

们却可以依靠他们出任记者、编辑、撰稿人。社会发展很快,可有的时候,我们还难免带有小农经济的狭隘眼光,以"自给自足"为荣。实际上,大工业生产是"分工合作"的,个体人已经被纳入生产链,成为生产工序的一部分。自己植棉、织布、制衣,自己种粮、碾米、做饭,也不过达到温饱而已,谈不上衣食精美,何苦"费力不讨好"呢!可能有人采编播样样精通,那是绝无仅有的,作为整个队伍,不过是美好愿望而已,尤其是当代社会,更是心造的幻影,只是为了显示自己"全能",实际上不过样样稀松,真的还不如一展自己之所长为好。什么"自己写的稿子自己播能表现个性",是不是会写"一"的孩子,不管写得好不好,都是有个性的呢?

二

有稿播音,常常被说成是"念别人的稿子",好像一念稿子就失去了自我,就没有了自己的东西,这确实是一种没有受过启蒙教育的认识,是一种唯我独尊的自恋情结。从幼儿园、小学、中学到大学,几乎没有一位老师不要求自己的学生好好念别人写的文章。反对"念别人的稿子"的人,自己也一定念过不少别人写的文章,为什么对于"念别人的稿子"如此反感呢?不客气地说,这种人太多的是自信,太少的是自省。自以为"全能",国人无过其右者,"当今之天下,舍我其谁?""大众传播"是要进入"人际传播"的呀,我这样做,正是"理论"和"实践"的结合,正是"人格"和"魅力"的统一,多么前卫,多么时尚!于是,"念别人的稿子"是播音员的事,主持人是要贴近受众的,是追求亲和力的……这种把播音员和主持人对立起来的观点,正是对有稿播音,特别是对别人写的稿件的轻视。播音员、节目主持人的共同责任,是通过大众传播提升受众的思想道德、科学文化素质。对念别人的稿子的否定,会导致大众传播的"私语化",会断绝业内人士和社会上有识之士的强力支持。不但虚置了高明的编辑和记者深厚的文字功夫,也会使相关专家的真知灼见不能发挥应有的作用。因为,所谓稿件,是深思熟虑、字斟句酌的心血结晶,而不是杂乱无章、毫无推敲的文字堆砌。即使像李白的"下笔千言,倚马可待",那也是经过了多年的磨炼才达到的境界,一般人恐怕很难做到。

三

稿件虽然是别人写的,但是一旦需要转化为有声语言,就必须进行加工创作。就是自己写稿件,也要进行同样的加工创作。写稿和播稿终究是两个创作过程,不可混淆,不可替代。有人认为自己写自己播才能播得好,这是一种幼稚的想法。把体验当作表现,用无声的字句顶替有声的话语,把出声念字混同于声情并茂,连基本的概念都模糊了,还奢谈什么有稿播音呢!

有稿播音绝非有的人贬斥的那样,是什么不动脑子、见字出声,没有主见、没有应变,一句话:做别人的"传声筒"。固执此见的人,大概从来只说自己的话,没有认真实践过有稿播音的创作活动。凡是在话筒前、镜头前严肃认真地进行过有稿播音创作的传播者,都会深深地体会到其中的艰辛与甘苦。齐越、夏青等老一辈播音艺术家,孙道临、董行佶等老一辈朗诵艺术家,一辈子用别人写的文字作品播音、朗诵,达到了后人难以企及的艺术高峰,而在这些播音和朗诵作品中,他们的语言功力、艺术风格,不是令人心驰神往吗?新闻稿件,特别是那些紧急的、重大的新闻稿件,尤其需要应付裕如,政策分寸、艺术分寸必须准确而贴切,这种临场应变的难度,绝不亚于提个问题、接个话茬儿那种应变。播音和朗诵一样,创作主体的融入,正体现出抑扬、褒贬、文野、雅俗的判别和处置,同样一句话,既可庄重规整,又可嗲声嗲气;既可正面表达,又可反面揶揄;既可热情赞颂,又可冷漠憎恶……完全不是无所作为、无能为力地"念字"。如果闭眼不看事实,必欲置之死地而后快,非要叫作"传声筒",那也改变不了有稿播音的传播声誉和审美价值,齐越老师说:"是的,我是个传声筒。我传的是中国人民战胜艰难险阻、走向胜利的声音;我传的是人民和党政治上和谐一致的声音;我传的是中国共产党堂堂正正的真理之声。做这样的传声筒,我感到无比幸福和自豪!"①把有稿播音看成"传声筒"的人们听一听吧!同样是"传声筒"三个字,齐越老师和你们的认识却有天壤之别!恐怕在说这三个字的时候,语气的感情色彩也会大不相同吧!

四

有稿播音,上溯到读文诵诗,历史渊源久远;即使不久网络文化盛行,也必定会长期存在下去,这是毋庸置疑的。尽管现在的节目样式五彩缤纷,谈话体、访谈类、聊天式节目正在走红,那也不能削弱有稿播音的强大生命力。我们的广播电视,怎能变成即兴说话的一统天下?不用说新闻节目的主体地位动摇不得,就是其他节目中的重大、深邃的内容,也不能以即兴说话来代替,更不用说政策条文、声明公告、特稿专论了。何况节目的限时、限事,现场的隆重、热烈,话语的简洁、精到,都应该严谨凝练地表达,日常生活的口语是难以胜任的。谈话和聊天过多,新鲜感会逐渐淡化,只要话题稍显平庸,内容稍显浅薄,受众的兴趣就会转移,连这形式也失宠了。

到什么山上唱什么歌,有稿播音一定要随着内容和语言样式而变化。鲁迅和老舍的文章,轻快和深沉的基调,等等,不可能只用一种表达方式。当下的文字作品吸收了大量的口语成分,稍有一点语言功力都不会千人一腔。目前有稿播音存在的问题,如呆板、生硬、冷漠、平淡,大都由于播者文化底蕴欠深、人文关怀肤浅、驾驭节目疲软、语言功力不足,而不能归咎于有稿播音本身。

有稿播音的"播",并不是"念"和"读"的同义语,它涵盖了语言传播中的各种表达样

---

① 齐越.献给祖国的声音[M].北京:中国广播电视出版社,1991:182.

式。"有稿像无稿",就是指自如跳脱的情状;"无稿像有稿",就是指严谨缜密的谈吐。语言传播中,有稿和无稿播音总是交替使用的,不见一字的、不改一字的两极,完全可以单独存在。但是,我们不应顾此失彼、厚此薄彼。

有稿播音和无稿播音犹如语言传播中的两翼,它们相辅相成、互补互融,我们全都熟练掌握,全都运用自如,在话筒前、镜头前左右逢源、比翼齐飞,不是可以无往而不适、无往而不胜吗?

关于规范意识的思考*

——语言传播杂记之二十五

广播电视传播,是一种社会行为,为了社会,参与社会,它不同于友人之间的谈话,也迥异于亲人之间的絮语。它是媒体与大众之间的公开交流,要服务大众,更要引导大众;让人人可以听,更要让人人能听懂。因此,播音员、节目主持人必须树立规范意识。

一

规范,有自然形成的,如天体运行、花开花落、人类呼吸、饥餐渴饮……有社会约定的,如伦理礼仪、法规体制、风俗习惯、语言文字……规范就是自由。在生存中,在生活中,人是社会的人,是社会的一员,完全脱离了自然人、个体人的孤独无助、我行我素的状态,个人意志、个人愿望、个人行为、个人形象都已经纳入了社会的共生共存之中,同社会相悖的一切,只能抛弃、掩藏、消融、化解,否则肯定会被社会拒绝。

规范,有政治规范、经济规范、道德规范、行为规范等,语言文字规范,是在这些规范的前提之下,约定俗成的动态系统。语言文字规范强调规范过程。在规范的过程中,逐步达到新水平、新高度。规范过程,并非使人们进入谨小慎微的无奈境地,好像动辄得咎。事实上,没有规矩不成方圆,世界上,只要有人群的地方,就会有各种规范。大到"和平共处五项原则",小到"交通规则",无一不在使人们的生活既有秩序又有活力。秦始皇的"书同文""车同轨",给后人留下了多少辉煌!如果各行其道,能有今天的进步么?

---

* 原载于《现代传播》2001年第4期。

二

规范,不应肤浅地理解为"同一",不应武断地指斥为"刻板"。有些人非常喜欢游戏,但是又十分反感规则。他们认为规范是一种枷锁,限制了人们的创造,扼杀了人们的个性。他们愿意玩无规则游戏,任意驰骋而毫无约束。特别是把"规范化"同"个性化"对立起来,似乎二者水火不相容,一说规范化就意味着没有了个性,要有个性就必须打破规范。这样,规范和个性都变得唯我独尊了,都遗世独立了,这是一种误读。难道象棋特级大师们只有突破"马走日""象走田"的规则,才能表现自己的个性优势么?那些固定不变的规则,可以任人随意更改么?

个性,只有在整个社会各种相关规范的基础上,只有在整个社会共知共识共享的契约中,才有生存和发展的空间。共性寓于个性之中,个性必须体现共性,失去了共性,个性就会飘忽不定,就会离群索居。尊重和鼓励个性的发展,绝不是主张取消共性。这应该是最简单的、最基础的常识。

目前,对于节目主持人的评价,就有忽视共性、轻侮规范的倾向。具体评论某一位节目主持人,完全可以不涉及规范化与个性化的关系,只要点出他们的特点、优长,也不妨碍赞不绝口、拍案叫绝。如果非要张扬个性,也没有必要千方百计地否定规范。现状是,有些节目主持人,由于过分轻视规范化、过度追求个性化,已经陷入了自我膨胀的泥淖,急需对他们大叫一声:"请注意有声语言的规范!"而不应该火上浇油、雪上加霜。

三

规范,一般人总局限于字音的准确,而无视它应该作为审美的基础。我们一再强调,只有"信息共享""认识共识",才可能产生"愉悦共鸣"。

一方面,似乎只要字音准确就是规范;另一方面,以为不规范也能产生"美感"。这样就营造了一种氛围:达到规范者,不过雕虫小技而已;生产"美感"者,必有学富五车之才。阉割了规范,必定削平了美感。缺乏美感,既无特色,又无风格,怎能轻易推崇个性?美感,确实是"整体和谐",各个层次、各个视角,都会纳入"整体和谐"的语境里。在审视中,可能各有所得,可能各见所失,但是,却不能赞美抛掷传统、远离规范的有声语言有什么"独特个性",更不必"独具慧眼",把其中的痈疽也誉为"艳若桃花""美若琼浆"。

现在,正流行的"港台腔",原是港台人士努力学习普通话而尚未熟练的话语腔调。前后鼻韵不分、轻重格式颠倒、主次关系错位、高低长短无度,僵直生硬的无奈转而加强起伏跌宕的变化,综合起来造成"嗲声嗲气"。会说普通话的人们,完全可以使用标准的语音、词汇、语法、语调进行交际,还可以进入大众传播。可惜,对域外传媒的夸大其词,对殖民心态的追新猎奇,对强势媒体的自惭形秽,对庄重规范的无力创新,竟以"港台腔"

招徕受众、哗众取宠,还振振有词地拿"大众文化"来辩解,这是对民族文化传统的亵渎,这是对普通话的丑化。

普通话的审美价值,具有广泛而深刻的社会认同。虽然在推广过程中,时时遇到阻碍和干扰,但它那顽强的生命力,处处表现出简洁、准确、深刻、优美的品格,常常显示出抑扬顿挫、轻重缓急的乐感,达到审美层面的"民族化""风格化""意境美""韵律美",更是独立于世界民族之林的"黄钟大吕"。方言虽有其特殊的审美意义,带有很浓厚的地域色彩,但那只是边缘文化的一隅,不能作为语言的主流形态。不过,普通话自身也有规范与否的问题,普通话并不拒绝"取其精华"。

四

广播电视节目主持人,同新闻播音员、体育解说员一样,普通话都要达到一级甲等,这是法律规定的,不应例外。取得了规范的自由,就可以生长出千姿百态的、万紫千红的奇花异草,争奇斗妍。摒弃规范就是作茧自缚,无异于销蚀自我、萎缩生命,再好的种子也会过早地夭折。

语言文字的规范化,应该视为"红灯停,绿灯行"那样的强制措施,而不应把规范化过程中的个别失当、一时不确,以"不科学""不合理"而全盘否定。任何规范都有这样的情况,从开始的粗疏到其后的精细,逐渐补充,逐步完善。要求一出台、一问世就完美无缺是不可能的,违背人们认识事物的规律。何况语言文字又是随着社会的发展而不断变化的,规范化进程将是永无止境的呢!

作为大众传媒的公众形象,树立规范意识是一种责任,也是一项义务。强化这种意识,才能够扩大语域,加大活力,深化气韵,灵动交流,不但能够成为使用语言文字的表率,而且可以不断创作出继承祖国优秀文化传统的精品!这样,众多的"语言大师""语言艺术家"就会离我们越来越近了。

关于声形俱佳的思考*

——语言传播杂记之二十六

广播电视传播中,以有声语言为主干或主线、出声露面驾驭节目进程的人,处于前沿、中介和纽带的地位。进入这支队伍,必须经过严格的遴选,不是什么人都能愉快胜任的。这是广播电视传播特点决定的,既包括传播的需要,更是应受众的期待。主观意志的"拔苗助长",并不能"一手遮天"。在这个问题上,任何人都做不到"掩天下人之耳目"。

正因为如此,1995年,前广播电影电视部孙家正部长强调:"播音是个大概念,包括新闻播音、专题解说、节目主持……都应该练好播音基本功。"2000年,广播电影电视总局徐光春局长明确指出,播音员、节目主持人应该"德才兼备,声形俱佳"。这本是毋庸置疑的、十分清楚的事情,但却仍有人反其义而言之、反其道而行之。其中的奥妙何在呢?

一

对于"德才兼备",似乎没有什么异议,我们的事业需要思想道德素质高、科学文化水平高的人才,特别是智慧型、复合型、创造型的专业人才。所谓"声形俱佳",当然是指:声音悦耳、口齿清晰、表达准确、语言畅达……形象端庄、仪态大方、举止文明、气质高雅……这正是播音主持人才的特殊性,这正是广播电视传播的独特性。

可是,目前在广播电视界却弥漫着一种"声音、形象不那么重要了"的论调。有的台、有的领导,完全忽视了广播电视传播的规律,忽视了这一专业人才的上岗标准,什么人都可以在广播里出声,什么人都可以在电视里露面。于是,我们可以从广播电视里听到声音嘶哑者、方音严重者、表达懒怠者、语言生涩者的谈天说地,无效信息充斥其中;我们可以从电视里看到

---

* 原载于《现代传播》2001年第5期。

其貌不扬者、行为失范者、表情木然者、自我表演者的频频出镜，举手投足令人厌烦。一个好端端的节目，往往被"声音、形象不那么重要了"的"理念"搞得支离破碎、俗不可耐。

"德才兼备，声形俱佳"是一条重要的要求，人才的选拔、培养、使用、提高，都应以此为基础。广播中，应该坚持"声情并茂"的传播原则；电视中，应该坚持"声画和谐"的传播原则。只有如此，受众才能够获得"悦耳动听""赏心悦目"的美感享受。人们在人际交流中，听惯了各种声音，看多了各种形象，在积淀、比较的过程中，在选择、认同的取向中，还是把那些声形俱佳者作为传播的佼佼者接受下来，并形成一种心理认知定势，很难改弦更张。一个民族的鉴赏水平就这样在不断发展中形成了自己的独特审美观，并逐步给以丰富和深化。

二

每一个时代的传媒，某一个时代的各个传媒，都有自己的传统承继，都有自己的创新特色。仅就播音环节来看，既有规律性的共性，又有各自的差异。那共性，就是"以有声语言为主干或主线，出声露面，驾驭节目进程"；那差异，就是"民族、地域、意识形态、人文精神的价值取向"。我们这个时代的各个传媒，仍然保有着共性和个性的统一。几乎没有哪个传媒，不注重发挥自身的优势，突出自己的特色，反而向另一类、另一个传媒靠近，不惜失去自身的长处，在"东施效颦""邯郸学步"中亦步亦趋，显露自身的懒惰和懦弱。就说"声形俱佳"吧，外国和我国港台地区有哪一个电台、电视台不是挑选声音和形象都属上乘的人来担纲的呢？丹·拉瑟以其外貌、李艳秋以其声音给受众留下了深刻的印象。美国之音在挑选播音员的时候，先是重翻译，后是重汉语，现在是重视声音口齿、普通话水平。我们倒可以忽视声音和形象吗？

根据广播电视的特殊要求，我们提出"声音、形象是入场券"的观点。那原因就在于全社会的人中，只有符合这一要求的人，才具有走上这一岗位的可能性。凡是不符合这一要求的人，最好去从事别种工作。这个岗位并不是什么人都可以胜任的，哪怕有专家的能力、大师的水平。

所谓"声形俱佳"，既是一个动态认知过程，又是一个比对观察过程。声音好坏，历来变化不大；形象好坏，确实标准不一，就是同一个时代，也会产生不同的看法。我们毕竟不是选美，我们是选择优秀的传播者，因此我们的观点是，"端庄大方"是形象的基础，不应该存在明显的缺陷。图像出来，给人以"愿意接受""相当不错"的印象就行了，并不要求"貌比潘安"。特别是新闻节目，更不能要求十分漂亮，以免喧宾夺主。确实有一段时间，靓男俊女成为时尚，于是被称为"花瓶"。但是，怎能因此而否定形象视觉美感呢？更不应该从而把文化看作"入场券"。文化，包括"德"与"才"，完全是必备条件，是新闻工作者的共同要求。作为专业特殊要求，也有思想、文化、业务的基本功问题。如大学学历、普通话水平测试等级证书、专业能力考核评定，这已经是具体要求了，所以只能说，文化是"发言权"。

拿到入场券，意味着进入了"专业圈"，并不就具有了发言权。要看本人能力的发挥，是否能"融入广播电视、进入具体节目、成为传播主体"。具有了可能性，必须达到现实性，才是一个合格的、有实力的传播者。

如果反其道而行之，把文化作为入场券，经过所谓"笔试"先淘汰一批，再从中选拔播音岗位上的佼佼者，那无异于舍本逐末，会事倍功半。因为，笔试就是一场无定向较量，什么范围、什么题目、什么难度、什么标准，都由出题者主观决定，仁者见仁，智者见智。参加者，声音形象的状况极为复杂，只有在笔试通过者中看其专业水平。而这时，许多专业水平高者，也许因试题的宽狭不当、难易失宜，特长的无法表现、偶然失措……而被笔试淘汰，失去了入场券；而所谓文化水平高者，只是笔试中的领先者——"这一次"笔试试题的对答得分多者。其中的偶然因素（准备的对路、积累的重合、应试的心态、巧合的概率等）除外，即使真的满腹经纶，面对这一特殊专业时，由于"声形不佳"，多数会"名落孙山"，岂不令人扼腕。

三

历代的状元大多没有什么真才实学，笔试中名列前茅者也不一定就是该学科的饱学之士，特殊专业尤其如此。绘画、雕塑、音乐、歌唱、舞蹈、戏剧、曲艺、杂技……都需要天赋，都需要特殊才能。就像钢琴演员手指不能太短小，舞蹈演员腿脚不能太粗笨，新闻播音员、专题解说员、体育报道员、节目主持人绝不能声形俱差。这个世界上，不乏学富五车、才高八斗的人，他们自有发挥优势的地方，也完全可能在话筒前、镜头前工作。但是，是否声形俱佳，却是首先要考察的。本专业要求的特殊条件并不是所有文化大师都具备的。我们没有任何轻视文化水平的意思。我们要传播人类全部文化的结晶，胸无点墨、才思不敏，是没有发言权的。我们这里说的是本专业的不可替代性、视听审美性、天赋选择性、文化习得性，这应该成为人才导向。"泛素质论""泛文化论"必定使专业走向"样样均通，样样稀松"，人人"不学而能"的道路。那样，专业和业余、内行和外行、基础与专攻、普及与提高，就会模糊不清、混沌不明。

歌德说过：艺术之所以是艺术，就因为它不是自然。艺术的规律，不能完全用文化取代；艺术的人才，不应单纯以笔试衡量。"声形俱佳"包含着深厚的文化底蕴，展现着丰富的民族特色，涵盖着经典的美学传统，融汇着传播的人文关怀。

人的本质力量的对象化，不能理解为人类的通才化。学有专长、术有专攻，工欲善其事必先利其器，扬长避短，分工合作，都没有为"泛文化论"提供什么推行的理由。人们有选择专业的权利，专业也有选择适合者的权利。以文化作为入场券的专业很多，也有其专业性；以"声形俱佳"作为入场券的专业，一定要破除"声音、形象不那么重要了"的时尚观。现象学创始人胡塞尔的话警醒我们：我们切勿为了时代而放弃永恒！

关于谈话功能的思考*
——语言传播杂记之二十七

广播电视中,一直存在着谈话形态,如:广播谈话、对话,电视访谈、论坛……这确实是一种具有魅力的形态。人物状态显得亲切自然,话题范围显得灵活宽泛,逻辑严谨度要求比较松,话语冗余度可以比较大,你一言我一语,七嘴八舌,争先恐后,令人耳不暇听。尤其是那内容关系到国计民生的时候,往往会让听者专心动容,乐此不疲。因此,这类节目至今仍然受到广大受众的欢迎。

不知从什么时候开始,谈话形态备受青睐,大有扩张泛滥之势。虽然说还没有走到"真理跨过一步就会变成谬误"的地步,但由于相关的理论已经出现了偏颇,对谈话节目尤其是电视谈话节目推崇备至,所以的确应该引起足够的注意了。

一

我多次引用恩格斯的观点——语言是在群体劳作中有些什么"非说不可"的情境下产生的,那意义相当清楚,既肯定了语言的社会性,又肯定了语言的心理性;既排除了语言的单体性,又排除了语言的私欲性。所谓"非说不可",起码有两层意思:一是生存、生活的需要,必须说话;二是沟通、交往的便捷,说话最好。另外,应该强调,可以不说就不必说,无病呻吟就不算说。因此,有声语言成为人类社会不可或缺、极其重要的精神轨迹和文化历程。这也是"慎言"的显性含义吧!自从有了文字,语言的保留和传播扩大了范围,延续了时日,文字语言愈益精细,有声语言却显得散漫了。人们以为,反正没有流传后世的价值,只要当下说得清楚、听得明白,何必字斟句酌、劳力费神呢?于是,有声语言的"在场""当下""冗余""易碎",就

---

* 原载于《现代传播》2001年第6期。

同它那"真切""鲜活""自然""随意"一起,代代传承,习以为常。假如加上一些书面成分,就说它"文绉绉";假如表现一些修辞意向,就说它"太做作"。这就为语言的随波逐流、鱼龙混杂留下了某种空白,那些洋腔洋调、土腔土调,便可乘虚而入,真正的文学语言——规范、准确的语言倒要退避三舍。我们推广普通话的举步维艰,恐怕这是一个重要原因。

有谁否认过谈话的功能吗?面对面交流,不但看清了全部背景,而且看清了整个人;不但听清了全部内容,而且听出了肢体、眉目显露的"言外之意"。难道这不是常识吗?在人际传播的范围内,由于其在场,所以自然随意;由于是当下,所以真切鲜活。不过正因为它冗余,所以要有具体情境补充;正因为它易碎,所以产生驾驭能力差异。过分冗余、易碎,就会造成干扰。文字语言兴起,才锤炼和锻造了人们表达的深谨和丰富。

那"不在场""历时性""广泛性""精美性"就不能不令人"叹为观止"了。歌德和艾克曼的谈话,罗斯福的炉边谈话,并非"有闻必录",音声化走到文字化,绝不是一蹴而就的。

人际传播终究局限太大,在科技发展的同时,人类迎来了大众传播时代。人们通过大众传播,延长了听觉和视觉,甚至改变了生活方式、思维方式,丰富了精神生活,打破了狭隘眼界,开辟了个体融入群体的新领域。大众传播决不排斥人际传播的交往方式、话语方式,只是由于"众目睽睽""众口难调",必须设置自身的议事日程、传播格局,以便适应话语权力(不是权利)的需要,完成话语主流的支撑。因此,任何一个大众传播媒体都绝对不可能把当代社会人际传播的内容毫无取舍地包容进来,就是到网络化以后,双向互动,人人都可以上网的时候也是如此。大众传播的功能是更好地反映人际关系、人类生活,而不是以实现人际传播为满足,如果大众传播陷入人际传播的汪洋大海,就是大众传播的失职。这应该是我们研究谈话节目,或者大众传播中谈话功能的逻辑起点。

广播谈话,应该提供想象空间,以一当十;电视谈话,应该提供再现空间,举一反三,但是一定要遵循广播或电视的传播规律。除了体现国家意志、弘扬主流文化方面,不能走形、不应掉板以外,广播的声情并茂、电视的声画和谐难道对谈话过程没有规则制约吗?那些啰里啰唆、云山雾罩、浅薄世俗、言不及义的谈话;那些死气沉沉、拖沓冗长、繁杂琐细、无动于衷的谈话,为什么能够占据我们的宝贵时间,日复一日地播出呢?节约经费只是一个托词,省心省力还能宣称引入了人际传播,一箭双雕,何乐而不为?怪不得谈话节目风起云涌,盈耳充目,无时不在谈,无事不可谈,大有"世纪之风"的趋势。

君不见,有些谈话内容已经进入了广泛的私人领域,几乎失去了社会价值,在光怪陆离的世相展览中,培养着人们的追新求异、集怪猎奇心理。不少谈话形式已经步入了雷同公式,台上三五人,台下数十人,智者寥寥,众生芸芸,在五花八门的词语交换中,培养着人们的线性思维、利口饰词本领。有的谈话节目,"拿来"之后依样画葫芦,获短时经济效益不惜东施效颦;有的谈话节目,"应景"之余做表面文章,得明星加盟捧场无异掌上明珠。谈话者,因传媒一举成名而"天下知",一开口,因成名走红便"知天下"。至于一错再错、以讹传讹的事例,真是书不尽言。但是,"谈话"却是方兴未艾。

二

　　人们的日常谈话，已经进入了各个行业、不同层面，能够叙述各种人事、抒发各种情怀。人际传播过程中，人们无所顾忌，亲密无间者甚至无话不谈。大众传播则不然，无论谁都要修饰、整理一番，不利于自身形象的任何细节都不愿意暴露在大众面前。这个"传播场"是一只无形的手，指挥着人们努力调整自己的内心和外表，那结果就必然是脱离人际传播状态，适应大众传播要求。不用说化妆服饰、举手投足，就是人们最普通的一颦一笑、咳嗽喷嚏，都要密切关注，防止失误。传媒人物就更是如此。播音员、节目主持人在话筒前、镜头前，绝非完全的自我，他们必须调整自己，强化和美化节目所需要的那部分自我，弱化和淡化节目所不需要的那部分自我。如果刻意追求人际传播的效果，削弱大众传播意识，必将导致事与愿违、不伦不类的形态，"画虎不成反类犬"。原因很简单——存在决定意识。

　　谈话，是口耳之学，人们可能达到"耳顺"的境界，却永远做不到"从心所欲而不逾矩"。当前，我们急需提倡语言的自觉。一方面，我们既要继承言简意赅、辞约意丰的汉语传统，又要使用浅近通俗、新鲜明快的现代口语；另一方面，我们必须舍弃故弄玄虚、古奥晦涩的"八股"，避免杂乱臃肿、貌合神离的"隐喻"。广播电视理所当然地具有语言导向意识。媒体的责任，"灌输"也好，"诱导"也罢，应该赞美崇高，应该张扬正气，应该推进规范，应该营造美感。这些，正是人际传播涵盖却掩盖、生长却稚嫩、闪光却短暂、晶莹却粗糙的珍宝，不去开掘、雕琢，而一味照搬、仿制，怎能出精品？怎能出经典？语言的自觉，既不是追逐时尚所能培育的，也不是一哄而起所能提升的，它只能是潜心继承、锐意创新的产物。一个民族的语言自觉，来源于民族文化的先进性阐释与发扬；一个媒体的语言自觉，一定同媒体自身先进文化含量的正增长有关；一个人的语言自觉，离不开他对人类文化的感悟水平和把握能力。谈什么，固然重要；怎样谈，更是关键所在。一个人的经历体验，一件事的来龙去脉，一个场景的色彩纷呈，一个道理的深入浅出，在叙述的话语中，都体现着叙述者的人文精神、人文关怀。不要否认谈话功能的"规范性""庄重性""鼓动性""时代感""分寸感""亲切感"吧，不要再重复"即兴谈话水平高""播音念稿水平低"的"神话"了吧！语言表达的水平怎么能仅用表达形态来判别呢？语言的自觉可以体现在诸多方面，包括人际传播、大众传播，也包括文字传播、声音传播。有声语言传播的"朗诵式""宣读式""讲解式""谈话式"融合着口语语体、书面语体的优势，造就着民族风格、群体风格和个体风格的独特样式，既能继往又能开来，就必能与时俱进。

　　让我们充分发挥广播电视的集团优势，充分发挥各种节目的独特功能，参与世界传媒的激烈竞争，殚精竭虑地使中华民族的金声玉振、黄钟大吕响遍全球！

关于传播观念的思考*
——语言传播杂记之二十八

面对"入世",值得广播电视工作者思考的事情很多,但是首先遇到的恐怕是传播观念的问题。

我们当然应该坚持马克思主义新闻观,坚持正确的舆论导向。不论国外、域外的传播学如何发展,不论我们的传播理论怎样深入,这个立足之本永远不可动摇,而且要"与时俱进",要"更上一层楼"。"三个代表"的重要指导思想,一定要落实到广播电视的传播中去,这不但是"为全中国人民和全世界人民服务"所规定的,而且是"民族的、科学的、大众的社会主义文化"先进性的前进方向所必需的。我们不能有丝毫懈怠,不能有须臾偏离。至于具体操作层面,也是应该思考的。

一

由于信息高速公路的开通、扩大,形成了网络并逐步规范,激烈的竞争已经开始。能不能处于强势媒体的地位,加大强势传播的力度,便成了首先要考虑的问题。

在闭关自守的状况下,可以舆论一律,可以独家宣传,因为鲜有竞争;在改革开放的形势下,必须强调导向,必须坚持主流,因为参与竞争。

我们宣传什么,不宣传什么,当然要符合我们的价值观。不过,我们还要进一步考虑:怎样宣传。各大强势媒体都在宣传报道某一事件的时候,我们不能缺席,我们也要参与进去,阐明我们的立场,发表我们的观点,以正确的舆论引导人,以科学的理论武装人。

有些同志往往习惯于某种定势,以为这个事件不必宣传报道,于是只去注意那些我们认为重要的、需要报道的事件。今后这样去处置,就会使

---

* 原载于《现代传播》2002年第1期。

我们在竞争中变得被动,甚至会患上"失语症"。我们"真理在手,正义在胸","彻底的唯物主义者是无所畏惧的"。我们应该争取在任何重大事件的报道中都出席,对任何重大事件都发言,毫不隐瞒我们的观点,在竞争中显示我们坚实的功力。

马克思主义是不能自发产生的,必须"灌输",必须"教育",然后才能进入人们的"自觉",并逐渐形成共产主义、社会主义的世界观,为人民服务的人生观,无私奉献的价值观。这些又体现在对于主客观世界的正确分析和判断中。广播电视的宣传报道,实际上不能不是一场世界观、人生观、价值观的"灌输""教育"。"不是东风压倒西风,就是西风压倒东风",在激烈残酷的竞争中,人们只相信实力,而不相信眼泪!

当然,我们的宣传报道绝不是简单、机械、生硬、苍白的,绝不是"一厢情愿""爱听不听"的。我们不会片面地理解"灌输""教育"的内涵,像某些人那样,把它们当作强制、威压的代名词,一提起它们就反感、就厌恶。我们有长期的宣传艺术传统,我们有丰富的宣传艺术经验,我们在宣传报道中,不可能不考虑宣传报道的形式和效果,不可能不琢磨宣传报道的可听性、可看性。除了那些急功近利、敷衍了事的人,绝大多数新闻工作者满怀着道德责任和艺术良知,都会以高涨的热情努力创作精品节目,为人民奉献更好的精神食粮。

二

我们要出席,我们要发言,在广播电视的传播中,亮出我们的旗帜,发挥我们先进文化的优势,不仅要实现"传输覆盖",更要实现"民心覆盖",我们就必须讲求宣传艺术。"怎样宣传",肯定成为我们传播观念的核心。

事实上,各大强势媒体一直在"怎样宣传"上做文章。同样是一个世界性重大事件,都在第一时间播出,哪个优哪个劣,谁个完美谁个欠缺,是可以通过比对来判别的。首先是信息价值的高低,其次是信息传播的正误。还有就是:

信息真实与否。信息爆炸的时代,可传信息范围很广,因此,信息的真实性就成为第一要素。虚假信息的制造、信息垃圾的出现,能够迷惑人们的心志,把人们引向歧途。不过那些虚假信息总是像肥皂泡一样,瞬间就会破灭,其结果是导致信息发布者——媒体的失信。而且,一次失误也许会带来永久失信,因为那怀疑的心态短时间难以消除,可信性再也不容易建立起来。这是应该给以严重关切的。

信息准确与否。同样的信息,由于报道者的价值判断不一样,很可能造成宣传的片面性。一个世界性正义事件,只从消极性上报道,给以否定性评价,而有意无意地忽视或者无视那应有的积极性方面,甚至用非正义的定性语言进行抨击,毫无疑义必遭谴责。相反的情况也一样。就是在价值判断上趋同,那评价的高低也要准确无误,而不应夸大或缩小、抬高或压低。褒贬无度,只能说明传播者的审视力、判断力、思辨力、表达力粗疏和偏激。马克思所说的新闻必须"真实,用词准确",就包含着这个含义。

信息密集与否。信息的传播应该讲究有效,即在单位时间里容纳的信息量多少,其中的有效信息多少。密集的信息是在剔除了冗余信息、无效信息之后,保存下来的纯正信息。在这个意义上,并不强调信息总量,而特别指认信息的有效性。要想保证信息的有效性,一方面,不能让信息处于超饱和状态,要有一定的深化、生发空间;另一方面,每一条信息必须达到言简意赅,删除废话、套话,字斟句酌,字字珠玑、语语中的。

信息迅捷与否。信息的传播必须争取首发权,即力求在第一时间内发布出去,而不要落在他人之后。首发权是一种主动权,带有权威性。人们接收信息的时候,往往"先入为主"。在这方面,落后就意味着丧失发言权,"机不可失,时不再来"。当然,首发也不能粗制滥造,也要认真负责。时机性和时效性并不矛盾,二者完全可以在"有理、有利、有节"的价值观上得到辩证统一。有利的时机性,会产生最大的时效性。

信息精美与否。信息本身已经具有了审美价值,在传播的时候,作为中介,传播者是否着意揭示信息的内在美,赋予信息以美感,就是相当关键的了。"地球村"的概念,指称人们的距离拉近了,信息可以共知了,几乎没有什么信息能够"密而不发"了。那些重大事件,各媒体都竞相发布,这时,就看哪一个媒体在传播信息的同时能够给人以美感。给人的美感越强,人们越愿意接受。例如:声音的美感、画面的美感、视阈的美感、表述的美感……不管是大笔勾勒,还是精细点染,总要"宣传得好,使人愿意接受"。

三

怎样传播,还要具体问题具体分析。

广播,要求"以声传情,声情并茂"。不论是专业人员还是非专业人员,只要是从广播里传出来的声音,都应该是"明晰"的,不能语焉不详,不能含糊不清。

电视,要求"形神兼备,声画和谐"。不论是新闻节目还是非新闻节目,只要是从电视里传出来的语言,都应该是"明晰"的,不能七拼八凑,不能闪烁飘忽。

广播电视节目,切忌"人际化"。表面上看,把人际传播引进大众传播,好像是"贴近"了大众,实际上却降低了大众传播的等次,失去了大众传播的优势。艺术源于生活、高于生活,正是大众传播优于人际传播的特点。"艺术之所以是艺术,正因为它不是自然",人们在生活中听到、看到的大千世界,远比大众传播中的丰富、质朴,如果大众传播中的东西还不如人们耳闻目睹的东西精妙,只是人们日常生活的仿造、摹写,那么人们还需要大众传播干什么呢?精品意识,可不是平庸意识(或曰平凡意识、日常意识),就是所谓的"平民意识""大众意识"也同样要求精益求精、思想精深、艺术精湛、制作精良。

作为电台、电视台"门面"的播音员、节目主持人,只有"德才兼备,声形俱佳"者才能胜任。什么"声音和形象都不那么重要了"的观点,连起码的职业标准都抛弃了,还能说是传播观念的"创新"么?当我们的广播电视中呈现的是"声不悦耳""其貌不扬"的景象时,还可听可看吗?我们并不要求"沉鱼落雁之容,闭月羞花之貌",但也不应等而下之,越难听、越难看越好吧!

　　至于民族文化的底蕴,同样是需要我们专心致志地去追求的。"洋为中用""古为今用",会使我们站在巨人的肩膀上,看得更远一些。一味显示生存层面的"原生态",向自然主义、后现代、后殖民寻找强身健体的营养,会"数典忘祖",会跟在别人的后面爬行,那是懦夫和懒汉的哲学,要得软骨病的。在国际竞争中,我们应该拿起枪。

　　假使我们不去打仗,

　　敌人用刺刀

　　杀死了我们,

　　还要用手指着我们骨头说:

　　"看,

　　这是奴隶!"

让我们记住诗人田间的这首名篇吧,我们会无往而不胜的!

关于传播规格的思考*
——语言传播杂记之二十九

在传播观念的问题上,首先应明确"传播什么",即廓清哪些是应该传播的,哪些是不应该传播的。任何传媒都有自己的传播下限,总是把那些不应该传播的内容大体确定下来。这里有两个方面必须注意:一是维护国家利益方面,如国家机密、经济情报、军事机要、科技尖端等;另一个是违背道德标准方面,如败坏风气、侮辱人格、造谣生事、低级趣味等。作为党和人民喉舌的大众传媒,坚持正确的舆论导向,是党和人民之福。

但是,现在的问题是突破道德底线的情况相当严重,不能不引起我们的高度注意。在本应坚持社会公德、职业道德、家庭美德、个人品德的广播电视传播中,屡屡出现违背道德底线的言语行为,令人难以卒听、难以卒视,甚至令人作呕、令人气愤。在已经"入世"的今天,这无疑是对传媒业的败坏,是对国家形象的损害。

一

政治环境的宽松,经济条件的富裕,文化氛围的闲适,生活水平的提高,使我们愈加感到"时不我待""机不可失""竞争激烈""任重道远"。也有些人,玩物丧志,欲壑难填,利用广播电视的娱乐、博彩功能,填充后现代、后殖民的文化渣滓,迎合低俗,招欢买笑,从中捞取实惠,以取得经济效益为口实,掩盖社会效益的缺损。仅举几例:有的节目,只是克隆了域外或国外的类似节目,却如获至宝,大量宣扬影星歌星的私生活,津津乐道于他们的生活琐事,让他们支撑节目的"收视率"。有一次,主持人竟让两个素不相识的明星商量"什么时候结婚""生几个孩子",完全不顾大众传播的"公开性""公众性",丧失了起码的社会公德、职业道德。

---

* 原载于《现代传播》2002年第2期。

有的节目,主持人拒绝讲普通话,以操"港台腔"为荣,摇头晃脑,挤眉弄眼,扭捏作态,嗲声嗲气,以为这就是"活泼",令人不可卒看,把泱泱大国的作风和气派扔到了九霄云外;配片解说时方音不改,毫无感情,冷漠懈怠,半死不活,以为这就是"真实",令人不可卒听,把汉语的丰富精美糟蹋得不成样子。

有的电视剧,大肆渲染三角恋爱、婚外恋,可以毫无缘由地出现床上戏、裸露戏。好像缺少这样的镜头,就会失去观众,好像没有这样的镜头,就无法"贴近生活"。有的电视剧,不顾人物的最高任务、贯穿动作,不顾人物特有的身份、场合,插科打诨、贫嘴薄舌,哗众取宠,俗不可耐……

即使这样的节目获得了可观的经济效益,又有什么值得炫耀的呢?

因此,我们应该明确"规格"的概念,把那些不该播出的东西挡在话筒和镜头之外。

二

为什么会有这种现象呢?除了利益驱动之外,就是社会责任的淡漠。广播电视传播,必须体现时代精神,必须充满人文关怀,促进社会主义精神文明建设,代表先进文化的前进方向。

先进文化是指民族的、科学的、大众的社会主义文化,不应只属于"大众",而排斥"民族""科学",更不能无视"社会主义"。四个定语,相互融合,不能割裂,而传播规格正在其中。

我们的广播电视,有责任提高全民族的思想道德素质、科学文化素质、教育审美素质。传播者理应"以科学的理论武装人,以正确的舆论引导人,以高尚的精神塑造人,以优秀的作品鼓舞人"。话筒前的每一个语句,镜头前的每一个画面,都应该这样去要求,尽力达到思想精深、艺术精湛、制作精良的水平,唱响主旋律,力求多样化。于是,任何金钱的诱惑都会退避三舍,在社会效益提高的同时,经济效益便可以随之增长。如果拜金主义占据了头脑,唯利是图,道德就会无立锥之地,"为大众"的口号叫得震天响,那其实也是口是心非,"司马昭之心,路人皆知"了。

不错,我们必须为大众。大众需要认识真实的世界,大众需要了解生存的环境,大众要求扩大科学的视野,大众要求获得人类的精华,大众期待继承民族的优良传统,大众期待发扬勇敢的创新精神。因此,我们有很多事情要做,如不断扩大传播范围,努力提升传播格调。对此,我们怎么能置之不理、置若罔闻呢?

传播规格,涉及节目设置、节目策划、内容覆盖、形式样态等,属于整体规划、格局和格调问题。有两个问题值得注意:

第一个问题,纵向的源流走势。中华民族的文化源远流长,中国人民的生活丰富多彩,我们能否开掘出当代的文化底蕴,展现出今日的广阔画卷?最忌浅薄的堆砌,狭隘的视界。最需要深入阐释原典精神,生命感悟。

第二个问题,横向的比对借鉴。改革开放的进程通达四海,世界人民的理念异彩纷呈,我们能否取人之长,为我所用?能否化他为我,另辟蹊径?不应照猫画虎,不应邯郸学步。重要的是"自己走路""走自己的路"。

我们的队伍是有能力独树一帜的,不过需要体制的保证、机制的激励、群体的互补、主体的勤奋。"入世"以后,一定是"能者多劳""优胜劣汰",再也不会让"忙闲不均""少劳多获"的现象存在下去了。只是在这时,规格的竞争才成为真正的竞争。特色贫乏的、敷衍了事的、擅长克隆的、低级庸俗的,也许有暂时的效益,却不会有什么值得人们记起的收获。

三

我们的传播规格,应该达到国际传媒业中强势媒体的同样起点,而不应该自惭形秽,愧不如人,自甘落后,怨天尤人。我们的本土文化、主流话语,给了我们巨大的驱动力。尊重原创,择优拿来,都是重要的,但是,我们必须掌握自己的出场形象和话语主权。跟在别人的后面亦步亦趋,是懦夫和懒汉的行为。创建自己的传播规格,自己的节目形态,才会在激烈竞争中立于不败之地,才会在历史潮流中处于先进行列。在信息时代"怎样传播"已经提升到当务之急的今天,规格意识必须强化,"智囊团""守门人"理应发挥重要作用,创作主体的积极性、主动性、创造性,不应该在"闭门造车""异想天开"上浪费时间,而应沿着"情理之中""意料之外"的思路,共同让我们的传播规格呈现社会主义中国的特色,体现我们的价值观,表现我们的审美观。"专业台""专业频道"并不稀奇,重点却在"人无我有,人有我优,人优我特"之中。"公式化""雷同化"的结果,定是规格的空泛,定是自我的消失,行之不远,肯定夭折,遂无问津者。

比如,新闻评论类。一定要尊重新闻价值,剔除非新闻叙事方式,表现我们对待国际事务、国内事务的庄重严肃的态度。任何轻浮和娱乐,都会失去人们的信任感。

比如,教育欣赏类。一定要启迪人生感悟,挤掉那些琐屑和絮叨,显示我们的社会责任,决不"游戏人生",决不"纸醉金迷"。"知足常乐""自强不息",会敞开心扉,尊重他人,珍惜今天,畅想未来。

比如,体育竞技类。报道和转述运动场内外的人物、事件,提高人民身体素质的各项活动,引导人们参与和观赏,决不展示那些残酷和怪异,更不去宣扬那些绯闻和轶事。

比如,文艺综艺类,营造欢欣和快乐的场景、气氛,给人以健康向上的、愉悦身心的美感享受,陶冶高尚的情操,培养健全的体魄,决不消磨生命、浪费青春、刺激物欲、张扬丑陋。

做到以上这些,谈何容易!但是,只要远离浮躁,甘于寂寞,志存高远,潜心研究,是可以计日程功的。

我们的传播规格,必须保有质的规定性。每一个节目,每一句话语,每一个出场人物,每一个故事情节,每一声音响,每一个画面,都应该是精心演绎出来的,倾情创造出来的,世人都可以从中看出:"这就是中国!""这就是中华民族!"而不应该是相反的情况:"中国怎么会有这么糟糕的东西?"我们的广播电视传播队伍,涌现了一批具有民族自豪感又有远见卓识的人才,他们"善于传播",勇于创新,能够继往开来,能够推陈出新。在他们专心致志地奋力工作下,我国的广播电视一定会成为强势媒体。可以预言,将来,我们的广播电视一定是多视角、多层次、多品位、多样态的,一定是合民族、合目的、合规律、合美感的,肯定是独立于世界传媒之林,响彻黄钟大吕之音的,因之,是无可替代、无与伦比,在竞争中备受青睐的!

关于人文关怀的思考*
——语言传播杂记之三十

广播电视语言传播,最重视"体现时代精神,充满人文关怀"。要想"为全中国人民和全世界人民服务",就必须"以科学的理论武装人,以正确的舆论引导人,以高尚的精神塑造人,以优秀的作品鼓舞人"。当前,我们要大力宣传、认真落实"三个代表"的重要思想。广播电视自身要做到"三个代表",人文关怀不能不是一个重要方面。

一

以为人民服务为宗旨,就应该在广播电视语言传播中,不断满足人民群众日益增长的精神文化需求。我们必须了解人民群众的所思所想,必须认识自己的责任。这责任,实实在在地表现为字字句句的一丝不苟,掷地有声,及于耳、入于心。

至今,广播电视中字音的错误屡见不鲜,词语的乱用俯拾即是,这难道不是责任感不强的表现吗?有的人尽管普通话水平测试达到一级甲等,却仍然犯常识性语音错误。"窗明几净"的"几"念成上声,是"几次"呢,还是"几时"呢?其实,这里应该是茶几、几案,泛指桌子的意思,读作阴平声。"瑰丽"的"瑰",读作阴平声,但是在说"玫瑰"的时候,是重轻格式,念轻声,如果还念阴平声,这个词就变成了中重格式,很不自然,显得做作,听起来别扭,好像语音规范就得是这个样子,会引起受众对"规范"的误解和反感。语音的正误,绝不仅仅是知识水平高不高的表现,它直接影响受众的接受,干扰受众的收听收视进程。这正是我们在人文关怀方面的缺失,绝非无足轻重,不可漠然对之。

有人总把字音问题看作小儿科,甚至不屑一顾。这种态度,就会使他

---

* 原载于《现代传播》2002年第3期。

们远离规范,并同受众产生隔阂。如"是否"的"否"字,数年来,有人一直念"fǎo",汉语拼音里,从来没有这个拼法,汉字里也找不出这个念法,但是,为什么却出现在我们电视传播的有声语言里呢?难道这个音非常难以改正吗?根据一般人的经验,大概用不了多长时间,就能念对,而且会成为习惯。问题恐怕就出在"不以为然"上,甚至还会认为别人在吹毛求疵。当你这样说的时候,本来一句很精彩的话,由于"一字之差"被人议论,注意力转移,后面的话就听不清了;也许主持得很出色,如果总有语音差错,这主持也就"稍逊风骚"了。

老舍先生说过,话剧的台词不好,那就是用话"锯"人家的耳朵。我们千万不要"我行我素",不顾受众的耳朵,丢掉语言传播中人文关怀的优良传统。

二

人文关怀还表现在同受众的交流上。我们应如何看待受众?有两种错误的观点值得注意。

其一,受众是"上帝"。这种观点是迎合、媚俗的一个重要原因,一味哗众取宠、招欢买笑,以"乞求"上帝的"垂怜"。不惜重金悬赏,公然宣传宿命,反复张扬"私语",一再摹写"物欲",把人民群众看作只顾享受"一次性垃圾餐"的食客,追求重利轻义的商贾。似乎只要"受众"喜欢(其实是心造的幻影),就千方百计、想方设法地说出来,什么自尊自重,都可以抛到脑后。为什么有的节目至今还在"庸俗搞笑""拜金主义"上大做文章,不就是因为离开这些,就会减少财源嘛。

其二,受众是"群氓"。这种观点是孤高、自傲的一种心态,昂着头,眯着眼,动不动启发一下;托着腮,跷着腿,时不时告诫几句,以"指点"大众的"迷津"。把人民群众看作不谙世事、只字不识的白丁,没有自理能力、需要处处呵护的孩提。一条消息,不加上点儿作料,不加以稀释,受众就"听不懂";一个道理,不变化点儿修辞,不换个说法,受众就"没兴趣"。新闻报道,有时事政策,只能多作浅显点拨;天气预报,刮风下雨了,必须提醒穿衣戴帽……"话不说不明",贴近受众,一定要事无巨细地、掰开揉碎地说个"透彻",否则,那言外之意、弦外之音让受众自己去思考,恐怕是会"不理解"或者想偏了的。

这样,在语言传播中,从"过"与"不及"两方面,都遗忘了真正的人文关怀,空置了语言传播者的社会责任,浪费了语言传播的时空效率,而且,平添了语言传播的负面影响。

三

究竟用什么去进行人文关怀?应该摒弃小农经济的狭隘眼界,应该拒绝西方资本主义价值观念,应该警惕后殖民文化心态腐蚀。我们的优秀民族文化传统,我们的主流意识形态,我们的本土话语特质,是人文关怀的核心内容和独特形式。广播电视传播,尤其是语言传播,理应填充经验历史的话语内涵,着意讲述英雄民族的心路历程。这是其他国家、其他民族所难于描绘的景观。

为此,广播电视传播,尤其是语言传播,必须建立自己的传播体系,必须实现自己的美学理想。例如:传播观念、传播格局、传播形态等。

我们需要创新。目光短浅的追新求异、集怪猎奇的"克隆"之路走不通,跟在别人后面爬行,是懒汉懦夫的作为。虽然可以获得眼前的瞬时欢娱、蝇头小利,失去的却是文化的疆域和领土。在继承基础上的创新,要舍得花费心血,付出劳动。从人文关怀的角度,是否可以做如下设想:

一是坚持国家通用语言文字的规范,清除语言文字的污染。尽可能使每一个字、每一个音、每一句话都合乎规范,"不因善小而不为",持之以恒,紧抓不放。

二是尽快建立节目专利制度,保护创新节目的传播权。鼓励节目制作群体深入生活,调查研究,发挥智囊团的集体智慧,开发崭新的节目形态,唱响主旋律,提倡多样化。

三是精心策划制作重点节目,认真倾心撰写并反复多次修改稿件,尽量达到厚积薄发,字字珠玑,悦耳动听,赏心悦目。要拣选世界文化的珍宝,弘扬民族文化的精髓,充分显示"这就是中华民族的""这就是中国的",独树一帜。

四是吁请全国人大迅即为传媒立法,在"依法治国""以德治国"的方略下,以法律为准绳,维护传媒的正确导向和健康格调,限制和禁止传媒的唯利是图、沉渣泛起。给广大受众以监督权,可以起诉传媒的越轨言行,败诉的传媒必须受到制裁,赔偿受众的精神损失,直至被吊销营业执照。

五是大力培训和考核传媒的业务人员,经常从人品和作品两个方面进行评价,特别强调人文关怀,考查是否真正尊重受众,全心全意为受众服务,尽心竭力引导受众,充分发挥传媒的教育鼓舞和审美愉悦功能;认真研究、借鉴国外和我国港台地区主要媒体的传播经营策略,吸收其先进经验,避免他们走过的弯路。一定要在激烈的竞争中保持清醒的头脑,争取向大国强势媒体的前沿地位奋进。

六是加强广播电视理论的研究,特别是同其他相关学科的综合研究。在研究中突出人文学科的各个层面,从多种角度深入探索,开阔学术视野,开展学术争鸣,反对学术浮躁,倡导优良学风。当代中华民族的人文精神,应该在理论研究中得到显现和张扬。这样,其成果就不会是拾人牙慧、邯郸学步的了。

四

2001年,世界知识出版社出了一本《默多克传》。2002年,《读书》第三期发表的张西明先生的文章《传媒帝国的诱惑》,见解独到。有一段话很有针对性,现摘引如下:

在过去的一二十年里,默多克逐渐征服了现代新闻业历史最为悠长的英国。在那里,他使曾经以高雅严肃风格著称的《泰晤士报》变成了"流行报纸"……并通过其控股的"天空卫视"(Sky)决定了全体英国人能看到什么样的卫星电视节目。最后逼迫得英国人近年来连连通过各种公益广告大声疾呼,"别再给我们(文化的)麦当劳了,还回我们的莎士比亚吧"!

张西明先生呼吁:在全球化时代,如何保持自身文化的精华与精神,不使我们的后代一天天在"大众""流行"之类的旗号下"吃"着"垃圾餐文化"长大,最后竟然在不知不觉中失去了自己文化的"根",实在是一个必须未雨绸缪的大问题。

其实,我国早就有人发表过有关的介绍和许多精辟的论述。为什么至今还需要"大声疾呼"呢?加入世贸组织,紧迫感、责任感使我们觉出了"燃眉之急","山雨欲来风满楼",怎不令人严肃对之、深长思之?

"三个代表"已经指明了方向,就看我们如何"责无旁贷""心无旁骛"地贯彻了。

教学编

回眸播音主持专业30年

继承播音传统 发挥播音优势 突出播音特色

传媒与教育散论

播音主持专业教育的人文内涵

教学思想的统一与理论教学的加强

有声语言训练的起点与归宿

齐越精神的永恒价值

播音专业教育40年启示录

播音教学法研究管窥

努力为广播电视事业培养更多更好的播音人才

给播音系同学的一封信

给报考播音主持艺术专业同学的一封信

主持人大赛随想

回眸播音主持专业 30 年*

改革开放 30 年来,播音主持专业经历了大发展、大规范、大飞跃、大提升,把马克思主义新闻观、社会主义核心价值观、科学发展观作为指导思想,基本上适应了广播电视事业的需要,完成了传播任务,做到了与广大受众"信息共享、认知共识、愉悦共鸣"。

播音主持是一个专业,是一项工作,是一种理论,是一个学科。30 年来,在这个关键问题上,全社会已经有了基本一致的看法,有利于整个广播电视及有声语言的社会功能不断扩大影响和深入人心;但是也存在着不少有失偏颇的认识,影响着播音主持工作的健康生存与持续发展。在此,我们仅从一孔之见回顾播音主持专业 30 年的发展历程,以便进五步深入总结规律,促使播音主持工作得到更好、更快的提高。

一、导向意识更加明确

播音主持工作,要不要坚持正确的舆论导向?播音员、节目主持人是否应该具有强烈的导向意识?这是一个核心命题。

在节目制作和传播中,有声语言的创作至关重要。它既可以遵从各类预案的词语传播意图进行正向陈述,也可以进行改变词语传播意图的反向表达。这完全取决于创作者的理解把握和语气驾驭,即"话语权力"。这就是所谓"口耳之学,幽渺难知""只能意会,不能言传"的奥妙之处!因此,播音主持工作是广播电视传播中的"咽喉要道",是党、政府和人民的"喉舌"。世界各国的广播电视传播,无论公办抑或私办,除了"持不同政见者"之外,几乎听不到跟国家民族利益相悖的声音。喉舌,确实是共性,中国特色社会主义制度之下也不能例外。

---

* 原载于《现代传播》2009 年第 1 期。

舆论导向问题,关系到传播观念的转变:

第一个转变:传播性质。经过10年浩劫,从"以阶级斗争为纲"到"以经济建设为中心"的转变。政治氛围越来越宽松,经济环境越来越宽裕,文化传承越来越张显,思想观念越来越进步,广播电视事业越来越兴旺。无产阶级专政工具的极"左"观念一去不复返,"万马齐喑"的局面一变而成为"万马奔腾"的态势。改革开放给播音主持工作带来了前所未有的深刻变革和发展机遇。

第二个转变:受众内涵。播音员、节目主持人不仅是党、政府和人民的喉舌,是新闻工作者,而且也是广大受众丰富的信息来源、广博的知识宝库、亲切的生活参谋、欢乐的朋友知音。在五彩缤纷的节目中,人们认识到,喉舌功能的充分发挥,既有利于党和政府的方针政策的贯彻落实,也有利于人民表达自己的意志和愿望,"维护国家利益、捍卫文化安全、弘扬民族精神、唱响时代旋律"是题中应有之义。作为传播媒介的广播电视,其受众应该包括各级党政领导和各地城乡居民,大家同样从广播电视中认识社会、明确方向。这样,就改变了"喉舌一清二楚,百姓一无所知"的受众内涵。

第三个转变:功能拓展。逐渐实现了以"引导"为核心的"灌输"和"满足"功能全面优化过程——当然,要艺术地灌输(拒绝生硬)和有限度地满足(抵制媚俗),既要进行"舆论监督",还要实施"舆论引导"。这就是有些重大宣传收效甚微,有些节目停播、取消的原因。只有坚持正确的媒介定位:"良师益友",播音主持才不会"高高在上"、也不会"低声下气"。要坚守"内容为王""内容决定形式,形式反作用于内容"的原则,而不要搞表面的形式主义和机械的工具理性,更应屏弃急功近利和敷衍塞责,以及把媒介功能庸俗化、浅表化。

第四个转变:重心迁移。特别要强调的是由"传播什么"到"怎么传播"的实质性转变——信息社会的绝密性信息越来越少,而大量公开信息失去了保密的条件和必要性,同质信息的同步播发,改变了竞争的态势,独家新闻变成了众家消息,就看哪一家传播得精彩,视角独特,重点简洁,阐释明晰,富有美感,从而极具感召力和吸引力。因之要求播音主持工作人员具有纯熟的表达能力和深刻的昭示智慧。单纯的"客观报道"是没有的,必然走向传播主体价值取向的明朗化和公众化。"时代的传声筒"并非生硬的噪音,虽然可能隐蔽地但却要可感地进行意识形态倾向性(思想倾向)的艺术表达。

正因为如此,在"解放思想、实事求是"的路线指引下,大量有效高质的传播,造就了一个个里程碑式的播音主持作品。新闻播音真实迅捷、更加亲和,从重视"时机"到重视"时效",使广播电视传播走向了全息性、开放性、密集性、网步性、互补性、互动性的完美统一。从"9·11"事件的封闭传播、揭露"法轮功"的保守传播到南方冰雪灾害、"藏独"打砸抢烧事件、汶川大地震、第29届北京奥运会的全面报道,即时直播、伸张正义、构建和谐,确实是一个飞跃——开始了从传媒大国向传媒强国的迈进!播音主持也从播报为主走向话语多样的合目的、合规律的语言形态,受到全国人民和全球华人的赞扬。

二、规范意识更加突出

在播音主持工作中,使用规范语言是一种优良传统。但是,改革开放后,随着节目形态的变化和语言样态的增多,这一传统一度被忽视。方言土语、港台腔调时有出现,甚至形成泛滥之势。主持人要"张扬个性"、语言"越自然越生活越好"的观念,使一部分主持人摒弃语言基本功,走上了"口语至上"的邪路,言不及义、含糊其词现象比比皆是,传播效果受到极大损害。

传播技术的现代化,使卫星覆盖、异地连线、双视窗、网络视频、多向交流等成为可能。因此,播音主持工作的语言传播日益繁杂,语言传播样式融合变化,对语言功力的要求更加严格。如何在坚持规范的基础上,进一步提高传播质量,成为必须加紧解决的迫切问题。从1982年的资格考试、1993年的普通话水平测试到2002年的持证上岗要求,特别是2001年颁布《国家通用语言文字法》后,语言规范已是大势所趋、人心所向。虽然还有曲折和干扰,但从总体上说,人们对于语言规范的认识已经进入全民学习、使用普通话的新时期,已经有53%以上的群众会讲普通话。播音主持工作人员不能以获得"一级甲等"为满足,而应再上新台阶。

语言规范绝对不是语言多样化和语言生活化的阻碍。各种语言样态都可以在规范化的基础上提升为深化语言内容、强化语言美感的表达方式。尤其是生活服务类、文娱综艺类节目,规范化的语言同样可以带给人们风趣、幽默和生动的意蕴,而嗲声嗲气、南腔北调反而会削弱传播的主旨和内涵,造成喧宾夺主、眼花缭乱的效果。

语言传播必须负载"以事醒人、以情感人、以理服人、以美愉人"的丰富内容和优美形式,而不宜简单地给受众以感官刺激或快餐消费。否则,就是语言传播者的失职。奇装异服、袒胸露背、插科打诨、胡聊乱侃,以及"狭隘地域化"等,已经被广大受众厌烦、拒绝了。

"规范"的意义与价值,绝非仅指语言。它直接关系到政治、经济、文化、教育、法律、军事等各个方面的进步和发展。同时,它还指引着体制、建制、编制和机制的深入改革与系统建设。广播电视的规范行为,潜移默化地影响着全社会的精神文明和物质文明的普及和提高。作为公众人物的播音主持工作人员,更具有普遍的示范和表率作用。其一言一行、一颦一笑、着装发型、态度感情……都被人们关注并效仿。规范当然要与时俱进,要约定俗成,而绝非个人行为,不应率性而为,不可等闲视之。

三、话语样式更加丰富

掌握着话语权力的播音主持工作人员,在话筒前、镜头前的言谈举止代表了媒体和节目组的集体智慧和心血凝聚,不能不格外慎重和严谨。但是,语言表达要充分反映社会的需求和世态的变化，要"表情达意、言志传神"，就应该采取多种多样的表达方法，避免单调和呆板、苍白和冷漠。

30年前，话语样式基本上是以有稿播音的"播报""讲解"为主，在前辈播音艺术家的艰苦探索和实践开创中，竞相涌现出"四大高峰"——齐越的"朗诵式"、夏青的"宣读式"、林田的"讲解式"、费寄平的"谈话式"。这成为播音主持的四个基本样式，为后来者提供了广阔的创作天地。改革开放以来，尽管各类频率、频道如雨后春笋般纷纷开设，各类节目千方百计推陈出新，可是万变不离其宗，语言传播的形态仍然没有脱离这四种基本样式，而且还衍生出"高雅庄重""平实正规""通俗灵动""消闲自在"等多种因语境变化而呈现的样态。在节目中，庄重的宣读、灵动的播报、深情的讲解、活跃的谈话，不断变通、相互融合，使节目充满了勃勃生机。20世纪80年代中央电视台的《观察与思考》《春节晚会》《综艺大观》，中央人民广播电台的对台广播《空中之友》、珠江电台的《听众信箱》成为标志性模式，在全国广泛兴起。到90年代，中央电视台的《东方时空》《焦点访谈》《实话实说》《道德观察》，中央人民广播电台的《新闻纵横》、北京电视台的《特别关注》、湖南电视台的《晚间新闻》等栏目继续探索，竞相开创新的格局，呈现繁华的景象。国家台引领风骚，地方台各显其能，出现了"岭南春色""湘军突起""贵州新风"。其间，话语样式色彩纷呈，而"谈话式"以其特有的新鲜性、亲民性，为更多的节目传播所使用。特别是现场直播、异地连线传播，"对话式"样态显得更及时快捷。综艺节目的兴起，更增添了语言传播的多样性，中央电视台的《幸运52》、湖南电视台的《快乐大本营》等吸引了大批受众。"宣读式"甚至一度被认作过时的样式，受到冷落。直到经过数次重大新闻的传播，特别是党的第十七次代表大会的重要文件的播音，才凸显出其不可替代的优势。人们从中获得了无可比拟的深刻感受，它才又成为语言传播中不可或缺的亮点。在"讲解式"的样式中，也出现了众多优秀作品，有些已经进入了脍炙人口的典范之列。

其实，话语样式并不是一种模式化的固定腔调，而是基于"语无定势"的模糊分类，从根本上说，它完全服从于、服务于话语内容与表述方式。只要遵从"真实的身份、真诚的态度、真挚的感情、真切的语气"，它就不会给人以"削足适履"的感觉，更不会让人无所适从。一度风行的"说新闻"和所谓"民生新闻""方言新闻"，如江苏的《南京零距离》、安徽的《第一时间》等，以其贴近性和通俗化赢得了较高的视听率，有些节目也成为精品，不过那一般是向日常生活的切近，围绕当下世事情态叙述主观感受，更专注于周边琐事、家庭矛盾、心理变态、缉拿逃犯和奇闻逸事。虽然细节增加了、样态活泼了，但总显得胸怀不够宽广，视野比较狭窄，过分地注意了"自扫门前雪"，而忽略了"他人瓦上霜"。因此，大多不能进入主流话语形态。

关键是，我们能不能强化语言功力，开掘艺术个性，形成独特的语言传播艺术风格。中央电视台的《新闻联播》，栉风沐雨、筚路蓝缕，经过多年的积淀和历练，逐步形成"庄重大方、质朴含蓄、睿智沉稳、高雅丰满"的整体风格。近期又有四位新主持人加入《新闻联播》的行列，正意味着其生机无限和后继有人。它既是国家形象的一个符号，又是语言传播的一种典范。它的提升轨迹,说明了中国老百姓喜闻乐见的语言样式是积极稳定与多重和谐的,体现了中华民族审美理想的集成路径,是自立于世界传播之林的特色之旅。大多数地方台也设置了类似的节目,并成为新闻类的重点和特色。

四、专业队伍更加壮大

播音专业从1963年设置,到1996年更名为播音主持艺术专业,并成立播音主持艺术学院,专业学位从学士、硕士到博士,建立了多层次、成序列的系统教育模式。至今,全国培养播音主持艺术人才的高等学府大约有200所,培养本科专业的高校达到60多所。在岗有正式编制的约23,000人,聘任和签约的超过30,000人。这是一支庞大的队伍,是广播电视语言传播的生力军。

这支队伍的根本性质,应该是"新闻工作者",而不是演艺人员。他们以播音主持工作为自己神圣的职责,应该"德才兼备、声形俱佳";业务素养应该是"语言功力"和"一专多能";业务能力是"有稿播音锦上添花,无稿播音出口成章",即善于将文字语言转化为有声语言,将内部语言外化为有声语言。其工作特征是:在广播电视传播中,以有声语言(包含副语言)为主干或主线,出头露面,驾驭节目进程。

理论上的分歧和争议,都不应模糊和干扰语言传播的大方向和根本性质的价值观。诸如播音是搞政治宣传,主持人是老百姓的知音;播音员只会说"字话"、是念稿员、机械而被动,主持人是说自己的话、有主见、有个性;播音已经过时,主持才是时代的宠儿;播音是以势压人,主持是平等待人……究竟为什么要把这支队伍分成两类?对事业、对专业、对人才成长、对体制改革,到底有何裨益呢?30年过去,还是放开眼界,更深刻地把握这支队伍的发展壮大之路吧!

1986年8月,在宁夏召开了"首届播音学术研讨会";1987年在北京广播学院成立了"中国播音学研究会",当时的谢文清副部长到会祝贺。播音学研究会一直坚持每年一次的学术年会,坚持评选播音主持优秀作品和优秀论文。其评奖级别同嗣后成立的"主持人节目研究会"评出的"金话筒"奖都属于中国广播电视学会的"学会奖"。1995年,中宣部决定,中国播音与主持作品奖成为本专业最高级的政府奖。2000年,在中国广播电视协会之下,重新组合成"播音主持委员会",并在2006年把政府奖冠名为"金话筒",可以在评作品的同时,设立个人奖。同年进行了首届金话筒奖的评选和颁奖。我们的学术组织在曲折中前行,在困境中奋进,终于获得了历史性的阶段成果。许多省市都进行了年度评奖,有些地方台十分认真,因此提高很快,产生了一批骨干,制作了不少精品,在受众中影响很大,具有了真正属于自己的品牌。

从20世纪80年代开始,申请"播音专业技术职务系列"得到国务院批准,成为全国17个职称系列中的一个。播音专业"高级评审委员会"每年都进行高级职称评定。20多年来,全国有一半多的专业人员进入了专业技术职称系列,近200人被评为播音指导(正高),主任播音员(副高)近千人,一级播音员(中级)和二级播音员数以千计。由于一些记者、编辑和演员也在主持节目,他们的职称或者进入编辑记者系列,或者保持着演员系列,甚至也有法律、经济、教师等系列的。获得这些系列职称的人数,还没有计算在内。吸收各行各业的人员进行播音主持工作,一方面,可以借助他们的学科背景和他们熟悉的相关知识,有利于主持过程的专业化;另一方面,因为缺乏语言传播的训练和语言功力的锤炼,有声语言表达的水准有所降低,造成语言传播要求不高的印象,使人们的专业认知有些混乱,以至产生"采编播合一"是必须具备的能力的错觉。事实上,采编播能否合一,怎样合一,到底如何合一,一直存在理论和实践上的置疑。一个人精力有限、能力有限、经验有限、储备有限,不可能样样精通,与其追求全能,不如坚持一专多能。在整个队伍中,尤其不宜提倡"合一",否则,十分不利于专业水平的提升和传播质量的提高。

对于专业队伍的更大干扰,来自"市场化"地片面追求收听、收视率和盲目效仿西方的人事配置使用原则。有些台曾经给播音主持人员在正常工作任务之外,另分配定额去拉赞助和广告,不完成便扣除工资或奖金。还有些台硬是规定一个人干三个人的工作,不管能不能胜任。有些台的专业建制基本取消,只有松散的自发组合活动。有些播音主持工作人员道德契约混乱、语言功力滑坡、岗位责任怠惰、名利思想泛滥,工作中任性随意,生活中贪图享乐,造成了很不好的社会影响。管理力度强弱悬殊,竞争机制和激励机制很不平衡,成为专业队伍进一步壮大的瓶颈。今后理应加强科学化、人性化的专业体制建设,依靠组织行为,发挥集体力量,造就"只争朝夕""你追我赶"的新格局。

五、特色意识必须深化

回顾30年改革开放的历程,广播电视语言传播的经验教训值得总结的很多,择其要者,有以下几个方面:

第一,要厘清大众传播与人际交流的联系和区别。语言传播的三重空间,以生存空间为源泉,以规范空间为标准,以审美空间为高度。不能混淆二者的本质差异,把具有个体性、琐碎性、隐秘性、芜杂性的人际交流照搬到具有公众性、严谨性、公开性、示范性的大众传播中来。语言传播一定要经过筛选和过滤,否则,就会陷入自然主义、快餐文化的泥淖。

第二,要认清广播电视传播的单向性、线性和强制性,极大地增强传播责任、提升综合素质、实现社会功能,这是最大限度地尊重受众、服务受众的康庄大道。不要被所谓"双向传播""受众是上帝""要无限度地满足受众"的观点所左右。否则,就会滑到唯利是图、放弃引导的邪路上去。

第三,要把握有声语言传播的核心价值,充分发挥有声语言的感染力、吸引力和真正的魅力。首先应该使信息传播做到"明晰""晓畅",还要追求"深刻""美感"。那种加快语速含混一片的"伪积极",平铺直叙、无精打采的"伪客观",既是缺乏理解感受的表现,又是失去工作热诚的显露。应该坚持"真实、准确、密集、迅捷、具有美感"的传播理念,避免"流行"语势和"时髦"表达的挤压和同化。

第四,要坚持"一专多能"的业务能力,努力扩大专业领域。可以在播音主持范围进行的,如新闻播音是强项,还能现场采访、主持访谈;如综艺主持是强项,也可以播报文艺信息等。可以在广播电视范围进行的,如采编撰稿、化妆灯光、音像制作等。可以在社会生活范围进行的,如法律、会计、翻译、绘画、书法等。但是,专业仍然是以播音主持为主,力求"精到",而其他只求"修身养性""尽力而为",否则,就应转到其他行业了。

第五,要通过自身的奋发图强,众志成城,在理论上、在实践上,努力进取,尽快提高;加强领导,扩大宣传,争取全社会的理解和肯定,让本专业、本学科的独立性更加显著。有声语言的大众传播是无可取代、独树一帜的,有着光辉灿烂的美好明天!

在中国特色的广播电视由传媒大国走向传媒强国的征途上,播音主持专业是一支特殊的力量,它声情并茂、形神兼备、表情达意、言志传神,美不胜收、独具特色,在建构和谐社会、促进和平发展的战略进程中,定能贡献出自己的一份力量!

继承播音传统　发挥播音优势　突出播音特色*
——为播音专业建立 40 周年而作

北京广播学院建院近五十年来,一直重视播音教育。从与中央人民广播电台合办"播音训练班",到 1953 年 9 月开办我国第一个中文播音专业(大专),1977 级开始升为本科,1980 年建立播音系和硕士学位授权点,1996 年 9 月成立播音主持艺术学院,1999 年开始招收广播电视艺术学"语言传播艺术"方向博士生,2001 年开始招收语言学及应用语言学"中国播音学"方向博士生。播音专业教育,在北京广播学院整体建设中,同其他专业一起,不断前进,特别是近十年来,更实现了前所未有的、跨越式的发展。

一个专业的建立,一个学科的形成,离不开实践的召唤,离不开社会的需要。但是,"生产是今天""科技是明天""教育是后天",所谓"十年树木,百年树人",决不能把教育仅仅看作满足眼前某种临时需要的对应形式和措施。教育的观念中,必须注意"周期性"同"战略性"的一致,必须加强"适应性"同"前瞻性"的协调。播音专业建立之初,由于有紧急培养人才,满足电台、电视台需要的本意,直至现今,还有人认为这种应急性仍然是这个专业的培养特点。因此,许多人的视点往往放在"今天",着眼于目前的状况和人才规格。事实上,这会极大地束缚教育改革的思路和举措,还容易造成人才培养规格的滞后。

我院播音专业,走过了 40 年的坎坷历程,培养了一批又一批播音主持人才。这是有目共睹的,不可否认的。这证明,我们播音教育的成功,我们培养人才的有效。我们应该坚定地继承播音传统,能动地发挥播音优势,大胆地突出播音特色,而不要"自惭形秽",更不要"改换门庭"。

---

* 原载于 2002 年《北京广播学院老教授文集》。

一

我们的人民广播电视播音传统,十分丰富。举其要者有五:

(1)坚定的党性和党的政策的立场,爱憎分明的、饱满的感情和特有的新闻敏感。

(2)和人民群众息息相通,热爱他们,关注他们,急他们所急,想他们所想,并努力融入播音创作中,经常深入生活,学习社会。

(3)苦练基本功,努力提高政治思想、科学文化、编播业务的水平。

(4)严肃认真、一丝不苟、兢兢业业、精益求精,发挥主动性、创造性,保证播出的高效率和高质量。

(5)团结协作,艰苦奋斗。

我们在教学中,一直贯穿共产主义的世界观、为人民服务的人生观、无私奉献的价值观的教育,坚持进行"喉舌意识""传播意识""精品意识""群体意识"的培养。就是在"极左"思潮冲击下,在"文革"中的短训班、讲习班、研讨班上,也没有动摇过。继承传统当然要"与时俱进",一方面,捍卫其精华内核;另一方面,摒弃其过时的、违反规律的部分,如"播音无学""技巧第一""固定腔调"等。但绝不是更换几个名词术语、与传统"彻底决裂"另起炉灶。

二

我们的播音优势,十分明显。择其大者有六:

(1)我们敢于公开声明:广播电视播音员(包括节目主持人)是党、政府和人民的喉舌,是广大人民群众的知心朋友,是以有声语言为主要手段在话筒前、镜头前工作的新闻工作者。他们不应混同于演艺明星。受众也不是上帝。他们要"善于传播——以有声语言为主干或主线,出头露面,驾驭节目或现场","以真实的身份,强化和美化节目所需要的那部分自我,弱化和淡化节目所不需要的那部分自我",极力提升受众的思想道德素质、科学文化素质和艺术审美素质。

(2)播音是一项创造性劳动,节目(或栏目)是播音创作的"舞台",需要高度的创作觉悟、正确的创作道路、严肃的创作态度、饱满的创作热情、高超的创作技巧。

(3)播音语言不同于日常谈话,它具有规范性、庄重性、鼓动性、时代感、分寸感、亲切感的特点。在播音创作中,通过有稿播音锦上添花,无稿播音出口成章,取得以事醒人、以情感人、以理服人的效果。

(4)播音创作中,要遵循播音表达规律,以有声语言的多种样式表现丰富多彩、千变万化的语言内容,尽可能完美地符合稿件和节目(栏目)的体裁风格,满足受众的认知、审美的需要。

（5）人民广播电视的播音风格是：爱憎分明、刚柔相济、严谨生动、亲切朴实。各台、各节目（栏目）、各人都可以也应该有各自的风格特色，二者是相辅相成的。

（6）播音创作是一种个体劳动，但只有在群体中，集思广益，集中群体智慧，才可能体现个体价值，发挥出个体的聪明才智。

以上六点，基本上概括了人民广播电视语言传播的优势。

需要说明的是，播音优势，主要体现在新闻性和艺术性的契合上。因此，肯定会受社会、时代、政治、文化等不同程度的制约。发挥播音优势，就是要具体分析制约播音的诸种因素及其产生的社会效果，而不能生吞活剥，囫囵吞枣。例如，不应把全部播音史等同于"文革"时期的播音，一概加以否定，甚至提出"远学欧美，近学港台"，无视我们自己的播音优势。在播音教育中，必须紧紧把握播音优势，结合当下语境，针对学生具体情况，深入阐释，使播音优势生动地展现在学生面前，并要求学生用以指导自己的学习和实践。

三

从1963年开始学历教育算起，在将近40年的播音专业教育中，我们总是强调播音教育的特色。这个特色，是日积月累、集思广益逐渐形成的，随着播音教育的发展而愈加丰富，并不断填充着更加科学的话语。

播音教育特色，概括起来，大约有六点：

一是"忠"。教师（包括教辅人员）都忠诚于人民教育事业，忠诚于广播电视教育事业。肩负着培养名人的任务，自己要甘于寂寞和清贫。学生毕业以后，走上播音主持岗位，成为公众人物，"一举成名天下知"，教师只是感到无限慰安，因为自己的心血已经融入他们的声音和形象中，在他们成功的道路上，有自己的一份劳动。能为我国的广播电视培养优秀的播音主持专业人才，是我们的职责，是我们的追求，我们"乐在其中"。

二是"实"。我们十分重视"实在"，给人一杯水，自己要有一桶水。我们发愤图强，提高思想觉悟，储备文化知识，加强科学研究，讲求教学方法，高质量、高效率地教好每一堂课、教好每一个学生。我们在这个岗位上，并不是我们自己有什么了不起的能力，而是广播电视的兴旺发达把我们推了上来，我们应该有自知之明。另外，我们还十分重视"实践"。教播音，得会播音；研究播音，得有实践体验。作为应用型、实践型学科，任何教育者、研究者，都不能脱离实践，都不应"天桥的把式——光说不练"，因为，播音需要走"感性—知性—理性—悟性"之路，特别需要感悟能力。没有实践，只是作为一个听众、观众，虽然也可以品头论足，但是总会给人以"隔靴搔痒"之感，进不了核心，说不到点上。我们的教师，总是处在边教边实践的动态中，从"自省"（深化内心体验）和"引进"（汲取前沿经验）两方面，不断充实、完善自己。

三是"博"。播音学科、播音专业，从来都不是"单一性""封闭性"的学科、专业。因为,这个学科、这个专业,只要一封闭、一凝固,就会立即死亡。它必须以哲学美学、新闻与传播学、艺术学、语言学及应用语言学为支柱,广泛吸纳心理学、教育学、逻辑学、人类学、文化学、社会学、信息学、统计学等学科的前沿成果,在学科共享中,实现学科共建。播音教育,实质上是"天人合一"的教育,是"经验历史"的教育。拒绝某一个学科,就意味着失去一片阵地,就会在这个领域缺席。我们应该占领"语言世界"的各个地区,实现"播音世界"的博古通今、学贯中西、文理交融。

四是"大"。泱泱大国,历史悠久,文化传承源远流长。中华民族的性格刚正不阿、坚忍不拔,造就了中国作风、中国气派,那就是"不卑不亢,落落大方"。我们的播音,要体现中国老百姓喜闻乐见的作风和气派,要提倡"大家风范",男声——阳刚之气,女声——端庄秀美。必须坚决拒绝"男声女气""女声嗲气"的小家子气,坚决摒弃"港台腔"。播音教学中,要在"听"和"说"上下功夫、花气力。有声语言的"规范性"和"庄重性",不能曲解为"机械""呆板"。语言规范的大趋势,将使我们获得大范围的自由;我们将在庄重中,得到稳健、可信、权威、自尊和"寓庄于谐"的多重效果。必须戒除浮躁,应该甘于寂寞、志存高远,要避免"三心二意"的注意力分散,要警惕"心猿意马"的凝聚力漂移。这是培养播音主持人才过程中加强民族文化向心力的关键所在。

五是"精"。播音教育首先要"精讲多练",理论的讲解不可或缺,但重点是在教师指导下的多练。精是要融会贯通,举一反三;练是要心领神会,以一当十。其次要"一专多能"。教师要如此,学生也要如此。教师应该有自己的专门特长,讲得好,能示范,善于针对学生存在的这方面问题,抓住主要矛盾,一针见血;其他教学业务也能愉快胜任。学生要"以播为主",某一两项很突出,其他也可以达到播出水平,同时,又能策划、撰稿、采访、编辑、翻译、制作节目,也会调音、录像、化妆、布光等。这叫作"艺不压身""学海无涯"。某一专业、某一学科,不管是综合化还是精密化,一个人终其一生,也很难到达峰巅。复合型人才,是指广博的知识和精深的专业的复合,而不是两三个学科、专业的"合二而一",否则,就会"样样均通,样样稀松"了。我们追求的是"精益求精"。

六是"深"。播音教学,是师生互动、教学相长的过程,是情投意合、心灵沟通的过程。教师是主导,起到"师傅领进门"的作用。无论是课上还是课下,无论是面对群体还是面对个人,教师的有声语言,应该做到"深入浅出"。只有深入,才能触及学科实质、专业精髓;只有浅出,才能让人明白道理、体味智慧。播音教育是一个"由己达人"的传播过程,"传道、授业、解惑"固然重要,更重要的是"启发、思考、追问"。把"兴趣点""兴奋点""捕捉点""症结点""执着点""解析点""顿悟点"结合在一起,殚精竭虑,反复探究,总会"茅塞顿开"。教师也会从中获得反馈,并使之进入自己的经验宝库。

以上六点,既有普遍规律,又有特殊经验,两者共同形成播音教育特色。这个特色,带有明显的社会主义中国语境、信息时代氛围、先进文化底蕴、儒家教育渊源的人文精神,显示了中国播音学和中国播音教学的"独树一帜"和"逻辑起点",为本学科今后的拓展和本专业的进一步成熟,奠定了坚实的基础,提供了广阔的空间。

我们的任务是广采博收、继往开来，为造就在重大事件、突发事件中勇于出席和善于发言的高级专门人才，为在国际传媒激烈竞争中展现国家形象、捍卫国家利益，贡献我们的一切力量。

2002 年 10 月 28 日
于北京广播学院播音主持艺术学院

传媒与教育散论*

当下,传媒时尚派已经厌倦了独白,教育传统派仍然坚持着对话。

独白有它的优势,特别是学理思辨之后,逻辑论证以内,密集信息传播时,重大事件报道时,似乎不再有什么交谈的期待。"聆听"不是最好的定位吗?那迫不及待的插话,往往会破坏精彩的建构……

对话也有它的魅力,特别是心有灵犀之间,唇枪舌剑之时,热烈问答应对,共同追根寻源,很难有独白的立足之地。"言说"恰是极好的机会。那旁若无人的伶牙俐齿,反而会引起大家的非议……

一

传媒的社会责任,应该是教育审美。现在,有些版面或节目,确实是走向了娱乐,却忘记了"寓教于乐";确实是追求着幽默,却忘记了"寓庄于谐"。于是,"快餐文化"大行其道,"大众文化"克隆成风。

教育的历史责任,应该是文化传承。现在,有些学校或专业,确实是实现了扩招,却悬置了"因材施教";确实是追求着效益,却轻视了"百年树人"。于是,热门专业"教师缺席",学历教育"文凭第一"。

传媒与教育的结合,有互动,也有互斥。

传媒与教育的互动,从传媒与教育的发展过程中,可以看到"深入浅出""潜移默化"的累累硕果。当传媒重视教育功能的发挥,人们便会从中获得思想道德、科学文化、艺术审美等方面的人文关怀;当教育洞察传媒导向的威力,人们就能从中获得听觉阈限、视觉美感、情理趣味等方面的性灵陶冶。这正是我们的优良传统,亟须发扬光大!

传媒与教育的互斥,从传媒与教育的经验积累中,可以看到南辕北辙、

---

* 原载于刘继南主编《传媒与教育》,北京广播学院出版社2003年7月版。

此消彼长的重重干扰。当家庭教育、学校教育、社会教育专注于社会公德、职业道德、家庭美德和个人品德的提升的时候,传媒却让那些沽名钓誉、自我膨胀的所谓明星大腕信口雌黄;当传媒坚持正确的舆论导向,引导人们遵纪守法、自律自强的时候,家庭暴力、师德沦落、网吧泛滥竟使许多人受到精神上的戕害。这不是相互干扰、事倍功半么?

二

现在,传媒与教育又都面临着"市场经济"的考验。

传媒的经济效益,如何才能得到再生产的基本保证?只讲社会效益,不顾经济效益,肯定是不行的。教育的扩大规模,如何才能保证有盈余地良性运转?只讲教育质量,没有经济保障,肯定是不对的。怎么办?

世界上商业运作的例子不胜枚举。传媒可以远离高雅,大搞色情、暴力等的展览和讨论,以提高销售率、收听收视率,增加广告收入。教育可以抛弃诚信,出售学历、学位,走后门、托人情,滥评教授博导,用以开辟财源、制造繁荣假象,提高知名度。传媒与教育还可以互相吹捧,做足文章,利益均沾。

这是长久之计么?否。这是饮鸩止渴,自我戕害。有识之士绝不会选择这种做法。

长久之计,是从国家、民族的利益出发,坚持在传媒、教育的激烈竞争中,走自己的道路——突出特色,独树一帜。

突出特色,就是要植根于本土文化,汲取外来文化,形成当代主流文化,融于各种传媒的具体内容和形式之中,百花齐放,五彩缤纷,个性鲜明,雅俗共赏。一张报纸,一个电台,一份杂志,一个电视台,都有自己的面貌、自己的形象。许许多多的"这一个",不仅是名称不同,更重要的是内涵和品位各有优长。如电视台,现在全国上卫星的电视频道就有50多个,新闻节目、综艺节目,各台都有,为什么会给人以"千人一面"的感觉呢?不但内容相差无几,就连表现手法都多有雷同。仔细分析起来,各省、直辖市、自治区,那历史轨迹、地域环境、人文景观、风俗习惯、群众心态……怎能没有可开掘、可表现的呢?即使是共同的内容需要大力传播,也可以变换一下视角,变化一下形式,改变一种叙述方式,使其更符合本地特点,让人耳目一新。尤其是综艺节目,那套路几乎毫无改变,令人审美疲劳。我们的策划、编导们真的没有高招吗?除了插科打诨、唱唱跳跳,除了一堆浅显的知识问答,除了诱人的重奖,就不能有一点创新之处?就不能有一点与众不同?大量复制无特色、无风格的"平面文化",就不觉得有愧于时代,有愧于民族,有愧于本地老百姓?为了迎合和媚俗,为了在市场上分一杯羹,连自尊和自强都加入了"委屈求金"的行列,真令人汗颜。我们有些播音员、主持人,或因编导强制,或因自己热衷,奇装异服、搔首弄姿、嗲声嗲气、港味十足,竟不觉降低了身价,把堂堂正正的广播人、电视人变成了街头推销假药的"艺人"。不要以为"脸皮厚""撒得开",就可以征服受众,在你什么都敢说,什么都敢做的时候,受众虽然在微笑,心里却正嗤之以鼻呢!

另外，一所学校，一个学科，一个专业，一个专业方向，也应该是特色鲜明的。人无我有是特色，人有我优是特色，人优我特，更是特色。如果，只是凭"社会热门""市场急需""生源充足""收益丰厚"，就不顾师资设备条件，硬是开办学校或专业，硬是大量招生，这不但不会有什么特色，反而会成为牟取私利、误人子弟的行径。即使有足够的师资和设备，与类似的学校、专业毫无二致，培养出的人才缺乏集体竞争力，也不算什么特色。现在，为广播电视培养人才的学校和专业如雨后春笋般兴旺，仔细分辨一下，各自的特色是什么，似乎难以言状。因此，传媒与教育，在实体上的结合，并不令人满意，可以说，二者还没有形成互动的、各有特色的、科学的学科教育体系。今后，应该认真梳理、认真研究。

独树一帜，是更进一步的事。全球范围内，在各种传媒、各种教育相互借鉴又相互比较的态势下，共性寓于个性之中，个性极其鲜明，不但具有国家民族的文化底蕴，而且具有全球化的学术视野，各自形成既受本土人民喜爱，又受世界人民欢迎的传媒和教育的整体形象。独树一帜，就是不可或缺、不可取代之意。至少，这应该成为我们的奋斗目标。

突出特色，独树一帜，正是保证社会效益、经济效益双赢的光明大道。

三

教育的重要性并不是所有人都能认清的。

如果说生产是今天，科技是明天，那么，教育就是后天。教育就怕失去长远的、战略的眼光和继往开来的举措。教育绝对不能紧跟在现实需要后面亦步亦趋，教育应该为后天的人才规格进行科学的谋划，并为后天的人才需求储备足够的智力结构元素和能力学养基底。否则，两三年后，七八年后，十几年后，现实需要已经早就远远地跑到前面去了，教育还在后面爬行，体制、机制、课程设置、教材、教法……都不能"审时度势""因势利导"，那时，肯定要大吃苦头，而且，悔之晚矣。传媒是由受过教育的人办的，这些受过教育的人仍然要继续接受教育，不断提高；全民也在接受不同层次的、学历的、继续的各种教育，包括传媒所应该给予的教育。教育确实是文化传承的关键，社会进步的保障，时代发展的动力，人类文明的先导。教育的兴旺发达，意味着国家民族的昌明强盛，因为，这时，这个国家民族一定后继有人，必定会人才辈出。

任何时候，都不能拿教育当儿戏，当口头禅，当时髦，当流行商品。

任何时候，都不能拿教育当股市，当摇钱树，当招牌，当投机筹码。

一件东西损坏了，还可以再造；一件事情办糟了，还可以再干。教育却不行，一旦出了问题，要想纠正，比再种一季粮食、再栽一茬棉花还要难，恐怕得数年工夫，甚至会成为终生遗憾，难有弥补之时。灵魂的工程，是一项潜移默化、深入骨髓的系统工程，管理者、教育者、受教育者，几个方面，都要认认真真地、高度负责地、一丝不苟地、防微杜渐地倾力为之。

以播音教育为例。1963年,我国第一个播音专业在北京广播学院建立,并于9月开学。播音教育的特点是什么呢?经过对以前电台播音部门"老带新""一带一"的经验总结,经过对相近新闻和艺术专业教育的比较考察,我们在课程设置上,坚持文化基础课同语言功力课并重;在专业教育中,坚持思想道德、新闻敏感同真情实感、表达技巧并重;在专业教学中,坚持理论同实践结合、大课和小课结合、讲授同训练结合、扬长与补短结合、基底与特点结合……例如小课,这是播音专业必不可少的教学环节,一般一位教师带8～15个学生。每次课大约四个小时,既要针对小组的共性问题进行辅导,又要根据每一个学生的具体情况,肯定优点,指出不足,并教给相应的解决方法。没有小课,就违背了播音教学的基本规律,学生无法得到具体指正,容易走弯路,甚至不能进步。小课人数过多,辅导不过来,效果就会大打折扣。课时利用率不高,教学针对性不强,实际上是浪费了学生的精力和时间,会极大地影响学生的积极性,负面作用甚至会延续到毕业以后的工作状态中。当学生进入传媒时,便觉得捉襟见肘、应接不暇,有稿播音吭吭哧哧,无稿播音结结巴巴,根本不明白自己的问题所在,更不知道自己的努力方向。这不是误人子弟么?有些学校,外来师资、外来教材、设备不足、学生拥挤、应付课时、敷衍度日,真让人为学生担心。这样的专业,不知有关职能部门、主管部门,是根据什么审批准许开办的呢?

四

教育是传媒提升、发展的根基和保证。没有教育,就没有传媒的吸引力、感召力。

传媒是教育普及、显现的窗口和标志。没有传媒,就没有教育的拓展力、竞争力。

无论是平面媒体,还是网络媒体,无论是广播,还是电视,都离不开教育。传媒中的教育功能,更是不可或缺。可以说,传媒中任何节目、栏目、版面、图文、信息、声音(有声语言、音乐音响)、形象(举手投足、仪态仪表),都渗透着教育的积淀,都展现着教育的风采,都涵化着教育的底蕴,都凸显着教育的景观。人,是社会的节点,强化人文关怀,提高民族素质,促进文明进步,实现高远志向,不能轻视、忽视,更不能无视教育"面向现代化、面向世界、面向未来"的灿烂前景。

教育和传媒是一对孪生兄弟,你中有我,我中有你,互育互动,互补互兴。一个国家,一个地区,都应形成自己的"智囊团",发掘、动用全社会的智力资源,从各个方面向教育和传媒投射智慧之光,传播文明之风,在"随风潜入夜,润物细无声"的滋养中,提升全民族的综合素质,造就大批新型人才,涌现各类文化经典,以无愧于我们的时代!

愿我们的传媒永远和教育并肩携手,愿我们的教育永远和传媒唇齿相依,形成水乳交融的合力,沿着先进文化的前进方向,殚精竭虑,众志成城,为中华民族的伟大复兴,为全世界的和平与发展,作出更大的贡献!

当下,传媒十分缺乏智慧的独白,因此,在众语喧哗之中,极少听到思接千载的、深沉的历史回声;教育,又相当缺乏睿智的对话,因此,在传道授业之时,很难看见视通万里的、理想的前沿景观。究竟是什么东西干扰着传媒和教育的进程呢?独白也好,对话也罢,只不过是一种形式,选择的困扰,时尚的追求,会不会把精力引向"鱼"与"熊掌"的两难境地?孟子曰:"鱼,我所欲也,熊掌亦我所欲也,二者不可得兼,舍鱼而取熊掌者也。生亦我所欲也,义亦我所欲也,二者不可得兼,舍生而取义者也。生亦我所欲,所欲有甚于生者,故不为苟得也;死亦我所恶,所恶有甚于死者,故患有所不辟也。"在极端利己主义、拜金主义的蛊惑下,传媒与教育都应该更加坚定鲜明地倡导道德责任。这是传媒不可推卸的,也是教育义不容辞的。传媒的创新,教育的创新,还是要遵从"内容决定形式,形式反作用于内容"的规律,踏上"感性—知性—理性—悟性"的途径,坚持辩证唯物主义的世界观、方法论,彻底批判新、旧形而上学的谬论,沿着先进文化的前进方向,"乘风破浪会有时,直挂云帆济沧海"。

2003 年 2 月 10 日
于北京广播学院播音主持艺术学院

播音主持专业教育的人文内涵*

播音员、节目主持人是以有声语言为主干或主线驾驭节目进程的人。他们的工作，在大众传播过程中是名副其实的咽喉要道，肩负着舆论导向的重任，所以应该把人类文明的精华、历史发展的足迹、国际风云的变幻、社会进步的风貌，具体地、明晰地传播给广大受众，达到"以事醒人、以理服人、以情感人、以美愉人"的目的，使广播电视更具吸引力和感召力。但是一个时期以来，广播电视里经常出现语音不规范、乱改成语、错字别字层出不穷以及"港台腔"泛滥等现象，已经引起社会各界的普遍焦虑。

播音员和主持人，不仅肩负着信息传播的任务，还肩负着语言的传播与示范任务。他们每天都要和广大受众进行交流，其语言质量势必直接影响到国民的整体语言水平。因此，播音主持专业教育要使从业人员不断强化语言功力，如此才能出色地行使职业赋予的"话语权力"。

坚持扩充和加强播音主持行业的人文内涵，就必须十分重视专业的基本定位、培养目标，学生的选拔、教育，课程设置和教学质量的提高，就必须丰富知识结构，强化语言功力，提高宏阔精微的观察力、融会贯通的理解力、条分缕析的鉴赏力、应付裕如的回馈力，而这一切，都最终表现为精妙高超的语言表现力，如此，才能使广播电视从"生存空间"提升到"规范空间"和"审美空间"。

熟练而准确地掌握有声语言，一定要有"非下苦功不可"的锤炼过程。语言规范，首先，应该准确地解决"读音""词汇"问题，还要重视有声语言的表达样式、体式和样态。只有继承优秀的民族文化传统，吸纳域外先进的语言传播经验，才能实现有声语言传播的"规范性、庄重性、鼓动性、时代感、分寸感、亲切感"的特殊要求，进一步发挥"信息共享、认知共识、愉悦共鸣"的社会功能。

说到底，播音员和主持人使语言传播更加规范化，是对待人民大众、对待现实生活、对待祖国文化的态度问题。广大教育工作者和广播电视从业人员应该共同为引导语言传播的纯洁和健康而不懈奋斗。

---

* 原载于《光明日报》2003年7月23日"文化周刊"，发表时标题改为《播音主持专业应加强功力培养》。

教学思想的统一与理论教学的加强*
——播音主持艺术学院教学研讨会上的发言提纲

新的教学计划已经出台,在进行讨论的时候,我有一些想法,提出来和大家一起研究。

第一个问题:教学思想一定要统一。

教学思想,是教学过程中贯穿始终的指导性、方向性的理念。它源于教育思想,即社会需要什么人,我们培养什么人,培养目标是什么。因此,它对于每一节课的教学行为、每一个班的学习过程,都具有统领和制约作用。所谓"有教无类""因材施教""为人师表""教学相长",所谓"传道、授业、解惑",都是教学思想的重要阐释。我认为,在今天,应该特别注意"启发、思辨、追问"。用什么样的思想去引导学生学习、训练?如何启发他们,为他们营造一个独立思考、不断探究的学习氛围?这是教学过程中值得十分重视的问题。我认为,以下几个问题,就需要研究:

首先,培养目标、课程设置、教学计划、教学内容(教材)、教学形式,应该看作教学的"法律",绝不能随意更改或任意增删。因为,学生是成建制、有组织、按专业、渐进式地进入学习过程的,教师是按团队、有专责、有步骤、分散式引导学生学习的。一个教学组面对一个班级,每一位教师,都是教学组织的代表,教学过程的精神领袖,既要发挥教师个人的积极性、创造性,又要服从教学计划的统一性、稳定性。只有如此,才有可能高质量、高效率地实现培养目的。同教材相左的学术观点,可以向学生介绍,以便开阔学生的学术视野,以便辨别是非,但是不能作为教学重点,更不能违背教材的学术体系,另搞一套。课堂不是学术观点争鸣的论坛,而是根据统编教材、同一规格进行讲授和训练的阵地。如果教学体系中存在陈旧的东西,应该迅速删除,并用科学的、前沿的东西加以取代,但这要在集体备课时经过讨论认定。至于教学方法的灵活性、针对性,也完全应该保证教学

---

* 此文为2003年8月28日密云会议上的发言提纲。

的合目的性、合规律性地进行,而不是脱离正常的教学轨道,追"新"求"异"。如"重文轻语""重编轻播""重主持节目轻报告新闻""重说讲轻读诵",等等,都是不符合"以播为主,一专多能""有稿播音锦上添花,无稿播音出口成章"的要求的。

其次,如何认识中国播音学?中国播音学是当代学科,而不能说是传统学科。广播电视传播还是单向传播,而不是"双向"传播。播音、主持的辩证本质是大众传播中的有声语言(包括副语言)创作,多种语言样态相互融合,不可人为割裂。规范是一种自由,而绝不是束缚。大众传播同人际交流存在明显界限,二者不可混为一谈。在这些基本问题上,如果发生混乱,学生将无所适从。万事开头难,建立一个学科就更难。追求时尚和流行,不应该成为教学的题中之义。"生产是今天,科技是明天,教育是后天",说明了"百年树人"的道理,也说明了"供给营养,拒绝病毒"的教育之本。"教不严,师之惰",除严格要求之外,还必须严肃学风。继承与创新是相辅相成的,失去了继承性,创新只是断线的风筝。创新不是浅层的求异辞藻,而是深层的追问基因。浅尝辄止,不能提供崭新的空间;上下求索,才会开拓广远的天地。我们只有捍卫和发展播音学科的义务,而没有误读和贬损播音学科的权利。诸如播音无学、播音过时、播稿无能、说比播好、口语至上、思维是金、张扬个性、自己说话,等等。我们不能随波逐流,人云亦云。

第二个问题:理论教学一定要加强。

我们反对"满堂灌""填鸭式"教学,我们播音学是实践性很强的学科,要科学地、从难从严地、大运动量地进行训练。但是,这并不等于说可以削弱和忽视理论教学。理论是前人和今人的研究成果,必须介绍和讲解给学生。理论应该有"灌输"这个环节。佛教的"醍醐灌顶"是说把奶酪浇到头顶,给人以智慧。鲁迅说:"……逐渐的捡必要的灌输进去,他们却会接受;那消化的力量,也许还赛过成见更多的读书人。"特别是一个新学科,学生走进大学才接触,又是专业课程,只有努力理解才能掌握。"不学而能""无师自通"都是不对的,一定要通过讲授,"师傅领进门",循序渐进地、主次分明地、有理有据地、教学互动地剖析和阐释,使学生达到"举一反三""触类旁通"。心领神会,感悟精髓,"把别人的东西变成自己的",他们就成长了,成熟了。

如何加强理论教学呢?

其一,熟悉教材,提纲挈领,体现学术性。从体系到术语,从基础到前沿,都要使用理论话语。要融合各个相关学科的研究成果,要立足于广播电视实践的现状,要调动学生的知识积累和生活体验,要激活学生的求知欲、思辨力,引领他们整合理解和感受,进入正确的创作道路和语言的传播范式。应该精讲,尽量节约时间,提高课时利用率。

其二,针对问题,突出重点,明确层次性。大专、本科、硕士、博士,有实践经验和没有实践经验,专业起点高和专业起点低,好学和惰学,热情和冷漠等,要根据学生特点进行讲解,要让学生觉得有真东西,不要给学生"耗时间"的感觉。重点讲授要"泼墨如云",次要问题要"惜墨如金"。要教方法——思维方法、学习方法、分析方法、概括方法、适应方法、审美方法等。

为此,应该提倡研读教材,提倡博览群书,应该写好教案,应该集思广益。

理论教学的不断强化和丰富,是一个学科成熟、一个教学体系完善的重要标志。我们应该在教学的常规过程、循环过程中,探讨播音教学的特殊规律,通过理论教学,让学生们提高理论素养、理论水平,从而极大地促进语言功力的日益强化,实践能力的日益高超,使我们培养出来的专门人才和创新拔尖人才具有更强的竞争力。

新一轮的教改已经开始,我们需要不断总结教学经验,我们还有很大的总结空间。我们需要努力创新,根据我们播音专业的教学特点,精心打造有中国特色的播音学科教学大纲、方案、教材、教法,推进我们的播音教育走向世界前沿。

2003 年 8 月 28 日

有声语言训练的起点与归宿

——《节目主持技能训练》序

广播电视语言传播,主要使用有声语言,它的根基是"语言功力"。

"语言功力"是指语言的功底和能力,既有先天的条件,如有声语言的悟性基因和发音辨音的生理构成;也有后天的习得,如感觉阈限的精密性、思维反应的敏锐性、思想感情的深邃性、表达技巧的高超性等。"语言功力"绝不只是"语言的功力"。"语言的功力"仅限于语音、词汇、语法、修辞方面的知识与能力,而"语言功力"则应该包括:观察力、理解力、思辨力、感受力、表现力、鉴赏力、调检力、回馈力。那核心当然是表现力。其中,又有"听"的能力和"说"的能力两个方面:"听"的能力——接收、判别、储存,"说"的能力——发出、深化、驾驭,这是相辅相成的两种基本能力,而"说"的能力又是关键。

"说",并非只是说话,它应该涵盖"有稿播音锦上添花,无稿播音出口成章"。"说",是一种内心感觉,一种要说话的愿望,千万不要简单理解为"说出口以后"的话语的"形式"。至于说出口以后的话语形式,那是由思想感情的运动状态、具体的词语序列和有声语言表达样态决定的。因此,"说"之前,首先要产生"非说不可"的热情、"一吐为快"的愉悦。有声语言的训练,是从这里起步的。

有声语言的训练观,不能机械地看作操作程序的排列组合,它主要体现在如何认识有声语言、如何理解有声语言训练、如何进行有声语言训练三个追问命题上。

第一个问题 如何认识有声语言

有声语言是相对于文字语言而言的。口头语言是相对于书面语言而言的,口语又是相对于书面语而言的。这三组概念,有时交叉,有时并列,但是,不应该混淆,不应该乱用。有声语言可以从文字语言转化而来,就是朗读、朗诵、演讲等；也可以从内部语言外化而来，就是日常口语、即兴口语、辩论等。因此，有声语言既可以表达口头语言，又可以表达书面语言。犹如文字语言中，有的采用书面语言，有的采用口头语言一样。有人想用口语取代有声语言，那是不行的。

广播电视语言传播，主要是有声语言传播。播音主持艺术创作，就是话筒前、镜头前的有声语言创作。我们作为"党、政府和人民的喉舌"，作为新闻工作者，一定要重视话筒前、镜头前的有声语言创作，不要把广播电视语言传播简单地理解为"说话"，肤浅地认定为"耍嘴皮子"。

话筒前、镜头前的有声语言创作，一定要"表情达意、言志传神"，一定要准确、鲜明、生动地传达党和政府的路线、方针、政策和策略，一定要反映人民群众的愿望和呼声。在总体上，这是一种维护国家利益、承继民族传统、体现时代精神、捍卫先进文化的行为，而绝不单纯是什么个人的言语行为。共性要寓于个性之中，个性要体现共性，失去了共性，个性便成了无根的浮萍、断线的风筝。党、政府和人民赋予了我们在话筒前、镜头前进行有声语言创作的"话语权力"，我们怎么能够信马由缰地胡言乱语呢？

正因为这样，我们必须坚持话筒前、镜头前的有声语言创作的"规范性、庄重性、鼓动性、时代感、分寸感、亲切感"的标准，并且努力达到"言简意赅"和"辞约义丰"，即在有声语言的创作中，极其重视信息传播的高效率、高质量，避免信息的衰减和消耗。因此，反对胡聊乱侃、废话连篇、词不达意、言不及义，也就是题中应有之义了。

无论是有稿播音，还是无稿播音，有声语言都要充满思想感情的运动，所以是"有的放矢"的，是"有动于衷"的，而且要恰当地表现出真实的身份、真诚的态度、真挚的感情、真切的语气。有人以为，有声语言不过是"工具"而已，重要的是思想的深邃、感情的充沛，只要有了新颖的想法和饱满的情绪，有声语言就会自然而然地、水到渠成地表达出来。这正是"工具论"的片面之处。把有声语言仅仅看作工具，就会把思想感情同有声语言完全割裂开来，就会完全忽视有声语言的内涵和精髓，从而导致对有声语言的误解和贬低。单一的"语音""词汇""语法""修辞"，孤立地认识它们，可以说其都是"工具"，都可以拿来进行拼合组装。但是，从要说话的意愿萌发始，从一进行拼合组装起，具体的思想感情就融化在每一个小小的部件里了，一旦变成语句、篇章，那"意义"和"意会"便油然而生，沛然而行，飘然而去，戛然而止。这正是有声语言的生命活力之所在，正是有声语言通过广播电视传播的感召力、吸引力之所在。

第二个问题　如何理解有声语言训练

有声语言训练，并非只是练一练嘴皮子，也不是什么思维训练。今天，人类对自身的认识还相当肤浅，尤其是关于内心世界的诸多方面，几乎没有突破性的研究成果。我们知道，"心之官则思""言为心声"等，但是，怎样"思"，又怎样"言"？能说清楚的文字，好像尚未见到。

从国内外的各种说法里，我们可以了解人们认识的异同。从我们的实践中，我们感觉到了某些认识的萌芽。现在，可以提出一个综括性表述：有声语言训练是"思维方式、词语构建、表达路径"三者浑然一体的"融通"过程。当"说"的愿望萌发的时候，就催动了思维路径的跳脱与发散，推进着词语序列的挑拣与组合，并同时调整着表达方式的定向与定势，共同完成"成于内而形于外"的表达过程。其中，话语主体、话语样态、话语走向等都是不可或缺的元构件。

所谓思维训练，所谓"语智"训练，基本上只是强调了某一个侧面，不利于有声语言训练的完整性和实效性的全面积淀。也就是说，有声语言训练，必须仍然以有声语言为起点和归宿，而不能以偏概全、以点带面。如："咱们后会有期！"一个"咱们"就可以根据话语主体的身份、意愿等选择"我们""我和你""咱俩""我们和你们""大家伙儿"等，"后会有期"也可以在很多种说法中进行选择。当你选择第一个词的时候，思维的路径已经模糊地形成，话语的走向也已经基本确定，话语主体的意愿也就开始明显地体现出来了，这时，思想感情的色彩和分量难道还在漂移、还在游离之中么？事实上，早就应该由雏形进入比较稳定的态势了。

由此可见，有声语言的训练，存在着很大的认识差异，特别是由内而外、由表及里的层次上，出现了不同的认知范围，这肯定会给有声语言的实际训练带来不同程度的影响。值得指出的是，有些业外人士，对于有声语言训练好像知之不多，却总想为此指点迷津，这虽然很令人感动，但却并不见佳。诸如："只重视音色和语感""单一训练气息和声音""只是练 a、o、e，所以文化底蕴不足"等，什么看法都有，就是没有稍微深入一点去了解一下，这些问题在《播音发声学》《播音创作基础》等并不难读的小册子里是怎么说的。只要认识一些汉字的人，大概都能看得懂，除非蔑视到连翻一翻都觉得有失自身的尊严，否则，那是很容易做到的事！

认识上，还应该进一步深化；理论上，还应该进一步钻研。科学技术的进步，相关学科的前沿成果，必将使有声语言训练的研究更上一层楼。

第三个问题　如何进行有声语言训练

有声语言具有四个属性：复杂性、艰巨性、长期性、反复性。话语主体的经验历史、语感悟性、普适性、可塑性，尤其要加以考察和判别。至于文化水平、理论素养、艺术个性、感觉阈限，则是在培养过程中需要注意提高和强化的。

有声语言表达的根本，是要正确处理"情、声、气"三者的关系。情取其高，声取其中，气取其深，不可偏废。在训练时，要特别强调：

一是"练"为"用"。训练的实际价值，就在于到话筒前、镜头前的使用。任何扬长补短的训练过程，都应坚持"非说不可"的积极愿望，"有感而发"的运动态势。

二是循序渐进。不能急于求成，不能期望立竿见影。要善于在诸多矛盾中，找到当下最突出的主要矛盾，一步一个脚印地加以解决。旧有的矛盾解决了，又会出现新的矛盾，再逐步解决。

三是有的放矢。不要盲目地练，不要模仿别人。要有计划、有重点，千方百计着力解决问题。训练什么，怎么训练，一定要做到心中有数。每一个人有每一个人的具体问题，就是同一个问题，不同的人，也会有不同的解决方法，这就是"因人而异"。

四是持之以恒。不要一曝十寒，三天打鱼，两天晒网。不管什么时候，不管到了哪里，都应该坚持训练。在训练中解决具体问题，不会一蹴而就，不会唾手可得。坚持训练，是对意志的锤炼，是对毅力的考验。话筒前、镜头前的实际工作，不是训练，不能代替训练。

五是养成习惯。发现了问题，坚持不懈地克服它，只有变成了自己的习惯，才叫作"解决"。如果到了话筒前、镜头前，还要心里想着它、脑子里记着它、嘴里咀嚼着它，那就会舍本逐末，捡了芝麻，丢了西瓜。只有养成了习惯，几乎成为"下意识"的东西，到时候"随口唾出"，整个心思都放在表达的内容上，那就算练成了。当然，如果不去进一步巩固，还会"回生"，出现反复。

六是大运动量。要根据自己的实际水平，进行"从难、从严、大运动量的科学训练"。不要只是小打小闹，不要只是满足于简单容易的练习。要不断增加训练的难度，不断提出更严格的要求。只有如此，才有望做到游刃有余、以一当十、举一反三、纵横捭阖，无往而不适，无往而不胜。

有声语言的训练，涉及的问题很多，曾致同志编著的这本书里都有深入浅出的讲解。这本书内容丰富，立论坚实，中规中矩，材料精详，适于初学者练习，也适合教学训练中参照选用。曾致同志富有广播电视实践经验，又进行过播音主持理论教学和训练指导，编著这样一本书，应该是得心应手的。但是他还是为这本书花费了不少精力，确实是为培养人才用心良苦，乐此不疲。

借此机会，略表心意，愿以为序。

2003年10月5日
于北京广播学院

齐越精神的永恒价值

——齐越播音艺术与教学思想研讨会上的发言

齐越老师离开我们已经整整十年了。在我们缅怀他光明磊落的一生和一代宗师的业绩的时候,我想,只有高举齐越精神的大旗,并进一步理解其深刻丰富的内涵,才能从历史的高度、时代的视阈、哲理的深度、艺术的品格上,给以准确的定位。

继承和发扬齐越精神

齐越精神是我们民族精神的生动体现。我们的民族精神,是以爱国主义为核心的团结统一、爱好和平、勤劳勇敢、自强不息的精神。齐越同志那深厚炽热的集体主义、爱国主义和国际主义情怀,对世界和平的向往与追求,勤勤恳恳、艰苦奋斗的工作态度,激情澎湃、勇往直前的果敢作风,坚忍不拔、持之以恒、不断进取的使命感,"人生在世,事业为重,一息尚存,绝不松劲",在他的生活、工作、学习中,都得到了鲜明的显现。

齐越精神是时代精神在广播电视领域、播音主持艺术中的集中体现。我们的时代精神,源于延安精神。1959年9月,周总理语重心长地叮嘱:"广播大楼建成了,比起延安窑洞来条件好多了,你们一定要用延安精神做好工作。"齐越老师说:"什么是延安精神?延安精神就是党的优良传统和优良作风。概括地说,就是:坚定正确的政治方向,艰苦奋斗的工作作风。"并把"一定要用延安精神做好工作"作为有生之年的座右铭。齐越老师自己始终身体力行,率先垂范,时时处处严于律己,并且对年轻人关怀备至、精心培育、倾情鼓励、多方启发,既对他们寄予了殷殷厚望,又给他们具体的告诫引领。齐越老师说:"发扬延安精神,献身四化;勤学苦练,成为名家;锐意进取,力戒骄傲;善于创新,声情并茂。这就是我对青年播音员的希望和祝福。"这些话,今天听来,仍然具有当代的社会价值和长远的历史意义。

齐越精神更是深刻的哲理和生命的智慧在全球化语境中文化教育与艺术审美方面崇高品格的形象体现。齐越老师的一生,在战火纷飞、激情洋溢的年代接受了革命洗礼,在当家做主、豪情满怀的年代汲取了国外经验、发出了时代强音,然后在经济困难、发愤图强的年代走向了艺术峰巅、构筑了理论基石,又在十年浩劫、九死一生的年代锤炼了耿耿忠心,接着在解放思想、实事求是的年代高唱着真理颂歌。当走上播音教育岗位的时候,他为人师表、言传身教,名副其实地成为第一位播音学教授,光彩照人地树立了以身作则、诲人不倦的宗师风范。即使到了病魔缠身、生命垂危的时刻,齐越老师念念不忘的,还是党和人民的事业,实现了他"一息尚存,事业为重"的生命价值。他在世界观、人生观、价值观、审美观上,他在新闻观、传播观、文化观、教育观上,都充分展现了老百姓所喜闻乐见的中国作风和中国气派。

弘扬民族精神,继承和发扬延安精神,同学习和实践齐越精神,是内在地统一在一起的,是同事业的蓬勃兴旺、人的全面发展、艺术的气韵生动、教学的深化改革有机地联系在一起的。路正长,开拓进取,与时俱进,需要我们自律、自觉,群策群力,放眼全球,独树一帜。

齐越精神——熠熠生辉的旗帜

齐越老师以毕生的心血凝聚成的齐越精神,在人民广播电视的历史上,高扬起一面熠熠生辉的旗帜。齐越精神昭示我们,播音创作要"动真情","动真格的","达到稿件内容、形式和尽可能贴切的语言技巧的和谐统一,情真意切和准确表达的和谐统一";播音教学"理论和实践相结合","讲授同示范相结合","喜看后浪推前浪,更喜学生胜老师"。这是怎样的一种胸怀,这是怎样的一种气度!齐越老师在播音艺术和教学思想方面,留给我们极其丰富深刻的教益,取之不尽,用之不竭。

确实,齐越老师在播音实践中,大量的是广播中的有稿播音。他说:"是的,我读的是别人写的稿子。……我为此感到自豪。""是的,我是个传声筒。……做这样的传声筒,我感到无比幸福和自豪!"正因为如此,齐越老师达到了后人难以企及的艺术高峰。我们有什么理由轻视广播,轻视有稿播音呢?但是,齐越老师也写过广播稿件,也指导过无稿播音和主持人节目,而且提出过精辟的意见。并不像有些人所贬斥的,齐越既没有主持过广播节目,也没有做过电视节目主持人,所以不能代表节目主持人。我们认为,这种看法是毫无根据的,是坐井观天的一孔之见。齐越老师能够达到播音艺术的高峰,并能够见微知著地指导广播电视有声语言传播,以他的资格、威望,就完全可以代表我们整个的播音主持队伍,就完全可以代表整个的播音主持艺术事业及其发展方向,称他在广播电视语言传播领域开一代新风,是毫不为过的。

确实,齐越老师从1975年调到广播学院,时间并不长。但是,以他数十年的丰富经验和理论建树,进行播音教学,是游刃有余、胜任愉快的。他不但为本科生讲授理论课、实践课,而且率先建立了第一个硕士学位授权点,他成功地带出的几届硕士生,已经成为著名的节目主持人或播音学术带头人。他的教学思想,是新中国广播电视语言传播的精粹融合,是播音专业高等学历教育多层次、高质量培养人才的合理内核。他于1963年在上海台播音组座谈会上的讲话,以及他的大量著述,是中国播音学理论的奠基篇章,也是播音主持艺术系列教材的开山之作。我们现在的研究成果,都离不开他的启发和引领。称他是播音主持艺术的一代宗师,他是当之无愧的。

我们的新闻队伍,有范长江作为记者的代表人物,有邹韬奋作为编辑的代表人物,就是缺少播音主持艺术的代表人物。范长江和邹韬奋并没有广播电视的采编经历,现在熟悉他们的人也越来越少了,可是他们能够代表所有新闻媒体,包括广播电视在内的记者、编辑,为什么齐越就不能成为播音员、节目主持人的代表人物呢?否定齐越的代表资格,不是无知,就是别有用心,这难道不是明摆着的吗?为此,我们强烈呼吁,我们迫切期待,设立评选优秀播音员、节目主持人的政府奖——齐越奖。

让我们高举齐越精神的大旗,在播音主持艺术实践、理论和教学中,勇于探索,开拓创新,为维护国家利益、展现民族形象、捍卫文化安全、树立语言典范,奉献我们的全部力量。

2003 年 12 月 12 日
于北京广播学院

播音专业教育 40 年启示录[*]

——为庆祝北京广播学院 50 年华诞而作

北京广播学院的 50 年历程,特别是近 10 年令人瞩目的发展,培育和造就了诸多名牌专业,播音专业就是其中的一个。作为这个专业从初创到逐步成熟的见证者,我既是教师,又是受教育者,40 年的播音专业教育生涯,给了我许多生动的启示。这里,仅从学科建设的角度,进行一些简单的梳理,作为对 50 年校庆的纪念。

播音专业的 40 年,是为了满足广播电视事业发展的需要而不断创新的 40 年。1963 年,北京广播学院设置中文播音专业,在全中国、全世界的高等学历教育中属于首创;1980 年建立播音系、1996 年成立播音主持艺术学院,已经获得学士、硕士、博士学位授权点,形成了播音专业的教学、科研、实验、信息、培训等综合基地,尽管遇到各种挫折和干扰,遭到不同程度的延误,播音专业确实仍在不断创新、不断成长。

播音专业的 40 年,是播音专业教育和播音学科理论从小到大、从浅到深、从生到熟、从弱到强的 40 年。回顾播音专业的 40 年历程,我们可以从中看到我国广播电视事业蓬勃发展的足迹,并感受到我们的国家排除万难、奋起振兴的跨越式步伐,我们也能够从中体味到中华民族文化传承的生动气韵。应该认识到,没有国运的昌盛,没有华夏文明的精髓昭示,没有西方大众传播经验的借鉴,特别是没有马克思主义、毛泽东思想、邓小平理论和"三个代表"重要思想的武装,我们就失去了灵魂,就缺少了"辨音律的耳朵"和"发现美的眼睛",就会寸步难行,就会一事无成。

一

播音专业 40 年,我们经历了三次转型。

---

[*] 原载于苏志武主编《学者的声音——学问之道》,北京广播学院出版社 2004 年 8 月版。

第一次,从1963年到1977年,播音专业教育完全是为了满足广播电台、电视台对播音人才的急需。播音专业是大专学历,三年学制,但是由于各台要求火速输送学生,1963级第四学期进行了7周加急播音实践训练,然后就把学生分配到各台去了。64、65级,74、75、76级,受"文革"干扰,也未能严格按照教学计划培养。这同20世纪50年代和60年代初中央广播事业局举办的"短训班"一样,时间由三个月到一年不等,都类似培训型,几乎不同程度地打破了教学计划。到1977年,播音专业才真正开始完全按计划进行教学,终究实现了从"培训型"向"学历型"、从"应急型"向"计划型"的转变。

第二次,从1977年到1998年,播音专业教育进入大学本科层次后,增加了大量文化课、专业基础课,专业课也逐渐丰富和加深了。加上大专、续本、硕士、研修、短训等,学生越来越多,师资显得不足。在这期间,经过多次研究,播音专业教育实行了以"教学组老师"面对"全班每一个同学"的整合思路,由"按时喂奶"到"自己找奶",充分调动了学生的积极性。这样,就开始了从"粗放型"到"集约型"、从"计划型"到"自主型"的转变。

第三次,从1998年到现在,高等教育的"大众化"趋势,招生中"泛文化论"的指导思想,使我们的生源质量年年不尽如人意。学生高考分数高,而专业素质不高的现象相当严重。学生都根据自己的志愿进入了播音专业,我们就有责任教育他们,努力使他们尽快成材。怎么办?我们反复思索,认为,当今是人才竞争的时代,学生在校期间,在优化知识结构、提高综合素质的同时,也要强化竞争意识。于是,我们关注了对"尖子生"的培养。这样,我们的教学就进入了从"集约型"到"发散型"、从"自主型"到"竞先型"的转变。

经过这三次转型,我们认识到,学生是主体,教师是主导,必须极大地提高师资队伍的整体水平,极大地调动学生的学习积极性,促进教学相长、师生互动。因此,我们并没有停步,目前正在进一步深化教学改革。

二

播音专业的培养目标,从一开始就定位在新闻工作者——党、政府和人民的喉舌上。不论是新闻播音员(主播)、专题播音员(解说员)、体育解说员(评论员),还是各类节目主持人,都必须站在广播电视传播前沿,面对广大受众,积极主动地去维护国家利益,展现民族形象、捍卫文化安全、提供审美愉悦。应该做到"以播为主,一专多能","有稿播音锦上添花,无稿播音出口成章",百倍地珍惜在话筒前、镜头前的"话语权力",沿着正确的创作道路,遵循播音的表达规律,努力做到"以事醒人、以理服人、以情感人、以美愉人",从而实现贴近生活、贴近现实、贴近群众,更好地体现时代精神,充满人文关怀,达到"信息共享、认知共识、愉悦共鸣"。

中国播音学,是一个新兴学科。它以哲学和美学、新闻学与传播学、语言学及应用语言学、文学艺术这四大学科群为自己的支撑,融会着其他相关学科的精义,从草创到成型,逐步建设起来、成熟起来。

中国播音学,是一个当代学科。它的实践性、应用性,决定了它只有在批判继承中发展,在与时俱进中推进。它坚持从实践中来,到实践中去,在学习理论提高普遍规律认识的同时,还要掌握技能围绕个性特点感悟,沿着"感性—知性—理性—悟性"的路径,排除"理性""非理性"的纠缠,做到有的放矢、有感而发、有动于衷、有据可依。我们建立的理论体系(从播音发声学到播音创作基础以及广播播音与主持、电视播音与主持,一系列的概念、专业术语)以及教学体系(课程设置、教学计划、教学进度、大课小课关系、教学常用词语等)都具有鲜明的当代性。如"字正腔圆""声音弹性",如"备稿六步""内在语""对象感",如"新闻播音""声画和谐"等,并未过时;小课只能加强,而不能削弱。在这方面,我们十分自信。那些冷言冷语,不过是外行人的故作高深,本不必当真的。

中国播音学,是一个创新学科。自"书同文"以来,"重文轻语"的观念和现象就一直伴随着我们的语言文化进程,至今仍然有人重视写作,轻视语言。因此,有声语言的资料积累和学术研究往往被忽略,谁都认为说话容易,好像不必也不能列入"学问"之间,所谓"口耳之学"真是"幽眇难知"。我们的文字典籍,浩如烟海,而有声语言却仅仅停留在人们的口头上,如果不用文字记载下来、整理出来,就很难保存并流传开去。今天虽然有了录音录像设备,朗读进入了课堂,朗诵吸引了大众,但对于有声语言的认识和研究,并没有得到应有的重视。在广播电视的语言传播中,"规范"似乎只是一种程序,"美感"似乎只是一种理想,居然把"流行"和"时尚"当作价值判断的标准,把迎合与媚俗奉若至宝,把西方和港台看成效仿的榜样,把"生活"与"自然"捧到天上。恩格斯的"非说不可",毛泽东的"语言这东西,不是随便可以学好的,非下苦功不可",难道过时了吗?我们认为,在广播电视语言传播中,应该把播音语言(或曰播音主持艺术语言)提高到"有声语言表达的典范"这一高度来认识并落实到实践上。广播电视是最现代化的舆论工具,传播得迅速、广泛,直观、切近,而且大都通俗易懂,可以畅通无阻地进入人们的日常生活。这样,有声语言表达的典范意义就显得极具师从和表率的社会价值了。人们将省时、省力地从语音、词汇、语法、修辞以及准确、鲜明、生动的表达实例中获取榜样的力量,并日积月累、潜移默化地加强语言功力,加深语言造诣。这对于提高全民族的语言素质,必将产生深远的影响。

三

播音专业教育,虽然后来又称为播音主持艺术教育,我们只是进行了理论和实践上、内容和方法上的拓展和深化,而没有改变它的根本性质和基本原则。可以说,我们还是遵循着专业教育的规律不断探索、努力创新的。

由于播音主持艺术教育独具特色,无可比对,缺乏参照,取得的成果几乎全靠实践经验的积累和成败得失的判别。所以,我们每一个进步、每一班学生毕业、每一位年轻教师的成长、每一项科研成果,都要花费群体的大量心血。所以马克思说:"万事开头难,一个学科的建立就更困难。"我们要不断强化自身,还要抵挡来自各个方面的诱惑和干扰。

如果说生产是今天,科技是明天,那么,教育就是后天。我们必须考察播音主持工作的现状,绝对不能脱离实践,但是,我们又不能亦步亦趋,跟在实践后面爬行,应该有前瞻性、前沿性。这就要求坚持原则性和规律性。例如,当主持人节目这一新的形式出现以后,我们的教学内容必须拓展,在以文字稿件为依据的创作之外,加强以腹稿为依据的创作。1984年,我们明确提出"有稿播音锦上添花,无稿播音出口成章"的专业目标。当访谈节目出现以后,教学一度把"聊天"作为主要内容,一心走向"自然""亲切",并舍弃了基本功的刻苦训练。我们立即加以校正。

我们的教学,还受到哲学、传播学、语言学、文学等方面的思潮的冲击。什么"远离主流,追求另类",什么"受众是上帝",什么"大众传播人际化",什么"混乱是语言有生命力的表现",什么"港台腔也是一种风格",什么"声音和形象不那么重要了,文化最重要"等,不一而足。在教学中,我们结合具体问题,都尽可能加以澄清。

在教学过程中,我们专业教育的极大优势是深入心灵、开启悟性。因此,思想教育便必然地渗透到教学的各个环节里了。为人师表、以身作则成为自省和自律的准绳,也成为学生自观和自觉的标尺。为了提高课堂的教学质量和教学效率,一定要剔除芜杂,反对哗众取宠、东拉西扯,而且把"传道、授业、解惑"升发为"质疑、思辨、追问",把"因材施教"扩展为"扬长补短",使学生在做人与治学、学理和术用方面都得到合目的、合规格的、自由、宽松的驰骋空间,再加上"从难从严、大运动量的科学训练"方针的指导,学生在校学习期间的专业教育应该是得到了保证的。

四

着眼于未来,我们的学生如果入学的质量较好,进校以后又相当用功,那么,毕业时,就能达到培养目标的要求。他们应该能够适应播音主持工作的多种需要,大部分学生还能胜任愉快,并在竞争中踏上成功之路。

但是,我们的拳头品牌还是新闻。我们要求学生学习社会,掌握政策,增强新闻敏感,把准时代脉搏,观察生活,捕捉热点,"下笔千言倚马可待""七步为诗出口成章",即播送五千字重要稿件要庄重大方一气呵成,现场报道要真实准确信息密集,语气贴切新鲜感强,常规新闻也要基调对头清晰畅达。

我们特别强调,话筒前、镜头前的有声语言表达要体现中国老百姓所喜闻乐见的中国作风和中国气派,要有大国的风度,也要根据节目的需要发挥自己的艺术个性,最好经过长期的锤炼,能够形成自己的播音主持风格。但是,不要一味地追求"个性张扬",也不要单纯地专注于"人格化""人际化",而忘记共同性、引导性、群体性、规范性。

有的学生可能不适合新闻类节目,或适合服务类、知识类,或适合综艺类、少儿类,或适合体育类、旅游类。要允许学生充分发挥自己的特长,不要千人一面、齐步走、一刀切。培养的路子越宽越好,为发挥特长打的基础越厚实越好。

我们虽然不能左右电台、电视台领导和编导的人才观、选人用人的标准,但是,我们只要坚持"德才兼备,声形俱佳"的总体规格,就会宽口径地培养学生的适应性。我们要竭力宣传我们的认识,而不应随声附和,甚至随波逐流。

关于声音和形象。广播要求"声情并茂、悦耳动听",电视要求"声画和谐、赏心悦目"。不久,"可视收音机""可视电话"将会普及,广播也应有形象上的要求。更不用说广播与电视合流、共享,人员统一调配了。问题是:声音和形象到底重要不重要?理论上都会作肯定的回答,一遇到具体问题,就会产生疑惑。人们的审美,是有发展趋势的,也会有不同的取向和偏爱,但是,不管到什么时候,人们也不会美丑不辨。有些人并不漂亮,却无丑相和丑态,人们能够在一定的节目中接受,这就是基本标准。当然,如果再美一些,更佳一些,不是好得多么?为什么一强调美,就是"花瓶",就是"传声筒"呢?我们招生时提出"有声、上像、内涵深",是不容置疑的,是符合广播电视传播规格底线的。我们已经吃过先考文化后面试的亏了,难道还要"吃一堑不长一智"么?如果还这样做,将来,什么人都能当播音员、节目主持人,或者只要文化水平高,哪怕声音嘶哑、其貌不扬,也可以出声露面,我们的节目形态还有可听性、可视性吗?失去了视听美感,怎么能够提高收听率、收视率呢?还会有社会效益、经济效益么?我们历来十分重视文化水平,恐怕其他行业也很注意职工的文化素质,而记者、编辑、导演、摄像、翻译等不是同样需要深厚的文化底蕴么?我们的学生,上本科、双学位、硕士、博士,都从不同的起点上努力夯实文化基础、开阔学术视野、汲取前沿精华、养成学习习惯,同时,不断强化语言功力。

关于本专业与它专业。播音主持艺术是一个专业,这并不被全社会认可。播音主持工作,并不一定都得是科班出身的人才能够从事,其他专业的人也可以胜任。但是,我们是有目标、成建制、按计划、合规格地培养高级专门人才的,而不是仅凭个人的自然条件和特有的某些长项形成的总体印象来选用。不过,如果本专业的人从事播音主持工作整体上比其他专业的人逊色,那么这个专业的存在价值就值得考虑了。周济部长在谈到今后公办院校提高教育质量时强调,毕业生的就业率和办学条件,是两个重要的指标。我们的播音主持艺术专业,如果改变目前各自为战的状况,同心协力,形成一个学科群体,加强合作,提高教育教学质量,殚精竭虑地培养出素质更高、能力更强、出类拔萃的高级专门人才,就可以在全球媒体的激烈竞争中站稳脚跟,稳操胜券,提升专业教育的学科地位和学术价值,保持专业教育的长久生命力。

播音主持艺术教育方兴未艾,前途是光明的,我为它感到骄傲。

2004 年 3 月 25 日
改定于北京广播学院

播音教学法研究管窥*

随着播音实践的逐步深入，随着播音理论体系的日臻成熟，随着播音人才培养的全程规范，随着教职员工队伍的专业养成，作为高等院校专科、本科、双学位、硕士、博士专业序列教学体制形成的必要条件，作为提高教育教学质量的重要课题，在推进学科内容前沿化的同时大力开展教学法的研究，可使"因材施教"得到真正落实，使"教学相长"能够充分体现，从而高效率、高质量地培养大批高级专业人才。

播音学科是一个新兴学科，是一个交叉学科。其他学科的课堂教学为我们提供了丰富的讲授经验，应该积极汲取。但是，播音教学的特殊性，又要求我们开创新的路途，探索出符合播音学科的教学法。这个问题是几代教师的共同追求，至今，仍在我们学术研究的视野里。

研究播音教学法，要了解中国播音学的学科独立性和可容性。这主要是：中华民族的"民族性"和有声语言的"韵律美"；播音学以哲学、艺术学、新闻与传播学、语言学及应用语言学四大学科为支柱；播音学强调主体间性，传播主体和接受主体互补互动、彼此融通。这是最根本的学科内涵。不管什么时候，不管什么人，只要离开这个根本，就不会进入播音学的大门，就不能认识播音学的真谛。学识再广，也只能"隔靴搔痒"；感情再深，也只能"隔岸观火"。不会"感同身受"，不会"登堂入室"。

教学法的逻辑起点，应该进入"方法论"的范畴。人们往往认为教学法只是一个方法问题、具体操作问题，这样，认知起点就低了。因为方法的微观性、具体性、操作性、灵活性几乎无法全程、全面把握。而"方法论"，是属于世界观和价值观的问题，比较容易从"法则""规律"的层面上概括。教师的世界观和价值观，体现在教育和教学上，包括教育观念、指导思想、教学大纲、教学计划、内容取舍、对象规格、教学要求、环节序列、教学步骤、教

---

* 原载于《播音主持艺术（第6辑）》，中国传媒大学出版社2004年11月版。

学手段、评价标准、教学效果、教学反馈等。它们是互相联系、互相补充的,牵一发而动全身。"方法论"就是从信息论、系统论、控制论等角度,研究教学过程的动态变化,教师是主导,教学是主体,学生是关键。因此,要求教师切切实实地掌握目的、内容、形式和对象,并在"教"与"学"的互动关系中发挥主导作用,同时调动学生的积极性、主动性、创造性。既不应空洞笼统,又不能烦琐细碎;既有不同课程的区别,又有不同教师的差异;既有具体环节的异曲同工,又有师生群体的志同道合。

教学法研究,应该"审时度势""与时俱进",有继承、有借鉴、有开拓、有创新。不因传统的优势而墨守成规,也不因时代的发展而摇摆不定。

从传统的教学模式里,我们能够了解"传道、授业、解惑"的内涵;从当代的教学经验里,我们又获得了"启发、思辨、追问"的观念。教学法实质上就是教给学生"做人和从业的方法"。沿着这个思路,我们的播音教学原来是怎样的,应该是怎样的,中间走过怎样的路途,其经验教训是什么,就可以进行讨论了。

最早的教学形式,在当时的条件下,只能是"一带一"。首先了解节目、分析稿件,让学生充分认识播音目的和对象。然后,有时带播,一句一句跟读,找到相应的感觉;有时学生独自播,老师听后指出优缺点,重点纠正。这时还没有真正的教学环节,一般只是在电台的工作中边跟节目录制边训练。一个老播音员带一个或两个新播音员,老播音员上什么节目,新播音员就跟着练什么内容。另外的练习,由老播音员布置,随时检查。

这种教学形式,虽然简单粗疏,却抓住了播音教学的精髓。有声语言的训练,是一个循序渐进的过程,特别强调个体认知与感悟。其中,听觉辨析训练和播音创作训练必须齐头并进,在语言的接收、辨别、储存和语言的发出、深化、驾驭过程中,反复琢磨,再三体味,由简至繁,从浅到深,不断提高创作觉悟,融会贯通,走上"口耳之学"的习得之路。

改革开放以后,广播电视传播迅猛发展。以新闻改革为突破口,"喉舌"功能为主的多功能走向,政治环境的宽松,经济实力的增长,先进文化的普及,民族素质的提高,节目形式的多样化,广播电视传播的高科技进入,教育改革的日益深入,都给播音教学提供了良好的社会和人文环境,同时也为教学法的改革开拓了可容性空间。同过去相比,教学法从指导思想到具体方法,都产生了巨大变化,主要是:

第一,培养目标的多级化:以本科为主向双学位、硕士、博士延伸;改变人们认识上一般意义的"语音规范""朗读流利"的低层次要求,向专业精深化、人才高级化发展。毫不夸张地说,经过一代一代的努力,我们一定能够为播音艺术家(无愧于时代的名播音员、名主持人)、播音理论家、播音教育家的培养打下坚实的基础。

第二,教学体系的学科化:根据知识结构的要求,把相关学科整合为正规的、符合专业特点的教学计划、课程设置;坚持博古通今、学贯中西、文理融合,坚持原典、原创,坚持"以播为主,一专多能"的方针。教材应该合目的、合规律地不断科学化、前沿化,既保持一定的稳定性,又保持开放的先进性。

第三,教学模式的多样化:由于语言学习和训练具有复杂性、艰巨性、长期性、反复性特点,教学模式便具有针对性、严密性、序列性、多样性的要求。播音教学的模式大约有三类:一是红线(基础理论与实践)贯穿,二是三段(发声、基础、业务)分解,三是一贯(一位教师带一组学生)到底。这三种,教学体系相近,教师职责不一,各有利弊,值得深入探索。主要取决于教师的学识水平和主导能力,专注于学生的"有稿播音锦上添花,无稿播音出口成章"的养成。

第四,教学思想的理性化:尊师重道的同时,强调"尊生人道"。爱护学生只有引导学生,不再凭感情用事,不再"保证下限"。改变过去的"按时喂奶",实行"主动找食"。让学生自觉地获取知识,刻苦地锤炼能力,并同时显现学生间的竞争态势和学习效率,鼓励"冒尖"。

第五,教学群体的优选化:面对一个班级,由一定数量的教师优化组合成一个教学组,二者成为相对稳定的教学互动群体。一般的比例是1:8,不论这个班级分为多少个小组,每个小组多少人,不论哪个教师负责哪个小组,有多少位教师,都应该是整个教学小组对整个班级负责。教学过程中,集体备课、集体会诊不可或缺,发挥每一位教师的特长,各显其能。

第六,教学形式的灵动化:基本形式是"大课"与"小课"结合,以小课为主。但如何安排,却因课、因时、因人而异。特别是小课,每一个课时都可以采用多种方式灵活掌握。教师在解决共性与个性、理论与实践的主要矛盾中,注意促使学生不断强化语言功力,扬己之长,补己之短。

第七,质量评价的分层化:每一门专业基础课、专业课,都只为培养目标的智能结构添砖加瓦,不能单独进行绝对值的评分。事实上,任何一门课,都或多或少地同其他课的学习成绩相联系,从中分离出本课的单项成绩相当困难。因此,进行相对值的评分,判断本课的分值(如学分),就要因其所占的时值和分量而定。这时必须"瞻前顾后",综合考查,凸显重点,分层打分。专业课程的单科评分,不过是阶段性成绩,不能"一锤定音"。学生的终评,应在毕业前夕的综合考试中取得,否则,不利于学生"持之以恒"地进一步提高。

第八,教学效果的整合化:教学过程的流动性、分解性,既不应改变教学效果的阶段性评估,更不应忽视教学效果的综合性考查。学生某一项优秀,并不能掩盖其另一项的不优秀。学生的整体水平,关系到人才培养规格,必须从其上岗的适应能力、发展态势上,考查其在校期间的学习态度、进步幅度、智能强度、超前力度。经验教训也就在其中了。要区别教师的教育事业心、教学责任感与"学生私有"观念,正确认识教师的教学水平同学生的进步幅度之间的关系,切莫忽视"严师出高徒"的巨大作用,但千万不要把学生取得的成绩完全归功于教师自己。

第九,招生考试的类型化:播音专业的招生考试,迥异于其他专业。应该从"有声、上像、内涵深"的特殊性、立体性上进行面试,全面了解考生的基本条件、可塑性、应对能力、可教性,主考教师要"独具慧眼",决定取舍。入学后,要保证优秀生"吃饱吃好",后进生花气力可以跟上。考试应剔除死记硬背,重在运用材料、分析问题,在话筒前、镜头前"体现时代精神""充满人文关怀"。学生专业上存在的主要矛盾,必须通过教师具体指导下的"从难从严大运动量"的科学的自觉训练加以克服。这里,硬件设施的完备和充足,是一种有力的技术保障,应尽力而为。

第十,激烈竞争的有序化:不论层次、不论起点,一进入教学环节,学生就开始了隐性或显性竞争。教师要时时刻刻把握竞争契机,充分发挥学生的争先恐后、胜不骄、败不馁的勇往直前精神,让每一个学生都能在"自省、自重、自励、自强"中,参与竞争,突飞猛进。竞争的环境,最能考验一个人的思想道德素质、科学文化素质、艺术审美素质的高低优劣了,最能暴露一个人的内心世界广阔还是狭隘,坚强还是脆弱,外向还是内向,沉稳还是浮躁了。因此,应该提倡"有序竞争教学法"。

这其中,作为播音学教师,一定要锤炼自己的语言功力。语言功力不强,即便有口若悬河的口才,也讲不出个中三昧;即便有生花妙笔,也写不出锦绣文章。在完成教学目的的过程中,千万不要急于求成。人才的埋没,有社会埋没和自我埋没,我们要有对其可塑性的把握,有对其成材与否的预测。

总之,我们必须坚持"以播为主,一专多能",勇于实践"有稿和无稿的双轨互补""学理和术用的双向互动""广博和精深的相辅相成""经验和教训的相反相成""道德和艺术的水涨船高""继承和创新的潜移默化"。坚决反对那种把播音看作"只要嘴皮子""单纯传声筒"的认识和论调,大力进行语言启蒙和学术争鸣,从理论上和实践上彻底扭转"重采编轻播音"的重文轻语、口语至上倾向,为普遍提高全民族的文化素质和语言素质,为弘扬优秀民族传统、捍卫本土"话语权力"而进行开拓性、创造性劳动。

播音专业教学,已经形成了一定格局。特别是为了培养优秀的播音员、各类节目主持人,松散的、个体的、笼统的、短视的做法都显得事倍功半。培养"以有声语言为主线或主干,出头露面,驾驭节目进程的人",仅凭主观设想,光靠单枪匹马,能够实现吗?只训练语音、口齿、思维、理性,能够达到语感通悟吗?教师缺乏实践经验,学生未具基本条件,教学法的研究不过是纸上谈兵。播音教学法的研究仍然以语言功力为核心,语言功力包括:观察力、理解力、思辨力、感受力、表现力、调控力、鉴赏力、回馈力,绝不是一般的人文科学课程教学所能够替代的。像其他学科教学法的研究一样,播音教学法的研究可以有多种体系,可以做多种探索,但不能违背教学规律。允许存在各种教学实验路径,允许存在各种特殊教育技巧,关键是能够培养出真正的各种层次规格的人才。既然能够"不拘一格降人才",也就不排斥"不拘一格教人才"。教学法的创造天地十分广阔,经验的积累、学识的增长、优势的互补、创新的追求,将使我们的播音教学迎来特色鲜明、风采独具的靓丽景观!

努力为广播电视事业培养更多更好的播音人才*

各位领导、各位专家、同志们：

广播电视事业的发展，人民群众日益增长的精神需要，都强烈地呼唤着语言传播质量的提高。我们身在培养广播电视播音员、节目主持人的教学岗位上，也日益沉重地感到了责任的重大。在这里，简要汇报一下我们的想法和做法，不当之处，恳请批评指正。

一、播音专业人才的特殊性

在广播电视传播系统中，客观地存在着管理、采访、编辑、播音、技术等若干环节。每一个环节都是一个子系统，其中处处凝聚着从业人员的智慧和辛劳，发挥着系统的功能，形成了整体的合力，显现着广播电视传播的巨大威力，使广播电视成为人们的精神生活中不可或缺的组成部分。广播电视在建设社会主义物质文明和精神文明中的作用越大，就越应该迅速提高传播的质量。

广播电视传播者们做了很多艰苦的工作，取得了很多明显的成绩。特别是把广阔的社会中鲜活丰富的素材撷英集萃地传播出去，使广大受众耳闻目睹具体生动的时代旋律和社会风貌，迅速及时地获得信息和共识，潜移默化地受到感染和教育，这更是其他传媒所不可替代的。

播音，是广播电视传播中的重要环节，是传播流程中的咽喉要道，以有声语言（包括副语言）把前期的劳动成果直接传达给受众，成为决定传播质量的关键。我们拥有近4000个台的两万多位播音员、节目主持人大军，这是一支庞大的队伍，是社会主义中国广播电视的特色之一、优势之一。这支队伍已经作出了重要贡献，但与江泽民主席提出的"政治强、业务精、纪

---

* 1996年9月在全国广播影视语言工作会议上的发言。

律严、作风正"的要求,还有不小的差距。这支队伍的专业特殊性还未被充分认识,这支队伍的整体素质还参差不齐,因此,亟待提高和加强。

播音员、节目主持人是以有声语言(包括副语言)为主要工具,在话筒前或镜头前进行播音创作,作为台和节目群体的代表,"出声露面"为广大受众服务的新闻工作者。他们是党的宣传员、党和人民的喉舌。他们必须具备所有新闻工作者所具备的思想觉悟、理论水平、政策观念、新闻敏感、文化水平、知识积累、生活体验、道德规范、敬业精神、喉舌意识、纪律观念、热诚态度。首先要讲政治,要有正确的政治方向、坚定的政治立场、鲜明的政治观点、严明的政治纪律,要有政治鉴别力、政治敏锐性。其次要讲宣传,要宣传马克思列宁主义、毛泽东思想、邓小平理论,要宣传党的纲领、基本路线和一系列方针政策。我们认识到,政治性、新闻性是播音工作的根本属性。

另外,播音员、节目主持人在进行播音创作的过程中,又离不开有声语言艺术的特点。广播中,要以声传情、声情并茂;电视中,要形神兼备、声画和谐。有稿播音时要锦上添花,无稿播音时要出口成章。这样,宣传才会产生语言的美感,具有引人入胜的语言魅力。我们认识到,音声性、艺术性是播音工作的重要属性。

在播音工作中,政治性、新闻性必须落实和融合到音声性、艺术性上,才能"宣传得好,使人愿意接受"(毛泽东语)。音声性、艺术性必须以政治性、新闻性为灵魂和血脉,才有生命的活力和前进的动力。这一点,一直作为我们培养播音专业人才的指导思想,贯穿于教育和教学的全过程。

播音,是一种创作,是一项创造性的劳动。不论新闻播音、专题播音还是节目主持,都以解决单位播音创作主体同创作依据之间的矛盾为其辩证本质,创作主体是矛盾的主要方面。播音之所以是"创作",是因为它有预定的目的,要付出一定的劳动,要运用一定的手段(技巧),促使事物的存在形态发生改变。这个改变,主要是指:使文字稿件转化为有声语言,或使内部语言外化为有声语言。这有声语言,应该是有目的、有内容、有感情、有对象的播音作品,既不是"照本宣科"地念字出声,也不是"信口开河"地胡聊乱侃。由此,播音形成了自己的创作理想、创作态度、创作道路、创作方法。这其中,有着区别于其他传播环节、其他语言艺术的独特的创作规律,并且逐渐建构了其他学科不可替代的理论体系。

播音的创作依据,无论是文字稿件还是内部语言,都是人脑对客观事物的反映的产物。播音创作主体要改变其存在形态,转化或外化为有声语言,就存在改变其存在形态的方向问题,这方向,可以是正面的,中性的,也可以是反向的。如"这是一支维护和平、主持正义的队伍",播音时,可以按文意播成热情赞扬的话;也可以不置可否,播得平平淡淡;还可以把它播成反面的话。一句话如此,一篇稿件、一个话题也是如此。由此可见有声语言的精妙。可以毫不夸张地说,广播电视传播,不同于报刊的文字传播。有声语言质量,直接影响信息的清晰度、密集度,直接影响思想、知识的深刻程度、丰厚程度,甚至可以直接影响舆论的导向和节目的品位,而有声语言的质量,主要取决于播音创作主体的观察力、理解力、感受力和表现力。这,正是播音专业人才的特殊能力——语言功力。

"一专多能"是我们培养播音专业人才的一贯主张。1984年我们就提出了"以播为主,一专多能,有稿播音锦上添花,无稿播音出口成章"的专业培养方向。我们要求学生学好政治、外语及各门文化课,学会电脑,同时要求他们深入生活、学习社会。我们还把采访、编辑、节目制作、化妆、灯光等作为必修课,目的是让学生开阔眼界,多学本领,即使将来走上工作岗位,也不要把自己关在播音室与外界隔离开来。我们强调知识结构的合理性,也强调培养"复合型"人才,但并不意味着丧失播音学科的独立性,而是要达到较宽的知识结构和精深的专业的统一。在专业方面,也要一专多能,长于新闻播音,也能主持节目;长于主持节目,也能报告新闻……这是宽口径培养人才的需要,能够扩大和增强播音专业人才的适应性。

现在在岗的两万多人的播音队伍中,经过播音专业学历教育和岗位培训的约占四分之一,很多人都成了名人、名播音员、名主持人,成了各台的业务骨干。

二、语言功力培养的艰巨性

广播电视传播,离不开有声语言;有声语言表达,需要具有一定的语言功力。语言功力指语言的功底和能力,一方面,是接收、判别和储存语言信息的能力;另一方面,是发出、深化和驾驭语言信息的能力,二者的核心是语感。这些能力的培养,是相当艰巨的。

我国地域辽阔,方言复杂,推广普通话的任务十分艰巨。我国历史上,自从兴科举以后,"重文轻语"的影响一直存在,只注意识字、作文,不注意提高有声语言的表达能力。这在广播电视传播中的表现就是重采编,轻播音;重写稿,轻播稿,以致有人认为"播音无学"。多年以来,播音员好像只是"声音好、形象好、会说普通话",有的人竟把播音员称作"念稿员"。主持人节目出现以后,许多人认为"采编播合一"比播音员技高一等。在有些人看来,语言功力似乎无足轻重,语言表达好像与文化无关。有这样的认识,怎么能重视语言功力呢?怎么能提高语言表达能力呢?我们在播音专业人才的选拔和培养上感到困难重重,许多台的领导也常为播音质量不高而苦恼,原因多源于此。

我们每年招生,报考人数极多,但能入选者,理想的人太少。并不是因为我们要求苛刻,把关太严,主要是考生们的整体素质不够高,语言功力不够强。我们是从五个方面对考生进行考核的,叫作"过五关":思想政治关,声音表达关,相貌体态关,体魄健全关,文化知识关。五关全过者寥寥无几,真是百里挑一。大多数考生不是语言不规范,就是声音不悦耳,要么是语言表达能力太低,要么是文化水平太低。过五关,确实不是一件容易的事,将来,也不可能人人做到。但是如果从小学到中学,把对学生语言功力的培养放到同识字、作文一样重要的位置上,我们的招生工作就会进一步优中选优,生源质量一定会大幅度提高。

当今,对语言的认识已经由"工具性"提升到"文化性"了。语言是文化的载体和显现,是人们认识世界和把握世界的一种方式。人的社会化过程,就是接受文化的培育和熏陶的过程,其中语言的培育与熏陶起着巨大的作用。广播电视语言传播以"明晰"为核心,辐射到两个层面上发挥其社会功能。第一个层面是"规范"层面,即在社会全面规范基础上的语言规范。政治、思想、经济、文化、科技、教育等的规范一定在广播电视传播中给以反映与诠释,如信仰社会主义的世界观、为人民服务的人生观、无私奉献的价值观,社会主义精神文明重在建设,赋予广播电视以责无旁贷的宣传重任。但是,如果语言不规范,或方言干扰,或粗俗不堪,怎么能让绝大多数人的心悦诚服呢?广播电视传播必须坚持语言的规范,应成为国家标准,全民学习的样板。第二个层面是美感层面,广播电视传播,要崇尚中国老百姓所喜闻乐见的中国作风和气派,要从内容到形式都走民族化的道路,要讲求风格美、意境美、韵律美,使人感到悦耳动听、心旷神怡,赏心悦目、心驰神往,从而给人以美感享受。我们体会到,没有高深的语言造诣,没有坚实的语言功力,规范和美感就会黯然失色,广播电视传播的"明晰"也就会变得杂乱和苍白了。

基于以上认识,我们在播音专业人才的选拔和培养中,要格外重视思想道德素质和科学文化素质,并把素质教育落实到专业教学中去。

在专业教学中,我们结合广播电视的传播规律与传播实际,重点锤炼与磨砺学生的语言功力。"工欲善其事,必先利其器",缺乏语言功力,就不能高质量、高效率地完成播音创作任务,就不能做到"守土有责"。但是,"语言这东西,不是随便可以学好的,非下苦功夫不可"(毛泽东语)。教师根据专业特点和教学计划,制订"因材施教"的教学方案;学生根据教学要求和个人存在的主要矛盾,明确努力方向,落实训练要点。通过师生的共同努力,大部分学生的语言功力有了明显的进步。学生们深有体会地说:"语言是这样精妙,学习一辈子,恐怕也到不了'炉火纯青'的境地。"社会给教学以支持、托举,但也不可避免地混入消极的影响。当有些电台、电视台的语言传播发生污染和混乱的时候,当某些西方的传播学观点被公然宣扬的时候,当"重文轻语"的思想又抬头的时候,"播音无学"、播音"不学而能"的看法又时髦起来的时候,播音教学受到了相当大的冲击。有些学生不安心校内学习了,一个个到电台、电视台去主持节目了,并且自我感觉良好,说什么"我现在也能主持节目了,还学什么!"在这种情况下,我们不得不花费大量精力端正他们的认识,千方百计进行启发和引导,特别是在学生中深入地进行素质教育,提高他们的分析鉴别能力,加强他们抵制错误思潮的能力,使他们打破"远离革命"的小农经济自给自足狭隘眼界,克服崇洋媚外的殖民地文化心态的影响,消除浮躁的通病,防止利己主义、拜金主义的侵蚀,踏踏实实地继承中华民族的优秀文化遗产和人民广播的优良传统,立足国情,借鉴国外、域外的先进经验,充分认识祖国语言的准确、优美、丰富、精妙,强化喉舌意识和群体意识,提倡先当能人再当名人,"广播电视工作者要做'常青树',不做'一时花'"(李铁映视察北京广播学院时题词)。不少学生认识到,广播电视播音员、节目主持人的岗位,虽然是名人的岗位,却也是人才激烈竞争的场所,不提高思想道德素质,不勤学苦练,不强化语言功力,总要被淘汰。

新闻性节目是广播电视的主干,提高新闻性节目的播音质量,是播音创作中最难掌握、最要功力的课题,是播音专业学习的重点之一。新闻性节目的播音,要在掌握播音语言特点即规范性、庄重性、鼓动性、时代感、分寸感、亲切感的基础上,达到"字正腔圆、呼吸无声、感而不入、语尾不坠、语势如潮、节奏明快、语流畅达、新鲜感强"的要求。语言功力不足,是不能很好地完成新闻性节目的播音任务的。我们采取"广播电视并重,消息、通讯、评论、现场采访、现场报道、现场直播全面训练"的方法,强化学生的新闻敏感和语言功力。新闻性节目的播音已经成为播音专业人才的强项。至于知识服务类、教育欣赏类、综艺娱乐类节目,我们也在把握节目性质、任务和制作过程等方面使学生开阔眼界、学习精品、独立思考、各展所长。

语言功力,包含着思辨能力、感受能力和表达能力。创作主体的"自我感觉"必须同传播效果紧密联系起来,并把传播效果作为判别质量的唯一标准。我们有一批高水平的记者和编辑,我们也应该有一批语言功力坚实的播音员、节目主持人,这样,多出精品就有了强大的实力。

三、播音专业的改革与发展

广播电视事业的不断发展,全球性的信息高速公路广泛吸纳视听媒体的态势不断增强,对跨世纪的播音专业人才的需求不但数量大,而且质量高,优秀的播音员、节目主持人会大有用武之地。

北京广播学院自建院以来就承担着培养播音专业人才的任务。1963年正式设立中文播音专业,1980年建立播音系,1996年7月又成立了播音主持艺术学院。40年来,共培养大专生、本科生、双学位、语言学硕士研究生约2000人,为全国各台、各企业台培训在职播音专业人才近万人。已出版各层次、各类教材、专著17本,其中获部级、国家级奖励6本。1995年出版的《中国播音学》标志着这一学科的日益成熟。我们可以自豪地说:我们的播音学科、播音专业已经走在世界的前沿,它的学科性和专业性已不容置疑。

播音专业开设5个专业方向:①广播播音主持艺术;②电视播音主持艺术;③广告编播艺术;④体育解说艺术;⑤影视配音艺术。

我们建立了播音主持艺术研究所、语言传播研究所两个研究所,承担国内外相同、相关项目的科学研究和教材建设任务。我们的全国播音员、节目主持人培训交流中心,专门负责在职人员的岗位培训、人才交流,并提供人才供需信息。国家语委和北京广播学院联合举办了4期国家级普通话测试员培训班,十分成功,在国内外影响很大。我们还在国家语委的支持下,建立了在北京广播学院普通话测试领导小组领导下的普通话测试中心,现已有10名国家级测试员,负责校内外(各台、各学校)的普通话测试工作。第一期测试工作已经圆满完成。此外,我们还担负着对外汉语教学的任务,因为我们的教师在语音、词汇、语法、语调上是最标准的"广播级"普通话,人们就说:"学汉语要到中国,学标准汉语要到北京,学最标准的汉语要到广播学院。"这已经为外国学生所认同,我们已培训外国学生500多人。我们的留学生大楼建成后,我们的优势将得到更充分的发挥。

我们的师资中,高级职称的有16人。我们的教师,都可以到电台、电视台播音主持,只是因为热爱教育工作,才坚守在比较清贫的教学岗位上,以自己丰富的经验,担负起多层次的繁重教学任务,每学期都超负荷运转。为了培养更多更好的播音专业人才,他们一手抓教学,一手抓科研,辛勤耕耘奋力写作,并团结一心,促进教学的深化改革。在教学内容上不断更新,在教学方法上不断改进,努力提高播音专业人才培养的质量和效率。

播音是一个实践性很强的学科,播音理论只有从实践的体验中总结概括出来,才会有指导实践的实际价值。没有播音实践,既不能领会理论,也不易接受指导。因此,在教学中我们对学生进行了从难从严大运动量的科学训练,包括急稿训练、直播训练、现场训练、当众训练等。各省、自治区、直辖市的很多电台、电视台,大力支持学生的训练和实习,并提供了许多方便,在此,谨表示衷心的感谢!我们反复强调,只要到话筒前、镜头前,就要努力获得播出的播音创作的感觉,为了做到这一点,播音之前必须进行严格和周密的准备,不允许敷衍塞责、粗率马虎,要对即将播出的每一句话负责,对每一篇稿件、每一个话题负责,总之要对广大受众负责。不要耍小聪明,不要满足于一时的即兴应变的成功。只要抓住提高素质、加深修养这一根本,强烈的事业心和高度的责任感便会使你在应付裕如的播音状态中闪光,并产生用之不尽的灵感,从而把最好的精神食粮奉献给广大受众。

我们的教学改革还要继续深入进行下去。我们将以本科教学为龙头,逐步扩大双学位和硕士生的招生人数,取得规模效益。我们培养的播音专业人才质量将会进一步提高,人才培养基地、科学研究基地的作用将会进一步发挥出来。

我们的兼职教授共有12位,都是播音指导、研究员、高级编辑。他们对播音专业人才的培养给予了重要支持。我们还要再聘请一批名播音员、名主持人、名记者、名编辑、名专家、名艺术家作为我们的兼职教授,共同培养跨世纪的播音人才。

为了建立合理的学术梯队,壮大师资队伍,我们还将面向全国招聘高水平的播音专业教师。

为了加快教学设备的现代化,我们打算建立两个实验室。第一个是广播电影电视部重点学科语言学播音实验室,在部领导的亲切关怀和大力支持下,1995年已经获得100万元人民币拨款,实施了国家级实验室系统工程的第一期装配。第二个实验室是在国家语委支持下建立普通话测试中心实验室,现正草拟方案。这两个现代化实验室的建成,将对强化语言功力、深化教学改革、提高教育质量,产生久远的影响。

尽管我们现在师资少,设备老、地方小,主动加强同广播电视第一线的联系不够,教学改革的力度还不大。但是,在党中央的领导下,在广播电影电视部的直接指导下,在北京广播学院领导的具体关怀下,播音主持艺术学院一定会团结奋进、开拓进取,建成世界第一流的学科,向广播电视系统输送第一流的播音专业人才,让广阔的天宇响彻社会主义中国的时代最强音!

在办学过程中,我们得到了党中央、江泽民主席、李岚清、李铁映、丁关根同志的亲切关怀和重要指示,得到了广播电影电视部党组、国家语委以及全国各省、市、自治区广播电视厅(局)领导的关心和帮助。在这里,请允许我代表北京广播学院向各位领导、向同志们表示最诚挚、最热忱的感谢!

给播音系同学的一封信

播音系的同学们：

你们好！

由于没有机会见面畅谈，有些想法又很愿意快些告诉你们，只好通过这样的方式跟你们沟通了。你们不会嫌弃我的迂腐吧？

你们能够进入播音系学习，是可喜可贺的事。作为播音系的一个成员，你们肯定觉得自豪；你们充满了对未来的憧憬，时刻准备成为优秀的播音员、节目主持人。这正是我们和其他院系的重要区别，是你们和其他大学生的主要差异。就此，我给大家提出两点建议，仅供思考。

先说说你们的专业优势：

播音主持艺术专业，以新闻性为根本属性，以艺术性为重要属性。你们是新闻工作者，是"党、政府和人民的喉舌"，是广播电视中"有声语言的创作者"。因此，要下大力气苦练基本功，提高新闻素质，强化语言功力，以便做到：以播为主，一专多能；有稿播音锦上添花，无稿播音出口成章。新闻播音员与主持人（新闻主播）是我系的拳头产品，已经培养了、并正在培养着大量业务尖子，这些毕业生和在校生，必然是各级电台、电视台的中坚力量。你们追求的目标是：中央电视台的《新闻联播》和中央人民广播电台的《新闻和报纸摘要》以及各类重大新闻事件的报道者、各种重大消息的发布者。在有声语言传播的创作实践中，你们要"敢于在场、勇于出席、善于发言"。不论别人怎样评点和引导，你们都要清醒地把握自己，什么时候都不能等同于"语言工作者""艺术工作者"，更不能混同于演艺明星、搞笑大王。所以，我建议你们牢记——

坚持新闻性不动摇；苦练基本功不放松。

再说说你们的专业学习：

大学生活丰富多彩，是人生的重要关口，是专业的基础平台。时不我待，时不再来，在无形的竞争中，只有大步向前，不应徘徊观望。每一个人都有自己的长处,也肯定有诸多不足。要能够"海纳百川""扬长补短""专心致志""循序渐进"。要珍惜"课时效率","只争朝夕",理论上打好功底,不断地"质疑、反思、追问";实践上抓住感悟,进行"大运动量的、科学的积极训练"。要向老师学习如何做人,如何练功。要学会鉴别广播电视中播音员、节目主持人的优缺点,要在提高自己的表现力的同时,提高自己的鉴别力,不羡"追星族"的狂热,而取"研究者"的冷静。要多读书,哲学、美学、新闻学、传播学、语言文学等,广泛涉猎;对于专业书籍更要刻苦攻读,继承前人的研究成果,把它们变成自己的精神财富。请你们记住这句话——

业精于勤荒于嬉,行成于思毁于随。

同学们,"大学之道,在明明德,在亲民,在止于至善"。要知道,"仁者无敌",应该"定于一"。你们一定会排除干扰,朝气蓬勃地走向明天!

我倡议:从现在起,开展专业思想大讨论,业务技能大练兵,语言功力大比武!让播音系永远高举齐越精神的大旗,意气风发地"独具特色,独占鳌头"!

祝你们既不被机遇埋没,也不会自我埋没,以深厚的文化底蕴和坚实的语言功力跨出校门,走上理想的工作岗位,为播音系争光!

你们的老年学友张颂

2005 年 10 月 30 日于播音系

给报考播音主持艺术专业同学的一封信

——曾致编著《播音主持高考宝典》代序

亲爱的同学们：

你们好！

你们正处在准备高考的紧张状态，除了复习各门课程，也许还没有决定报考哪个专业，怎样填写志愿。但是，大多数同学肯定已经有了报考意向。

进入大学学习，确实是人生的一个机会和际遇。抓住这个机会，如愿以偿，当然是好事；失去此种际遇，未能如愿，也并非坏事。天底下到处都是机会，人世间哪里都有际遇。关键是能否做到"未雨绸缪"，尽到了人力；是否做到"胸有成竹"，明确了方向。大学学习，一样艰苦繁忙，大学毕业，一样面临选择；没进大学，也要勤奋努力，找到工作后，更应谋求发展。奔向理想的道路，必须自己开辟，实现目标的困难，只能自己克服。身处顺境固然可以一帆风顺，宏图大展；身处逆境更能磨炼坚强意志，锻造英才。

你们打算报考播音主持专业，可能是同父母亲友商量过，也许是自作主张，但那其中的缘由是不是考虑清楚了？还是再想得周全一些才好。

首先，自己的基本条件如何，有哪些优势？包括既有竞争的实力，又有发展的潜力。其中，有先天具备的，如嗓音、口齿、五官、形体、悟性；也有后天习得的，如普通话、唇舌力度、理解能力、文学修养、即兴表达、临场反应等。有些是不能改变的，经过练习也不会提高多少，千万不要勉为其难。

其次，播音主持专业的要求，是不是清楚了？那些硬性规定不能降低，那些弹性要求越强越好，如声音好、形象好、个子高、反应快。没有歧视别的同学的意思，而是广播电视的特殊需要，必须优中选优。达不到这些要求的同学，就不要报考这个专业了。

再次，不要用现在广播电视中那些比较差的播音员、主持人跟自己比，因为他们的上岗有历史等原因。要跟那些优秀的播音员、主持人比，那样，就能够找到差距了，学习他们，才能进步，才能增强竞争力。在鉴别优劣的过程中,择其善者而从之,就会加强自己的审美能力。

最后,说好普通话,练好语言表达。即使没有考上这个专业,对于其他专业的学习,对于从事其他工作,都有莫大的好处,不会白白花费功夫的。

播音主持专业,对于优秀的高级人才的需求是紧迫的、长久的。那标准,主要是"德才兼备,声形俱佳"。播音员、主持人,应该是品德高尚的人,忠诚坦白的人,还应该是语言规范、表达精妙的人,形象端庄、气质高雅的人。因此,所有报考这个专业的同学,最好了解一些亟须注意的问题:

第一个问题:审时度势。现在为什么报考艺术类专业如此之"热"?其中不乏真正热爱艺术类专业的同学,也可能这样的同学越来越多;但是,也有的同学是出于"增加一个报考志愿""文化录取分数不高"的考虑,或者仅仅是"试一把,碰碰运气"。实际上,这对于优势不大、竞争力不强的考生是很不利的,既耽误复习时间,又浪费精力财力,即使勉强考上,那四年的苦读,也是很难熬的日子。不如集中精神学习,全力迎接其他专业的高考;哪怕考不上大学,还能从长计议,选择一个适合自己的工作,将来肯定有机会再深造。

第二个问题:切忌浮躁。时下的浮躁氛围,让人极不容易静下心来,甘于寂寞,充实自己。人才竞争的态势,往往使人摩拳擦掌、跃跃欲试。其实,一切都是"实力"的竞争,人人都应该追求"实力地位"。而加强实力、增长实力的根基,是心理的清净和稳定。心浮气躁的人,似乎什么都想干,又什么事情也干不好。结果,实力未能增长,机遇已经失去,只好"望洋兴叹""后悔莫及"。有了"实力地位",同别人拉开了距离,自己那明显的优势,是"有目共睹"的,到处都有施展才华的岗位,到那时,"天下何人不识君"?

第三个问题:志存高远。高中毕业时,就已经可以树立起相对稳定的人生观了,就已经可以初步明确自己的理想了。这时,要在进一步选择志愿的过程中,认识自身的价值。一个有志向的人,不应该急功近利,不要想一蹴而就,而是做好准备,克服艰难险阻,面对世态炎凉,顽强拼搏,勇往直前。总是有踟蹰不前的关隘,总会有犹疑不决的路口,没有关系,因为"精忠报国"的榜样在,因为"服务人民"的宗旨在,是金子总要发光。只要不被自己埋没,社会一定会给你馈赠。即使由于种种原因,被社会偶然误解,那迟早也会得到澄清。

第四个问题:拒绝诱惑。青年人富有朝气,兴趣广泛,热情洋溢,但缺乏定力。当今社会,充满了各种诱惑,什么金钱、名誉、地位、权力……时时刻刻吸引着人们,为之东奔西突,费尽心机;什么金碧辉煌、不劳而获、以邻为壑、纵情声色……所见所闻刺激着人们,为之私欲膨胀,放浪形骸。青年人很容易成为受害者、牺牲品,以为"享受"人生,就应如此,何必苦了自己,误了青春?青年人完全可以欢乐愉悦,不过,人生的价值、人生的幸福,永远不在物质享乐之中,而在利于他人、利于社会之中。因为"欲壑难填""玩物丧志"!

第五个问题:学会感恩。青年人是在老一辈亲人的抚养培育下成长的,他们不辞辛劳、节衣缩食、苦口婆心、尽力呵护,就是为了子孙们长大成人、好学上进、努力成才、报效国家。他们并不要求子孙如何孝敬、如何报答自己。"可怜天下父母心",不只是"养儿防老",更希望"老吾老以及人之老"。小学、中学的老师们,值得我们永远感激,他们夜以继日、废寝忘食,完全是为了学生们奋力攀登,无往不胜。同学们要"吾日三省吾身":在孝亲、敬师方面做得怎么样,究竟是否对得起亲人、师长?

第六个问题:诚信为本。清清白白做人,老老实实做事,千万不要认为老实人吃亏,千万不要耍小聪明。真实的身份,真诚的态度,真挚的感情,真切的话语,总会被人们理解的,定会让人们赞赏的。"机关算尽太聪明,反误了卿卿性命","遇狡猾奸诈之人,以诚待之,彼术自穷",这是历史的规律。历史的真实是"已有的事实",艺术的真实是"会有的事实"。巨奸大恶,只能称霸于一时;精英贤才,定会流芳于百世。善良的谎言,也是"与人为善",必会"众善奉行"。

同学们,年纪大了,难免啰唆,你们不会厌烦吧?过的桥多了些,吃的盐多了点,总有可以借鉴的地方,请你们思量思量。至于具体的报考条件、报考方法、应试程序、各种准备,曾致老师认真地为你们准备了详细的材料,都收入《播音主持高考宝典》这本书里了。他用心良苦,考虑周全,大家肯定喜欢,希望报考播音主持专业的同学们仔细阅读。

每一年都有专业调整,每一年的报考程序都有变化,尤其是考试内容,不会固定。但是,那基本的知识、基本的技能,大都符合专业的要求。因此,这本书的实用价值还是很强的。八位品学兼优的考生所写的体会文章,读来亲切,对于报考播音主持专业很有帮助。

耽误你们宝贵的时间了,谢谢!

祝你们成功!

张颂

2006 年 6 月 13 日于北京

主持人大赛随想*

中央电视台主办的"荣事达杯"电视节目主持人大赛,已经落下了帷幕。我作为复赛和决赛的评委,有很多想说的话。这里,先把几点最重要的想法简单谈一谈。

一

在广播电视事业的发展过程中,播音员、节目主持人的队伍迅速壮大,甚至成了一个声名显赫的群体,备受世人的青睐。但是,究竟什么样的人才能做好这项工作,从事这项工作的人要具备哪些条件,这些条件中什么最重要,至今好像还没有一致的意见。

在广播电视传播中,播音员、节目主持人是以有声语言为主干或主线"出头露面"把握和驾驭节目进程的专业人员。简单说,这样的人员必须"有声""上像""内涵深"。所谓"有声",是指声音圆润、响亮、悦耳、动听;所谓"上像",是指形象端庄、大方、悦目、赏心;所谓"内涵深",是指表达规范、文雅、鲜明、生动。总体来说,作为专业人员,他们的特殊性,应该在共性——新闻工作者的基本属性之上,具备语言(包括副语言)功力。如果声音不悦耳,形象不悦目,就根本不适合走进这支队伍。我们重视文化水平,完全正确,可是,文化水平再高,也替代不了、弥补不了声音和形象的缺憾。具有高水平但能够担当播音主持的人,如凤毛麟角。而在声音悦耳、形象悦目的人们中,已有较高文化水平的人,或者经过培养可以达到更高文化水平的人,才可望成才。可目前的状况是:几乎失去了"专业"的角度,一味地强调文化水平,似乎只要有了较高的文化水平,声音、形象的要求降低些也无关大局;似乎越强调文化水平重要,就越显得挑选者、评审者极具眼

---

* 原载于《青年记者》2001年第2期。

光。这实在是一个误解,把"内涵深"理解得过于片面、过于机械了。"有声"和"上像"是"入场券",声音和形象不佳者,不能"出席"。"内涵深"是"发言权",缺乏观察力、思辨力、感受力、表现力,知识不博、文化不高、修养不足、造诣不深,当然会造成传播过程中捉襟见肘、语焉不详的状况。但这是可以通过努力逐渐提高、日益强化的,并非全是不可造就的。这是任何专业、任何工作遴选人才考虑的基本思路,既不要顾此失彼,也不要厚此薄彼。在声音形象和文化内涵的权衡上,一定要坚持专与博的统一、个性与共性的统一。

这次大赛,首先进行文化考试,据我了解,确实淘汰了一批声音形象俱佳的参赛者。而所谓的文化考试,又很难说确实是电视节目主持人所必不可少的、能够考查出基本素质的内容。笔试成绩很不错的人,经过面试也淘汰了不少,这些人之所以被淘汰,大多因为声音形象有问题。所以,今后,恐怕还是首先进行面试为好。进入复赛的50名选手,声音形象也还存在着这样那样的问题,专业水平也是参差不齐的。复赛中,注意发散性思维、主体性应对,这是一种比赛的新思路,造就了一套新规则,很有创新意义,值得今后借鉴和发扬。不过,就程序上看,也还有值得研究的地方。专业素质的选题、采访、嘉宾、评述,创造性空间仍有局限,准备并不仓促,但抓住新闻眼做足文章的不多;艺术阐释的文化底蕴、艺术感觉,往往显出随意性和浅表化;外语问答的内容,偏重生活基础,紧密结合电视节目主持人的题目较少。决赛中,选手们只能在被分派的、既定的栏目中主持,至于该栏目是否适合他,是否能发挥出现有水平,是否可以开掘出最大潜力,这些方面还带有强制性,如果进行双向选择可能就好得多。所有这一切,是任何大赛都不可避免的。因为,"电视节目主持人"这个群体,就是一个变化多于稳定、个性显于共性的集合性概念。

二

广播电视节目主持人,是一个岗位名称,犹如"京剧演员""运动员"等,虽然看起来具有群体的稳定性、共性,但是认真考察时会发现,那生、旦、净、末、丑,那田径、体操、足球、篮球、乒乓球……又各有千秋,个性鲜明而富于变化。广播电视节目有不同的门类,新闻评论、社教、体育、文艺、儿童……每一档节目都有自己的性质任务、内容形式、服务对象、语言样式、制作流程,想用一个统一的模式完全框住它,就会走到机械唯物论或者主观唯心论的歧路上去。更重要的是,这一岗位,还存在不同层次、不同水平的基本要求,还会有不同特色、不同风格的审美理想。如果需要概括它的共同点,只能回到这一岗位的原初起点上:以有声语言为主干或主线,"出头露面"把握和驾驭节目进程的专业人员。从专业特点上说,同所谓"播音员"是一致的。因为,现在指称的"播音员",只是狭义的"新闻播音员",广义的"播音员",是一个专业命名,以语言传播为根基,节目主持人是这一专业的题中应有之义。《中华人民共和国通用语言文字法》中准确地使用了"播音用语",既包括了新闻播音、专题播音、体育解说,又包括了各类节目主持。这就有利于澄清某些混乱的认识,什么节目主持人的声音口齿可以差一些,什么节目主持人的语言规范可以松一些,什么节目主持人的差错可以多一些,什么主持人的形象要求可以低一些……好像只要当上了节目主持人,就应该同播音员有"原则差别""本质不同"。有这种认识,怎能提升和强化节目主持人的文化水准和语言功力呢?

广播电视传播中的语言,不应等同于日常生活中的说话;大众传播不应降入人际传播的汪洋大海。节目主持人如果一味追求"生活""自然","越像说话越好",那么,就很难提高有声语言的质量了,而且会每况愈下。其实,新闻播音员也好,节目主持人也罢,都应坚持语言的高质量、高效率,努力做到"有稿播音锦上添花,无稿播音出口成章"。在这次大赛中,有的选手,语音不规范,如前后鼻音不分;有的选手,口齿不清楚,如吐字含混无力;有的选手,气质欠文雅,如插科打诨无度;有的选手,词语较贫乏,如表达简单重复……这些,都有损于媒介人物的公众形象,使人难于满足对大众传播的期待。

电视节目主持人尤其应当注意自己的言谈举止,不但要融进电视、化入节目、当好主人,而且要体现时代精神,充满人文关怀。一心想着观众,热心为了观众,决不应该"放逐崇高","削平艺术"。

三

我们不应要求每一个选手"全能",正像不应要求每一个节目主持人都能主持任何节目一样。

所谓个性化,不过是真实自我的充分展现,既非装腔作势的自我包装,也不是自惭形秽的曲意模仿。在节目中,真实的自我并不完全是生活中的自我,而是经过调整后的自我:节目所需要的那部分自我,得到了强化和美化;节目不需要的那部分自我,得到了弱化和淡化。这样,才能够达到"思与境谐""神与物游"的审美层面。这之后,特色和风格才会逐渐呈现出来。初出茅庐的人,包括初露锋芒、崭露头角的人,离特色和风格还比较遥远,最好首先夯实基础。此后,在刻苦探寻成熟的道路上,特色和风格会自己跑来,成为创作主体不可分割的一部分,自然流露在节目中,并得到广大观众的认可。参加一次大赛,就声称形成了什么风格,恐怕言之过早。

有一种观点,认为个性化就是摆脱、超越化的特立独行,就是毫无公共话语基调的独特叙事;把违反规则、追新求异作为个性化的标志。这是一种背离常识的畸形审美观。规范是一种"自由",程度越高,取得的自由度越大。我们不会认为摆脱、超越文字和语法的诗文能够让大多数人看懂,我们不会认为摆脱、超越普通话规范的有声语言能够让大多数人听清。特别是在今天,说普通话、写汉字已经成为全社会的共识,已经有了法律依据,再也不应该为突破社会契约的个性化张目了。坚持个性化的艺术"澄明"之境,才是理论家们求真务实的责任。夸大个性化的私语性,张扬个性化的功利性,不免会染上"有偿服务"的印记,失去"真知灼见"的分量。

四

　　广播电视有声语言的传播,大体有两种情况:一是只有语言的表层意思,可以听出说的是什么;还能够了解为什么。知其然,固然好,知其所以然,就更好。从大赛中我们可以看到,有些选手,反应不可谓不快,可是要想知道他说的话有什么含义,他为什么要说这句话,那就得费一番思索,听来比较吃力。这里,有逻辑上的严密与否、词语上的准确与否等问题,更重要的是,说话的语气是否恰切。同样一句话,说得好不好,属于话语质量、话语效率问题。在很短的时间里,让人听明白所有含义,不发生歧义,不产生误解,语气的作用是巨大的、关键的。尤其是在"艺术阐释"阶段,语气中能不能"言志传神",把自己的艺术感觉淋漓尽致地和盘托出,就成为考查选手的重要方面。有的选手,想象力相当丰富,语气里充满了如诗似画的美感;有的选手也很丰富,语气却显得干瘪、苍白。对于主持人来说,语气是一种无时无处不在、一丝一毫不差地表现"综合素质"的一面镜子。有时,失之毫厘,谬以千里;有时,功亏一篑,悔之晚矣。这是需要花心血费气力的,不要相信那种"不学而能"的说教,而应攀登"不工者,工之极也"的语言艺术的高峰。

　　当然,大赛终究不同于教学。专业教育是按规模、成建制、有体系、重层次的教学活动,要进行可预知、可重复的长期训练,目的是抓共性,打基础,因材施教,扬长补短。播音主持艺术专业人才,是新闻工作者中的语言传播人才,在选拔、培养、教育、实践中,必须加强喉舌意识、原典文化、人文精神和语言魅力的整体构建与习得,不同层次各有标准,不同类型分别扬弃。而大赛是自愿集合的群体在特定的游戏规则中进行的不可预知、不可重复的瞬时出场竞技,有人水平高并没有参加,有人实力很强却偶有失误……就参赛者而言,在"这一次"的公平竞争中可以分出高下,但那瞬时出场的激动与遗憾,只有等待未来的机会加以发扬和弥补了。教学中,适当采用这种竞赛的方式,对加强学生的当众竞技能力、现场驾驭能力会有帮助。

张颂

北京广播学院教授、博士生导师

理论编

浅谈播音中情、声、气的关系
研究播音理论是一项紧迫的任务
研究播音理论仍是一项紧迫的任务
播音浅谈
普通话播音中的几个基本问题
论播音语气
简论播音艺术的欣赏层次
"播音腔"简论
深化播音内涵　加强语言魅力
话语权力简论
话语心态简论
话语样式简论
话语表达简论
话语传播简论
传媒语言引领价值的本土意义
传媒语言文化身份的当下识别
……

浅谈播音中情、声、气的关系

任何一次播音,哪怕只是一两句话,都离不开情、声、气及其及关系,下面,仅就个人的一些体会谈几点看法,希望得到同志们的指正。

一

情、声、气,在播音中应该有特定的含义。

所谓"情",是指在播音中由稿件具体化、用有声语言表达出来的无产阶级的思想感情。这种思想感情在一个较长的时间里被简单化、庸俗化了,往往作为"冷冰冰""气昂昂"的同义语。无产阶级的思想感情本来是崇高而丰富的,现在应该恢复它的这个质的规定性。无产阶级的思想感情包括了世界上最优秀的品德、最珍贵的素质,诸如宽广的胸怀、纯贞的情操、美好的憧憬、深邃的境界、蓬勃的志趣、灵动的活力等。

在播音中,播音员的无产阶级思想感情时时处于运动状态,根据播讲目的,具体落实到稿件上。失去了具体化,那崇高和丰富也就会在静止状态下丧失净尽。

所谓"声",是指规范化、艺术化了的有声语言。从声音通道看,属于中部通道,即声带颤动发声后,声音经咽壁、软腭、硬腭、上齿、上唇发出。主要用胸腔、口腔(包括咽腔)和鼻腔共鸣。口腔状态要求:嚼肌提起、下巴放松、槽牙打开、软腭挺住,各部肌肉较均衡地紧张,使口腔成圆筒状,为声音的集中、明亮、圆润、持久创造必要条件。发音时,元音的舌位、辅音的发音部位,都应在音色允许的范围内把握"前音稍后、后音稍前、开音稍闭、闭音稍开"的方法,以利于缩短发音路途,更灵活地吐字归音,避免开口过大、槽牙过紧、发音位置偏前或靠后等毛病。

所谓"气",是指在使用胸腹联合呼吸法,即两肋扩开、丹田收缩的用气方法的过程中,形成气根和气柱,自如地控制吸气、呼气的气量与流速,以便于增强发声的支撑力量、减少声带的压力、加大唇舌喷弹力。播音中用气以快吸慢呼为主,并力求避免气息的浪费。

总之,我们要"情取其高、声取其中、气取其深",以达到"字正腔圆、清晰持久、刚柔自如、声情并茂"的境地。

二

我们所说的"情、声、气",虽然各有要求,但重点应是它们的内在联系。只有重视它们的内在联系,才可能解决它们之间的联系,摒弃形而上学地运用它们,以有效地提高播音质量。

情是统帅、主导,是内在的;气息、声音是被统帅、被引导的,是外在的。有声语言要"形神兼备",这"神"就是情,这"形"就是声音、气息。片面强调"神",必然导致"魂不附体";片面追求"形",必然造成"体不纳魂"。这应该是马克思说的"语言是思想的直接现实"的真正含义吧?

在有声语言中,"情"只有通过声音和气息才可以表达。没有布景、道具、眼神和手势帮助的播音语言艺术尤其如此。而声音和气息除了表达思想感情之外,也就没有什么社会意义了。但是,声音和气息对于思想感情的表达又绝不是消极的、机械的,而是积极的、灵动的。它们不仅因具体的思想感情而异,还要坚持这共同原则的"个性化",也就是坚持共性与个性的统一。

(1)气息是运动的。

古人说"善歌者必先调其气",我们说,善播者必善调其气。这个"调"字相当重要。

气息要运动,就要通畅;要通畅,就要身体各部分松弛。松弛当然不是松懈,而是指:在精神高度集中于稿件、思想感情处于运动状态的情况下,身体各部分的肌肉不僵持、有弹性。并非要紧就全紧,要松就全松,要紧就自始至终地紧,要松就从头到尾地松。在播音中,有松有紧,时松时紧才是"松弛"。这样,气流才可能时强时弱、时快时慢。

通畅,意思是说在丹田与唇舌之间气息的流动没有阻碍,没有做作的外力干扰。气息的深浅、多少、快慢,都不过、有欠。丹田过紧或无力使气息或滞或散;两肋过开、过闭使气息或僵或短;两肩端起,气息显得浅;腹部鼓起,气息显得空。要通畅,就要使两肋下端与丹田形成有弹性的倒三角区,并协调运动,自如扩张或收缩,尤要注意前胸不憋。

要根据需要进气、补气、用气。进气以适当为好,不以吸得满、吸得多为好,说两个字和说五个字进气不一样;亲切呼唤和愤怒斥责,字数相同,进气却不一样。补气分换气、偷气、就气三种情况。换气一般不在句尾后,而在句首开口播之前,吸气多少、快慢都比较从容,有时有声,一般无声。偷气,在句中或句尾前,在顿挫、连接的空隙处,吸气快而少,不露痕迹。就气,不进气只靠肺内余气补充,顿挫后一气呵成,倒三角区坚持加强控制,不觉气息不足。

(2)声音是自如的。

古人说:"声非学器,器写人声者也。"我们播音也最怕模拟乐器和它的声音。应该使用自己的自如声区,反对压、挤、捏、抻的声音,不勉强追求声音的响度和亮度。在用声时千万不可为了响亮而使傻劲、歪劲。否则,响亮的声音也是苍白无力的。

表达丰富的思想感情,必须用自如声区,但同时还要善于运用声音的对比。高和低、强和弱、长和短、明和暗、宽和窄、前和后、虚和实等都得在对比中显露。当然,这里还有抓住自己声音的特色,摸索自己使用声音的规律的问题,这属于播音美学中播音的风格问题,本文不多谈。

声音的自如包括许多问题,不仅有声带、口腔、唇舌等生理构造方面的不可变因素,更重要的还有吐字归音、呼吸调节、发声状态等控制能力方面的可变因素。这可变因素的有机统一就是声音的弹性。

双唇的弹性表现在成阻时气流较满,持阻时气流较密,除阻时以双唇中部三分之一带动左右,而不是全唇一齐运作。嚼肌,主要指上唇中部三分之一的两端与左右颧骨高点之间的两条斜线区。嘴唇既不是左右咧开,也不是单纯的微笑状,不能向前噘出,造成唇齿之间的空当。

声音弹性的主要调节部位是前胸的支点,我们叫作"胸部支点"。胸部支点的上限在第三条肋骨处,下限在胸骨下端。每一点都是左右扩张点。在区限内上下滑动,就是胸部支点的运动。如果突破上限,喉头马上吃紧;突破下限,就失去气息支撑。从胸部感觉上说,似乎存在一个四声调值图,阴平如在上限;阳平如由中点滑向上限;上声如由偏下支点滑向下限,又由下限支点向中部滑动;去声如由上限支点向下滑。初学者可先用四声体会。在播音中,胸部支点可用于整个自如声区的控制,支点的一个小的变化,可以控制几个音程和升降,有时,"差之毫厘,失之千里"。值得注意的是,胸部支点的滑动必须同丹田、两肋相配合,并且使前胸的整体放松与胸部支点的局部紧张相结合。在胸部支点滑动过程中,要防止单纯地前胸起伏,要防止与思想感情脱节。如"啊?"是由下向上的滑动,而"啊!"是由上向下滑动。在句子里也是因语势而上下行的。

(3)气托声、声传情。

情、声、气是生理现象。心理过程必然引起生理反应,如"心平气和""理直气壮""痛哭失声""语重心长"等。生理变化又可影响心理过程的兴奋或抑制。从因果关系说,是因情用气,以情带声;而从语言表达角度说,又是气托声、声传情。

这里,主要是声。声音又表现在字上,情是用字来传达的。字如何传情呢?除了注意吐字前蓄气,吐字时字头提气、字腹调气、字尾收气之外,尤其要注意意念活跃。意念的活跃使情真意挚,才可能字字传情,声声悦耳。当然,也不能忽视扬长避短,调谐韵律的作用。

气托声、声传情要心领神会,舒服熨帖,不能机械控制,不能单凭理智支配,更不能用一种固定的用气发声状态表达各种感情,甚至以为这就是解决了情、声、气关系的标志。我们应该努力做到:情之所至,力所能及,行云流水,游刃有余。

三

解决情、声、气的关系不是一项孤立的任务。如果脱离了稿件,就无所谓播音中情、声、气的关系。因此,播音中的情、声、气应该统一于稿件。

情、声、气统一于稿件,又要处理好几个统一。

首先是自如性与控制性的统一。

自如性是指从主观可能角度,情、声、气固有的适应能力。播音员对自己具备的情、声、气能达到什么样的广度和深度,应该心中有数。有的播音员对某种内容、某类体裁的稿件,对某些声音形式、气息状态、对某种工作环境的不同要求,也应该心中有数,并根据这不同要求去播音。把握这不同要求运用情、声、气的过程,就是加强控制性的过程。

由此可知,在播音中解决情、声、气的关系,控制性与自如性要统一。初学播音的同志往往把许多自然成分带到播音语言中来,以为这就是"自如",这是因为对播音中的控制性认识不足。我们所说的自如性,必须与控制性统一,必须有准确的语言目的,必须有具体、丰富的思想感情的运动,必须有高超的语言技巧,并统一于稿件中,完成于话筒前。如果不顾及稿件的客观要求,一味地"自然"下去,不仅谈不上控制性,就连自如性也会逃之夭夭,剩下的便只有白纸一张了,怎能画出自如性与控制性统一的图画来?

如果只有控制性而无自如性,情、声、气就会显得生硬,带有明显的僵化状态。播音员必须善于把握自己情、声、气的自如状态,在可能的基础上,在深广范围内发挥自己的优势,扬己之长,避己之短,实现自如控制。在克服"自然"状态过程中,必须强调控制性,否则,只是隔靴搔痒。

我们必须认识到控制性与自如性是对立的统一,在解决情、声、气的关系时不应抑此扬彼。因为,没有控制性就失去了确定性,成了随意运动;而没有自如性,控制性也就失去了主动性,成了机械运动。

在控制性与自如性的对立统一中,我们又要注意二者的不平衡性。我们的目的是使二者融为一体,浑然天成。但在播音实践中,二者往往若即若离,此伏彼起。控制性与自如性的不平衡是绝对的、无止境的,它们的平衡是相对、暂时的。我们总是处于认识不平衡、寻找平衡的过程中,力求达到"从心所欲而蹈矩"。播有的稿件,有的时候似乎达到了某种平衡,也要分辨那不平衡的细小差异,以便向更高一级努力。控制性与自如性的不平衡性有多种情况。一般来说,控制性过强,给人以做作、不纯熟之感,好像理智在排斥着感情,取代了感情;自如性过多,给人以模糊、轻率之感,似乎感情摆脱了理智,干扰着理智。有的播音员播某一篇稿子控制性过强,播另一篇稿子自如性过多。也有的播音员思想感情的运动状态较好,气息、声音的控制性过强(气浅声高、气足声压,语势呆板单

一、停顿四平八稳之类);或者气息、声音状态较好,而思想感情的运动状态不自如(情景再现不丰富、内在语不充分、对象感欠具体、语言目的太笼统、工作环境对心情的影响等)。另外,初学者自如性过多,既不知如何调动感情,对气息、声音也缺乏正确的控制。学一段之后,明确了正确的创作道路,一时又不能全面掌握,显得控制性过强。以后,经过多次反复,理论上的明晰,实践上的体会,便可以达到初步统一。我们可以说,控制性过多,是脱离自然状态的开始,不应该过分担心,以为好像是走上了错误的创作道路,这时只要在不平衡中寻求平衡,再进一步加强控制性中的自如性,问题是可以顺利解决的。

其次是规整性与多样性的统一。

规整性是播音语言的基本特点。规整性是指有声语言的规范、工整、质朴、缜密。它至少应该具有以下四个特征:

(1)字正腔圆,呼吸无声:在吐字归音上应该"字字珠玑",切忌音包字、葫芦字、棉花腔,不但要正确、规范,还要有韵律美。那种声音似乎优美,但吐字含混、咬字塌瘪的播音,就不可取。呼吸一般无声,进气迅速,出气发声,没有发声的气擦声,也没有停顿时的放气、吸气声。

(2)格式正确,轻重恰当:每一个词、词组都有轻重格式的问题,违背了轻重格式的规律不但显得语言不够规整,有时还会使得语意不清、语气生硬。以两个字词为例,有中重格式,如"白云、水渠、伟大、必然、情况"。以台名为例,"人民广播电台"一般为重中中中重格式。"上海、辽宁、吉林、贵州、四川"等为重中格式,"黑龙江"为中重格式。如果在语句中因并比关系突出某个音为重音,种种轻重格式可以发生变化,如与"湖北"并比,"湖南"可变为中重格式。

(3)逻辑严密,不涩不黏:如按语法关系停顿连接、按主次关系突显削弱、按逻辑关系衔接呼应、按政策高度把握分寸等。不能生涩、拖沓,不宜粘连一堆,散乱一片。

(4)语势平衡,不浓不淡:播音切忌从语势上追求大起大落、突起突落,也不宜从色彩上着意夸张渲染。感情色彩太淡,给人以冰冷的感觉;感情色彩过浓,也会造成故作多情的印象。重要的是平稳中显出变化,分寸上把握浓淡。

规整性是指语言的一种表达特点,类似文学创作中的白描手法,绝非对感情色彩的轻视,更非对语言技巧的摒弃。它要求的是适合于播音语言的表达样式,是别具一格的表达方式。这种样式或方式,并不比戏剧台词、朗诵语言的要求低。忽视了播音语言的规整性,就会失掉我们这一门语言艺术的特色。

但是,多样性又是播音语言的长期弱点。多年来,由于种种原因,我们缺少对多样性的探求,没有很好地解决规整性与多样性的统一问题。所谓多样性,简单些说大致有这样几个方面:

(1)抓个性,要有意境:每一篇稿件都有自己的个性,从内容、目的、基调到体裁、结构、语言特点都有不同于另一篇稿件的东西。这种种不同就是我们创造它的意境的条件。抓不住个性,抓不住具体稿件的特点,不可能创造深邃的意境。

（2）抓语气，要有造型：语气是播音语言诸多技巧的中心，它不但体现播讲目的，还带动丰富的语势变化。造型，有播音员个人语言特点和风格、形象化人物的语言特征、诸种文体特殊性语言表达等，并非仅指人物的老少。不从语气入手和不通过语气显露，同样造成语言的雷同化，情、声、气的单一化。

（3）抓变换，要有情彩：这里说的变换，包括体现思想感情变化的声音形式、气息状态的转换。以明暗为例，深沉的感情与欢快的事情要求声音的明暗不同。那种单纯追求响亮的声音的做法，不会有精彩可言，必然导致播音缺乏多样性。

（4）抓美感，要有装饰：所谓装饰，不同于外在的、形式主义的粉饰。我们应该从美学的高度来对待、处理播音中的情、声、气，否则就会有意无意地走上自然主义的歧途。必须使听众得到美感享受，播音才可能作为一门语言艺术自立于各类学科中，并作为一种艺术珍品列于人类艺术宝库里。从情、声、气的角度说，这艺术珍品一定给人以深思遐想的天地，一定要有引人入胜的艺术感染。多样化，就在于情、声、气的丰富多彩，就在于充分利用话筒并综合各种表达技巧。如有时用虚声，有时用气音，停顿节拍感欲断还连，话筒偏正、远近等。这种装饰应是锦上添花，而不是画蛇添足。

多样性为我们的播音再创造开辟出更为广阔的道路，绝非对播音特点的菲薄，也绝非对语言技巧的玩弄。

规整性与多样性是相辅相成、水乳交融的。只有规整性，缺乏多样性，容易百人一腔、千篇一律；只有多样性，没有规整性，容易各行其是，面目全非。在播音中，我们要努力把规整性融入多样性，把多样性化入规整性，达到规整性与多样性的统一，在坚持播音语言的基本特点的同时，创造姹紫嫣红的播音语言特色。

四

情、声、气的关系很难解决得尽善尽美，但又不是神秘莫测的。一般来说，学会只是入门，学通也较易，至精就难了，入化当然就更难。"会、通、精、化"是解决情、声、气关系的四个阶段。在学习和应用过程中要善于分析自己的现状，并及时提出新的努力目标。在反复实践中，大量的播音状态似乎难于变更，可是，这也许正在量变之中；偶然的播音状态似乎难于巩固，但那很可能属于质变的先声。

我认为，解决情、声、气的关系应该坚持下面几个要点：

（1）在理解稿件、具体感受的基础上注意设计，在自如控制的状态中进行表达。

（2）思想感情的运动状态要在发于衷的同时注意形于色，使面部表情、身体形态都有相应的变化。

（3）新闻、通讯、评论是播音员必须掌握的三大件。在这个基础上可以广阔发展，但不要单打一。否则，就会失去播音员情、声、气的特殊性，而混同于别的语言艺术。

（4）要养成好习惯，在生活中时时处处注意解决情、声、气的关系，防止只局限在练声时、播音时才注意的错误方法。

（5）要培养自己把握和运用情、声、气的能力，包括发现毛病、解决问题的能力，发现进展、巩固收获的能力，举一反三、触类旁通的能力，见微知著、博采众长的能力等。防止囿于经验、迷信名家等简单模仿。

（6）只有循序渐进、持之以恒地刻苦练习才是唯一正确的途径，急于求成、企望捷径就会走弯路。一曝十寒是对业务的荒疏，沾沾自喜恰是停滞的开端。狂妄自大无异于作茧自缚，心虚胆怯只能望洋兴叹。较为深广地解决情、声、气的关系，靠一时的热情、一个人的钻研是不成的，也许要花费毕生的精力甚至几代人的共同努力。清人郑板桥有一首诗可供我们自励：

四十年间画竹枝，日间挥洒夜间思。

削尽冗繁留清瘦，画到生时是熟时。

1981.1

作为有声语言的创作，播音离不开情、声、气。关于这三方面，有不少理论阐述和训练材料。但是，如何认识和把握这三者的关系，实在是播音创作过程中和话筒前工作不可轻视的问题。

本文概括、阐明的几条，带有规律性。发表后，不少同志认真钻研，在播音中体会颇深。

自从本文发表后，北京广播学院播音系本科和专科教学中增设了播音情、声、气的关系这一讲，有些教材和文章也采用了作者在本文中的观点。

此文被收入《播音创作漫谈》第一辑。

夏青

研究播音理论是一项紧迫的任务

历史上任何一个新学科的出现,必然伴随着萌动的、雏形的理论的应答,以及实践与理论的螺旋式的反复生发。否则,特定对象的质的规定性便无从被认识、被抽象,新的学科也就无从建立起来。

播音,作为一门新兴学科,并不是和广播电台同时诞生的。一直到现在,还有不少国家视播音为附属品,可以证明取得学科资格,需要假以时日。可庆幸的是,我国人民广播的历史不长,但是我们已经开始认识到播音学科的社会地位和艺术价值。这是值得骄傲和自豪的。

我们对播音理论的研究仍处于草创阶段,还不很成熟。20世纪50年代中期,齐越同志从苏联考察回来,在第一次全国播音业务学习会上,介绍了苏联播音经验,使播音工作者开阔了视野,促进了我国播音理论的研究。不久,一些播音员根据自己的播音经验,提出一些带理论性的问题,写出了几篇总结的文章,集成《播音经验汇编》。这便是我国播音理论的第一本问世之作。

20世纪60年代初期,北京广播学院开办了两期播音培训班。1963年开始,正式设立播音专业,1980年,正式建立播音系。专业教材由无到有,从简到繁,播音理论体系初步形成。

经过一段时间的努力,播音理论的研究正以空前繁荣的景象预示着金色秋天的到来。各地电台、广播站几乎都在辛勤地耕耘着,集体的、个人的研究活动方兴未艾。1981年8月中旬召开的全国省市电台普通话播音经验交流会,是播音工作者第二次群英聚会,代表们带来的丰富成果标志着播音理论研究进入新阶段。

一

播音作为一门学科,也许实践方面不乏深刻的体会、高超的技能,理论却不可避免地相形见绌。许多应该提出的问题、应该阐述的原则、应该论证的规律,都还没有纳入我们的研究范围和理论体系之中。

值得注意的是,在我们的队伍中,轻视理论的"理论"并没有失去市场。直言不讳地说理论只能"使人走上歧路"的,谈理论"只能造成神秘莫测"的,虽然不多,但仍存在。

成熟的理论应该既能圆满地说明实践中的全部现象,又能放之四海而皆准地预见和指导将来。可是,理论的形成和发展有个过程,成熟的理论是由不成熟的理论不断丰富、发展而成的。要求理论伊始就完美无缺,是不现实的。何况,理论越是成熟,越意味着它的发展而不僵化,指南而不教条。在理论研究上,最忌对不够完美的新事物过早地、轻易地否定。因为,否定这虽不完美的现在,就正在否定日臻完美的未来。当然,播音理论的研究也不必从"茹毛饮血"起步。播音理论所借鉴、汲取的哲学、美学、心理学、逻辑学、教育学、语言学、文体学、新闻学、文艺理论、表演理论等及其研究方法,可供我们纵横驰骋一个相当长的时期。在纵横驰骋中,播音理论的个性化也就能够博采众长、熔于一炉,建立自己辉煌的殿堂了。但是,如果我们总处于邯郸学步、东施效颦的位置,在理论研究上没有更新、没有重大突破,播音实践也就不可能得到正确的指导。在播音理论需要研究的课题中举凡播音发声、播音表达、播音文体等,都有理论上的空白点、模糊点。为了说明理论研究不足对播音实践的影响,这里仅举几例。

播音的客观性与情感性,是播音理论研究的重要课题,至今还没有较为精深的论述。播音是新闻性的语言艺术。语言艺术要求情感性,失去了有动于衷的情感性,鼓动性便随之消失。新闻性则要求客观性,有别于艺术真实,要显露其"历史真实"或"现实真实"。推动了客观性,误把现实运动的真实反映看作主观夸张、渲染出来的"心造的幻影",真实性、可信性便不复存在。当强调客观性,注意传达、转述稿件内容时,往往忽略情感性,只觉其"冷",感染力大为减弱;当强调情感性,着意于生动、形象地表现稿件内容时,往往忽略客观性,又觉其"过",也缺乏应有的魅力。对客观性和情感性的内涵及其关系理解不透彻,难道不是提高播音水平的障碍吗?

播音的技巧性,表现出播音技能的熟练程度和播音质量的美感差异。认为播音没有或用不上技巧的观点,是不对的。承认播音的技巧性,但不甚了了,恐怕是现状的一隅。稿件制约着我们,但同一篇稿件可以有不同的技巧运用,可以有不同的表达样式,恰好说明技巧性不是束缚了而是开拓了表达的丰富性。无论怎样说,到头来也不会造成是另外一种语言艺术的品格,这正是一种局限性。播音理论的研究就要回答这局限性是什么;它的界限在哪里;怎样充分利用这局限性,并形成自身的艺术特色。歌德说过:"最大的艺术本领在于懂得限制自己的范围,不旁驰博骛。"研究自身的特点,给以比较严格的限制,不能否认是一种本领,而且的确属于艺术本领。"旁驰博骛",东家找米,西家借面,做出来的充其量是普通饭食,东邻西舍都会做,没有什么独特风味。我们在理论研究上,应该给播音的技巧性确定一个具体的界限,不论界限的边缘是怎样延伸开去,是怎样模糊。黑格尔说:"界限就是事情终止的地方,或者说,界限就是那种不复是这个事情的东西。"

缺乏播音技巧性的这个大体的界限,很难说会有播音特点寓其中,现于外。不解决这个问题,什么想象、渲染、形似、神似、转述、扮演、生动、形象等,不易殊途同归,却可以同床异梦,继承可能抹掉播音特点,创新也可能脱离播音特点。实践中的歧异就会向各自的理想国奔驰,播音技巧性的核心便可能裂变为别的什么艺术品种了。

就以"说"和"播"的表达样式来看,从概念到实践都存在着歧异。"说"就是生活化的语言样式吗?"播"就是呆板腔调的代名词吗?如果只有"说"才平易近人、亲切自然,那么,日常生活中"训人""质问"等语气是不是"说"呢?话剧、电影、评书、相声都在"说",播音的特点是什么呢?那"向生活语言接近""向电影语言靠拢"的不够科学的表述已经流传开了,甚至在实践中还产生着指导性的影响。"哼哼哈哈""这个那个"掺杂到播音中去,许多同志已指出其不当;以书面语为主体的稿件以"说"的样式表达,也有同志指出其欠妥。"播"和"说"哪个概念的容量更大、特色更显呢?理论上的模糊,将导致实践上的盲目,理论的指导性只好被动地当作个别实践的具体说明,理论的体系将会长久地被"分而治之"。

任何艺术都有自己的演变、发展史,而播音,似乎备受政治形势的左右。对播音的褒贬很少有自己的精确标准。在内容和形式的关系上,几乎常常受机械唯物论、形而上学的干扰。因此,对播音稿件的准确表达,这是不是过于简单了呢?稿件好,播得成功,当然是锦上添花;那么,稿件一般,播得出色,不是更难能可贵吗?十年浩劫中的播音不能说没有佳作,优秀播音员的播音也不能说没有次品,优秀稿件的播音并非品品上乘,一般稿件的播音就没有一篇独得风韵?播音质量的标准是什么?我们承认这个问题的复杂性,我们看到了稿件的优劣、播音员与听众审美趣味上的种种差异,不同欣赏水平、不同认识角度造成的不同评价……我们更觉得应该深入地研究。能不能有一个基本的、较为具体、客观的标准呢?基本,并不面面俱到;具体,避免笼统抽象;客观,应该容纳不同风格、不同样式,又具有历史发展高度。这样的标准不应该模棱两可,也不应该机械生硬。它是多年播音鉴赏力的总结,又是播音规律的深入探寻,是继承的归宿,是创新的桥梁。播音质量的标准当然不是简单的算术公式,不是空洞的法律条文。它需要深厚的理论研究功力,它需要"群起而攻之"的巨大能量。

仅此数端,可见一斑。理论研究的勇猛奋进,定将把我们的实践推向更为独特、广阔的天地中去。在那里,我们会摆脱"刀耕火种"的狭隘眼界,我们能克服"遗憾艺术"的明显弊端,"事后诸葛"的结果主义就可以被"未卜先知"的原因主义所取代。

二

科学发达的现实,正在促进各学科的相互作用。播音学应该从闭关自守转为门户开放。多年的技能实践,容易形成狭隘的经验观,像那种对"只能意会,不可言传"的欣赏,像那种对"理论""概念"的厌倦,都有意无意地隔绝着与其他学科的主动交往。当我们一旦放开眼界,定然会发现,原来纷繁浩渺的世界里竟有我们采撷不尽的瑰宝奇珍,可以同我们的经验相得益彰。

从现在的认识出发,播音理论的研究应该首先同心理学、美学和教育学结合起来,并在不久的将来建立播音理论体系的分支:播音心理学、播音美学、播音教学法。这种结合,是一种化合,而不是混合。这就加重了理论研究的分量,增大了获得成果的难度。有些同志已经开始制订计划、积累资料了。不过,光凭单枪匹马、单科独进地研究,收效不会太大。相互切磋,携手并进,成果必然更多。现仅以自己的所见,简述三科分支的枝叶。

播音心理学应该包括播音员心理和听众心理两方面。播音员心理,除了对稿件的理解、感受,话筒前的状态等过程性之外,还应深入研究第二信号系统在心理过程中特殊的制约作用,及其与普通心理的差别。把诸如"感觉""注意""思维""情感""想象"等概念不加限制地移用过来,是远远不够的,在内涵上、在外延上,都要"播音化"才能显出自己的特色。听众心理,如果离开对语言声音形式的感知特点,离开了听觉期等反应规律,离开了对时代、环境、生活水平、文化教养的考察、体验,离开了对具体听众的情绪、愿望、要求、理想、伦理道德、审美情趣的生动把握,也就只会得到笼统、飘忽的满足。而播音员与听众之间心理上的相互感应,应该是播音心理学的核心。

播音美学,对播音语言艺术同样是需要迫切研究的课题。美学自身,在我们这个文明古国的兴起已经姗姗来迟了,美的本质是什么等许多重大问题都在争论之中。播音美学也还只是一个模糊的影像。这个现状,会使有志者殚精竭虑地奋进,以求培植出哪怕是一朵不登大雅之堂的野花,为播音艺术的成长贡献一点一滴馨香的汁液。尽管我们还没有出现不同的学派,但对播音美学研究的重点理应有所考虑。至少有四个问题不能不涉及:播音的民族化、风格化、意境美、韵律美。民族化,要揭示我们播音的民族性特点,以体现中国作风和中国气派。风格化,是播音语言艺术成熟的标志。在实践上已经出现了有风格差异的代表作,在至少是广播爱好者的听众中产生了不同风格的印象。可是由于种种原因,我们在克服雷同化、公式化中耗费了不少精力。如果从风格化的美学高度来考察,除了音色上的区别,很难说一些播音员已经形成了个人风格,一个电台的播音风格的形成尤属不易。真正风格化的播音,真正有个人风格的播音员,真是屈指可数。这和我们理论研究的不足,不能说没有关系。意境美,在播音语言艺术中应该被赋予更深刻的内涵。严格说来,一条消息、一篇社论,天气预报、节目预告,都应该富有意境美。每个播音员对自己通达的意境的开拓,必然该富有意境美。在播音中体现意境美,比起文学创作、戏剧表演来,当然有许多不利因素,但必然丰富和延伸、扩大和加深着整个广播、播音整体的意境美。韵律美,对于唯有声音手段的播音有特殊的意义。让听众从声音的波浪中得到多方面的满足,让播音这一时间艺术满载空间立体感及于对象,发挥普通话独特的韵律美肯定是一种得天独厚的优势。元音(乐音)占据着每一个音节的主体位置,调值的丰富变化,调类的简约明晰,词或词组明朗的轻重格式,双声叠韵,平仄交错,音与形通,声与情谐,这一切常使我们遗憾于听而不闻,用而不谙。"字正腔圆"被看作感情的枷锁,"亮、脆、甜""像谈话",倒似乎是韵律美的本义。事实上,齐越的"朗诵式"、夏青的"宣读式"、林田的"讲解式"、费寄平的"谈话式",都有他们独树一帜的韵律美。虽然这种概括不尽准确,他们本人也不一定同意,但那韵律美中的色彩纷呈,不是可以显露一二么?之所以不能尽情地表述出来,正是理论研究不足的缘故。民族化、风格化、意境美、韵律美,相辅相成,相通相异,构成了播音美学的血脉,为不同风格流派的定型、延续,提供理论依据。

播音教学法,必须从教育中汲取新营养。苏联凯洛夫教育学已发展到赞科夫体系,这当然不是偶然的。"传道、授业、解惑"已不能适应历史的新形势。智能结构的提出,智力培养的实施,正从根本上动摇着传统教育观念,为夺取和鸟瞰以超几何级数递增的微观、宏观科学成果以及研究方法打开了更为宽广的通道。这为本科教学和电台自培都带来了必须变革的重大课题。后继乏人或后继无人,数量多少只是一个方面,质量高低才是关键。《马氏文通》的作者马建忠说:"学问之事,可授受者规矩方圆,其不可授受者心营意造。"要迅速有效地培养一代又一代的播音员,不给以理论的"规矩方圆",是不能迸发"心营意造"的潜能的。播音教学法的理论与实践的探讨、试验,一定会为多出、快出人才发挥自己的社会功能。

总之,我们播音理论的研究只有站在新的历史高度才能造成更蓬勃、更兴旺的局面。而播音理论研究的广阔前景,不是令人鼓舞地展现出来了吗?

三

在播音第一线的同志们,有丰富而新鲜的实践经验,占有多类型的大量材料,对于播音的研究拥有不可替代的明显优势。伴随着业务学习和业务交流的日益广泛和深入进行,一场播音理论研究促进提高播音质量的大竞赛,不管是否意识到,总之是势不可遏地出现了。

在播音理论研究中,幼稚和偏颇,甚至错误和荒谬,都在所难免。可怕的是"万马齐喑",简单否定,轻易摒弃,希冀某种定论,强求某种统一,这都是有害的。老一辈播音员的经验和意见,应该受到尊重和珍视,但绝不是终极真理。新一代播音员虽然缺乏经验,但"吾爱吾师,吾更爱真理"的精神,将催动他们勇于探索。他们的哪怕"管窥蠡测",也不应被视为"狂妄"。理论研究上的"论资排辈",将使"大人物"僵化,会使"小人物"畏葸,这在其他学科中是有教训的。

理论研究是严肃的科学工作,来不得半点虚伪和轻浮。马克思指出:"研究必须充分地占有材料,分析它的各种发展形式,探寻这些形式的内在联系。只有这些工作完成以后,现实的运动才能适当地叙述出来。"研究播音理论,不会一夜之间就发现真理,必须准备付出艰苦而长久的劳动。

播音理论研究，应该遵循马克思主义认识论，坚持历史唯物主义和辩证唯物主义。否则，那成果是很不可靠的。恩格斯说过："从歪曲的、片面的、错误的前提出发，循着错误的、弯曲的、不可靠的途径行进，往往当真理碰到鼻子尖上的时候，还是没有得到真理。"正确的前提和途径，才能使我们明察秋毫，见微知著。

播音理论的研究，由于参考资料的奇缺，必须强调积累的功夫。积累越丰富，才越有利于探求规律性。积累，要做到眼勤、耳勤、脑勤、手勤。对播音员来说，更要注意脑勤、耳勤。思索之力不及时诉诸笔端，仅凭记忆，终归事倍功半。章学诚在《文史通义》中说得很对："札记之功，必不可少；如不札记，则无穷妙绪，皆如雨珠落大海矣。"播音实践时间再长，不做札记之类的积累，无论怎样丰富的经验，也会"岁久化为尘"的。而札记的整理，则定能为播音理论研究添砖加瓦。

当前，播音理论的研究，已足显紧迫。研究播音理论的责任感和光荣感，给了我们无穷的力量。在这大有作为的领域，有志者必能"直挂云帆济沧海"，去迎接那硕果累累的灿烂的明天！

1981.12

播音具有很强的实践性，对有声语言的驾驭及其效果，是考查播音员功力和水平的试金石。这是毋庸置疑的。

但是，实践不能没有理论，实践性再强，也需要理论的概括和理论的正确指导。由于一开始认识播音，只限于工作性质，尚缺少学科性质的认识条件，于是就产生了某种偏颇，即"播音重要，但无独立理论"；从苏联播音经验中，又认识到播音同表演的相同之处，以为以表演理论解决播音实践问题就行了。因此，长期以来，形成播音理论体系、建立独立学科的意识相当淡漠。

直到播音和教学两方面实践都提出了需要研究理论的问题之后，播音理论研究才开始起步，才开始脱离经验总结阶段，向建立体系阶段进展。但从播音队伍整体来看，研究理论却显得无足轻重，鲜有问津者。本文在这方面，提出了体系的构想，呼吁同行向理论的深度和广度进军，不久便得到了认同。现在播音理论研究已经进入了新的层次，研究的队伍正在不断扩大。

夏青

研究播音理论仍是一项紧迫的任务*

自《研究播音理论是一项紧迫的任务》发表后,已历15个年头,形势发生了很大变化,广播电视事业取得了长足的发展,播音理论研究无论是在广度上还是在深度上都有了丰硕的收获,显示了生机勃勃、繁荣兴旺的态势。

仅从中国广播电视学会播音学研究委员会1987年8月成立并于第二年开始评论文奖以来,每年均有数百篇论文完成,在选送的数十篇中获一等奖的都在十篇左右。虽然各省、直辖市、自治区的情况不尽相同,发展也不平衡,但是,我们的播音员、节目主持人都是在繁忙的工作之余进行理论研究的,能有这样的收获,确实是一种可喜的现象。

世纪之交,人们一方面常做"世纪回眸"的小结,另一方面也想进行"前瞻设问"的应答。实践性强、应用型的播音学科,处于交叉、边缘、新兴学科之林,其节点,当以哲学为纲,传播学与新闻学为经、语言学及应用语言学为纬。位于电子传媒和网络文化的始端的应用过程更不能缺少规律的指引和章法的制约。身在中西文化交汇、碰撞的社会语境的播音创作(即播音与主持艺术)实践,要改革,要创新,理性的思考往往在热点、难点的闪烁中追奇求异,偏离主流意识形态、主流文化的轨道,进入非主流意识形态、非主流文化的死胡同。这是改革大潮中必起的浪花,不过迟早还要回归。但是,严肃的、实事求是的、经过实践检验的理论,必定会拨乱反正、扶正祛邪,使实践少走弯路,直奔前程。

一

播音理论体系的建立是一个标志,意味着播音学科在适应社会发展需

---

* 原载于《播音主持艺术》第1期,北京广播学院出版社1999年11月版。

要的过程中,学术成果不断增多和日趋成熟,研究领域逐步拓展,研究队伍日益壮大。

播音主持艺术专业成为教育部颁发的高等学校本科专业目录中带星号的专业,播音专业技术职务系列的设置和几经修订,符合本专业要求的本科、专科、中专以及二学位、硕士学位的多层次学历班的开办等对理论研究的迫切期待,以及各自的可衔接而不可重复、可借鉴不可替代、可突前却不应滞后,还有不同的成果形式,都分别指出了本学科的不同视角、不同层次的联系与区别。

当代的任何一个学科都不是完全孤立的,必然同其他学科主要是相关学科发生联系。而且,这种联系是多层次、多角度、纵横交错、叠加融合的,不应该生搬硬套、外贴强加。社会科学各分科之间、自然科学各分科之间、社会科学某分科与自然科学某分科之间,都是如此。中国播音学的学科独立性,正是在分析综合诸多学科的联系与区别中,在探寻本学科自身发展道路的过程中,日益显露出来的。这显露,随着广播电视传播系统的分工细化而突出,随着相应的理论研究的深化而明晰。然后,才出现了不同视角、不同层次的辨析与诠释。

较大的学科有较大的理论体系,较小学科有较小的理论体系,理论性强的学科有较高层面的理性分析与理论概括,实践性强的学科有应用层面的理性分析与理论概括。虽然一般来说,较大的学科的理论体系会涵盖该范畴内那些较小学科的理论体系,理论性强的学科应涵盖范畴内那些实践性的学科,但涵盖绝不等同于包揽。较小学科的理论体系和实践性强的学科之所以有存在的必要,正是因为较大学科的理论体系、理论性强的学科不应该也不可能解决那些较小学科、实践性强的学科的保有自身特性的、带有规律性的问题。从另一方面说,这独特性、规律性恰恰是较大学科理论体系、理论性强的学科的本源和基础。更何况,所谓较大、较小,理论性强、实践性强,都不是绝对的、割裂的,总呈现出相对性、边界模糊性和内涵外延的交叠性。

至今,仍有论者有意无意地无视播音学科的独立性,无视有声语言表达的社会功能。他们把有声语言充其量只看作思维活动的副产品、文字语言的伴随物,动辄思维如何、文笔如何,就是不提有声语言表达如何。在广播电视传播流程中,极力强调采访、编导的能力和权力,甚至"记者出身"也成了炫目的光环,唯独不问语言面貌、表达水准。持这种学术观的人,应该再多学一点辩证唯物主义和历史唯物主义、多学一点语言学等加以匡正。另外,也需要对西方传播学理论、传播实践做一些冷静的分析。在哲学、传播学、语言学上的偏执观点,不容易产生严密周延的理论,并且还会造成理论误导。

二

实践性强、应用型学科,大体包括两个层面。首先是操作层面,其次是理论层面。二者相辅相成,既要增强操作层面的理性思考,又要加大理论层面的论证力度。操作层面重视"过程"的具化,却不能停留在感性认识的叙述,必须留取、提炼其中的隐性理念,并力求有所概括和提升。理论层面关注"论点"的阐释,却不应驻足于概念结论的推断,必须生成、感受内中的充足论据,并力求有所夯实和丰富。

在播音学的理论研究中,存在着琐屑微细和笼统空泛两方面的不足。琐屑微细是指过分着重实践中的细节,缺乏宏观视阈;笼统空泛是指过于拘泥理论上的言说,缺少实证辨析。"理论联系实际"几乎成了理论研究中的口头禅,但在定题立意之后,就会发现这绝不是一件说到就能做到的事情。从播音主持艺术的实践活动看,由于广播电视传播时效性极强,从来没有"十年磨一戏"的可能;话筒前、镜头前的创作时限性极强,无论直播和录播,都有按时完成的要求,下一次和这一次几乎是全新的内容,同时必须保证尽可能高的质量,而且基本上没有重新制作的时间;每一次播音任务的具体情况全不一样,日常节目和重要节目、从容准备和紧急播出、一般节目和特殊节目……都要胸有成竹、应付裕如;加上社会语境、自然语境、创作主体状态、创作群体关系等难以预料的变化,不允许临阵退却,只可以知难而进、胜任愉快。从如此纷繁复杂的活动中积累经验已相当艰辛,再把电光石火般的思绪理清,抽取某种规律,确实不易。也正因为这样,理论研究中那概括、那提升,无论如何也不可能是心血来潮、一蹴而就的。已经出版的《中国播音学》,虽然并不尽如人意,但其中饱含着几代人筚路蓝缕的血汗,凝聚着多少人殚精竭虑的结晶。事实进一步证明,研究播音理论,不能没有实践,不能无视实践,不能缺少实践,不能脱离实践。没有或无视实践的文论,也许能旁征博引、议论风生,但从中察觉不到播音主持艺术创作实践里的挚爱、亢奋、甘苦和虔诚;缺少实践、脱离实践的文论,可以给实践活动以理性的观照,却容易走上狭隘经验主义的道路,把生动活泼的实践框进自己预设的模式,呼吸不到广远时空里的新鲜气息,试图以自己的道路作为范式,并为后来者指点迷津。若是"专家""名人",那便会造成误读,对理论研究的深入是十分不利的。

播音主持艺术创作主体,只有通过实践去检验这一条路,不要被有学问的专家、有威望的名人吓住,不要屈从和盲从。在实践中,越是投入、越是执着,越是严肃认真、一丝不苟,就越有可能发现实践中的"似曾相识"和"一见如故",从而提取出共性的东西,甚至是某种规律。实践时间长短、次数多少,只是量的积累,但那发现,有时正是质的飞跃,经验于是升华。因此,实践不多,经验不足,并不一定就是理论贫穷的原因。有些实践者有多年经验,对操作层面的过程了如指掌,却未能拥有更多的理论,大多是发现不多、研究不够所致。我们的队伍中有相当一批同志既有实践的储存,又有理论的潜能,长期以来在播出第一线辛苦忙碌,只要进一步开阔视野,增强思辨力,就一定可以在理论研究中展现自己的独到见解。人们正拭目以待、翘首以望。

三

中国播音学亦即播音主持艺术理论,刚刚走过启蒙期的初创阶段,现有的理论建树比起众多古老的学科尚显稚嫩,还有广袤的未被开垦的处女地。实践中出现的问题需要逐一解决,理论上存在的空白需要尽快填充,瞬息万变的新形势、新情况,层出不穷的新观点、新思路,都召唤着我们认真面对、仔细剖解。时代的局限、环境的制约、外来的影响、自身的欠缺,更需要我们放开眼光、未雨绸缪。等待不是我们的权利,进取才是我们的义务。

理论研究当下的价值取向,有时竟让人迷惘。中西文化的碰撞,本土主流文化与非主流文化的对立,在改革开放过程中,会使我们眼花缭乱。如果我们没有一个坚实的立足点,没有一个明确的创作观,我们确有被蒙骗、被扰乱的危险。我们曾经经历过半殖民地半封建的岁月,在那种备受凌辱、仰人鼻息的日子里,中华民族的优秀文化传统虽有过百折不挠、前仆后继的抗争,仍不免遭到排挤与压抑。当我们独立自主、自力更生,特别是改革开放以后,才享受到文化的主权与主权的现代化。政通人和、百废俱兴,文化的繁荣也产生了广远的影响,优秀的精神产品播扬海内外。我们理应更上层楼,却吹来了欧美风、港台风。理论家呐喊"远学欧美,近学港台",实践家应和"艺术包装,明星炒作",一时间山雨欲来风满楼。前工业社会的广大人民群众,一跨过温饱线,就被裹挟到后工业文化的波浪之中。一股浊流滚入了综艺圈,大搞官能的即时享受,以"大众文化"的名义,吸引人们进行用过一次就扔的快餐文化消费,不费吹灰之力,很可能"幸运中大奖",什么电视机、VCD、外国七日游……大众在消费时也被人家消费,拜金主义、宿命论在"不赚也不会赔"的心态下肆无忌惮地蔓延。另一股浊流混入了新闻圈,先是否定新闻播报的庄重性,对"播音腔"群起而攻之;接着就鼓吹"新闻节目改革最困难";然后又大兴"说新闻",不惜去聊、去侃,甚至调侃新闻。其目的,一方面否定新闻改革的巨大成就,抹杀从以阶级斗争为纲到以经济建设为中心的质的改革跨度。另一方面把矛头对准新闻的播报样式,大谈其"严肃""生硬""没思想""不生活",并以同国际接轨为理由,力主新闻的传播以"主持式"代替播报式,根本看不到广播电视新闻节目制作群体在现代化、时代感、口语化方面的奋斗果实。这类理论与实践的呼应把欧美、港台地区的传播,特别是把他们的主持人无限夸大、神化,而把民族的人文精神、文化视界极力贬低,反映了一种崇洋媚外、自惭形秽的传播观。

口语确实是语言的本源和交往的常态,具有不容忽视的生命活力,但不应以此来否定书面语的文约义丰、言简意赅。广播电视的有声语言传播是否与生活口语同态?这是争论的焦点之一。这使人想起国内外历史上争论不休、难解难分的口头语言同文字语言、口语同书面语的时隐时现的比对与交锋。尤其值得一提的是我国"五四"时期白话与文言激烈论争时期,也大约是奥地利哲学家维特根斯坦以《逻辑哲学论》加入开创"形式语言学派"行列的前后。后期维特根斯坦又成了"日常语言学派"的创始人之一。当前的论争,表现得更为尖锐,虽然不称其为学派,也未见划时代的名著。由科举制度强化过的"重文轻语"现象,至今仍有明显的表现,在广播电视传播中的"重采编、轻播音"为其明证,而在语言传播中近十年走红的"口语至上",并非对口语的科学认识。相反,对口语的推崇备至,正是对语言功力、语言规范的背离,于是"语言这东西,不是随便可以学好的,非下苦功不可"也成了陈言,"取其精华,去其糟粕",也变得毫无意义。"照别人写的稿子念,没出息",新闻播音员被贬斥为"念稿员","即兴口语"升值为"应变能力强"的同义语。正如有的评论家所说,我们进入了"闲聊的时代"。当我们正在专心致志地倾力进行四个现代化建设的时候,当我们在宏观调控中规范各行业包括语言传播的时候,却热衷于后现代主义的解构,这难道是共产主义世界观、为人民服务的人生观、无私奉献的价值观所需要的导向么?急功近利的"引进",是一种浮躁的语言观,大概是想把问题和饭碗(金饭碗?)一起保住,而不是去解决它们。

四

理论研究是一定历史条件、社会环境下的创造行为。没有必要追问前人为什么没有解决这个问题,重要的是在历代巨人面前,我们如何动作。只是五体投地,倒是表明尊奉的虔敬,却无法进行扬弃,毅然前行;只有攀升到巨人的肩膀上,才会具备高瞻远瞩的能力,放开眼界,开创新高。

在我国的今天,在网络文化的明天,广播电视业会继续遵循自身的规律向前发展。那"喉舌"的主功能不但消失不了,反会在强化中增加其文化含量、美学含量。有声语言在保持其生存空间的活力基础上,必定经过规范空间的社会功利交往的过滤,走上审美空间通向艺术殿堂的阶梯。人民群众审美意识熔铸出来的语言传播艺术化态势,完全是人民群众自身日益增长的精神文化要求,是一种回归,而不是脱离。民族语言昌盛,正是民族昌盛的表征,而语质的优长远比语量的众多更能显示语言的威力。

广播电视的服务性,必须与引导性同在,因此,应该在理论中鲜明自己的旗帜,不必犹抱琵琶半遮面,尤其在新闻节目中,更不能模棱两可、含糊其词。不管如何标榜"客观""公正",渗透在新闻报道中的,永远是现实的具体的报道者的价值观。任何超然世外、超然物外的自白不过是为掩人耳目而播撒的迷雾,在有识者看来,是欲盖弥彰而已。所谓"新闻自由",就意味着对喉舌功能、舆论导向的消解,并为信口雌黄的"自由"言说进行辩护。真正的新闻自由,首先要公开申明自己的立场,然后展现自己认识事物、明辨是非的科学态度,最后落实到尊重客观规律、倡导社会正义的报道中去。

庄重性是新闻报道、信息发布的普遍特点。"曾参杀人"是对庄重的谣传的听信,"孟母三迁"是对不庄重的邻舍的躲避。资产阶级新闻报道也是庄重传播的,同综艺、游戏泾渭分明。毫无拘束的闲聊、玩世不恭的调侃,远离了大众传播的宗旨,进入了道听途说的语域,失去了认真负责、真实可信的范式,同新闻报道相去十万八千里。

新闻报道的真实准确、密集迅捷、畅达稳健、清新明快、先睹为快、一吐为快,最适合播报式。在播报式的整体格局中,又不乏多种样态的变化,但不应包容慢条斯理、拖泥带水、四平八稳、一字一板,也不应包容浮光掠影、囫囵吞枣、急如星火、耳不暇听。我们把以不变应万变的语势叫作固定腔调,它早在摒弃之列,至今却并未绝迹。我们把一味加快语速叫作欲速不达,这已有前车之鉴,至今却方兴未艾。新闻播报重在明晰,传播技术的发达,传播方式的改变都不应违背这一要求。不看内容深浅生熟,不看对象接受能力,一味加快,甚至提出平均每分钟300字,还要"以上",令人惊诧。传受双方达到信息共享已属不易,深化内涵达到认知共识难度就更大了,再要发挥音美、意美、情美、韵美达到愉悦共鸣,那是相当费力的。这些仅靠加快语速,无异于南辕北辙。"播报"也是"说",具备说话的特征,只是比日常说话更精炼、更明晰,增加了大众传播的要求而已。即使是"朗读",我们的认识也不应落后于公元前三百多年的亚里士多德。他指出,朗读"即怎样用声音来表达各种感情"。他特别说明:"可是关于朗读的艺术,至今还没有著述问世,这是由于风格的艺术直到晚近才被提出来,并由于朗读被认为是庸俗的艺术,理应如此。然而由于修辞术的整个任务在于影响听众的判断,所以我们必须注意朗读。"①话语的叙述方式不应简单地以创作主体的意志为转移,创作主体的选择取决于话语的内容及与其相适应的形式,并要顾及接受者的听觉阈限。为说而说,就表现不出诗词歌赋的差异,就传达不出喜怒哀乐的区别,不啻化神奇为腐朽,把当代的语言风采挤压到原生态的狭窄空间,一切都叙述得平淡无奇,一切都简单得浅白直露。这不是艺术,这不是创作,而是对俗言俚语的模仿和复制;这不是李白、杜甫、鲁迅、老舍的子孙们的语言观,而是一种原始的、朴素的语言观;更不是"弘扬主旋律、提倡多样化""以科学的理论武装人,以正确的舆论引导人,以高尚的情操塑造人,以优秀的作品鼓舞人"的舆论观、新闻观、语言观、文化观、艺术观。

　　语言的审美空间,必须呈现风格的多样化,以表现大千世界的千姿百态,揭示时代风貌中人文内涵的丰富特质。其中,肯定有美与丑、善与恶、真与伪的并比和对立。风格的问题自古存在,其释义几经流变,才有"风格即人""文如其人"等说法。目前,后现代主义文艺思潮主要强调破除成规、寻求自由,解构传统的审美规范,甚至声称其历史功绩在于"重新收复了汉语一词一度被普通话所取缔的辽阔领域","是白话文运动之后的第二次汉语解放运动,是对普通话写作的整体反叛"②。后现代思潮的介入,使广播电视传播观念发生了歧异,有些论者开始用后现代话语编织"平民意识""大众文化"的图腾,祈祷个人化的成功,欢呼对崇高和责任的颠覆,并主张取消艺术的选择与提炼,传播内容与形式要回归生活,听其自然,于是提出:现在是"无风格时代"。事实上,"无风格时代"不过是"无追求时代"的隐喻。《随园诗话》已经描绘过:"棋琴书画诗酒花,当年件件不离它。如今诸事全更变,柴米油盐酱醋茶。"广播电视要是这样走下去,肯定会变成索绪尔的"言语"世界,变成个人心理的宣泄场,人人不学而能了。新时期的理论研究,"不在沉默中爆发,就在沉默中灭亡"!

---

① 亚里士多德.修辞学[M].罗念生,译.北京:生活·读书·新知三联书店,1991:148.
② 杨克.1998中国新诗年鉴[M].广州:花城出版社,1979:前言4.

五

播音学理论(播音主持艺术理论)体系,不但有学科的独立性、特殊性、科学性、稳定性,同时还具有融合性和开放性。本学科在内视反听不断完善自身的过程中,从不拒绝其他学科可资借鉴的观点与方法为己所用。本学科时刻反求诸己、寻求变异,以成就坚实的本土根基和高远的学术空间。但那不可轻视的稚嫩和粗疏更加重了学术提升的责任,理论研究正应该在世纪之交的大好机遇来临之时,有所作为,有所奉献,尽管举步维艰,也要奋然前行。

播音理论研究的课题繁重而紧迫。

(1)史论方面:我国的播音历史研究基本上属于空白领域,现有的论著凤毛麟角,在历史分期、阶段特征、代表人物和代表作品等方面有待从学科体系、整体风貌、分类论述等重大问题上作出分析,给以论证。目前,了解情况的老播音员、老领导有不少人健在,必须尽快向他们征求意见,请他们提供资料,然后认真梳理。先从一件事、一个作品、一位先驱者入手,以点带面,集腋成裘。

(2)基础方面:对播音发声、创作基础等,从概念、表述、论点、论据、体例、框架诸方面,结合目前传播方式、节目形态、审美趋势进一步推敲,鼓励不同观点的争鸣,以期再上一个新台阶。

(3)业务方面:作为主干的新闻节目,应是研究的重点。评论性节目、专题类节目、综艺类节目,有关节目构成要素,节目时空运行规律,节目内容与形式的关系,受众对节目的期待,节目创新的途径与方法,都处于由操作层面(某一精品节目的生产过程,某一档节目社会效益不高的表层原因)向理论层面过渡的阶段,亟须扩大视界,强化理论形态。

(4)专项研究方面:要向相关学科逼近,并努力打通,建设学科群。如播音哲学(播音艺术哲学、播音主持艺术哲学)、播音心理学(播音创作心理、播音受众心理)、播音美学(播音创造美学、播音接受美学、播音发声美学、播音表达美学、播音语言形态美学)、播音文化学(播音与民族文化传统、播音与中西文化交汇、播音与网络文化、播音与世界文化思潮)、播音艺术鉴赏学(播音精品赏析、播音作品评价标准、播音学术批评、播音风格流派)、播音管理学、播音教育学、播音教学法;齐越等老一辈播音艺术家评传、播音主持艺术辞典、播音主持艺术名家名篇荟萃、普通话水平测试研究、语言传播研究、多媒体和信息高速公路研究、人机对话研究……

以上的项目可能挂一漏万,但已可见研究任务之重、研究难度之大。我认为对此应注意以下问题:

(1)逻辑起点不宜偏低。某一次创作的体会和经验、某一个节目(栏目)的生产过程及具体操作,都是可贵的,值得珍惜。但独立成篇就显得单薄和素朴,可以用作某些论点的论据,或用作某些规律性问题的实证。

（2）学术视阈不宜狭窄。应尽量从宏观上把握相关学科的理论前沿，了解本学科相关论述的现状与发展，吸收为我所用的材料，融入自己的论证过程。仅从自身的体验范围出发，容易重复甚至陈旧，缺乏深度，难有更新的认识。

（3）确立命题不宜宽泛。要"小题大做"，不要贪大求全。要抓住论点层层剥笋，要加强针对性，力求阐明或解决现实存在的某个问题，作出"为什么"和"怎么办"的回答，并自圆其说。

（4）学术争鸣不宜放弃。学术上不同观点的争鸣是取长补短、促进学科建设的动力，是兼听则明、开拓学科视阈的阶梯。不同的认识、不同的见解，各抒己见，畅所欲言，是学术民主的重要内容；就某个问题展开批评与反批评，是学术自由的常规表现。学术争鸣，可以求同存异，也可以坚持真理、修正错误，这是每位理论研究者的权利和义务。在学术面前，人人平等，任何"自愧不如""由他说去"的消极和怠惰都是不应该的，那种"能容人处且容人""不与他一般见识"的人生哲理，不利于学术争鸣的深入开展。还要提倡尖锐泼辣的批评与反批评，以使观点鲜明，立论坚实，当然"辱骂和恐吓不是战斗"，不能无限上纲、纠缠枝节。

播音学的理论研究任重而道远，我们不能"坐而论道""述而不作"。实践的召唤，国际的竞争，相关学科的发展，学科本身的要求，都在昭示我们：形势逼人，时不我待。让我们投身于理论的海洋，畅游其间。明天的彼岸，当有更为丰硕的收获。

播音浅谈

播音员是党的宣传员,是以有声语言为工具进行宣传的新闻广播工作者,播音就是把文字稿件变为有声语言的再创造劳动。我们必须对播音这个环节加以考察和研究,使广播宣传更加准确、鲜明、生动,获得更好的宣传效果。

一、播音的地位和作用

播音,在广播宣传中具有不容忽视的重要地位和重要作用。

第一,播音处于广播宣传的"前沿"。

广播有许多节目都是记者编辑采写编排后,由播音员播出的。任何一篇稿件都必须转化为有声语言的成品,才能播出。这中间,大量的节目都要由播音员最后完成。

无线电广播节目是一种精神产品,在这种精神产品的生产过程中,播音是制订计划、组织报道、采编稿件、录制组合的最后一道工序。这一道工序直接关系到一系列工序的成果体现和广播节目的宣传效果。

播音,作为文字稿的转化物播送出去,当然就具有了与听众、观众交流的直接性。这种直接性,是语言的音声性所特有的,它使广播成为如列宁所说"没有距离""不要纸张"的"报纸",发挥超越空间、克服文字障碍的、广泛而又迅速传播的优越性。听众所听到的"稿件",是播音员的有声语言。在他们的心目中,播音员是党的政策的传达者,也是电台的代表。通过播音,听众可以明确而深切地感受到广播宣传的阶级属性、政策精神、采编水平、节目质量、工作效率……播音员也就成了电台的"门面",处在广播宣传的前沿,发挥着不可替代的作用。

第二,播音是一种再创造。

作者、记者、编者所制作的稿件,是文字的东西,播音员要把它变为有声语言,不是简单地出声念字,而是要赋予稿件以音声化的加工创造。这种创造以社会实践为基础,以党的方针政策为指针,以文字稿件为依据,而水平如何、效果怎样,直接影响广播宣传的质量。

播音的再创造,首先要领会党的方针政策精神,把握当前形势发展趋向,了解人民群众的思想感情;要理解稿件内容,明察广播节目所提出解决的问题所在,正确认识宣传报道的针对性,要把党的主张和人民群众的意愿结合起来,把政策精神和社会实践融为一体,把传播的新事物和体现的新思想统一起来。再创造的过程,也就是把党的方针政策具体化,把现实生活时代化的过程。因此,播音绝不是照稿念字、照本宣科的简单劳动。从播音实践看,有两种情况:一种是"锦上添花"。由于播音员的再创造,稿件变为有声语言之后,其中的精神实质、人物事件、情况蕴藉、文采风格等,都得到了准确、鲜明、生动的表现。既给人以深邃的思想启迪,又给人以高尚的美感享受。另一种是稿件"减色",甚而"黯然失色"。由于播音员没有掌握政策精神,没有完美地表达稿件的思想内容,"再创造"成为"字变声"的简单念字过程,声音干瘪、苍白,影响了一系列工序的劳动成果,播音也就无异于画蛇添足。

第三,播音是党和人民加强联系的纽带。

播音要传达党的声音,也要反映人民群众的意愿,加强党和人民的密切联系。听众把造诣较深的播音员视为良师益友。他们经常从播音员的有声语言中了解国内外大事,明确工作的重点和中心,理解政策精神,把握形势发展趋向,从而受到鼓舞,获得教益,受到启发。许多基层干部经常从广播中通过体味播音的语气,具体地掌握方针政策,用来指导工作。有时播音员稍有不慎,强调了那些并非题中应有之义的词语,偏离了稿件中所宣传的具体方针政策,即使是个别失误,也会给实际工作造成不应有的损失。可见,无线电语言播音要以更高的质量、更好的技巧、更快的效率,发挥加强党和人民联系的纽带作用。

第四,播音员应成为推广普通话的模范。

广播中的有声语言必须规范化,从声音调整、轻重格式、音变到词汇语法、语气,都不能夹杂方言土语,而应达到标准普通话的要求。纯正的普通话不但有利于广大听众理解播音内容,而且有利于人民群众,特别是各方言区的群众学习、掌握普通话。无线电广播是比任何课堂都更广阔的教学、推广普通话的大学校。任何要求降低播音中纯正普通话的看法和做法都只能削弱广播的宣传效果,也不利于加快推广普通话的步伐。

二、播音是一项语言艺术活动

从宣传的内容和体裁上看,播音应属于广播学范畴。它以新闻节目为主,知识性和文艺性节目中也有不少文字播出部分。在新闻节目中,消息、通讯、评论等又是主要的、大量的。这些节目的播音,不是依靠表演,而是依靠转述,就是要深入领会稿件内容,并达到驾驭稿件的高度,然后向听众转达出去。因此,播音员不是演员,稿件不是台词。播音员以质朴的宣传员身份播读稿件,而不是去塑造另一种形象向听众表演,这是新闻真实性原则的要求,也是新闻这一社会形态倾向性之所在。其实,对新闻稿件的转述,要求准确、鲜明、生动,摒弃那种"扮演"的因素,更具有正确传达、直接面陈、真诚交谈的可信性。这不是降低了播音的要求,漠视了情感的表达,僵化了形象的活脱;而在某种意义上说,是提高了播音的要求,深化了情感的表达,精细了形象的再现。

从宣传的形式上看,播音是一种有声语言的再创造,所以又属于语言艺术的范畴。它要运用语言学的理论加强语言的清晰度,又要运用发声学的理论使气息声音自如优美,还要运用朗读学和表演艺术的理论,熟练自己的语言表达技巧,使语言富有情感性和丰富性。因此,播音要体现出深厚、坚实的语言功力。语言表达技巧不是一种装饰品,不能向听众"展览",而要融入稿件之中,更准确地把握政策分寸,更鲜明地体现是非和美丑,更生动地传达时代精神。否则,技巧只是个没有灵魂的空壳。

从"形之于声"的依据上看,播音员先要理解稿件,深入感受,有动于衷,以声传神,在此基础上把稿件变为自己的有声语言。这里,新闻广播的时效性使得主题新颖,题材广泛,内容丰富,形式多样,传播迅速。在如此短暂的时间内,体验如此众多的稿件,传达给如此广泛的对象,这都集中体现在有声语言之中,如果不把握播音的重要根据,是不会产生高质量的播音的。而在话筒前,眼看、心理、口播,要在刹那间完成,如果不具有独特的心理过程、适应能力和语言驾驭能力,也是难以完成播音任务的。

从劳动的个体性上看,播音不同于舞台演出,很少有衬托、补充因素,不能使用服装、道具、灯光、动作,配乐节目不多,没有直接交流对象。在话筒前,面对文字稿件,播音员只能靠自己的声音表情达意、言志传神,全凭自己完成"再创造"的过程。即使有对手,配合再默契,也是自己播自己的部分。这种个体性的再创造,当然包含着前人和别人的经验,但吸取多少,如何运用,怎样发挥自己的特长,也决定于自己。

戏剧演出具有集体性、综合性、场景性、烘托性、交流性;而播音的个体性、单一性、文字性、独立性、局限性,以其自觉性、广泛性、音声性、时代性的创造进行弥补,造就了自己的特色。

播音有自己的性质和任务,有自己的工作程序和创造规律,它属于语言艺术的范畴,是广播学的一个重要研究对象。播音的理论体系,是从播音实践中总结出来的,又指导着播音实践活动。它的内容包括:播音基础、播音文体理论以及播音心理学和播音美学,也有自己的一支专门队伍。党的正确领导和广大人民群众的热情支持必将使它日益成熟、日臻完美。

三、播音的基本原则

播音的基本原则是:

第一,坚持从实际出发。

把稿件的内容和客观实际结合起来。稿件,是对现实材料加以筛选和提炼,以观念形态反映现实运动的产品。作为观念形态的东西,只有真实准确地反映了现实,并在叙述中体现出党的政策精神,才会有传播价值。播音员决不应就稿论稿,就文字播文字,而应透过稿件文字去再现现实的运动。因此,要把稿件的内容和群众的社会实践结合起来,把稿件同当前的形势和方针政策结合起来。这才是从实际出发,而不是从主观想象出发。

为了充分了解和把握人民群众的社会实践,播音员应该经常地走到人民群众中去;或长期或定期组织,或随编辑记者一起,去呼吸新鲜空气,获得感性知识,在大量的积累中,稿件的内容便会在头脑里活起来,在感情上动起来。不了解情况,不把握政策,虽然对稿件的文字不陌生,但对文字背后的实际生活,只能一无所知,知也无多。

播音中,要把物质的第一性和传播的第二性结合起来。稿件的文字语言是观念、思维、理性、感情的物质外壳,播音就要以此为基础,在将其转化为有声语言的过程中,努力传播稿件的思想内容。播音由稿件所制约,为稿件所依托,被稿件所左右,而不能附加任何外来的成分。要想赋予稿件更新颖、更深刻的色彩和分量,更引人、更感人的生机和活力,播音员应该在广义备稿的基础上,深入地分析具体稿件,并使自己的思想感情处于运动状态。分析和感受稿件,要扫除文字、典故、数字、术语等障碍,要划分层次,开掘主题,联系播出背景,抓住宣传目的,确定重点,把握基调。这中间,融合着播音员的思想修养和文化水平、生活积累和语言造诣、创造能力和美学理想。

既受稿件制约,又要能动表达,这正是客观性和能动性的统一,正是局限性和创造性的结合。播音,正是准确地把握稿件和能动地驾驭稿件的结晶。理解和感受稿件便成为根本性环节。这里,任何离开稿件进行所谓"创造"的主观随意性都是要不得的,任何囿于稿件文字而不深入开掘的客观传播也是站不住脚的。以稿件为依据,不但没有给播音员出声念字的简单化的权利,反而增加了再创造的艰巨性。优秀的播音员总是依据稿件,创造出有声有色、声情并茂的播音成品来。

播音还要把稿件的内容和形式结合起来。稿件的形式多种多样,为什么用这种形式而不用那种形式?这主要是服从于内容的需要。概括报道用消息,细致描述用通讯,阐述观点用评论;有的稿件适合用精练的书面语言表现,有的内容需要尽量口语化;有的稿件注意文采,更生动;有的稿件要求推理,更严谨。播音的有声语言,必须在传达内容、引发情感的基础上,努力符合稿件形式的要求,体现各种文体播音的特色。

第二,坚持正确的创作道路。

播音的正确创作道路,可以简要地表述为:在"理解稿件—具体感受—形之于声—及于听众"的过程中,力求正确理解与准确表达的统一,达到思想感情与尽可能完美的语言技巧的统一,达到思想内容与体裁风格的统一,准确、鲜明、生动地传达出稿件的精神实质。走正确的播音创作道路,不是停留在口头上就可以的,必须体现在播音作品中;不是光凭灵感,寄托在偶然性上就可以的,必须体现在大量的播音实践中,要从主观动机和客观效果的结合上进行具体分析。

我们承认创作道路的复杂性和多样性,但同时,必须承认创作道路的规定性和方向性。在把文字稿件转变为有声语言的再创作中,思想感情的运动状态同有声语言的表达技巧是紧密相连的。只强调情感,认为有了技巧就有了一切,就会陷入"唯情"论;而只强调技巧,认为有了感情就有了一切,也会陷入"唯美"论,走向技巧至上的邪路。我们主张"声情并茂",情发于内,声形于外,相辅相成。既承认情感的主导作用,又承认技巧的反作用。"以情带声"不应被理解为"以情代声",没有感情的声音是干瘪、空洞的,没有技巧的声音也不会是色彩纷呈的。

坚持正确的创作道路,必然要时刻同不正确的倾向作斗争。不重视深入分析理解稿件,单纯追求语言技巧的倾向;专注于分析理解,却忽视饱满的无产阶级感情的积聚和引发的倾向;漠视语言技巧和无视播音特点的倾向等,都需要播音员通过提高坚持正确的创作道路的自觉性,予以识别和克服。

第三,坚持严肃认真的态度。

播音,不是某个播音员个人的活动,而是严肃的宣传工作。只有严肃认真、一丝不苟,才是高度负责的态度。

稿件有时要求迅速及时地播出,有时是急稿、乱稿,播音员不能敷衍了事,而应集中精神,从容镇静,努力做到准确、鲜明、生动地表达稿件。

播音员的敏感,是"了解情况、把握政策"长期积累的过程在话筒前的升华。这种敏感,最能捕捉新情况、新问题、新变化,同时给予恰当的分寸。稿件题材、体裁的多样,使播音员意识到要储存广博的学识,以便在短时间内获得驾驭稿件的主动权。生活圈子的狭小,学识的浅薄,必然使话筒前的播音失去生命的活力。同样,把话筒前的播音视同儿戏,漫不经心,松松垮垮,也许没有表面上的差错,但稿件会失真,创作也会成为空话。

无论是在备稿、播出还是播后的任何一个环节,都应该严肃认真,一丝不苟。这种态度,不仅是党的事业需要,也是人民群众的期望;不仅是每一篇稿件播音的要求,也是每一个播音员在业务上进取的保证。

四、播音风格

从人民广播诞生那一天起,人民的播音风格就已孕育,并逐渐形成。解放战争以后,以中央台为代表的播音,便成为新中国播音风格的集中体现,并在全国各地电台开花结果。

新中国的播音风格,可以表述为:爱憎分明,刚柔相济,严谨生动,亲切朴实。它既是几十年来播音风格的概括,又是在更高的意义上对播音风格的要求。

爱憎分明:即要有丰富的思想感情,鲜明地传达稿件的精神实质,不只是"爱"和

"憎",包括丰富的感情色彩。任何时候,哪种稿件,都有一定的是非,也有一定的褒贬,即使是"不偏不倚",也包含着一定的态度和感情。以共产主义思想为核心的社会主义精神文明,有明确的是非观。如果说,播音要"客观",其含义只能是对客观事物和事物中的情理的真实反映,应以辩证唯物主义的观点加以准确辨析,给以生动体现,予以深刻表达。我们对先进的、正义的、美好的东西,对共产主义道德、理想、情操、纪律,一定要满腔热情地去支持、去赞扬;而对落后的、不义的、丑恶的东西,一定要旗帜鲜明地反对和批判。播音中的感情是丰富的,喜、怒、哀、欲、爱、恶、惧等,不但各显个性,而且互相错杂,使有声语言呈现多种色彩。

刚柔相济:是指气质上的刚正不阿与柔情似水的结合,又是指声音上的高、强、快与低、弱、慢的对比变化。刚,包括气魄宏大,气势磅礴,也包括刚劲有力,尖锐泼辣,并非全是金刚怒目;柔,包括徐缓舒展,温和恬静,也包括细腻婉约,绮丽旖旎,不是低声下气,故作媚态。"不喊不革命"或"不虚不甜美"的播音,同刚柔相济,相去甚远。刚与柔是互为依托,相互补充的,任何一次播音,都可以有所侧重,或以刚为主,或以柔为主,但不能顾此失彼,甚至抑刚扬柔,或贬柔褒刚;不论刚与柔,都要体现中华民族的性格,表达人民群众所喜闻乐听的中国作风和中国气派。

严谨生动:表明了逻辑思维与形象思维在播音中相辅相成的紧密关系。严谨,就要有清晰的逻辑感受,就要抓住稿件脉络、目的贯穿线,就要把握稿件反映的客观事物、情理的内部联系,言之成理,句句表达都在情理之中;生动,就要有真实的形象感受,抓住稿件中的形象动作线,把握稿件反映的客观事物的情理个性特征,言之有物,技巧运用都在意料之外。这就要求内容的完整性、目的的鲜明性同技巧的多样性、声音的丰富性相互依存。那种把严谨认定为刻板,把生动理解为表演的观点,无助于新中国播音风格的继承和发扬。

亲切朴实:把平易近人、声声入耳的传达要求同真情实感、大巧若拙的播音体现紧密联系起来。亲切,可以说是"人同此心,心同此理",也可以说是"知己知彼""心有灵犀"。因此,装腔作势,借以吓人的播音,当然使人听而生畏;矫揉造作、甜得腻人的播音也会使人听而作呕。播音员是党的宣传员,既不应高踞于听众之上,也不应取悦于听众之前。他们与听众是平等的同志式关系,播音并不排斥以理服人、以情感人的论辩和抒怀,也不排斥以事明理、以志醒人的引导和激励,这是思想传播和语言交流的正常现象,是同心同德、加强团结的必不可少的方式。朴实,是指不粉饰,不做作,有真意,无干扰,绝不是"听其自然"的意思;朴实中包含着艺术和技巧,是技巧纯熟的高境界,在运用技巧中逐渐达到不露痕迹地"返璞为真";朴实又是运用技巧的成果,与一味追求的"自然""生活"不能同日而语。亲切朴实,是指播音员全心全意为听众服务,努力使听众受到感染和教益,最大限度地吸引听众,使听众在收听过程中不注意到播音员的存在。

以上所述"爱憎分明,刚柔相济,严谨生动,亲切朴实"的新中国的播音风格,具有质的规定性,包含着明确的美学理想,是相互联系、不可分割的。如果抽掉某个方面,就会影响它的完整性。

五、播音中的几个关系

第一,直播和录音。

播音员应该具备急稿直播的能力,这是广播事业不断发展和宣传质量不断提高的需要。新闻播音有很强的时间性,不能直播和不会直播,就不能成为一个合格的播音员。但是现在有了更为现代化的工具,可以播前录音和合成,充分体现了录音的优越性。它可以精益求精,保证播音质量,避免差错,减少次品;可以打消顾虑,施展才能,尽力而为;可以加强监督,严格把关,力求完美;可以择优选用,协同动作,形成特色。这是直播所不易达到的。当然,播音员录音时的精力不如直播时集中。如果不分不同节目,过分地强调直播,也会影响播音员的创作热情,降低播音质量。

对播音员的严格要求、锻炼培养,只能在实践中落实,而不能以正式播出节目做实验。一个有责任感、有实践经验的播音员,即使是第一次直播急稿,由于他意识到紧急任务的重要性,保有新鲜的创作活力,也是完全可以胜任的。当然,如果录音,他也会比直播发挥出更大的潜力,达到更高的水平。

第二,室内播音与口头报道。

播音员大量的播音是在室内进行的,这有依据稿件、很少干扰、反复录制、进行修改等优点,但长期在播音室播稿,容易产生离了稿件就不会或不善于表情达意的弊病。播音员应该学习和掌握口头报道的形式,发挥口头报道的作用。要学会采访和报道,学会准确地表达思想,学会生动地描述现场和口头谈话,这不但是发展播音智能的需要,有利于室内播音的心理、生理过程的深化,而且是广播事业发展的必然。随着广播内容的丰富和品种的多样,口头报道形式也将会增多,播音员就负有在事件现场进行报道的责任。口头报道不应刻板生硬,而应因势利导,生动具体,以发挥现场感、音响感、真实感这一广播的优势,吸引广大听众。

第三,播音和采编。

电台的编播分工,是语言广播这一传播手段一出现就形成的。它是分工的专业化成果,各有专长,当然会有其长久的作用。因为播音是语言再创作的劳动,应该保持和发扬自己的艺术特色,也应该保留这一独立的专业队伍。播音员要不断加强自身的修养和语言功底,也应该学会调查研究、采访和编辑工作,这样,才有可能更深入地了解、更真切地把握新闻报道和其他节目的真实性、针对性和时效性,也才有可能通过有声语言表达出更为深刻、丰富、生动、具体的思想感情。但是,播音员的主要职能是播音实践,主要的精力应用于播音业务,否则,即使成为一个好记者、好编辑,也不能成为一个出色的播音员。

编辑记者也应学会口头报道,承担一些口播任务,这对广播事业的发展是有利的。但是,由于我国方言复杂,播音又是一种技能性很强的专业,不是每个编辑、记者都能进行口头报道的,也不能要求所有编辑、记者都来承担口播任务。即使以节目"主持人"的身份出现,他们所说的普通话也要使听众能听懂,听得明白。当然,仅此是不可能满足听众对语言的规范、对风格多样的美感要求的。

第四,播音与其他语言艺术。

播音是一项语言艺术活动,具有自己的特点,但又不是与外界隔绝的,它与别的语言艺术一直发生着密切的关系。因此,我们需要处理好这个关系。播音和舞台戏剧既有联系,又有区别,它们都属语言艺术,但播音语言具有很强的新闻性,而戏剧语言则具有很强的角色性。因此,那种以播音戏剧化、表演化为最高理想和最大目标的观点,是有害的。首先,播音和舞台艺术的社会分工不同,各有特色,也各有短处。我们应该学人之长,补己之短。其次,播音是一种再创作的劳动,它具有新闻性特色,不能混同于表演的文艺性。在广播中播送小说,需要较高的文学素养和语言造诣,而播新闻也不是不需要具备这些素质。有些播音员在播好新闻的基础上也能播好小说,但是,最好的演员能播好小说,却往往播不好新闻。播音员以播新闻为主,也可以播小说、搞配乐、演戏。其目的也是提高表现能力,丰富表达技巧,为播好新闻服务。

1983.4

播音,经常因社会的变化而发生变化。人们对它的认识,总的趋势是不断深化的,但也有时受其他的干扰而处于被误解、被冷落的境地。

本文内容,似乎不少是老生常谈,但在当时,大都为人们遗忘或忽视。针对某些现实情况,作者进一步强调播音的某些方面就显得必要了。

特别是广播电台,关于如何准确评估播音这一重要环节在广播系统中的地位和作用,如何正确认识其与采编各环节的关系,如何明确播音的创造性、情感性,当时有些有影响的认识是明显错误的。对此,本文从播音角度,给予整体的、辩证的阐述。此文经过删节,载入首卷《中国广播电视年鉴》(1985)。

夏青

普通话播音中的几个基本问题

——兼评美、澳、苏、英、日的普通话播音

我国的普通话播音已经形成了自己的特色,在太空的电波中,可以很容易地分辨出来。这应该是值得自豪的。

可是,近几年来,有一些同志看不起我们的普通话播音,自觉不自觉地欣赏和提倡其他国家的对华广播中的普通话播音,甚至萌发了向它们学习、模仿它们的念头,有的把我们的播音特色看作应该抛弃的东西,而一心想"改革"成某个外国电台播音的那种样子。

我们不反对借鉴外国的东西,也不提倡关门来提高我们的播音质量,但借鉴不是照搬,开门也不意味着接受一切。我们应该发挥自己的特色,从人民群众中吸取营养,以自己的方式提高我们的普通话播音质量。

一

普通话播音就要说普通话,这是毫无疑问的。但是,美、澳、苏、英、日这几个国家的普通话广播存在着相当不纯的现象。从它们的实际情况讲,达到目前普通话播音的水平是不易的,但不能因此而降低我们对普通话的要求。

普通话,主要包括声母、韵母、声调、轻重格式。

声母:普通话的声母,对字声的清晰度影响很大。发声部位要准,发声方法要对,要求有一定的力量。但有的国家播音员的播音存在不少错误,如 zh、ch、sh 与 z、c、s 不分,j、q、x 与 z、c、s 不分,"坐"读成 zhuò,"增"读成 zhēng,"匆"读成 qūng,"损"读成 xǔn,还有的把"岸"读成 nàn。另外,还有 zh、ch、sh 发声部位偏前,j、q、x 舌面成阻面过大,等等。至于送气/不送气、清音/浊音的含混,也时有发生。

韵母:从音素的组成看,可分成韵头、韵腹、韵尾;从唇形看,可分为开、齐、合、撮;从音素的过渡看,可成枣核形。这几方面,形成普通话音节的韵母特色,而最关键的是音素的准确。这几个国家的普通话播音在韵母上产生的问题是很多的。如结构助词"的"常常被读成 da、"二"读成 a、"拒绝"读成 jù jié、"品"读成 pǐng、"进"读成 jīng,更有把"和"读成 hán 的。音素不对,使音节发生质变,一个字就被理解为另一个字了。这是用任何一种语言播音都不允许出现的问题。

声调:这里有两方面的问题,一是过去和现在的不同,二是正确和错误的区分。前者,如亚洲的"亚"过去是上声,今天规定读去声;俄罗斯的"俄",过去是去声,今读阳平。后者,如的确的"的",应该读阳平,有的读成去声;"人"应该读阳平,有的读成近似上声。有的国家播音在声调上比较混乱,普通话四声不分明,甚至改变原声调,这都是相当突出的问题。

轻重格式:普通话的词或词组都有较稳定的轻重格式,轻重格式变了,或不自然,或语词发生歧义,对普通话的纯正影响也很大。如"人们""里头"应为重轻格式;却被读成了中重格式,"太平洋"应为中中重格式,却被读成了中轻重格式。可以说,即使声、韵、调都对,轻重格式一错,就会暴露出掌握普通话不熟练的缺点,就不是普通话的"味儿"了。这是许多外国人学习普通话过程中的一大难关,这个难关不冲破,就不能说已经掌握了纯正的普通话。

普通话播音应以声、韵、调和轻重格式为根基,这在我们人民广播事业的发展中是一直坚持、严格要求的。因此,纯正普通话已经成为我们的特色之一,没有哪一个国家的普通话广播可以比得上我们。

二

播音,是一项以有声语言艺术为手段的新闻广播工作,不能认为会说普通话的人都可以担任播音员。不论是播别人写的稿子,还是播自己写的稿子,只要诉诸有声语言,就必须掌握语言表达的技巧。语言表达技巧有起码的要求,却又是"艺无止境"的。

在我们的播音中,有各种技巧,诸如用气发声,吐字归音,掌握稿件,调动感情,运用停连、重音、语气、节奏表达各类型的稿件以及使用话筒的技巧等。

美、澳、苏、英、日几个国家对华广播的普通话播音,在语言表达技巧上存在什么问题呢?

在停连的技巧上,每一篇稿件的播音恰当地运用停顿和连接,不但可使语意清晰、语言流畅,而且能显露出一定的思想感情。仅就语意清晰、语言流畅而言,必须使语句完整,语句之间衔接,段落和全篇脉络连贯。可以说,停连应成为有声语言的"标点符号"。可是,我们听到的这几个国家的普通话播音普遍的问题是仅限于词或词组的完整,最多也只达到意群的清楚,至于语句、段落、篇章,往往是支离破碎的,或者散,或者乱,就好像没有组合在一起的一堆词、词组。请看这一句:这是×××率领的一个∧三十人至四十人∧的北极探险队。广播中传出的,却是:这是∧×××率领∧的一个三十人到四十人∧的北极∧探险队。

如果听的人不着意去把那些散碎的词语重新组织一下,便很难明白各词之间的关系。

类似这样的情况,几乎每一篇稿件中都有。像"现在报告新闻""在美国飞机轰炸了叙利亚之后……"这样的情况,停顿多于连接,说一个词之后就停顿,表明停连技巧的运用是不熟练的。我们的普通话播音是不允许出现这样的问题的;如果这样停顿,就不能播出。

重音,表明语句的主旨和目的。没有重音或重音过多,重音位置失当,表达方法欠妥,都会给表情达意带来明显的障碍。在听到的这几个国家的对华广播中,重音技巧的运用基本上是处于不自觉的状态。"缅甸首都仰光"一句,把"仰光"作为重音已经足够了,因为即使不说"缅甸首都"也是明白无误的,把"缅甸"也作为重音处理,这是重音过多。至于重音的表达,除了加重之外,没有发现其他的方法,因此,听得多了,不免感觉单调。

语气是播音非常重要的技巧,应该包括感情色彩的分量、语句的声音形式等。语气的色彩和分量十分丰富、具体,它的声音形式更是多种多样,千差万别。语气最讲求变化和曲折,不能固定和单一。听这几个国家的普通话播音,虽然它们之间有明显的不同,但语气技巧的运用都存在一个共同的问题,就是基本上是平淡的,缺少色彩和分量的变化,而表现在声音形式上,往往显得平直,没有变化的幅度,每句的态势和趋向大体差不多,或头重脚轻,或句头平起、句腹一拱、句尾松脱,缺乏对整个语句的把握和句子之间有机的组合。这样,各个句子的表达就没有什么差异,就显得雷同了。

可以不客气地说,在所有听到的节目中,节奏的技巧尤其不留什么印象,好像这几个国家的普通话播音还没有注意到这个问题一样。

在我们的普通话播音中,这四种基本表达技巧都能得到自觉地运用,尽管有许多不足,但那是可以逐步成熟起来的。这说明,无论在理论上还是实践上,我们的普通话播音都居于优势地位,而那几个国家的普通话播音却存在着不少幼稚性、自发性。

更为突出的是,有些国家在语言表达技巧上还处于20世纪三四十年代我国"国语"阶段的水平上。如句尾、词尾的向上扬起,某个字、词之后不必要地拖长音节时值,不遵从声调变化的要求,在语流中相对音高、音长的飘忽不定等,都缺乏现代汉语的时代气氛和生活气息。这说明,他们对普通话、对语言表达技巧的研究还很不够,已经远远地落在后面了。

三

有声语言是表情达意的,播音使用的有声语言也一定要负载着思想感情。我们在广播事业的发展进程中对此是十分明确和一直坚持的,并且积累了丰富的经验,形成了一定的理论。无产阶级的党性要求我们公开申明,我们的播音必须站在无产阶级党性和党的政策的立场上,为全中国人民和全世界人民服务。因此,"爱憎分明"已成为新中国的播音风格的重要内涵。

无产阶级崇高而丰富的感情,显示着无产阶级的宽广胸怀和伟大理想,在对待具体稿件时,既要高瞻远瞩,又要明察秋毫,不强加于人,又不淡漠疲沓。在播音语言的发展变化中,时代感和生活气息永远是我们创作的重要标尺。目前,我们的普通话播音仍然存在着不少问题,如有的思想修养不深,有的感情色彩不够丰富,有的感情缺乏内心依据等,但总的情况是好的,基本要求是正确的。

但是,那几个国家的普通话播音在平静的语言流动中,不显露什么爱憎的感情。这也许就是人们所说的"客观"吧。

"客观",使播音语言不体现爱憎,对什么人和事都是同一种态度,"不偏不倚",对什么稿件和语句都是平平淡淡,"心平气和",只保持"中立",并不"介入",完全让听众自己去揣摩,去体味。这似乎很"公正",但却不可避免地使播音语言色彩单一,缺少活力。

事实上,广播稿件大部分是有倾向性的,无论是选材、概括、辞章、用词,都带有那个国家的总的政治色彩,符合对内对外政策的精神实质。甚至在一些普通的专题节目中,意识形态的特征也是看得出来的。不过,像播音语言的"客观"一样,那稿件的外表由于采用一种特有的写法,也似乎是"客观"的罢了。从中,我们看到了"客观"背后那并不客观的东西:倾向性。

这种"客观"偶尔听一两次,的确有一定的特点,但听的次数多了,就觉得缺少播音员的创造性。因为播音员的创造性恰恰在于通过活生生的语言赋予稿件以恰如其分的感情色彩。播音语言应有播音员的思维、态度、感情,有播音员驾驭有声语言进行表情达意的能动性。听众愿意听高超的播音,因为这不但比自己去看文字稿件省力,而且能获得更多的、更深的具体感受和启发教育。而"客观"地播音,除了把稿件的字句告诉听众外,观众便什么也得不到了,甚而比自己看稿件得到的要少得多。

四

要说这几个国家的普通话播音毫无感情,那是不对的。它们虽然缺乏从稿件内容上引发出来的具体的思想感情,但向听众播讲的愿望还是程度不同地表露出来了。总体来看,专题节目比新闻节目好,文艺节目比其他节目好,而有些直接向与电台有联系的具体听众播讲的节目又更好一些。

为什么会出现这种现象呢?这同播音的特性有关。在话筒前,播音员面前没有听众,于是才有具体设想的必要。播音员要具体设想播讲对象,努力做到"心中有人",尽量感觉到与具体设想的播讲对象进行思想感情的"交流",这样才会使听的人感到是对自己播讲,才会产生某种"亲切感"。新闻节目,难于具体设想播讲对象,所以播音员的播讲愿望不易被调动和激发;而有名有姓的听众的等待回音,却比较容易激发愿望,使人感到亲切。

尽管如此，这几个国家的普通话播音中的有些对话节目，似乎仍是各播各的，对话双方没有交谈的愿望；有些节目，用声轻柔，却不让人觉得那愿望是由衷的，有时还令人感到某种造作。事实上，这几个国家的普通话播音并非都是亲切的，特别是新闻节目，大都显得相当严肃，带着某种刻板的意味。

严肃，对于新闻节目来说是完全必要的，它使听众感到可信，并可以知道新闻的价值。当然，严肃并不就是刻板，刻板是指报道的各条消息没有区别，千篇一律；严肃要求在郑重的态度中，根据不同的稿件给以不同的色彩和分量。我们的普通话播音，是很郑重的，之所以觉得"严肃有余"，是因为在把握稿件的基调上不够具体，给每一篇稿件的色彩欠丰富，给予的分量又常常偏重。如果这方面着力加以解决，播音质量就会更高。

亲切，并不就是笑眯眯的表情、虚声虚气的话语。亲，是说与听众亲密无间；切，是说切合听众的心理需要。听众听来声声入耳，句句入心，就会觉得亲切。但这绝非压着嗓子虚声虚气地"哄"听众所能做到的，而高音大嗓、粗声粗气地"训"听众也不行。当前，我们的普通话播音主要存在坚持和发扬新中国的播音风格，使感情色彩更丰富的问题。所以，追求虚声虚气的倾向必须防止。我们听到的那几个国家的普通话播音，虚声虚气的也为数不多，大多数还是实声。这说明其也并不以"虚"为准。有的节目，一虚到底，不但听来吃力，而且句句虚的结果仍然是千篇一律，无美感可言。

五

有的同志说，那些国家的普通话播音听起来很自然，是生活中的话，不像我们的播音要么是"自然"到了毫无基本功的程度，要么是"不自然"到了不如我国小学生念书的水平。

在那些所谓"自然"的播音中我们听到：

声音条件不好的，约占三分之二。不论男声还是女声，有的沙哑，有的苍老，有的不圆润，有的不结实，有的窄细，有的暗弱，有的缺低音，有的少共鸣。

气息控制不好的比例更大。普遍的是气息浅，支撑不力，说几个词就得换气，而且在播音中有明显的吸气声。这样的用气发声状况，是否值得称道呢？

更明显的是播音语言的随意性。字词的准确与否，语句的流畅与否，可以不管不顾；除了停连、重音之外，语势语调的随意性更严重。词尾的上挑、下顿，句尾的上飘、下砸，没有内心的依据，也不符合普通话音韵规律。这是"自然"，还是"自由"？

我们认为，播音语言应该是规整的，经过加工的，具有艺术性的，不能混同于日常生活的说话。所谓规整，并不是一板一眼的意思，它只要求不散乱，有秩序、准确、干净，"从心所欲而不逾矩"。俗话说，没有规矩不成方圆，规整性正是播音语言的基本特点。我们的普通话播音在这方面也是有深厚功底和严格要求的。表面上看，规整性似乎是一种限制,实际上,它正是播音语言的质的规定性。世界上没有局限性的东西是不存在的,创造性恰恰就在局限性之中。如果在话筒前无论怎样"从心所欲",都不存在"逾矩"的问题,那就否认了播音的创造性、艺术性,播音员也就不必精心挑选和专门培养了。

播音的自如性,必须建立在规整性的基础上,因此,要剔除播音语言中的杂质,加强生活语言的美感,形成自己的特色。"字正腔圆、呼吸无声、格式正确、轻重恰当、逻辑严密、不涩不黏、语势平稳、不浓不淡",正是播音语言的特征,是与生活语言相区别的地方。正是规整性基础上的自如性,为播音员的创造性劳动开辟了广阔的天地。播音员可以因生活经验、文化素养、语言习惯、审美趣味等逐步形成自己的播音风格。

对语言进行艺术加工,并非与生活语言对立,但肯定要与生活语言拉开距离,使播音更纯洁、更准确、更具美感。那种认为越像生活语言越好的观点,是对艺术加工的忽视。我们并不反对自然,但我们所说的自然,应是在艺术加工之后的"回归自然",而不是根本不要艺术加工的"自然"。它是更高一级的艺术语言。

由此可见,"随意性"是无视艺术加工的自然主义,不能同艺术语言范畴中的自然相提并论。那种自然主义的播音语言不会被我们赞赏。至于胡乱加些"呢""吗""这""那",就更增加了语言的杂质,实在是应该摒弃的。

六

我们对普通话的基本要求是不能动摇的,"爱憎分明,刚柔相济,严谨生动,亲切朴实",正是在基本要求的根基上生长起来的,并且还要继续发扬光大的。那闪耀着中国作风和中国气派的风采将更加灿烂夺目。

根据目前的情况,我们是不是应该注意这样几个具体问题:

以稿件为依据。不论是别人写的还是自己写的,不论是写在纸上的还是在头脑中形成的,都是有声语言的依据。有的同志为了追求"生动""亲切""自然",忽略了这个依据,播音中渗入了做作、随意的成分,走上了邪路。

真情实感。由稿件引发出来的思想感情,应是由衷的、真挚的,而不应是挤出来或装出来的。"故作多情""哗众取宠"不是郑重的新闻工作者所应取的态度。

尊重听众。听众是我们的服务对象,我们既不能把听众当"阿斗",也不能曲意逢迎,我们负有教育和鼓舞听众的责任,与听众也有着共同的心愿——建设祖国,加强团结,分清是非,维护正义,清除精神污染,加强精神文明。

勇于创新。为了提高播音质量,我们要不断探索和反复实践,努力找到既符合我国特点又符合自身条件的表达样式。但是,不要不加分析地生搬硬套,不要脱离播音特点,不要拾人牙慧。创新要有明确目标,也需要勇气,但要循序渐进、功底深厚扎实。

播音,还是一门年轻的学科,它的理论问题和实践问题并不十分成熟,还要长时间地研讨。正因为如此,我们才珍惜它的每一点经验,对于否定它的意见不敢苟同,对于有意无意地想把它引入别的轨道上去的做法不能不感到忧虑。因此,在它的成长中,我们应仔细辨别良莠,努力为它补充营养,增强它的抵抗力和免疫力,把它培育成具有显著中国特色的参天大树。

1984.2

  在改革开放中,域外广播电视的影响在增加。许多外台的普通话播音,并没有按照普通话的要求去做,其中掺杂了不少方言和外语色彩。这本不必发什么议论。但是,作为普通话发源地的中国,有些人却对此大为赞赏,甚而有些播音员在着意模仿,这就不能不引人深思了。本文就某些电台华语广播的普通话播音的优劣,进行了剖析和评议,旨在剔除杂质,提高我国播音质量,明确方向,弘扬我国播音传统和特色。

  对外来的东西,可以借鉴吸收,却不可全盘接受,这在今后也是值得注意的。

夏青

论播音语气

党的十二届三中全会以后,我国经济体制的改革将在相当广阔的领域内和相当深刻的程度上展开。以城市为重点的经济体制改革浪潮,必将进一步推动广播电视事业的改革,必将进一步推动播音的改革。这是毫无疑义的。

在播音的改革中,有很多重要问题值得讨论。这里,仅就播音语气问题谈谈个人的看法。

一

播音员作为运用有声语言进行广播电视宣传的新闻工作者,每一次播音都面对着播音语气的处置问题。不论是新闻稿件还是其他稿件,不论是口头报道还是其他形式,只要有有声语言的运用,就不可避免地碰到"语气"这个精灵。播音员和"语气"结下了不解之缘,真可谓息息相关。在正确的播音创作道路确立之后,播讲目的的实现过程,思想感情的运动状态,必须靠恰如其分、丰富多彩的语气给以具体生动的体现。语气的失当和失宜所带来的后果不仅是再创作的失败,更是广播电视宣传上的失误,教育和鼓舞的社会功能便会被削弱。这是播音实践屡屡证明了的。

在当前的播音改革中,很多同志除了看到播音与稿件的依存关系,从而认识到播音改革同稿件的篇章结构、遣词造句的改进有密切关系之外,还明显地感到习惯的播音语气也要加以变化,克服某种固定腔调以提高播音语言的说服力、感染力和吸引力。不少同志在播音实践中已经或正在从不同角度进行试验,这方面取得的成绩也是令人鼓舞的。

不过,令人苦恼、令人思索的是,播音语气的变化总不那么让人满意。要么活泼却欠准确,要么自然却欠鲜明,要么流畅却欠生动,要么亲切却欠郑重。这里,似乎有一个关键还没有把握住,竟使良好的愿望得不到圆满实现。是怎样的一个关键呢？我想，是不是可以说主要是对语气的认识和驾驭还缺乏应有的深度和功力。

这样说，丝毫不意味着对前一段时间里的认真探索的否定，只不过是对这种探索的一个感想，并且认为理论上的研究将有益于这种探索的深化。例如，有的同志在现场直播中总带有点儿"念"味，有的同志在报告新闻时常常给人"唱"的感觉，有的同志在对话节目中往往使人觉得"假"，有的同志在当节目主持人时好像流露出一种"娇"气……这些，与播音员的气质、素养、审美趣味、语言功力当然有千丝万缕的联系，但这样笼统地解释恐怕不够切当。如果我们从播音语气的角度看一看、听一听、想一想、试一试，大概是不无裨益的。由此，我认为，播音语气的改革——或者叫改善，正是播音改革的突破口，正是提高播音质量的关键之一。

二

在播音基础理论中，我们把语气视为传情达意的核心手段。这当然是首要的，不这样认识，就无法解决语言表达的众多问题，也无法解决诸种表达方法之间的内在联系。在探讨播音改革的时候，如果还停留在这个认识层次上，就显得远远不够了，我们的探讨还应进一步把语气问题提到美学的高度来认识。

什么是语气呢？在播音基础理论中是这样说的："语气是指具体思想感情支配下语句的具体声音形式。"这个定义并没有错，从基本要求上看，是解决了语气的范围、性质和情声关系的。可是事实上，当我们将"文稿"或"腹稿"中的语句形之于声的时候，对语句声音形式起支配作用的，有许多因素，只说"具体的思想感情"就显得不够全面、不够充分了。语气这个精灵，并不满足于"心脏在跳动"，也不以"思想感情的潮水在放纵奔流着"为荣耀：语气这个精灵的千姿百态不能不受到主观和客观、时间和空间的制约，不能不受到播音员的美学理想、审美感受、审美情趣等的浸染。不管播音员是否意识到了，播音语气的美学意义和美感色彩正日益明显地影响着播音质量。

每一个语句，都有它特定的含义，都应有它的个性。这在具体稿件（"文稿"或"腹稿"）中尤为明显。语句的个性应该支配着语气的个性。但是，不同的人去表达这个语句，往往表现出不小的差异。在这里，对不同的人来说，语句有确定的含义是共性，哪一个人去表达，便带上这个人的特点，又有了语气个性。我们可以看到，不同的理解感受、不同的环境气氛、不同的播讲对象，对语气的个性色彩也会产生不同程度的影响。这里面包含着语气的共性与个性的辩证法，其中的层次、变化，真是纷纭繁复。

在千头万绪之中，我们还是可以找到那决定因素的。稿件（文字或感官所反映的客观世界）把各种信息传递给播音员，播音员经过思维和语言的加工制作，再传递给播讲对象，并从播讲对象那里得到反馈，然后进一步调整信息的接受、传递数量、速度、方式，再传递给播讲对象……在循环往复中，充分发挥自己的聪明才智，使播音再创作不断达到新的境界。

播音员的再创作,成为万千头绪中的主导环节,不应该认为这是过高的估计吧。

正因为如此,播音员在语气问题上要特别强调"再创作",而不能掉以轻心。语气这个精灵不那么驯服,更不会百依百顺,再创作的功力不足,往往使它圆凿方枘,既不贴切,又不和谐。这再创作的功力有很大的包容量,播音员的素质和修养中,美学理想、审美感受和审美趣味是必不可少的重要构成因素。语气这个精灵需要用美的规律去塑造,这是时代的要求,是改革的目标。否则,广播电视教育和鼓舞的功能就不会加强。

三

从历史发展的进程来看,播音语气的变迁是十分明显的。其中,有对时代的适应,对人民群众需求的满足,发挥了人民广播电视的巨大优越性;也有不少"左"的思想的干扰,影响了甚至严重影响了人民广播电视的真实性信誉。我们在探讨改革的时候,笼统地认识是有害的。研究播音语气,当然要在正确总结正反两方面经验的基础上进行,许多同志正是这样做的。

不过,在现在的播音实践中可以明显地感觉到一种倾向,那就是"生活些,再生活些""自然些,再自然些"。

这里涉及的问题,远不是一个播音语气的问题,但我们不能扯得太广,只能从播音语气的角度简单谈一下,以供进一步研究时参考。

播音中的稿件,是以新闻性稿件为主体的。新闻性稿件要求真实。怎样理解这真实,还有争论,但从一般意义上看真实是和虚假相对立的,是指现实生活中确实存在的事实。体现在播音语气上,就是可信性。如果听众、观众认为不可信,那就应该在"反映"和"表达"两个方面去寻找原因。同一篇新闻性稿件以某种播音语气表达就可信,以另一种播音语气表达就不可信,这是非常可能的,我们要研究怎样的播音语气才是可信的。

真实,是美学的第一要义。这同艺术真实有相通之处,如何把这客观真实再现出来,使听众、观众受到事实的启发,是我们不可推卸的责任。这同艺术真实的感染又有明确的分界。

因此,在播音语气上要强调庄重性、规整性。任何艺术加工和生动表达都要受到它的制约。如此,我们的再创作的特点才能得以表现。

"生活些",并不是坏事,它可以使我们的语气有真情实感,使人愿意接受。但这只是某一个角度上、某一个范围里的要求,而不能成为一个总的口号。作为总的口号提出来,容易使人误解,似乎播音语气必须像生活中那样,怎么想就怎么说;怎么说习惯,怎么说"自我感觉良好",就怎样说;既不从语句、稿件的内容上深化,又不从章法、句法的组织上构思;既不考察环境气氛,也不研究播讲对象的状况,把"生活些"当作既定方针和追求的目的。"生活些"成了有声语言的主宰,再创作当然会迷失方向。即使"生活些,再生活些"达到了很高的水平,那丢失的东西还是比得到的东西多得多。

"自然些",也不是坏事,它可以使我们的语气脱离固定腔调,不会造成生硬的印象。但这"自然"应该是美学意义上的自然美,绝不是毫无创作能力的"大自然"。如果"自然"到了不费吹灰之力、不要艺术加工的水平上,那也就同时取消了播音语气自身。记得歌德说过:"艺术之所以是艺术,就因它不是自然!"这道理是显而易见的。为什么在某些播音中出现许多随意性的毫无积极意义的"哼""哈"之类的杂质呢?不就是觉得这样才"自然"吗?有时竟走到"为自然而自然"的道路上去了。

值得注意的是,前一段时间,不少编辑同志也播音了,这本是值得庆贺的事。有一些编辑同志还有一定的语言基本功,播音中有不少优点,这也是值得称道的事。但是,对此应有具体、恰当的分析,以利提高质量。可惜的是,随着一片赞扬声,连最起码的要求:普通话正确、声音悦耳、表达明晰,都一股脑儿抛到九霄云外了,可有可无了。

播音员必须具备的条件、应有的基本功,被看作缺点、弱点,是"不生活""不自然"的根源;一说"字正腔圆",好像要导致呆板;一说"再创作",好像就会脱离生活;一说"技巧",似乎等于矫揉造作;一说"播音",似乎等于固定腔调。产生这样的联想,是概念上的模糊和思想上的片面性的缘故。用以分析播音语气、判断播音质量,用以指导播音实践、语气技巧运用,恐怕利少弊多。

在文艺创作中,自然主义的观点常常引诱人们偏离现实主义道路。现在,它又跑来教训播音再创作了,在"生活些""自然些"的口号声中,面临"美化"的播音语气,千万不要被"啰唆"缠住脚,被"平庸"蒙住眼,削减精益求精的锐气。

四

播音语气到底应该怎样才能提到美学的高度呢?我认为,首先要获得运用播音语气时的正确状态。状态包括很多方面,我们这里主要指有声语言发出的主体应获得的驾驭语言的状态。

当我们做好了一切准备,从开始形于声到最后一句话播送完毕,播音员驾驭有声语言的能力决定着播音的质量。如果其驾驭有声语言的能力很强,状态上就会松弛而积极,有活力又可控制。

由于我们对所播稿件的重视,由于很强的事业心和高度的责任感,在话筒前松松垮垮的情况很少见。那高度紧张、唯恐播错一个字给党和事业造成损失,唯恐有一个字播不清楚造成听众观众的误解,甚至唯恐内容散、感情淡的心情,往往使我们失去从容自若、应付裕如的状态。这时,驾驭语言的其他能力就被限制住,语气这个精灵就像紧箍咒下的孙悟空,只有不求有功、但求无过的被动之态,无法获得过关斩将的腾飞之势。

为此,我们必须充分认识"松弛"在创作中的地位,"松弛"对播音语气的准确、鲜明、生动的重要作用。让状态松弛,就是给播音语气"松绑";让状态松弛,才能使播音语气充满生机和活力。

这里面就有"创造"的规律性。什么是创造呢？创造学认为："创造,是主体综合各方面的信息,形成一定目标,进而控制或调节客体产生的具有社会价值的、前所未有的新成果的活动的过程。"[①]播音,也是一种创造,播音员也要综合各方面信息,形成播讲目的,控制或调节稿件、自身和播讲对象、播讲环境及其相互关系,产生教育和鼓舞人们的播音作品。在这一活动中,只有积累主体优势、获得最佳交流状态、发挥创造思维能力,才可以希冀得到成功。不松弛,这一切都会窒息。

　　这里面,也有美学价值在。如何创造出颇具美感的播音语气,从播音员自身去寻求是十分重要的一环。高尔基说："我们所理解的美是各种材料——也就是声音、色彩和语言的一种结合体,它赋予艺人的创造——制造品——以一种能够影响情感和理智的形式,这种形式就是一种力量,能唤起人对自己创造的才能感到惊奇、骄傲和快乐的力量而作用于感性和理性。"[②]我们的播音语气如果不能在声音、色彩和语言的结合体上体现美,不能给人以影响情感和理智的力量,就会丧失其存在的意义,还不如让人们去看文字材料。而要体现美,播音员驾驭有声语言的能力不能被夹在一条狭窄的胡同里,被纳入一种僵化以至空白的精神世界中。一位优秀的跳水运动员,要舒卷自如,肌肉不会僵直;一位优秀的演员,要顾盼有神,面容不会刻板。播音员在话筒前牙关紧咬、呼吸不畅、声嘶力竭、神不守舍,怎么能实现美的创造呢？

　　我们说,只有实现了美的创造,才是真正的强烈事业心和高度责任感的表现。只有好的动机,没有好的效果,那事业心和责任感往往会落空。

　　一些编辑、记者的播音受到好评,并不是偶然的,他们在话筒前的松弛状态,不就是一个重要原因吗？听起来,他们的语气不那么紧巴巴,有一种活力,不像拿着稿子念,给人以谈话的感觉。这一点是值得我们借鉴的。但是,从播音语气的要求上看,他们是不大讲究的。因此,当人们还觉得"新鲜"的时候,还可能赞扬,长此以往,人们的"求异思维"得不到进一步满足,便会把注意力完全转到内容上去。这时,对播音员的播音(当然是逐渐提高过程中的播音)又有了新的评论,认为还是播音员播得好,耐听。这里包含着人们审美能力的提高,也包含着"像日常生活的谈话"绝不是美学意义上的创造这样的意思。文学创作中的自然主义,某一时期可以名噪一世,但生命力不强,就因为它太"生活"了,成了生活的摹写,艺术性不会太高。播音中,那自然主义的成分更不值得提倡,如果这类成分的比重加大,播音语言艺术便被泯灭,广播电视里便都是"日常生活的谈话"了,是可信,孰不可信？

五

　　正因为播音语气要体现美的创造,所以在要求状态上的松弛之后,就必须要求播音

---

① 甘自恒.创造、创造力、创造学[J].学术论坛,1984(3).
② 高尔基.文学论文选[M].孟昌,等,译.北京:人民文学出版社,1958:263.

技巧的熟练运用。

播音技巧,是语言技巧的一个分支。而播音语气,应该是播音技巧的核心。在实现美的创造中,播音语气的万千气象是强有力的杠杆。

在播音语气的运用上,我们主张使用"语势"这个概念。语势,是指有声语言流动中,语句声音形式的态势和趋向。语势的把握,为语气这个精灵的奔腾跳跃提供了一个无形的轨迹,沿着这个变化多端的轨迹,播音语气才显露出贴切恰当、丰富多彩的样式。

语势为我们驾驭有声语言提供了某种极有参考价值的蓝图。怎样开口?语流在这段以什么姿态向哪个方向运动?在下段又用什么姿态向哪个方向进行?这一段怎样收束,下一段怎样承接?重点怎样突出?非重点怎样铺陈?怎样的态势有利于把语句的个性明朗化?怎样的趋向有利于播讲目的的落实?什么态势、什么趋向更易于加深审美感受的独特性,更易于造成美感?……这些都是成于心、熟于口、充满活力、水到渠成的。在这个意义上说:语无定势。语势虽有大体上的类别,但那灵活性、丰富性,那因稿、因句、因情、因境、因时、因人而异的可塑性,要求有声语言驾驭者有足够的功底。

语势的单一,如"高、平、空",如"低、虚、轻",如头高尾低、头轻尾重等,正是播音语气呆板、单调的一种突出表现。

语言在一个民族的发展中,给每一个成员都保存了历史积淀,这积淀维系着民族共同语的稳固性,生发出民族共同语的变异性。每一个成员除了吸收语言历史积淀的成分,还会有后天个体语言习惯的成分。在心理学上,个体语言习惯的成分属于人脑动力定型的范畴。语势的单一,同个人接受语言信息的质和量都有关系。播音员从接触播音开始,就在感性上形成了"这样说才称得上是播音"的印象,在播音实践中,日复一日、篇复一篇地播下去,形成一种驾轻就熟的"惯性",竟使不少人在不知不觉中陷入了固定腔调的罗网而不能脱身。要想改变这种状况,有两个方面的工作要做。一方面,要破除旧有的动力定型,建立新的动力定型。这就要花气力、花时间,摸索出符合自己特点的、最好是有利于形成风格的动力定型。这是一次进入美学层次的进军,很可能失败,却也不无成功的希望,但绝不是形成新的固定腔调;如果那结果是形成了新的固定腔调,只能说明是在绕着圆圈踏步,不是什么新辟的"蹊径"。另一方面要保持民族共同语的历史积淀,不能变成别一民族共同语的同化物。不这样做,很难体现出民族风格,即使没有固定腔调,也不会为中国的老百姓所喜闻乐听。

仅此可见,改变语势单一的毛病不是一朝一夕的事情,不可能一蹴而就。也正因为如此,想用"日常生活的谈话"来取代播音语气,是不够科学的。

当播音语气的运用进入了真、善、美的境界,播音语气艺术的光华就可以笼盖四野,播音改革的成果就令人信服了。

六

语势单一,语气呆板,说到底是语言基本功问题。播音语气中要容纳深邃的思想、丰富的感情,要给人以美感享受,单一的语势、呆板的语气怎么能胜任呢?至于在思想浅薄、感情冷漠、美感缺乏的情况下,语势再多样,也不过是银样镴枪头,没有生命的。

语言基本功的播音语气方面至少要从"语"和"气"两个支柱上发挥作用。"语",是说在正确语感上,用声、吐字应该满足播音语气的需要;"气",是说在自如控制上,多少、快慢应该支持播音语气的变化。

先说"语"。一句话,包含着不同的音节、词和词组。在字正腔圆的基础上,利用音高、音强、音长的多种变化,利用吐字归音的不同位置、不同力度、不同速度,造成播音语气的色彩、分量上的变化,造成相应的韵律美,是非有过硬的基本功不可的。有的同志普通话不够纯正,有的同志吐字归音上存在明显的缺点,都将直接影响播音语气的美感。即使在日常生活中,我们也不大喜欢嘶哑的声音、咬舌那样的说话。

再说"气"。只有状态松弛,才会有比较畅达的气息。那种毫无意义的吸气声、虚声,除了表明基本功不足之外,只能说明对自然气息的留恋。我们的胸腹联合呼吸,并不是像有的同志理解的那样,丹田时时着力控制,几乎发出的第一个音节都要用上丹田的力量。无疑,这种理解、这种状态是错误的,是导致语势单一、语气呆板的一个重要原因。丹田的控制力量是相当松动的,一般语气中只有一点儿微收的感觉,只在高音、强音或长句末尾才稍觉控制的支撑力量。呼吸无声的支持力量几乎全靠两肋的左右扩张。气息的上提、下放,又几乎全靠胸部支点的调节。

综上所述,语气是情、声、气的结合体,是"麻雀虽小,五脏俱全"的。特别在声音、气息上,它要求功底深厚、运用灵活,而最忌"强控制"。"大自然"的现象很诱人,在理论和实践上好像很有发展的势头。对此,我想引用斯坦尼斯拉夫斯基的几句话唱一点儿反调。斯坦尼斯拉夫斯基称赞过天才的本色演员,但对于天资不高的那些追随者,他却很不客气地指出,"连机械地表演角色都办不到,就连演员的匠艺都掌握得很差",可是他们居然"还以自己的原始状态而骄傲"。在我们的播音同行中,有没有以自己的原始状态而骄傲的呢?

以自己的原始状态而骄傲是十分有害的。诚然,有的人那原始状态达到了一定水平,在日常生活谈话中就是佼佼者。我们所说的原始状态、日常生活的谈话,并不是指这些人,而是就一般情况说的。原始状态总不如训练有素的状态,日常生活的谈话也总不如艺术语言。播音语气的运用,必须汲取生活中丰富的营养,这是不可或缺的,但同样不可或缺的是加强艺术化处理。我们应该摒弃"大自然"而追求"自然美"。应该允许这种追求,应该假以时习,不怕曲折反复,但这只有苦练语言基本功,不能只作表面文章。不少同志正在这样做,一时不易有明显效果,但在不久的将来,定会脱颖而出,在播音艺术的百花园中增添异香。

七

播音语气的训练,在播音实践中点点滴滴积累,在精选稿件上一句一句推敲,当然是需要的。不过,根据当前的形势,根据广播电视的发展,根据播音改革的需要,还应该打开训练的各种渠道,使我们的训练深入一步。

在播音语气上,由于长期播送文字稿件所形成的语言习惯,除了基本功的加强这一总的要求,还应着重解决语言与思维存在某种脱节的问题。语言与思维脱节,是说在播音过程中,我们的思维不够积极,有了稿子,心里就有底了,好像用不着过多地用脑子,也可以播好。因此,不少播音员离开稿子就不会有条有理地说话。这恰恰反映了用积极思维去组织语言的时候,思维能力特别是创造思维能力的弱化。

增强创造思维能力,是播音员的当务之急。播送稿件自不必说,现场报道等对此也提出了更高的要求。我们只有千方百计提高驾驭语言的素养,才能赋予播音语气以新的生机和活力。

如先写个提纲,然后打个腹稿,再进行现场报道。几次之后就会发现,临场应变能力增强了,思维敏捷了,说起话来也流利了。

如经常开一些无稿的辩论会、演讲会、口头作文比赛……养成紧张思维、边想边说的习惯。这不但有利于打破固定腔调,而且在此基础上能逐渐摸索出自己的特点、自己的审美感受的个性,从而为形成电台的、个人的风格做好充分的准备。

如在日常生活的交往中,时刻注意语气的逻辑性,注意语气的流畅、丰富,不以话少而放松要求,几年后必见成效。

这些,都会对我们的播音语气的改革或改善产生巨大的推动作用。

播音语气不是一个固定的概念,它一定会在今后不断改革,增加新的内容,增多新的样式。它不应停滞,因为停滞就意味着被淘汰。当一种新的样式出现之后,在广大听众、观众的赞扬声中,我们就要开始对另一个新式样进行探求,这个过程是不会有尽头的,理论上、实践上,都是如此。

播音语气问题十分复杂,还有不少方面本文没有顾及,希望同行们展开讨论,使我们对这个问题认识得更清楚、更全面,以迅速适应广大人民群众对提高广播电视播音质量的迫切要求。

1984.12

播音创作技巧,以语气为中心。语气,关系到每一篇稿件、每一句话,实在是一个重要问题。要提高播音表达能力,要使播音准确、丰富,都不能不研究和解决语气问题。此文在《播音基础》一书中关于语气的讲解的基础上,结合当前的播音改革,提出"播音语气的改革——或者叫改善,正是播音改革的突破口,正是提高播音质量的关键之一"这一重要论断,无疑是有见地的。

当前,在播音时,追求自然,是一种倾向。从理论与实践两方面重视它、克服它,才能走上正确的路。

夏青

简论播音艺术的欣赏层次

在广播电视的宣传中,播音的宣传性特征是不容置疑的。但是,播音的艺术性特征却往往被轻视。宣传性与艺术性在播音创作中是不可缺少的,它们是播音创作的两大支柱。播音在传递信息、传播美、服务于人民群众的过程中,创造着实用价值和审美价值,发挥着广播电视的优势。播音创作中的有声语言,应该给听众、观众以美感,那有声语言的包容量、高深度、美学意义,在教育和鼓舞的作用中占有举足轻重的地位,在满足审美要求方面更肩负着成败优劣的艰巨使命。广大听众、观众把播音员的有声语言认作主要信息源和重要审美对象,这不是任何人的主观臆测,人民广播电视的历史已经并正在证明这一点,我们的播音艺术正在不断成长,日趋成熟。宣传性与艺术性的结合日益紧密,播音艺术园地必将在社会实践的肥沃土壤中新枝挺秀,百花盛开。

宣传性与艺术性的紧密结合,使播音艺术独树一帜,在广大听众、观众中受到普遍关注,并在审美过程中形成自己的特有欣赏层次。播音艺术的欣赏层次与其他艺术的欣赏层次有共通之处,但不能混淆。播音创作的丰富内涵与听众、观众的复杂心理铸造了这欣赏层次的基本网络。

一

观众在收看电视的时候,电视播音员的形象、仪态成为第一刺激物。观众对形象、仪态的审视既可能一瞬即逝,也可能延续下去。听众、观众在打开收音机、电视机之后,决定选择新闻节目、专题节目时,率先感知的是播音员的声音状况,紧接着必将对声音的负载加以判别。然后,对声音负载给以综合和深层的分辨。最后,对与负载物相应的声音形式进行高一级审美观照。

这样表述四个欣赏层次,可能简单了一点。

第一个欣赏层次，既然主要指声音状况，当然包括音色、吐字、语音方面的问题。这个欣赏层次的特点可以简括为直接性和过渡性。直接性，意思是作为语言的物质外壳——语音对听觉神经的直接刺激，或者是听众、观众由听觉感受器作出的直接反应。这直接性以人类的语言交际的长期积淀为前提，以同时代人们社会交往的约定俗成为条件。播音中的音质状况，在任何瞬间都是先于有声语言的具体内容而被感知的，特别是在常用语、反复用语及刚刚开始的几句话中，明显地存在着语言内容与字词的语音相对独立甚至相对脱离的情形，即受众先听到声音，然后才体味其中的语意，最后才完成对段落、篇章的全部含义的理解。这是语音的传播性能和表义性能的具体表现，而不是对语言规律的违反。广播电视有声语言的声音状况有时可以使听众、观众决定对节目的取舍。音色上的哑、暗、干、尖，明显的鼻化，用声上的捏、挤、压、抻，声、韵、调的远离标准，吐字归音方面的松软、拙浊，都是欣赏过程中的干扰，从而造成这个欣赏层次的滞涩、中断或丧失。

这个层次还表现为过渡性。原因很简单：声音失去了语义，是没有存在价值的；受众听其声之后，一定要进一步察其意，以获得信息。另外，对声音状况的认知应该被引导到更深刻的认识层次中，而不要仅凭最初印象就下结论。欣赏者也需要一定的语言功底，以便过渡到高一级的欣赏层次中去。

这个欣赏层次，也有高低深浅之分，并不是人人都相同的。有的人分辨不出声音状况如何，也不了解哪些是非普通话因素，语音感觉阈限十分宽松；有的人基于个人语感的偏颇，有时竟把好音色与差音色颠倒过来，把优点当作缺点，把缺点看作优点。诸如此类，不一而足。当然，那最低的水准一般还是一致的，如十分沙哑、干涩的音色，大概不会有人偏爱，也不会被当作特殊风格因素去欣赏；浓重的方音，在普通话播音节目中不会被人们津津乐道。语焉不详、含糊其词，既听不清字和词，又猜不透说的什么意思，这样的播音，谁也不会因其"自然"而赞叹。那音色优美、吐字清晰的声音状况常受青睐、不绝褒奖，就是十分自然的了。

这个欣赏层次，具有直接性与过渡性，似乎浅薄，却是播音艺术欣赏的第一个阶梯，只有通过它，才能进入下一个层次。

第二个欣赏层次，主要是对词语含义的判别。比起声音状况来，词语含义更为重要。语音之所以称为语音，就因为它是话语的声音。没有思想感情的负载，这个欣赏层次便落空了。这个层次表现为明白晓畅和表情达意，也可以简括为流动性和确定性。流动性意即听来是真正的活语言，而不是简单的念字出声，它使一个一个的字转变为一层一层的意思，完整而有层次地表达出来。确定性是说每一个字词的含义在具体语言环境中都表达确定的语意，不含混，不模糊，态度是明朗的，感情是丰满的。

这个欣赏层次，是信息的主体，大部分听众、观众专注于此，他们心理期待的主要方向也在这里。因此，信息的清晰度，信息传递的速度，信息的容量，信息的真实性，就显得格外重要。

有声语言的内涵,远不是把词语变成说话就可以显露出来的,把播音看成只会读音念字,不承认有声语言再创造的艰辛,当然也就欣赏不了这个层次上的流动性与确定性。

这里,特别值得一提的是,有不少同志,特别是一些从事文字工作多年的同志,在听到有声语言的时候,总是毫不费力地、极为习惯地把有声语言转变为文字语言,然后,又按照文字语言的要求去咀嚼文字、推敲文字,看看是否文从字顺,遣词造句上有没有什么问题,一些提法是否恰当,等等。这样做,从文字语言和有声语言的共性要求上说是可以的,但是,如果广播电视中发送出去的有声语言,在这些同志心目中,只是变成一张报纸,或者是一页一页的文字稿件,至于播音员播得如何,却很少去想一想,那就有欠缺了。因为,这容易造成两个方面的错觉:一是广播电视传递信息,文字稿件最重要,有声语言并不重要,只要是一篇好文章,必然就会成为高质量的信息,节目的质量也就高;二是播音员只不过是把文字变为声音,凡会说话、识字多的人都可以做到这项工作,顶多再加上嗓子不错和会说普通话这两条。因此,播音艺术是不存在的,播音创作也是小题大做之谈。

对这些同志还是要做一些广播电视特点和欣赏过程诸环节不可缺少的启蒙工作,请他们对比地听一些节目,使他们感受到播音质量对文字稿件所起的重要作用,从而能进入广播电视播音艺术的欣赏层次中,以有声语言的规律去取代文字语言的规律,以对有声语言的尊重去克服对文字语言的偏爱,将注意的方向从把声音还原为文字的轨道上转移到捕捉有声语言的内涵及声音变化上来。

有声语言的内涵,当然是靠声音变化来显现的。不过,这声音变化绝不是字变音的简单变化。同样一个字、一个词、一个句子,可以变成多种声音形式,既可以是肯定的,也可以是否定的;既可以同义同向,也可以反义异向。如"早晨"一词,可以从有声语言表达中感受到清新、明朗,也可以从有声语言另一种表达中感受到阴沉、压抑;"向雷锋同志学习",由于有声语言的不同,可以是诚恳、昂扬的,也可能是违心、懈怠的。不能从有声语言中加以分辨,只从文字上看,是欣赏不了播音艺术的。

流动性,意味着内容的连贯、完整,也意味着有声语言的活脱、推进;确定性,意味着具体色彩、具体形式使文字语言的含义更明确、更可感,意味着态度、感情的恰当、丰满。

这个欣赏层次,具有普遍的欣赏意义,广大听众、观众要通过这个欣赏层次获得自己所要了解的东西,并得到基本的满足。因此,我们把第一、第二欣赏层次统称为基本欣赏层次。这就是说,一方面,基本欣赏层次是完成广播电视宣传任务、服务人民的基础,是不容轻视的;另一方面,基本欣赏层次并不是广播电视宣传的全部任务,还要在这个基础上向纵深发展,达到高一级的程度,满足高一级的欣赏要求。

二

播音艺术只适应基本层次的欣赏需要是不行的。因为广播电视宣传中还有更深刻的内容,广大听众、观众也有日益增长的更高的审美要求。我们必须进一步探讨第三、第四欣赏层次中的问题。

第三个欣赏层次,深入到了有声语言的目的性和分寸感方面,因此,提出了集中性和准确性的要求。

这个欣赏层次,不是一般的有声语言所能胜任的。集中性,是指统观全篇稿件、整个节目而作出的整体构思及其表现。广播电视播音不能只产生单句、句群的判别,必须给人以整体感,而这整体感中,包含着集中到哪一点上,集中后给人些什么。那种有字无句、有句无章的播音就缺乏这集中性;那种东拉西扯、偏离播讲目的的播音也缺乏这集中性。准确性,是指政策、态度、语词等所具有的细微差异,在有声语言中是否准确,意即受众是否能从播音中听出细微差异,辨明具体的针对性、政策性和语词的确定性。

有声语言稍纵即逝,那些不处于对比、并列环境中的细微差异更是不易被捕捉、不易给人留下印象。如果不高瞻远瞩,驾驭全篇;如果不悉心体味,明察秋毫;如果不把集中性与准确性紧密结合起来,要使广大听众、观众的欣赏进入这个层次是很困难的。即使勉强进入这个欣赏层次,他们也不会从中受益。

由于种种原因,有些听众、观众不能进入这个欣赏层次,并非播音艺术的过失,这是要分清的,不可混为一谈。造成有些听众、观众不能进入这个欣赏层次的重要原因,恐怕是素质和修养的问题。有的人,对新闻性节目并不喜爱,往往抱着猎奇的心理,如果没有什么社会新闻,就不加以注意;更多的人喜欢听新闻性的节目,却只满足于什么事而不大注意新闻事实与政策、与形势之间的关系,至于为什么报道这条消息,这条消息体现了什么政策精神,几乎连想都不想。当然,不少人是注意从广播电视中了解党的方针、政策的,但并非能从播音的有声变化上去了解,倒是多从提法、语词上去考虑。只有那些有较深修养、较高素质的人,特别是熟悉有声语言的人,才善于辨别其中分寸感的变化,从而深入捕捉政策分寸的不同。

从播音艺术的发展看,从整个民族文化素质的提高看,我们都没有权利放弃对这个欣赏层次的把握,降低对播音艺术的要求。只有深入认识它,尽力丰富它,才有可能使播音艺术放出异彩。

现在有一种倾向,似乎集中性、准确性的社会要求成了影响听众、观众欣赏广播电视节目的障碍,而"向生活靠拢""亲切自然"才是"缩短距离""吸引听众"的坦途。这种观点,以"听众、观众是上帝,是最高审判者"为名,主张散漫性、模糊性的自由迎合,以低层次审美趣味投其所好。这种观点,必然削弱党的喉舌的使命感,减轻提高人民群众审美情趣的责任。这种观点如果扩散开来、发展下去,就会把"教育和鼓舞"的艰巨任务置于脑后,把播音艺术降低到不问新闻素质、不讲宣传质量的油腔滑调、插科打诨的"自由言语"的水平。

现在进行的改革,是以提高广播电视的宣传质量为根本点的,任何节目取舍、时间调整、结构改善、形式改进、样式更新,都不能忽视这个根本点。离开这个根本点谈改革,大概是少有成功的希望的。

引导广大听众、观众进入这三个欣赏层次,应该被当作一个标志:提高广播电视宣传的标志,提高播音水平的标志,改革的标志。广大听众、观众理应从这个欣赏层次中得到启发,受到感染,而不应在低层次的审美情趣中满足于浅薄的愉悦和快感。威尔伯·施拉姆和威廉·波特在《传播学概论》中,在引了一张表格之后指出:"这张表格相当明确地表明,年龄和教育程度同选择电视上的新闻和政治性内容成正比,而同选择娱乐性内容成反比。"① 我们不能以民族的文化素质还不够高为理由,一味迎合。我们有责任提高全民族的文化水平、欣赏层次。这才是本质意义上的服务,才符合我国广播电视的宗旨。

第四个欣赏层次,专指声音形式的美学意义。它要求播音中的有声语言富有艺术魅力,体现一定的审美理想,使广大听众、观众在审美观照中获得多方面的美感享受。

普通话具有巨大的美学优势。辅音和元音的简洁清晰,声韵结合的精妙响亮,声调变化的参差错落,语句的起伏跌宕,体裁的色彩纷呈,真是气象万千,美不胜收。这又使播音的有声语言在表情达意、言志传神的过程中,充满了韵律美,强化了意境美,体现出中国人民的作风和气派,造就了新中国的播音风格和有造诣的播音员的个人风格。

这个欣赏层次,使播音语言内涵与声音形式的变化进入有机融合的深处,使广大听众、观众在有限的时间里进入无限的空间,既获得众多的信息,又获得情操的陶冶,觉得信息是美的,信息显示的大千世界也是美的,那声音欣然走进敞开的心扉,息息相通,没有滞碍。这是一种境界,是播音艺术的最高境界,是广大听众、观众欣赏的最高境界,是创作者与欣赏者达到的一种默契。

这个欣赏层次,表面上看是第一个欣赏层次的复归,实质上却是螺旋式上升的一个重要阶段。严格说,这个欣赏层次并不是欣赏过程的终结,它似乎是另一个欣赏过程的起点。这"另一个欣赏过程",可能是本次欣赏的重复,也可能是下一次欣赏的深化。

达到第三、第四欣赏层次,需要相当高的政策水平、文化水平,需要相当深的语言造诣,否则,恐怕不能咀嚼个中滋味。

三

播音艺术的欣赏层次,作为播音美学系统的一个子系统,还有诸多分支。四个欣赏层次,并非就是那样界限分明、互相割裂的,更多的情况是混合交叉、相互渗透的。欣赏作为一个过程,同欣赏者的注意方向、期待心理、素质素养、审美趣味、情绪心境,有着密切的关系;同欣赏对象表现出来的突出点、独特点、新异点,同样有着密切的关系。任何一个欣赏过程都是一种合力,即欣赏主体与欣赏客体的相互作用力相克相生的过程。这中间产生的差异错综复杂,实有进一步研究的必要。

从播音艺术的欣赏层次中,我们可以察觉目前广播电视播音创作所面临的几

---

① 施拉姆,波特.传播学概论[M].北京:新华出版社,1984:175.

个问题：

第一，播音应该是一种创作，但并非所有的播音都是创作，更不是每位播音员的每一次播音都必然属于创作的范围。现在看，有许多播音离"创作"这一范畴还相距甚远。因此，不能用对播音事业的忠诚和热爱来取代对播音创作基准的客观评价。还有一部分播音，进入创作的领域，但只能达到基本层次的水平，不能给人以更高的审美享受。因此，不能认为只要遵从了正确的播音创作道路，就同时具备了四个欣赏层次的审美要求。只有播音中的少数同志，能够把广大听众、观众引导到高级欣赏层次中，稳定地给他们以各种各样的美感享受。这个情况，不能不造成播音艺术的自强不息、刻苦攀登的氛围和趋势。

第二，播音艺术的欣赏层次，要求播音员的东西比要求听众、观众的东西更多、更高。播音员在各种节目的播音中要满足不同欣赏层次的不同需要，以不变应万变是不行的。而最基本的一点，恰是目前最薄弱的一环，就是播音员基本功不足。要想达到播稿时锦上添花，无稿时出口成章，没有扎实的基本功是不行的。基本功集中到、落实到语言上，是语言功底和语言功力问题，这就要多听、多练、苦学、苦钻，特别在语感上、表达上下一番功夫。播音艺术不能孤芳自赏，只有在精通圆熟之后，才有可能进入美学的殿堂。

第三，欣赏层次的高低深浅总是随着时代发展的，今天的高和深，到明天也许就变为中档了。因此，自满自足是美学追求的大敌。听众来信，是重要的信息反馈渠道，但对优点的评价不应高过对欠缺的指点，哪怕后者在数量上极少。赞扬的声音充盈于耳，必然带来美学评价的偏听。正如名人的一切并非都是精品，播音艺术的欣赏层次也永无止境。

第四，欣赏层次中，对声音的状况似乎有所强调，但并不意味着声音决定一切。凡是有色彩的声音，一旦与语言内涵紧密结合，就会生发出吸引人的魅力；而只要陷入声音表面的追求，便会走到美的反面去。

第五，播音艺术的欣赏层次，也属于广播电视宣传的各个环节，领导、采编、录音、录像等部门的同志是先于听众、观众欣赏播音艺术的，是在更深层次、更高水平上欣赏、审核、协助的，如何通力合作，共同提高，不能不是一项重要的工作。

此外，在播音艺术的欣赏层次问题上，还有不少重要的课题需要研究、论证、阐释、宣传，目的无非是督促自己认识自己，争取别人认识自己，让播音艺术更快地成长。播音美学涉及众多的播音问题、美学问题，要建立这个新学科，还要做大量的调查研究工作，还要更多地学习其他有关学科。现在，不少同行有志于此，愿我们不断展开讨论，逐步形成播音美学的理论体系。

1986.2

播音艺术，是一种视听艺术，为受众服务，受受众制约。从创作的角度，要研究诸种规律;从欣赏的角度,也要研究不同的层次。此文提出了四个欣赏层次,从提高广播电视宣传质量的根本点上,阐述了这四个欣赏层次的不同特点、不同要求。这些,对于播音创作,对于受众欣赏,都是有益的。播音员不应降低传播质量去一味迎合,受众也不应单纯以自己的认识去要求播音员。创作者和欣赏者都不断提高层次,广播电视的功能就可以发挥得更充分了。

夏青

"播音腔"简论

广播电视的改革,正在广泛而深入地进行。播音改革,势在必行,许多同志已经或正在作出积极的贡献。但是,正在改革的同志都能体会到,改革谈何容易!诸多问题,纵横交错,牵一发而动全身。有些问题应进一步探讨,有些问题应经实践检验。关于"播音腔"的议论、争论既有理论问题,又有实践问题,简单地否定或肯定都不易于、都不利于取得共识、加快播音改革的步伐。

"播音腔"这一概念,几乎包容了播音学的全部基本问题,本文不可能详加剖析。只是对目前一些同志在使用、诠释这一概念时大加挞伐的情况,就个人的认识谈一些意见,以就正于同行。

一

"播音腔"这个概念一般很少使用,在播音理论中也未予以阐明,在使用时,很少有人把它看作广播电视播音的概括。原因就在于这是一个中性概念。而这,又是由"腔"一词而来的。

"腔",可以指乐曲的调子,如高腔、花腔、唱腔;也可以指说话的腔调,如京腔、学生腔。很明显,"腔"这个词至今也没有好与坏、优与劣、美与丑等稳定的褒义或贬义。与之相连的"腔调"一词,更是如此。用于戏曲,是指成系统的曲调,如西皮、二黄;用于说话,是指声音、语气,如"听他说话的腔调是山东人"。从这些解释中,我们倒可以看出,形成某种腔、某种腔调,反而是一种带有特色的旋律或话语。

由此可见,"播音腔"理应涵盖广播电视播音的一种特色,即区别于日常谈话、相声、评书、话剧、电影等的质的规定性。这种特色,应是广播电视播音所独有的,无论其边缘如何模糊、宽泛,其中心或内核是其他有声语言所不能容纳,不能替代的。"明晰性"正是最简单的表述。拙著《朗读学》

曾提出："朗读语言的规整性,与朗读语言的吟咏性,话剧语言的夸张性,电影语言的自然性,相声语言的诙谐性,评书语言的描摹性,播音语言的明晰性,教师语言的讲解性,可以说是八仙过海,各显其能……"这种在比较中突出特色的做法,也可能失之于简单,但总会造成区分,使人体会到它们的不同。

强调播音的语言特色,并不影响播音创作个体的语言特色,也不影响从其他有关学科中汲取养分,不应只是为了在学习、应用过程中牢牢地把握住自身,避免"舍本逐末"和"随波逐流"。

播音一定要有自己的"腔调",而不能失去它。正像"京戏""评剧""秦腔""汉调"要有自己的腔调一样,失去了自己的腔调,也就失去了自己的特色。对质的规定性的追求,对内容和形式完美结合的追求,正体现了创作者的审美理想和艺术胆识。

"播音腔"不是某个个人所左右、某个权威所弃取的结果。它是历史、社会、民族、时代的产物,是一种特殊的语言现象。人们可以辨析它,但不能否定它。

二

20世纪60年代初,人民广播创建20年之后,中央人民广播电台播音组曾邀请部分知名演员、语言艺术家,在话筒前播送几篇广播稿。这些同志在自己的创作圈中如鱼得水,显示出非凡的语言造诣,但是在话筒前,报告新闻像讲故事,播送社论像角色独白。这个事实告诉我们:播音,有特殊的语言表达要求,用别的腔调是不行的。

"播音腔",实质上,应体现播音语言的特点,那就是:规范性、庄重性、鼓动性、时代感、分寸感、亲切感。它是新中国播音风格"爱憎分明、刚柔相济、亲切朴实、严谨生动"在语言上的共性要求和努力方向。

规范性,首先指纯正的普通话,语音、语汇、语法不可或缺。如果连规范性都不坚持,还以"自然"自诩,以"生活化"为荣,以破除"播音腔"而得意扬扬,难道不是缺乏语言常识、忽视语言功能的表现么?

庄重性,是严肃认真、求实可信的一种语言表达样式的题中应有之义,信息的准确、可靠是不能用含混、随意来"稀释"的。否则,庄重的气氛、庄重的语气、庄重的态度、庄重的表情便都可以同"说教"一样,被拒之于广播电视大门之外了。朋友之间,也有庄重交谈。知己在庄重交谈时,任何戏谑都会破坏真诚,怎会认为庄重是"高高在上"呢?

眼下,广播电视的传播,被染上了某种扑朔迷离的色彩,狭义的服务和广义的娱乐,"客观"的报道和"商量"的口吻,正想掩盖以情感人、以理服人的目的。人们打开收音机、电视机,跟听"拉洋片"的唱、看"西洋景"的画是不可同日而语的。广播电视对人们精神上的满足主要在于"心有灵犀一点通",而这,也要求广播电视播音的"鼓动性"更多地蕴含在隐蔽的倾向性和潜移默化的感染之中,蕴含在广大受众的审美愉悦之中。

时代感,要求广播电视播音和着时代前进步伐的节拍,满足受众的多种期待。时代感不仅仅是一种"适应",更不是"适合"。炮火硝烟中的对敌喊话和胜利信息,是有时代感的;改革开放中的新鲜经验和突出成果,也同样是有时代感的。不过,前者势如破竹,后者清新明快,在有声语言上也有所不同。那种认为过去的播音就是"高调门,大音量",今天的播音就应"低调门,小音量"的意见,不能不说是一种误解。调门的高低、音量的大小,是因人、因地、因内容、因形式而异的,这似乎并不难理解。

分寸感,是播音"明晰性"特色的至关重要因素。恰当的分寸,使播音语言的内涵深入浅出,使广大受众乐于接受。播音艺术的高境界,可以用"高一分则太高,低一分则太低,长一分则太长,短一分则太短,强一分则太强,弱一分则太弱"这样的话来说明。基调、节奏和语气,都体现出有分寸的把握艺术。现在的某些播音作品,也许把"分寸感"看成"播音腔"的表现而摒弃了。

值得忧虑的是:以播音员和受众是平等关系,语气应尽量亲切,取代了语言内容要求有声语言具有丰富的感情色彩,因而对播音中的每一句话都以是否"亲切"来衡量,并在实践中不敢越雷池一步。这样的播音"亲切"则"亲切"了,可惜,语言的色彩却单一了。其实,这也是一种腔调,不过"播音腔"并不欢迎它,也不认为这是改革的成果。

广播电视播音,是有声语言表达的一种样式,同时也是一种表达方法。《韩非子·外储说右上》说:"教歌者先揆以法,疾呼中宫,徐呼中徵。疾不中宫,徐不中徵,不可谓教。"教的人如此,学的人也应如此。不学习和掌握"播音腔",是不可能登堂入室,体会到它的妙处的。

三

那么,"播音腔"是否就十全十美,无须发展了呢?当然不是。

从"播音腔"的形成和发展过程中,从播音队伍各个成员学习和掌握"播音腔"的主客观的相互影响中,我们看到了这样的一些问题:

第一,由于"左"的思想的干扰,20 世纪 50 年代末和 60 年代初开始,在话筒前工作的人们普遍有一种压力,对"出差错"有一种恐惧感。念错一个词,就有可能犯"政治错误",轻则检查,重则处分。于是,一种"保险调"杂入了"播音腔"中,稳而不错,多停少连,也有抑扬顿挫,却大多陷入"一般化"。

第二,早在 1946 年 6 月,《新华总社语言广播部暂行工作细则》中就有这样的规定:"要用普通话的口语,句子要短,用字用词要力求念起来一听就懂,并要注意音韵优美与响亮。"多年来,许多编辑、记者在这方面也做出了一定成绩,但从广播整体考虑,一方面,电台要大量使用报纸、通讯社的稿子,有时不能更动一个字,全社会包括广播在内,还处于"报纸时期",未能发挥无线电波的"听觉"功能。这就使播音中充满了"书面语",这对于"播音腔"无疑会有某种束缚。另一方面,长期以来播音员没有"改动稿件"的些许自主权,反而受"此文件不要播错一个字"的批示的无限扩大的原则支配,强调"忠实于稿件"，丝毫不影响语意的加字、漏字（包括一个无足轻重的"的"字）也被认为是大逆不道的。虽然说局限性与创造性是对立统一的关系，但僵化的规定不能不对播音员的再创作产生影响，甚至是种禁锢。于是，"播音腔"中又杂入了"照本宣科"的成分。

第三，自从人民广播事业创建以来，特别是20世纪60年代初期以后，广播电视播音几乎无一例外的，都必须严格按照稿件播音，不允许在话筒前进行"无稿播音"，连台号、节目名称等固定用语也要写下来。如果有谁手中无稿就去播音，那简直是奇闻。于是，许多播音员长期照稿件播音，竟形成了某种心理定势，一旦离了稿件，连小组会上的发言也会前言不搭后语。这根本不是播音员的责任，更不能因无稿播音的出现，某些播音员一时不适应，就认定他们"只能照稿念""不全面""没出息"。无可否认，长期依据文字稿件进行再创作，缺乏依据腹稿即兴播音的创作机会，使播音腔中"念稿"的痕迹比较明显，尤其是知识性、服务性、文化性节目的播音不可避免地略输文采甚至有些生硬。

第四，从广播电视系统的整体看，队伍的文化素质不够高。有些领导不懂播音却以"长官意志"决定播音质量的优劣，决定播音员的去留，使一台、一组的播音"模式化"。凡不符合这一模式的，便不准播；凡不像中央台、不像某人的便认为不合格。造成播音队伍不稳定的因素很多，这一条却也不可轻视。全国不少台的播音员，年复一年封闭在播音室里，无法开阔视野，不能增长见识，更没有机会到各台去交流播音经验，只有"听中央台的播音"，学习不知门径，模仿不解奥妙。其结果，只能是在自己所处的文化层次、社会经验的起点上，力窥播音艺术的丰碑，照猫画虎，亦步亦趋。得其神韵者虽有，邯郸学步者甚众。以上这些原因，在"播音腔"里又杂入了某种主观随意性。

第五，形而上学在神州大地上从未灭掉它的威风，它几乎无孔不入地渗入社会的各个层面、各个领域。辩证法的普及虽使它相形见绌，可是习惯势力的确是可怕的。在播音中，或者再扩大一点，在广播电视中，形而上学也有藏身之所。一个节目轰动了，于是纷纷制作；一次播音成功了，于是"有口皆碑"；一位播音员出名了，于是竞相仿效；一种样式被承认，于是"不胫而走"……"一窝蜂""齐步走"像个幽灵一样在播音创作中徘徊，一次次兴风作浪。无疑，这在"播音腔"中肯定会打上某种印记。

第六，改革开放的形势，使我们真正地放眼世界了，原来觉得神秘的东西现在觉得新奇了。学习和借鉴外国有用的东西，本无可厚非，但如果原样照搬，甚至模仿外国和港台地区的普通话播音，那就滑稽了。学习和借鉴，也可以"拿来"，但不能无视国土、国情，一味盲目追求。我们广播电视，还应以国内受众为主体，不应因某个外台的备受青睐而改弦更张。研究国内受众的心态和心理趋向，是义不容辞的。可惜的是，一些同志采用了某个外台的播法，还认为是破除"播音腔"，是改革。

第七，播音美学中的诸范畴，如风格、意境、韵律等，在广播电视传受双方之间，存在着创作和欣赏的不小差距。提高有声语言的美学素质，实在是紧迫而长期的任务。正因为如此，"播音腔"中的美感成分并未被开掘出来，更未扩大它的普及面。用较低的欣赏层次判断"播音腔"是好是坏，恐怕会产生不小的偏颇，对"播音腔"的认识也容易流于浅薄。

总之,作为广播电视播音特色的"播音腔",有其合理内核,也有某些杂质需要我们仔细辨别,这样就不会在倒掉洗澡水的同时,把小孩也扔出去了。

四

"播音腔"是我国老一辈播音员多年实践、长期探索的艺术结晶;后继者又在坚持继承的基础上不断发展和丰富着它。播音改革,也只有在继承中创新,才会有坚实而广阔的前途。

剔除"播音腔"中的杂质,赋予它时代的新的活力,以充分发挥广播电视的多种功能,大概是改革者的大任了。

阐述"播音腔"的本义,并不是反对播音改革;历数其杂质,正是想为播音改革提供一孔之见。不过,本文不可能详加解析,只是简略陈述一二,唯愿使播音改革更加深化,使我国的广播电视,真正具有社会主义中国的特色。

我认为,播音同行们应该理直气壮地坚持使用、丰富和发展"播音腔",并且以不懈努力,成就新的时期、新的个人的播音风格。为我们共同的美好追求勇往直前!

1988.10

在广播电视播音改革探索过程中,经常受到普遍议论和挞伐的,是"播音腔"。以此为代表,认为它是应予否定的核心,是改革的主要障碍。至于什么是"播音腔",怎样分析它的形成,它有哪些合理内核,又有什么混合成分,尚未有中肯的分辨。本文从历史发展,从横向比较,从动态变化,初步对其予以辨析,明确了许多是非。

播音是一门科学,必然要有自己的有声语言特征。播音又要有时代的印记,语气上也不会毫无变化。这里,不应全部肯定其方方面面,也不应攻其一点,不及其余。本文似乎只是一个纲要,并未详细阐述,但那基本观点,还是可以起到廓清模糊认识的作用的。

夏青

深化播音内涵　加强语言魅力*

广播电视改革面临着进一步深化的艰巨任务,涉及广泛的领域,关系众多的功能。从"出头露面"的从业人员,特别是播音员(包括各类节目主持人)的角度看,改革尤为迫切,至为重要。对"出头露面"的轻视、忽视,或者表面重视、实际漠视,都极大地阻碍了整体的改革,这是被越来越明显的事实所证明,并在继续证明的。这不可回避,无可逃脱。

一

作为广播电视传播系统中的重要环节,播音迥异于书报传播的"排字"工种,也有别于人际传播中的"交谈"过程。播音是一种创作,是大众传播电子媒体中的产品形态要素,是节目制作、传送、接收的律动基因。这是广播电视的特殊性、独立性,也是视听优越性、普及美感性的根基。以此为逻辑起点,才可能抓住广播电视传播的规律,才可能推进改革的发展。

但是,长期以来,广播电视传播系统的认识上、操作上的"报刊影子"并未消失,在有的地方、有些时候,还显得浓重。重编轻播、重文轻语、重辞章轻表达,就是比较突出的表现。这种认识与操作的核心是:遣词造句、布局谋篇最重要,可以下大功夫,花大气力;而语言表达,诸如语意是否清楚完整,语气是否准确贴切,思想是否揭示得深刻,感情是否表现得丰富,等等,那就"不在话下""言如其文"了。似乎有了构思、有了叙说、有了词语系列、有了来龙去脉,就有了受众的认知,而那中介,不过被认为是"无差错"的"语音"而已。

事实上,播音创作的关键是赋予构思以完美体现,赋予叙说以顺畅流动,赋予词语系列以正确目的,赋予来龙去脉以明白蕴藉。一句话:赋予语

---

*　原载于《中国播音学文集》,贵州人民出版社 1994 年 12 月版。

言内容以生命的音声活力。这一过程,是对语言内容的阐释,并且是理解与深化、转型与活化的开掘。所谓理解,远不止于词语系列本身,它包容了民族语言融汇着的广阔背景与文化积淀;所谓转型,既有由内而外的转化,又有由无声到有声的转化,这转化又都是由散点透视、连绵铺排建构的三维辐射过程,由此造就了有声语言的社会功能。

播音,既不是词语系列的排字印刷,也不是词语系列的字音拼合,它以自己特有的规律完成着语言目的的特指选择、语言内容的主次确认、语言色彩的意会点染、语言分寸的比较判别等一系列创造性思维活动,并以此同其他传媒、其他传播、其他语言艺术相区别。

播音中的有声语言,不管来自文字稿件,还是来自腹稿,只要成为节目的具体组成部分,就绝不是简单的"音声化"。"怎样写的就怎样念""怎样想的就怎样说",并非准确的表述,因为这不符合表达的实际。

常识之一:播音中的词语系列,由于要"言志",当然应该目的明确。在这里,没有具体目的的词语系列是不存在的。某句话、某段话、某篇话、某话题,可以因表达而正确实现其目的,也可以因表达而完全背离其目的。热情赞扬的可以播成冷漠轻蔑的,坚决支持的可以播成疑惑反感的,沉痛哀婉的可以播成轻松愉快的,强烈反对的可以播成消极懈怠的……播音过程,掌握着词语系列的"生杀"大权。

常识之二:只要有两个词或词组连在一起,就产生了主次关系,而这主次关系仅从词语系列往往难以确定。主次关系是语意的关节,是目的的落实与具现,同时又是背景、语境、受众诸方面的多向联结点。驾驭主次关系,关系到语言流动方向、态势,关系到语言内涵思路、深度,"达意"成败,在此一举。揭示主次关系,有多种表达方法,但不应以此为理由,使之淹没在"自然""快速"的词语海洋中。如果是这样,只能证明语言驾驭者的无能或低能。

常识之三:思想感情是有声语言的生命之源,"纯粹的意思沟通",在有声语言中是不存在的。每一个词语系列,在播音创作过程里,总是伴随着、依赖着那语流下面感情的潜涌,不是这样的感情,便是那样的感情,"无感情"也是一种感情,只是停留在或降低到"零度"的感情而已。人类感情的丰富造就了有声语言色彩的多样,构筑了"心灵的窗口"的形态,打开了"息息相通"的大门。感情色彩的认知无须另作说明,像小说描写那样,"他兴奋地说"之类,话语中自然包容着、蕴含着。因此,"表情"不是理智的辨析,而成为"共鸣"的悟性。本无所谓"强加",更不应"外贴",那油然而生、脱口而出,正表现了有声语言驾驭者深邃的内心世界和深厚的语言功力。

常识之四:"过犹不及",是一种分寸;"失之毫厘,谬以千里",也是一种分寸。有声语言的分寸,比起遣词造句、字斟句酌的写作和思考来,更难于把握,同样需要"厚积薄发""明察秋毫"。播音中的分寸,既包括整个节目(栏目)基调的把握,又包括有声语言句和段、层和篇的驾驭,从而造成恰切、妥帖的整体格局与具体样态,呈现出准确、鲜明、生动的感悟通达,"传神"便成为视听之间的传受感应,魅力得以升腾。

这几点常识，不知说明了多少次，但仍显得说而不明，恐怕并非因其深奥，可能正是不"明"其妙之故。缺乏对有声语言的了解与实践，要体味个中滋味，确实困难，不过广播电视的特点与规律，早在召唤人们去认识它了，什么时候才变成"常识"呢？反复说明，不能不是一种责任。许多电台、电视台的同仁，包括业务领导有不少真知灼见，使我们大受启发，这当归功于孜孜以求的敬业精神。某些理论家，总希望寻找那"超常"的智慧，本是好事，但却万万不可忘记这平凡的"常识"！

二

广大受众从广播电视中听到、看到的是以节目为基本单位的精神产品，这中间当然有内容和形式的问题，播音中的有声语言包括副语言，更有内容和形式的问题。受众不大有可能，也不大有必要去追究，节目是如何生产出来的：工作人员用了多少精力、花了多长时间、怎样分工合作、如何群策群力，谁出的力多，谁的水平最高，等等。节目的生产过程是"内部秘密"，节目的播出过程才具有"公开传播"的特征，即使是现场直播、热线电话、随机采访、纪实拍摄，那操作前的缜密构思、时间配置、题项选择、应变准备、主线把握、起承关系等，仍具有"内部保密"性质。从这个意义上说，传者的主动性、积极性、创造性，总是对受众的期待进行有力的引导，总是使受众处于"欲知后事如何，且听下回分解"的心态中。如果节目疲软、引导无力，或者内容较好、制作粗糙，受众当然有权转台或关机。"秘而不宣""引而待发"，应该是节目播出过程中吸引受众的重要因素。对"重播"的期待，"百看（听）不厌"的心理，均与此有关。

重要的是节目的内容与形式、有声语言的内容与形式，应该如何达到完美的统一。内容决定形式，形式又反作用于内容，这既是创作规律，也是生产规律。符合这条规律，创作和生产就会成功；否则，就会失败。从有声语言看，什么样的语言内容就要求着什么样的语言形式，而相应的语言形式又反过来推动语言内容的可解、可感。这一点往往不被重视，很多人以为"必然如此"而浅尝辄止。

在播音创作中，必须解决语言内容和语言形式的关系问题，这是题中应有之义。虽然在内容和形式的认识上、理论上、实践上有许多不同，但从总的关系上说，明显的对立尚属少见。这里，不去说那些争论，只从播音创作方面剖析一下内容和形式的关系。

播音中的语言内容，简单说来就是：一定的词语系列负载一定的思想感情；语言形式，简单说来就是：声音的状况及变化。播音创作，不但要通过词语系列正确反映大千世界，而且要通过声音，把这词语系列及其内涵外化为可听、可感的某种形式，从而实现其社会功能。创作主体必须了解和理解，大千世界中的人、事、物、景、情应该形成怎样的词语系列，为什么要形成这样的词语系列才可能比较准确地反映出来？而这样的词语系列应该用怎样的声音形式，为什么要用这样的声音形式才可能比较准确地表现出来？在这个过程中，创作主体面对着多向、多层、多样的创作依据，其艰难程度并不亚于写作。如果从时效性看,它比一般的写作更艰难。

创作主体和创作依据的矛盾,是播音的主要矛盾,是播音员概念的辩证本质。不论那语言内容的词语系列是在文字稿件上还是在腹稿中,都必须外化为声音形式,即"形之于声"。"简单地念字出声"的认识阶段早已过去,现在,要想将词语系列"形之于声",创作主体就必须深入考虑层次、主题、背景、目的、重点、基调,就必须加强逻辑感受、形象感受、具体感受、整体感受,就必须获得情景再现、内在语、对象感,从而使思想感情处于运动状态,在"有感而发""有动于衷""有的放矢"的创作状态中,运用停连、重音、语气、节奏等表达技巧,沿着正确的创作道路,提高"以事省人""以理服人""以情感人"的积极性、创造性。这是一个极为复杂的创作过程,哪一个环节、哪一个局部出现了偏差,都会造成全局性、整体性的失利。这也就是我们一再强调播音学是一门实践性很强的学科,创作主体的素质与修养至关重要的原因。

当前,广播电视改革大潮中,多样性成为主流,这是合乎时代和社会潮流的,也在满足着受众的多样化需求。但是,改革的深化,正呼唤着多品位的合理建构。高雅品位、平实品位和通俗品位,理应得到各自的位置,并向着各自的优良档次提升。在这方面,播音创作也不应例外,且肩负着重大的使命。

如果说,反映大千世界时,语言主要通过词语系列遣词造句、布局谋篇,而这词语系列表现为多种组合:不同文体、语体,不同语法结构、修辞色彩,不同特色、风格,不同思想、感情,不同表达方式、接受心态……那么,声音状况的变化,就必须采取不同的样态。既不应南辕北辙,又不应削足适履,更不能以不变应万变,走进固定腔调的胡同里去。

我们不必罗列各种色彩纷呈的语言样态,也不必详细论述语言内容和声音形式的诸条规律,这里,仅就所谓"书面语活动的产品"与"言语",即一般人所指的口语的问题进行一下简要说明。

语言,自有文字以来,就出现了两种形态:书面语和口语,后来逐渐分野,造成了书面语言和口头语言;再后来,这分野又逐渐融合,不那么分明了。但不管是书面语言、书面语,还是口头语言、口语,用语言学的新概念说,都是"言语",完全不应该认为,只有口头语言、口语才是"言语"。大体说来,书面语言讲究词语系列的严密、精当,口头语言一般不那么严密、精当,因此,在声音形式上就表现为"诵读"同"讲说"的语感差异。

首先要指出:"诵读"与"讲说"都是有声语言,都是表情达意、言志传神的表达样式。作为语言的发出者、驾驭者,不论诵读还是讲说,都应该遵从"思维反应律"和"词语感受律"等。通俗点儿说,播音员(主持人)在话筒前(镜头前)的诵读或讲说,都是创作主体的语言行为,都是在进行广义的"说话"。

重要的是,不应该认定:凡有稿件时就都是诵读,凡没有稿件时就都是讲说。因为那稿件存在着千差万别,有的书面语言多,有的口头语言多。书面语言多的稿件,诵读比较合适;口头语言多的,讲说比较合适。又因为虽然没有稿件,有人经常使用书面语言,有人经常使用口头语言,也显现出诵读和讲说的差异。这差异,有时是一篇、一段,有时是几句、一句,不会完全泾渭分明。

更重要的是,不应该认定:不论有稿还是无稿,都要"说"。如果是指"说话"的感觉,还有一定道理,如果是否定诵读,全部采用讲说的表达样式,那就以偏概全了。在书面语言充分,词语系列严密、精当的情况下,"讲说"的心态与样式,往往不能准确、贴切地表达,而且容易失去语言的内涵与魅力,显得直白与浅显。特别是汉语(主要指普通话)乐音成分突出,具有声调的升降、语流音变、节奏韵律等优美的品格,讲说的样式远不如诵读的样式容易使人产生审美愉悦。时代氛围只能将诵读推向更广、更深、更美的境界,而不会让人们将诵读纳入讲说的范畴,把真正的诵读样式仅仅留在历史的上一页里。

严格地说,讲说也好,诵读也好,其他样式也好,都是,也只能是思维反应、词语系列、词语感受等的必然显露,绝不是纯理性的强加、任意性的外贴。这正是内容和形式、理解和表达的统一过程。如果不管词语系列的内涵及其具体组合,只管创作主体的意愿,"我要讲说""我要诵读"之类,常常成为勉强拼合的两张皮,令人听来不自然、不和谐。因此,我们特别强调播音创作主体的捕捉力、反应力、理解力、感受力、鉴赏力、表现力、调控力、整合力。在语言中,形式主义只意味着"金玉其外,败絮其中",岂有它哉!

三

在广播电视传播中,有声语言或为主干,或为主线,都是不可或缺的。我们之所以反复阐述由语言功力到语言魅力的创作基础、创作过程和创作效果,不是抱残守缺,也不是无的放矢,而正是考虑到、把握住了这一根本点。

广播电视传播中的有声语言,不能容忍松散懈怠、敷衍塞责、啰啰唆唆、马马虎虎。我们只有向广大受众奉献更好的精神食粮的义务,而没有通过广播电视推销假冒伪劣产品的权利。有声语言,在日常生活中有其自然形态,在大众传播中有其传播形态,二者同为语言,却必须分出文野、高下。同为语言,遵循着语言的普遍规律;分出文野、高下,才表明独有的使命、重要的责任、审美的价值、精品的意识。照搬自然形态,混淆传播形态与自然形态,是无视使命、放弃责任、曲解价值、平庸意识的体现,或者是对功力不足、哗众取宠的"捷径"的认同。所谓"言语""生活""自然"等,是向生活语言汲取精华,还是向自然形态靠拢?这是认识和实践中的分水岭,是提高或降低语言质量的关键。

还以"讲说"和"诵读"的表达样式来说吧,在共性中的个性差异上,表现为:

其一,词语系列有别。"拜金主义要不得"和"别往钱眼儿里钻","低头思故乡"和"一下子想起老家来",意思差不多,可是声音上的变化却不一样,因而造成了不同的语感。

其二,声音幅度有别。大体上指声音在高低走向上的大小,即讲说时高低变化在自如声区中、下部,起伏不太明显;诵读时高低变化在自如声区中部有时稍偏上,起伏较明显,有的起伏较大。

其三，唇舌力度有别。大体上指吐字在控制上的强弱、松紧，即讲说时控制力较弱，唇舌较松；诵读时控制力较强，唇舌较紧，特别是点睛之处、提纲挈领之点，应该从语气中带出，使人留下清晰的印象。这里，强弱松紧并不与声音的轻重高低同义，也就是说，控制力强弱、松紧及其变化，不必同声音的轻重高低——对应。

其四，语流密度有别。大体上指在语流中词与词、词组与词组、句子与句子之间，有的疏松，有的紧密。讲说时，密度较大；诵读时，密度较小。密度大时，有些词语可以一带而过，显得比较模糊；密度小时，有些词语必须拉开荡起，显得韵味深长。这中间，模糊并不含混，拉开不应做作。

这四点，是互为映照、相互融合的，不是互不关联、对立割裂的。这四点，完全以内容为灵魂，以声音为经络，形成声情并茂、神形兼备的语言，并产生内涵丰富、深刻，魅力巨大、独特的播音创作成品。

当前有两种情况值得注意：

一是不会诵读，连纯粹的意识沟通都做不到，念不成句，诵不出味儿，有字无句，有词无章。

一是不会讲说，连日常的说话都达不到，字字用力，句句摆平，刻板，生硬，紧张。

这两种情况都是语言功力不足的表现。若想克服，需要持之以恒、坚持不懈地严格训练，需要日积月累深入体味。任何"一蹴而就""唾手可得"的幻想，在实践中定会碰壁。

有一种理论，说播音员是诵读，主持人是讲说，并认定这是"原则区别"。稍有广播电视史常识的人都知道，从广播建立以后，许多播音员都在话筒前进行过"讲说"，包括没有文字稿件的讲话，那时，他们是主持人么？现在，有些节目不叫"主持人节目"，但也有讲说，包括没有文字稿件的讲说；而在大量的主持人节目中，主持人既讲说，也诵读，并不单纯地"言语"。这"原则区别"又从何谈起呢？这样去"区别"无异于一种限定，即一部分人、一部分节目搞诵读，另一部分人、另一部分节目搞讲说，画地为牢，不许越雷池一步，这有利于节目多样化、有利于节目质量提高么？这会促进广播电视改革呢，还是"会产生消极影响"呢？

说到底，语言的多样化，犹如服装的多样化，必须讲求内在和外在的和谐统一。要追求格调与风度，但却不可陷入形式主义的泥淖。非驴非马，只是怪胎；存驴杀马，竟是屠夫的偏见，却不能为多样化增添光彩。

我们反对形式主义，因为那是银样镴枪头；我们却不反对形式，还要讲究形式美。蕴含深厚功力的有声语言，最突出的特点就是情真、意明、音美，这正是它的魅力。虚假、含混、粗糙，则连原始生命力都丧失了，怎能有魅力呢？通俗既不与庸俗同行，更不与粗俗结伴。追求雅俗共赏，绝非等而下之、弃雅从"俗"。

四

有声语言的声音变化，必须同内容、语意、语境、思想感情、词语系列、表达技巧、个人条件达到尽可能完美的统一。无论从一生创作历程看,还是从一次创作过程看,同一是相对的,差异是绝对的,最完美时也有不足,不完美中也有优点。但是,最致命的缺点却是一成不变、以不变应万变的固定腔调。

有声语言的固定腔调,省时、省心、省力,但令人生厌,是扼杀语言生命力的原因之一,是语言表达惰性的表现之一。如报道新闻的"八股腔"、配片的拖腔、体育解说的高腔。主持人节目,也有不少固定腔调,如快腔——说话似放机关枪,字词连滚带爬,气憋声噎;媚腔——嗲声嘎调,轻浮飘忽,忽高忽低;软腔——低声下气,小声小气,轻声细语;艮腔——生硬吃力,声浊力拙,砸字夯音,跑调冒高;土腔——土腔土调,土词土味儿,字歪音扭,粗放失控。如此种种。

固定腔调的特点大约有:

语意不清:听来无主次,抓不住重点,不管何种词语系列,都顺口流出,一种语势,一种声调;

感受不深:各种人、事、物、景,不加区别,感受似有似无,不具体,不深刻;

感情不真:思想感情处于平静冷漠的状态,无动于衷,泰山崩于前而心不在焉;

语势不变:句首同一起点,句腹同一态势,句尾同一落点,毫无变化,毫无二致,长短句、单复句,一概纳入单一语势框架;

声音不实:用声不扎实,轻重虚实都没有实际依据,如无根浮萍、断线风筝;

状态不活:自始至终一种状态,缺乏机动灵活的松紧控纵,显得僵硬不自如,呆板不积极。

这六点是一般固定腔调的共性,各样固定腔调的自身也有模式可感。

那么,认识了、感觉到了、分析出来了,究竟怎样去克服呢?

首先,要有紧迫感。固定腔调形成后,改变它是不容易的。固定腔调是一种语言定势,由相应的心理定势而产生,由一定的习惯表达而呈现。因此,在播音过程中十分顺口,驾轻就熟,改变它不是一朝一夕的事。"慢慢来!"往往成为一种现成的借口,结果是失去具体的努力、精细的探索,麻木不仁或自得其乐,长期不得解决。这就需要加强紧迫感,在每一次创作中花气力。

其次,要找到突破口,不贪多求全,而是着眼于重点,着手于细节,打破"固定"之处。如:一句开头常常扬起,然后依次下滑,形成下山类语势,就抓句首的起点;一句结尾常常降到同样落点,或者拖长,或者干顿,就抓句尾收音……从心态到用声,尽量根据词语系列的具体要求,采取"反其道而行之"的办法,力求变化语势,并反复进行比较。突破一点,以点带面,达到整体调节。

再次,提升审美水平,剔除对怪异朦胧语调的偏爱,建构正确的审美理想,在增强鉴赏力的同时,提高表现力。广播电视中的有声语言,参差不齐,有的貌似"新颖",有的自诩"风格",实则是一种南腔北调,既摆脱了规范的品位,又逃离了创作的法则,确确实实陷入了猎奇的泥淖,不能不说这属于自身的迷乱。

最后,切忌机械模仿。广播电视节目千差万别,日新月异,有声语言必须因之而千变万化,随机应变。名人的表达,有其独特的体验、独特的感受、独特的样态,亦步亦趋地模仿,不但改变了自己,也扭曲了名人,叫作"画虎不成反类犬",即使一时受到"真像某某"的赞叹,总有"露馅儿"的时候,掌声不会长久响下去,那结局往往是"差得远"的评价。名人如果被模仿得惟妙惟肖,正是名人的悲哀,因为那风格、特色竟成为模式,或固定腔调。

值得注意的是,固定腔调具有某种传承性,上一代可以传给下一代,周边的人可以传给某个个人,生活可以传给创作者,传播者也可以传给受众。这种传承性,犹如方言区中的人们对方言的认知与习得,普遍而顽固。这中间有众多的课题应该深入研究,也有语言教育、业务学习方面应该认真对待、着力改善的问题。一个共同的任务是:放开语言视界,充分认识语言,特别是有声语言的丰富性和深刻性,尽可能完美地解决内容和形式的关系问题,把播音创作推向情声和谐的新境界。

五

有人认为,语言规范化同语言的表现力是水火不相容的,说什么说普通话不能表现人物的个性;说什么讲求规范,节目就办不下去了,等等。这是不是事实呢?

语言的规范化,是语言本质的特征,也是语言发展史的事实。语言作为交际、交流思想的重要工具,不规范,如何发挥工具的职能,如何发挥社会的功能呢?我说"娃子",你叫"孩子",当然不行;我说"山",你却说"三",就可以了么?讲话、演戏、办节目,是懂得的人多些好,还是少些好呢?语言功用的启蒙教育从先秦就开始了,秦始皇的"书同文"就可以证明,为什么到了20世纪末,还会有人不赞成语言规范化呢?这并非个人的原因,而是语言自身具有的稳定性带来的主体惰性和长期小农经济生活方式造成的狭隘眼界,合成对"不规范——规范"大趋势的阻力。因此,必须进行语言规范化的反复的多层面的启蒙和反复的多级的宣传。

最令人迷惑的,是关于规范同魅力不相容的观点,其根据和原因至今还不甚了了。大约是孤陋寡闻吧,历史上好像很少这种理论。特别是普通话推广了四十几年,名篇佳作硕果累累,有口皆碑,无须刻苦背诵,也能道出三四,怎么会认定没有表现力呢?

普通话,集中了历史上众多地域方言的优点,汲取了各地方言、外来语的精华,音系简明,语法简约,词语准确、丰富、优美、简洁,成为"国语"是当之无愧的,推广它,更是义不容辞。

广播、电视、戏剧、电影……都应成为推广普通话的工具,都应作为广大受众学习普通话、使用普通话的表率。这已经是人们的共识。一个电台或电视台,充满了方言节目,普通话节目几乎没有立锥之地;一部影视剧作,人物各自操一口出生地的方言,或所有人物都讲当地方言;相声、小品……不说方言不够味儿,等等,这是正常的么?不如此就不能吸引受众,不如此"节目就办不下去了",角色也演不下去,或者就不像某某人了,这一切,是为了有表现力么？是真心为了受众么？恐怕并非如此简单吧？

受众首先要能够听懂、看懂,而且还要受益。这受益,不仅指信息、知识、思想、感情,还包括语言文化,即文字、语音、词汇、语法、修辞、篇章、逻辑……懂某一种方言的人毕竟是少数,即使是范围广大的北方话地区,语音、词汇等的差异也相当明显。使用某种方言,而希冀吸引广大受众,是不明智的。电视连续剧《少年毛泽东》内容相当精彩,就因为使用了湘方言,失去了多少受众！电影《大决战》使用普通话,不但规范,而且增强了人物语言的艺术性,又增多了多少受众！人们不能不怀疑,一再使用方言,大力强化方言,是不是创作者自己普通话水平较低,使用起来不如方言顺手？是不是由于对规范的迷失、反感,有意较量一番？是不是以为"越是地方的才越有特色",因而推论为"越是方言的才越有特色"？是不是以为使用方言也不违犯什么,便借方言出奇、出怪,愉悦受众？不客气地说,滥用方言,只能被认为是一种哗众取宠的行径。

"书同文"至今也没有完全做到,错字、别字、生造字仍然屡见不鲜,"语同音"就更难。方言自有其存在的价值,但绝不能用以取代普通话,也不应用以阻碍普通话的推广。广播电视的重大责任是不可轻视的。普通话的独特性,必将充分地表现在民族文化、多样风格、高远意境、优美韵律的泛化与提升上,并由之而走向世界,广播电视的历史使命光荣而艰巨。我们理应为此而自豪！

广大的播音员,包括各类节目主持人、演员和配音演员,作为创作主体,应该净化、美化自己的有声语言,以深厚的语言功力,展现巨大的语言魅力,为广大受众奉献精美的作品。这是一条宽阔的通衢大道,有志者必将获得久远的赞誉！

话语权力简论*

在广播电视语言传播中,语言主体的话语权力是一个相当重要的理论命题,自从福柯提出话语理论问题以后,其现在已经成为哲学、人文社会科学的一个重要概念,也是一个十分紧要的实践课题。近些年的学术研究已有所涉及,却尚未引起足够的重视。

话语权力的阐释,直接关系到话筒前、镜头前的有声语言创作,并以此为中心,辐射到很多相关领域。话语权力的运用,竟能决定传者的身份、语言的驾驭、受众的期待,以致节目(栏目)的策划、创意、制作……可因其得当而事半功倍,也可因其失当而事倍功半。我们不应漠然对之。

一

话语权力指支配力量而非利益享用。

从喉舌性质和功能的考察中可以看出,话语权力的赋予是党、政府和人民通过主管部门的聘用而实现的。这同自然人的生命生存需求不可同日而语,也不能同社会人的言论自由等同视之。广播电视传播的话语权力是与媒介人物的传播权相联系的,采访、编辑、播音、传输……都有传播权,唯独播音,具有集中的话语权力,同时被受者所承认、所尊重。

在话筒前、镜头前能够运用话语权力的人必须具备相应的条件与资格,不是什么人都可以行使话语权力的。在我国的传播史上,曾有过两种极端情况。过严的时期:资格审查、话语建构、字词监听,都十分苛刻,一字之差、一音之误都会上纲上线,查三代、受处分;过松的时期:几乎来者不拒,南腔北调,云山雾罩,村言俚语,神聊乱侃,于是基本常识的错误屡见不

---

* 原载于《现代传播》2000年第1期。

鲜,出乎意料的笑话层出不穷,广播电视就像陷入了人际传播的汪洋大海,话语权力扩张到随心所欲、人人可得的地步。近几年的规范管理,实行"上岗资格证书"制度,正是合理合法地调控话语权力的重大举措。

传者的任务是为受众服务,以生产的精神产品满足受众日益增长的文明、文化的需要,以提高国民智力和民族素质。它必须在大千世界的千变万化中提供丰富的人生价值取向,力求在生命感悟的千姿百态中引发积极的理想追求热情。电子传媒的广大覆盖面和巨大影响力,要求行使话语权力的公众形象敏于应对,长于表达,善于驾驭,精于传播,尊重受众而不放松引导之责,强化自我而无狂放不羁之态。既要防止话语权力的滥用,又要克服话语权力的疲软。任何以"节目特殊""贴近受众""个性需要""为了真实"为理由,超越话语权力,以"时间紧迫""事件重大""编导要求""条件所限"为借口,削弱话语权力的看法和做法,都会使话语权力膨胀或萎缩,造成有声语言创作主体的"难辩症""失语症"的疾患。

二

广播电视语言传播,以新闻播音员、专题解说员、体育评述员、节目主持人为主体,他们是话语权力的专业行使者。从创作依据上分,一种是有稿播音,一种是无稿播音;从表达样式上分,有播报、讲解、诵读、谈话等;从主体情态上分,一类是转述旁白,一类是率真表白。话语权力的运用,属于主体情态的外露,因此必须了解。所谓转述旁白,是创作主体以代言人、旁述者的身份,对事实、事件(过程、场面)、人物、事物进行报道、报告、告知、介绍、评述等,创作主体间接地、含蓄地表达自己的认识、态度、感情、体味。所谓率真表白,是创作主体以主讲人、主持者的身份,对现实、现象、史实、世人、心理等进行介绍、议论、解释、劝告等,创作主体直接地、显露地表达自己的感受、理解、评价、体会。

这两类情态在话语权力的运用方面,有不同的表现:间接和直接的话语权力。

间接的话语权力因主体的主观意念融入叙事内容词语中,呈现出含蓄性特点,这就造成了行使话语权力的难度,主体意志不能自行其是。主体的涵化与转化能力、捕捉与把握能力、整合与驾驭能力、思辨与反应能力,使有声语言的神采流露出创作主体的语言功力。

直接的话语权力把主体的主观意念显现于叙事内容的词语中,呈现出显露性特点,这也造成行使话语权力的难度,主体意志可以自行其是,力求现身说法。主体的内省与外化能力、集中与选择能力、调控与驾驭能力、反思与应变能力,使有声语言的意趣凸现出创作主体的语言功力。

创作主体的话语权力,间接的多为隐性,直接的多为显性。隐性话语权力稍有不慎便给人以被动、无奈之感;显性话语权力稍有不慎便给人以张扬、夸耀之感。间接的话语权力,具有广远时空的包容性、普泛认知的通达性,鲜有具体称谓、特指语向的应对情态;

直接的话语权力,具有当下语境的趋向性,个体感悟的差异性,少有笼统称谓、共享语句的独白情态。因此,两极的区别较多,中间部分比较接近。

三

创作主体的话语权力,虽然有间接和直接、隐性与显性的不同,却没有本质的、原则的区别,也不是什么"两种语言"。这一点是起码常识和基本知识。它们的不同,主要表现在创作主体的个性展现方式上。

之所以把间接话语权力叫作隐性话语权力,并不是说它藏而不露,而是说它表达的大部分是社会公共话语,个性展现是在共性语域的范畴中进行的。创作主体的独特体验、独特感受和独特表达习惯,必须通过公共话语范式表达出来。如新闻播报,其共性语域范畴十分明显,很难在其中用社会个体话语样式、话语结构加以填充。如果硬要填充,就会使社会公共话语失范,话语结构散漫,话语内容失真,"代表性"就有变为"代替性"的危险。

那么,把直接话语权力叫作显性话语权力,并不是说它单薄肤浅,而是说它表达的大部分是社会个体话语,个性展现应在个性语域的范围中进行。创作主体的独特体验、独特感受和独特表达习惯,可以通过个性话语特征表达出来。如话题主持,其个性语域范围比较明显,很少在其中用社会公共话语范式、话语结构给以支撑。如果必须引入,也要使社会公共话语转型,话语结构变更,话语内容细化,"个体性"一定要有"群体性"的基石。这就是说,隐性话语权力是在共性覆盖下的个性话语特色,显性话语权力是在共性基础上的个性话语特色,都是共性寓于个性,个性体现共性。

这共性、个性关系的辩证认识,使得创作主体的创作过程、创作行为有些差异,但并未影响话语权力的内涵,也不会产生高低、优劣之别,可以说是各有千秋。广播电视语言传播的功能由之而可以发挥得朝气蓬勃、淋漓尽致。

广播电视语言传播中话语权力的赋予和使用,必须坚持正确的创作道路、遵循创作规律、提高创作觉悟、把握播音语言特点、强化主体语言功力并反对不良创作倾向。

广播电视语言传播功能往往由于创作主体话语权力的使用不当而被弱化。

比如,文本属于转述旁白,为了"自然""亲切",硬把率真表白的情态搬过来,造成间接、隐性话语权力的变形。犹如凄婉苍凉的《琵琶行》,不顾意境和韵律,完全抛弃吟咏的意味,用大白话语气去"说",会使听者感到味同嚼蜡。比如,文本属于率真表白,为了"清晰""强调",硬把转述旁白的情态搬过来,造成直接、显性话语权力的变形。犹如直白浅近的《天气预报》,不顾听者的需要,根本不管通俗易懂的词语,一味追求"庄重""规整",定使听者觉得装腔作势。

以上虽是极而言之,但在实践中却是或多或少地存在的。它们严重地妨碍着创作主体话语权力的灵活变通。以先验的某种模式去对待话语的丰富多彩,"权力"就成了心造的幻影。

创作主体必须审时度势、因势利导、有感而发、控纵有节,真正地而不是虚假地、具体地而不是空泛地行使话语权力。

四

创作主体行使话语权力的主旨在于更好地为受众服务,让受众"愿意接受""心向往之",因此便涉及传受沟通的问题。广播电视传播的线性、限时性、时效性,往往造成收听收视中的"强制性"。"欢迎到时收听(看)""明天同一时间再见",正是这种强制性的一种表述,这就要求传播必须具有吸引力,或曰魅力。

创作主体的话语权力应富有"以事醒人、以情感人、以理服人"的艺术魅力,实际上,它是构成"由己达人"的"交流"过程的推进权力。传者有声语言的"发出、深化、驾驭",同受者对有声语言的"接收、判别、储存"形成了传输与反馈的环流。

间接、隐性的话语权力,以获得"对象感"为内心依据,建构"我说你听"的传播格局。话语序列中虽然缺少交往性词句,鲜见个体话语情态,但由于对象感的具体、真切,仍能给有声语言以活力,达于受者之耳,入于受者之心,使其并不觉得呆板、空洞。

直接、显性话语权力,也以获得"对象感"为内心依据。即使有特定的对象、现场的听(观)众,但广大的受众并不在场,而他们才是真正的受者,所以"对象感"绝非可有可无。不过,那话语序列中的交往性词句、个体话语的当下情境语气,使有声语言的推进、转换恰似顺水推舟、顺流而下,颇可感到话语权力的轨迹和话语主体的灵性。

在这两种话语权力的并存中,人们常常偏爱直接、显性话语权力,以为唯此方能显示创作主体的个体存在,展现创作主体的个人魅力。节目主持人的走红、主持人节目的备受青睐,同这种偏爱有关。广播电视的改革、学术研究的热门,也大有向此倾斜的趋势,并带有夸大其词的明显印记。

清醒、深邃的传播者、管理者不会单一地倾心于叙述直接、显性话语权力的神话,因为那局限性、易碎性、个体性、飘游性,极容易造成话语权力的泛滥、流失、杂沓、无度。这一话语权力不能包罗万象、无所不能,它必须同间接、隐性话语权力共存互补、相得益彰。

有一段时间,直接、显性话语权力受到欢迎,这是受众求新心态的正常反应。随着受众需求水准的不断提高,其求深、求精的愿望便日益强烈,不再只满足于"新""异"的形式、情态了。

传播的内容远远重于形式。传播内容的日新月异,信息的真实、准确、密集、迅捷,当然要有相应的形式,这形式还会对内容加以有力的观照和深化的驱动。但不能因形式的变革而使传播内容削足适履,让受众"买椟还珠",反而得不偿失。

片面、孤立、静止地认识事物,无疑是形而上学观。"一刀切""一阵风""齐步走",是社会进步、事业有成的大忌。把间接、隐性话语权力看作陈旧、过时的东西,必欲置之死地而后快,不是郑重的、严肃的传播者应有的态度。欧美和港台地区的有识之士,也没有这种偏激的认识和武断的理论。

五

无论是直接、显性的话语权力,还是间接、隐性的话语权力,抑或是二者之间无限的各样权力,都是创作主体在不同语境中,根据不同的创作材料而主动调控才得以实施和运行的,以其多角度、多方位、多层次、多样态,拓开了广播电视语言传播的可容性空间,展现了创作主体有声语言丰富多彩的可感世界,涌出了一批个性鲜明、融通共性、风格成熟、富于魅力的话语权力拥有者。他们可以同国外、域外的"明星"们媲美,毫不逊色。他们的话语更显优长,更加引人入胜。

"远学欧美,近学港台"论者,一再推崇这些地方的明星,主要是仰慕他们的话语权力"自主""自由",似乎已经到了"从心所欲"的境界。但至今未见其充足论据。我们自己,真应该警惕殖民地半殖民地文化心态、传播观念的腐蚀。中华民族历来都敞开胸襟,迎接任何国家和地区的先进思想、先进经验,但也会拒绝一切民族虚无主义的奴性和国粹主义的自恋。我们的话语权力内涵蕴藏着博古通今、学贯中西的无限生机,任何人都没有理由鄙薄它、蔑视它。

广播电视语言传播中,创作主体的话语权力是一种艺术表达权,同创作主体的美学理想、审美感受紧密相连。在当前的文化态势中,后现代主义思潮正在泛滥,一个"削平艺术""放逐崇高"的"汉语解放运动"方兴未艾。有些广播电视节目,特别是娱乐、游戏节目,竟毫无顾忌地设置宿命论的魔圈,诱人进入"幸运"的迷宫,还明目张胆地手持拜金主义的魔棒,令人步入"现钞"的窠臼。他们用尽花言巧语,编织欢歌笑语,把快餐文化大量化,把大众文化低俗化,以取得"经济效益"而傲世,以占有"市场份额"而自赏。当人们一旦奖券在握的时候,"艰苦奋斗"的理念便会被冷落;而当人们一时捧腹大笑之后,仍要回到勤俭持家的现实生活,本想享受消费文化的自己,却已经被他人消费了。这时,制造无信息、无知识、无美感的"三无世界"的策划者,却在欲壑难填的又一个胜利中,怡然自得地享用着新的猎物。因为这类节目的主持人的话语权力是由他们给予的,一再提出"忘掉基本功,仿效港台腔"的要求,否则就严加训练,直至符合他们心目中的话语为止。祖国的优良文化传统,主流文化的正确导向,人民群众的人文精神,话语权力的艺术规格,一概被置诸脑后,这些人究竟谁为谁服务,不是昭然若揭了么!

广播电视语言传播中,拥有话语权力的有声语言创作主体,应该十分珍惜自己的话语权力,用以坚持和提升话语的文化品位、艺术含量,而不要随波逐流。管理者更要以大局为重,成为正确舆论导向的真正把关人、守门人。

让我们的广播电视不断增强综合竞争实力,向新世纪的新高峰阔步前进!

话语心态简论[*]

所谓心态，是指心理活动的某种特定状态。在广播电视传播中，"话语"首先是指播音员、节目主持人的有声语言，当然也包括记者、嘉宾和受众在现场的说话。我们这里说的话语心态，仅指前者，后者可作参考。

话语心态，就是说话时的心理状态，既有内心的活动，又有外部的表现；内与外相辅相成、外与内互补互动。它虽然同个体人的心理素质、心理定势、价值取向、语言功力有关，但是具体生成还是取决于当时的心境和语境。而这存在着相当复杂的情况，需要进行仔细分析。

一

话语的根本属性是人文性。一方面，它是社会现象，全社会都可以明白使用；另一方面，它是口耳之学，说和听都要遵守一定的规范。话语，应该是话语主体人文精神的音声化，既不应该夸大为对整个世界的包容，也不应该缩减为对个体人心理的揭示。因此，话语归根结底表明了个人对社会的关怀，是社会个体对社会群体的呼唤和期待。其中的个人陈述，肯定有宏大叙事，只不过积淀着细微的自我价值内省，这样话语的内涵就显出了它的社会功利性。

话语的本体功能是交际性。从人类总体说，话语的实践性是一个核心命题。实践产生话语、丰富话语，话语促进实践、升华实践。从人际关系说，话语的通达性是一个时空命题。失去了实践，话语便无法传承；限制了通达，话语便只有萎缩。

话语的主体作用是创造性。语言是人类的创造，文字、语音、词汇、语法，无一不是人类心血的结晶。那么，话语的运用，更是一种创造，是话语主体处

---

[*] 原载于《中国广播》2001年第2期。

于一定的时空,在交往实践中,对语言材料的加工制作,并形成此时此地的词语序列,而这是彼时彼地的词语序列所不能仿造、模拟的。正是"这一句",才是主体自己的东西,才是既是说者又是听者的真话。

从以上简单分析中不难了解,话语心态的正确获得绝非易事,不能不慎重对待。

二

话语心态的正确获得,特别要注意以下几个方面:

第一,话语主体的传播意识。传播先从人际开始,"一传十,十传百"就是一种形象的说法。但是,人际传播大抵是个体对个体的联系,注重个体愿望和需要的满足,对环境和氛围的关注极少,其中,私人话语、个人隐私往往构成主要内容,那种"隔墙有耳"的警觉和"不可与外人道"的心照不宣,是双方不成文的默契。当传播进入"大众媒体"的范围以后,传播主体就失去了作为个体的自由,必须摒弃私人话语的无度,必须树立面对大众的责任意识。由此决定了话语主体的行为规范、语言定位。

第二,话语主体的权力意识。话语主体身在大众传播过程的显性环节之中,他的话语成为传播的重要组成部分,而他之所以能够进行话语创作,是因为被赋予了这种权力。话语权力不是每一个人都能获得的,只有那些具备了话语能力、善于传播的人,才可以走上这个岗位,行使这种权力。话语权力当然受主流意识形态的制约,不能随心所欲、信口雌黄。社会和传媒实施自身的控制系统,造就话语主体的规范和指向,要求话语权力的适度和有序,使话语主体的权利和义务达到良性运行目标。"权力"在具体的逻辑起点上行使,既有明确的范围,又有生命的活力,完全可以充分发挥积极性、主动性、创造性。

第三,话语主体的精品意识。要把最好的精神食粮奉献给广大受众,必须甘于寂寞,全心投入,调动全部积累,集中群体智慧,对每一个节目费心血、花气力,从内容的精到、形式的精美,到制作的精致、表现的精详,特别是语言的精妙,无不显示出理念的新鲜、思路的新颖。落实到传播过程中,不论是节目的品位,还是时代的氛围,总会给人以美感享受。那话语的艺术魅力,应该达到"悦耳动听、百听不厌"。话语的美学追求虽然是无止境的,但那每一次的实践都会是一个阶梯,究竟是步步高升,还是次次下滑,就看话语中的每个"这一句"处理得如何,特别是重点和难点。有时,某个微小闪失,竟会带来巨大误导,正是"差之毫厘,谬以千里"。

第四,话语主体的效益意识。广播电视进入市场环境,话语主体面对行业管理和商品交换的双重压力。究竟怎样取得社会效益和经济效益的统一,似乎是一个难题。这直接关系着话语主体的心态动向,甚至会决定现实的思路和具体的词句。如果我们坚持以社会效益带动经济效益的指导思想,那就会使心态平衡,否则很可能走向飘忽不定的状况,或许不由自主地成为金钱的奴隶。"道德"理应提升,决不应被"放逐"。实际上,这是一种道德自律、思想自觉,任何时候都不可置诸脑后,放任自流。

第五，话语主体的群体意识。话语主体在任何一个岗位,总是属于某个群体的,不可能以个体生产方式进行节目制作。有人以为个体生产方式也是一种形态,那是缺乏基本常识的,反映了小农经济的狭隘眼光和心态。广播电视节目生产,是一个系统工程,环环相扣、密不可分、分工明确、缺一不可。因此,话语主体只是担负着直接面对受众进行话语传播的任务,其他方面由另外的工序完成,最后是优势互补、各显其能。群体中的个体,没有高低贵贱之分,只有同心同德之志,这样,人人获得良好的心态,个个心情舒畅,群策群力,形成合力,才能把节目制作好。

第六,话语主体的自我意识。人类对于自身的认识至今还处于模糊阶段,未知领域极多。传播中的话语主体,专心驾驭话语进程,难于反观自我,这时的所谓自我意识尤显混沌。但是,作为话语创作者,又不能完全忽略对自我的感知。一方面,必须注意筋肉感觉的变化,以调整体态;另一方面,必须控制思想感情的走向,以把握主次。这种自我意识一般处于"退隐状态",并不时时呈现,而是时隐时现。实践经验越丰富,传播意识越稳定,自我意识越能发挥警示作用,或提醒,或警告,或强化,或淡化,成为话语主体的某种"内驱力"。如果自我意识成了干扰,那就需要迅速排除,并加强日常的训练,变消极因素为积极因素。以上各点,只是基础,却不可轻视。

三

在传播过程中,话语心态如何,应该是成败攸关的问题。

这时,话语主体要在两个方面同时作战:

一方面,坚持稳定性。积极是稳定的基础。明确的传播观念、热切的人文关怀、诚挚的播讲愿望、坚定的交往信念,营造"非说不可"的在场氛围。这是话语主体的主动性表现,成为话语心态的整体状况,贯穿传播的始终。

另一方面,把握变通性。自如是变通的基础。深刻地理解内容、具体地感受情境、灵动地落实语气、实在地进行交流,形成"有动于衷"的当下语域。这是话语主体创造性的表现,成为话语心态的细微景观,从而造就动态的语流。

这两方面是互相补充、相互强化的。只有稳定性,就会僵硬呆板;只有变通性,便会轻浮浅薄。当然,稳定性寓于变通性之中,变通性基于稳定性之上,不可偏废,不能自流。

现在,话语心态往往不能尽如人意,是因为存在误区。

其一,认为综合素质是决定因素,以综合素质取代传播素质。实际上,任何一个社会人都需要综合素质,而在特定岗位上,岗位素质才是核心,才能决定社会人的权力、行为。综合素质的泛化,肯定会导致观念模糊、指归混乱。话语心态离开了传播素质的内涵,便无从着力,更无法规范。理论强、思维快、知识多、趣味广是好事,只能说有了基础,但不一定善于传播。只有在传播上具备了应有素质,才谈得上其他素质的增强和提高。综合素质高的人,有广泛的适应性,但是还要具备某种专业知识和技能,否则行之不远就会夭折的。

其二，认为任何人都可以在话筒前、镜头前积极自如地说话，不会紧张。这是一种无知，是一种误解。话语主体的传播心态，既靠天赋又需养成，特别是正确的观念和深入的实践，对心态的影响很大。不管什么人，开始面对话筒时总会心情紧张，有的人甚至紧张到手脚冰凉、脑子里一片空白的程度。面对镜头时，灯光一亮，更会紧张得连气都喘不过来，以致手足无措。就是老播音员，也避免不了类似的现象发生。没有话筒前、镜头前的经验积累，只凭想象，恐怕不能解决问题，尤其是心态问题。

话语心态，应是一种主客体的化合。从主观上说，刘勰的话可以一言以蔽之："故思理为妙，神与物游，神居胸臆，而志气统其关键；物沿耳目，而辞令管其枢机。"（《文心雕龙·神思》）意即：精神活动由"志"与"气"来统辖，大千世界通过"耳"与"目"来观察，运用语言是关键，因此必须注意精神集中。从客观上说，苏轼的话可以一言以蔽之："唯江上之清风，与山间之明月，耳得之而为声，目遇之而成色，取之无禁，用之不竭，是造物者之无尽藏也，而吾与子之所共适。"（《前赤壁赋》）可以理解为：外界对我们的刺激是巨大的，我们应该去适应、去反映，而不能拒绝和排斥。主客体的化合，成于内而形于外，便会融会于语言中，使我们的语言充满生命活力，符合时代节奏。

话语心态，又是一种时空感的统一。所谓"机不可失，时不再来"，所谓"设身处地，触景生情"正是话语主体驾驭能力的重要方面。广播电视传播的瞬时性、即时性、具象性、情景性均在其中。要达到声情并茂、形神兼备的境界，就要克服时空感的错乱和离散。时空感的统一，十分强调"新闻敏感"。以不变应万变，必然造成单调和浅薄，要么有气无力，要么声色俱厉，给人一种"不问天下事，稳坐钓鱼台"的木然、漠然的感觉；以乱变应万变，必然造成浮躁和虚飘，有时大张旗鼓，有时偃旗息鼓，给人一种"心绪不宁，方寸已泯"的感觉。实际上，正确的心态要求"纵横捭阖，胸有成竹""逢山开路，遇水架桥"，造就话语的流动和畅达、有序和有味。

话语心态，也是一种创新感的愉悦。每一次的传播行为、话语表达，不可能是前一次的重复，这同戏剧、唱歌不一样。当然，戏剧、唱歌也要求不断创造，但那是同一内容的修改、提高。传播话语的表达行为是文本的变异，几乎没有一个文本是相似的。即使同一个文本的再制作，也是因为有了更新的要求。因此，话语主体每一次面对话筒、镜头，必须根据节目的差异，调整自己的心态，以便更好地完成任务，这时获得创新感的愉悦是十分重要的。话语主体作为创作主体，在创作中要实现创作理想，必然会进行超越，超越前人、超越文本、超越上次、超越常规。当进入创作过程，主体不断发现、不断感受、不断引发、不断表达，会有"理应如此""原来如此"的兴奋和冲动，于是渐进佳境，渐觉超脱，减轻了负荷，增强了动力，这时便产生了一种心驰神往的美感享受，即创新感的愉悦。创新是享受，这是多么准确的表述！

"享受"，其中当然包括"释放"后的欣慰，"付出"后的喜悦。

话语心态，最基本的心理大厦建构还是世界观、人生观、价值观的结合体，这是不可否认的。"艺术"对此的冲击,"审美"对此的排斥,"平民化"对此的弱化,"殖民化"对此的扭曲,都不能改变其实质,偷换其概念。我们真得保持警惕,以免随波逐流。

四

话语心态的把握,是一个随机应变的过程,必须注意感知的敏锐、感受的丰富、思维的活跃、语言的贴切。不应厚此薄彼或顾此失彼,不应只凭感觉或全靠理性。

不论是有稿播音还是现场报道,不论是无稿播音还是异地交谈,既然都是说话,那就没有别的途径,只能是话语主体的"当众孤独"(斯坦尼斯拉夫斯基)、"辞达而已"(孔子)。

依据稿件也好,身处现场也罢;现想现说也好,同人对话也罢,话语主体的"出声露面""由己达人""表情达意""言志传神"是最根本的语言任务,是最重要的传播职责。因此,在"非说不可"的前提下,调整话语主体的心态,投入"大众传播"的流程,便成为义不容辞的公众行为,同时也就自然涌现了诸多独特的、辉煌的公众形象。当那光环照顶,最容易"自鸣得意""唯我独尊",于是,"思维至上""口语至上""个性至上""风格至上"等纷至沓来,沸沸扬扬。这些东西,古今中外几乎都有过,并不新鲜,今天为什么会沉渣泛起呢?大概同工具理性不无关系。广播电视传输制作的技术设备,具有现代化的先进水平,可以径直进入千家万户,成为最受受众青睐的媒体。在这种情况下,媒体中人便因工具的威力而"坐享其成",并且"自得其乐"。于是,强大的舆论工具与大众文化思路融为一体,生发出一整套"理论",其中,鼓吹无规范的"生活"、张扬无艺术的"自然",就成了一呼百应的口号。话语主体的凸显,更觉顺理成章;主体话语的平庸,更加从心所欲;向往"人格魅力"超过了集体荣誉,推崇"个性鲜明"超过了公共道德;为了自己的"人格",可以不管别人的自尊;为了自己的"个性",可以不管社会的契约,这些都是本末倒置、缘木求鱼的心态,已经远离了公众形象的位置,滑入了利己主义的泥淖。

话语心态,直接受管理者(部门主管、节目编导)的影响。重视话语传播,会使话语主体心情舒畅、全力投入,充分发挥话语的吸引力、感染力;轻视话语传播,会使话语主体心情压抑、懒于创新,顾虑重重,严重影响传播的高效率、高质量。因此,我们的管理者不能不考虑"得人心""做知心",努力调动话语主体的积极性,使他们获得良好的心态,万勿重"编"轻"播",不要强加于人。

话语心态,永远离不开传播内容,永远离不开受众期待。要想与媒体共荣辱,要想与话语同行止,话语主体必须深入内容,必须尊重受众。为此,只能强化忘我的"心境",达到"用心若镜";只能净化自己的"心宅",做到"宅心仁厚"。我们从来重视人格和个性,话语主体的人格和个性更是不可或缺,它们会增加话语的风采,它们能提高话语的品质。当话语主体获得了个性特征和人格风范之后,节目和形象便得到了升华,话语主体和传播群体一起,也就共同完成了公共道德的社会教化和集体荣誉的社会馈赠。话语心态中

"小我"和"大我"的辩证统一只能如此,而这正是"大写的人"的真正含义。

话语心态,必须善于自我解剖,必须勇于接受批评。实践中的话语心态,传受双方均会心知肚明,毫无屏蔽,几无遮拦。隐瞒和掩饰不会成功,反会得不偿失、欲盖弥彰。因此,还是老老实实、自强自立的心态能够得到承认,会产生较好的效果。

五

归根到底,研究话语心态问题是为了把话说好而进行的学术探讨,是为了提高传播质量而不能不解决的语言内省和外现。内省为了外现,语言承载心态,所以我们应该充分认识语言功力的关键作用。思维至上论者虽然重视思维的品质,但忽视语言的社会功能,把语言当作思维的副产品;口语至上论者虽然重视口语的通俗,但轻视语言的艺术品位,把语言当作生活的日用品。实际上,语言的功能和品位是一个人、一个民族、一个社会思想道德和科学文化的显现,无论是整体面貌,还是细枝末节,都能揭示出内部的精神底蕴。不应以思维取代语言,不应以口语冒充艺术,不要因大失小,也不要因小失大。忽视思维、忽视通俗,不过是对语言的一种貌合神离,并没有抓住语言的实质。在语言实践中,不可避免地存在着言过其实、夸大其词的现象,同口是心非、言不由衷一起迷惑着我们,使我们有意无意地远离语言功力,忘记"语言这东西,不是随便可以学好的,非下苦功不可"(毛泽东),这很值得我们深思。语言功力,不仅仅是语言的功力。但是,语言又是它的核心。即使有非常良好的话语心态,当外化为有声语言传播的时候,就全凭语言功力的推动,一点儿也马虎不得。"非说不可"的愿望和需要,在诉诸有声语言加以表达的状态中,"怎样说"便成为首要的问题,必须立即回答并给以迅速解决。

而"怎样说",就是采取什么方法、样式、样态、语势,用声音表现出来。也就是说,因为"说什么"不同:思想感情不同,词语序列不同,修辞手法不同,主次关系不同,所以,"怎样说"便呈现出多姿多彩的、抑扬起伏的形态。由于"语无定势",其"生杀大权""褒贬分寸"就在话语主体的"三寸不烂之舌"之间游弋,是否准确、是否贴切,有无蕴藉、有无美感,就在那出口的瞬间立见分晓。

同样一句话,哪怕是极具体、极明确的词语序列,出口之后竟会表达得千差万别,还可能同本意完全相反。至于是"播"是"说",是"讲"是"诵",那就不会是什么问题了。既然都出于"非说不可"的愿望和需要,出口时的感觉都应该是"说",那关键还是"怎样"说。"举头望明月"肯定要"诵",而"抬起脑袋看着月亮"当然要"说"。"新华社昨天播发了一篇评论员的文章"是转述,"这个问题的确值得我们做家长的好好想一想"是直白。就是转述和直白也各有千秋、各具多样,不应壁垒森严,不应强分高下。有人无力转述,有人无心直白,完全是正常现象,何必勉为其难。

话语样式简论[*]

话语样式,一般是指社会交往中人们"怎样说话""话怎样说"。当人们处于"有些什么非说不可的地步",说些什么和怎么样说是一起涌到心头和口边的。说些什么属于话语权问题,怎么样说却关系着表达能力问题。

有人以为所谓表达只是技巧,未免狭隘。有声语言的表达,有技巧性、艺术性内涵,但是,不可或缺地还有对意义、感情、语境、语体的把握问题。话语主体为了达到某种目的、契合某种对象、适应某种场合,就必须研究话语样式。

一

人类的话语样式,无比丰富。大体有两大类:依据文本的,属于朗读类;瞬时即兴的,属于言说类。由于朗读和言说都存在不同的表达式,所以,话语的样式呈现极为复杂的情况。

汉语的象形文字,迥异于拼音文字,那造字和书写样式五彩缤纷,意味蕴藉厚重,而文章体裁更是繁多。不同的文体,要求不同的表达。其中,叙述、描写、抒情、议论,又显示出各自的特殊情状。文言文、诗词歌赋等,成语典故甚多,书面语体明显,也有接近今天的口语语体的,共同构成朗读再创作的多种语体特色。人们的日常口语,来源于原始形态,又不断发展,自身既有变异,产生新词语,还经常吸收有益的方言、外来语,兼容那些鲜活的书面语,共同构成了在场言说的多种语体特色。这就告诉我们,作为有声语言传承的话语样式,不应该也不可能只存在某个单一品种,或者只推崇某种唯一样式。

世界古希腊以来的语言传统(以亚里士多德的《修辞学》为例),我国

---

[*] 原载于《中国广播》2002 年第 1 期。

先秦以来的语言传统(以刘勰的《文心雕龙》为例),都为人类的语言发展预设了广阔的空间,而且这个空间越来越巨大。不论是口语同书面语的分离(语文分离),还是口语同书面语的合一(语文合一),都不应该把二者仅仅停留在"说"和"写"的简单区分上。因为,说话和写作只是两种表现方式,同书面语体和口语语体并不是一回事。哲学家、语言学家们关于是"说"重要还是"写"重要的争论,并没有涉及文体和语体。我们一再指出的"重文轻语"现象,也不包含文体和语体。而我们所要研究的话语样式,正是以语体为核心的,至于个人的语言风格,不便在本文的讨论范围之内,当另行论述。

二

目前,关于语体的研究方兴未艾,很多问题众说纷纭。从广播电视语言传播来看,观点也大异其趣。有的说"广播电视语体是书卷口语、精粹口语",有的说"广播电视语体是包含各类语体的一种独特语体",近来,还有人专门提出"主持人语体"……

我们必须分清"语体"的具体含义。语体——语言的体式,应该是一种形式的抽象。它解决语言主体身份、语言对象状况、语言场景范式三者同语言目的的关系。它已经分离了语言内容和形式的关系(同样的内容可以有不同的词语构成序列),分离了语言主体思想感情和语言表述方式的关系(同样的思想感情可以具体化为不同的表达形态)。

陈望道先生在《修辞学发凡》的第十一篇《语文的体式》中,明确指出:"语文的体式,我们本来可以简称为'文体'或'语体'。但'语体',现在已经用作口头语的别称,而'文体',又被一班'辨体'者辨得琐琐碎碎,头绪纷繁。为避免混同起见,我们不如直称它为语文的体式。""语文的体式就是语文的类型"。现在,"语体"一般已不作为口头语的别称,而专门指称语言的体式了。陈先生认为:"语文的体式很多,也有很多的分类。约举起来,可以有八种分类。"这八种分类里,同语体有关的大概是(4)(5)两类,即依心理和目的分类和依语言的成色特征分类。①

高名凯先生把语体称为"言语风格""言语方言",认为"尽管言语体裁或言语形式和言语风格及言语方言有密切的联系,但是作为划分风格及其表达形式系统的言语方言的类型的标准只能是功能原则,即以交际场合、交际目的、交际任务的不同所产生的言语功能上的差别为标准"。高先生认为"从大处着眼"分成不同类型:(1)一般的交际功能的言语风格及言语方言;(2)文艺作品的言语风格及言语方言;(3)附加的个人的言语风格及个人方言。高先生以"外交辞令""时评社论""科学论著""新闻报道""大字报""宗教仪式""社会事务"等为例,说明一般的交际功能的言语风格及言语方言;在论述了存在于文艺作品中的"艺术的言语气氛"之后,进一步指出文艺的言语方言"是一种非常复杂的风格手段系统","形象性、表情性、具体性,这些是文艺作品的言语风格的特点","因此,

---

① 陈望道.修辞学发凡[M].上海:新文艺出版社,1954:250-272.

它就具备多样化的言语风格","这正是现实主义的文艺作品具有所谓'多风格'的特点的缘故"。此外,高先生还特别指出:"所谓'新语言学'的信徒们过分强调个人言语风格即个人方言的作用,认为指导语言的是创造个人性格及个人方言的意志和想象力,认为语言新结构的形成和流行、文艺言语风格及文艺言语方言的形成和流行同妇女的时装一样,是以个人的美学嗜好为基础的。这种看法显然是唯心主义的。""恶劣的个人言语风格及个人方言并不会引起人们的欣赏,反而会被社会所唾弃。"这一点虽然不在语体问题论列之中,却也是重要的参照。①

陈望道先生和高名凯先生的这些观点是很有见地的,值得我们认真学习。

现代、当代的语言学家们,对于"语体"所做的深入探讨,给我们研究话语样式,特别是语体类型,提供了丰富的营养,从而使我们可以进行"立体化"辨析。

三

由于语体受各方面的制约,我们不得不分别阐释。仅以普通话为例,说明如下:

从话语主体来看:"谁"在说话?说话者的身份是什么?这是首先要考察的。说话者说出的话一定要符合自己的身份。因此,话语中流露出来的"身份感",决定了语体的言语风格特点。像教师一样,传播者必须保持自己的真实身份,一定要说那些发自肺腑的话、真诚的话、引导人们积极向上的话。这里的"我""我们",是节目所需要的那部分"自我",而不是生活中全部的"自我"。"自我"应该根据节目的内容和形式,进行调节。这调节,完全不能表演。社会学中的"角色转换",完全不同于表演中的"角色扮演"。根据话语主体的不同"身份感",就会有"教训语体""批判语体""启发语体""乞求语体""调侃语体"等的区别。

从话语本体来看:广播电视语言传播中的词语范围主要是些什么行当术语?大体显露出来的话语体系是什么样子?是否可以分为新闻报道语体、文学艺术语体、科学技术语体、政治公务语体、时事评论语体、经济态势语体、社会服务语体、法律诉讼语体、军事行为语体、外事交流语体、体育竞技语体、广告信息语体?这十二种语体,虽然各有交叉、重叠,但是并不影响它们的话语独立风格体系、词语范围的行当色彩。高名凯先生指出:"风格的表达手段是全民共同语在历史发展过程中,由于交际的功能上的不同(包括交际场合、交际目的、交际任务的不同)而产生的变体或变形。"因此,"应当把它看成整套特殊的表达手段或语言要素的运用所形成的整个的言语气氛"。这就是说,某个语体的特征,主要是看为完成一定的任务所组合起来的相关词语量的大小,形成了接近哪种"言语气氛"的格调。如新闻报道语体,不论是报道什么事件,都具有新闻的基本要素(即何时、何地、何人、何事、何因、何果),都表现出新鲜、迅捷的"言语气氛"的格调。如社会服务语

---

① 高名凯.语言论[M].北京:商务印书馆,1995.

体,不管是衣食住行,都具有服务的基本要素(即专注点、关爱点、切近点、契合点、宣泄点、明示点),都表现出周到、温馨的"言语气氛"的格调。

从话语环境来看:所谓"语境",既有主观语境,又有客观语境;既有宏观语境,又有微观语境。一般影响话语风格体系的因素,是"当下场景"。如自然语境的春夏秋冬、风雪雷电、日夜晨昏、东南西北……社会语境的城乡厂矿、亭台殿宇、节庆典礼……广播电视的传播语境,除了一般的具体场合(如室内室外)、具体人物关系(话语主体、话语对象)之外,正处在"当下"的自然语境和社会语境的节点上,成为主观和客观语境、宏观和微观语境的融合物,进而影响传播主体的话语风格体系。这种"当下场景",主要是营造了某种氛围,因而使得某种语体呈现出相应的特殊气氛格调。大体上,可以分为:高雅郑重语体、平实正规语体、通俗活泼语体、消闲随意语体(还有狂放恣肆语体、佶屈聱牙语体,虽不属于广播电视语言传播之列,但却是一种传播现象)。如体现国家形象、地域形象、团体形象的"公告""声明""命令""讲话""社论""报告"以及重大活动的报道,都应使用高雅郑重的语体;那些礼仪性、可信性、欣赏性、召唤性的话语,总是使用平时正规的语体;在比较宽松、自如的环境下,常常使用通俗活泼的语体;而在比较封闭、自由的环境里,那亲密无间的话语便会使用消闲随意语体。至于脱离环境的氛围,无所顾忌,大而无当、华而不实,妄自尊大、旁若无人、出口不逊,这种话语,就属于狂放恣肆语体(如忘乎所以地乱叫);至于那些一味显示"才华"、张扬"个性"的人们,也不容易根据环境调整话语,而是使用大量的莫名其妙、深不可测的词语(如"港台腔""洋泾浜"),只能称其为佶屈聱牙语体。

从话语对象来看:话语的功能主要是传达思想感情,交换信息,是要让听话的人清楚地了解话语的意思,包括"言外之意"。那么,话语主体就要针对话语对象的具体情况,采取一定的话语样式,这也涉及语体问题。最明显的是对小孩儿说话,几乎不能用跟大人说话的口气,于是便形成了特定的少年儿童"言语风格""言语方言"体系。就此,我们又可以分为:老年语体、青年语体、少年儿童语体;还可以分为:女性语体、工人语体、农民语体、军人语体。如对老年人的尊称、敬语、赡养、关怀;如话语中表现出军人"土气则不乏灵气,粗俗却见智慧"[①]的"言语风格""言语方言"体系。

从话语工具来看:除了广播语体、电视语体之外,还有正在形成的网络语体。其实,大众传播媒体的传播手段虽然有别,传播模式虽然有变(单向传播和双向互动),究其实质,对于语体的影响,特别是对于语体分类的影响并不算大。

这样看来,话语样式是十分复杂的,牵扯到各个方面的制约因素。面对如此纷繁的情况,我们究竟该怎样去把握呢?

---

① 西南.江永红军事题材报告文学阅读笔记[J].解放军文艺,2001(5).

四

美国的语言学家、翻译学家尤金·奈达于1983年9月在北京大学进行学术讲演时,十分明确地指出:"社会语言学……最基本的方面就是从民俗学的角度去考察语言交际。换句话说,就是研究什么人在什么情况下为了什么目的对什么人说什么话并且得到什么结果。"他列举了"语言中存在各种变素""交谈涉及的一些主要民俗因素"等。他还强调指出:"一般地说,任何人都掌握不同的语体,使用何种语体主要取决于场合。"他认为"大多数人使用的语言似乎可以分成五种语体:(1)礼仪的(或刻板的),(2)正式的,(3)非正式的,(4)随便的,(5)亲切的"。① 这些内容,使我们进一步了解语体的功能,既不要把它琐碎化,又不要把它笼统化。

我们反复说明,语体问题,关系到怎样说话才达到"恰当"的要求。到底怎样来分类,特别是从总体上分类,才接近语言社会功能的具体实际呢?

由于语言的使用受到多方面因素的制约,事实上必然存在着"融合"现象,即话语范围语体、话语主体语体、话语环境语体、话语对象语体呈现交互渗透、错杂对位的格局。我们的认识是:应该以"当下场景"为核心,以"主体身份"为依托,以"话语样式"为显现,来判断语体的气氛和格调,并划分类型。

我们认为,话语样式只有四大类:宣读式、讲解式、谈话式、朗诵式。每一样式又可以分为高雅郑重格调、平实正规格调、通俗活泼格调、消闲随意格调四种样态。综合起来,我们就得到了十六种类型,或"语体"。简单说,高雅郑重地宣读、平实正规地宣读、通俗活泼地宣读、消闲随意地宣读,显示出不同的功能效果。同理,高雅郑重地谈话、平实正规地谈话、通俗活泼地谈话、消闲随意地谈话,又呈现另一种功能效果。讲解式和朗诵式也是如此。而这十六种类型又是可以互相交叠融通的。在一个节目里,一段宣读式转为下一段的讲解式;在一篇话语中,在谈话式中穿插宣读式、朗诵式……在新闻节目里,允许使用各种表达式,既可以宣读、朗诵,又可以讲解、谈话;既可以高雅郑重,也可以通俗活泼……重要的是,这种语体划分,完全符合广播电视语言传播的规律,既能达到播音语言特点的要求:规范性、庄重性、鼓动性、时代感、分寸感、亲切感;又能体现播音语言表达规律:思维反应律、词语感受律、对比推进律、情声和谐律、呼吸自如律、自我调控律。

我们这样划分语体的理由是:

语体并不是文体,不应依赖文体的类型划分规则,只能从有声语言的实际出发。语体是一种体式,完全不应屈从行业的类型划分标准,只能走语言效果的显现之路。语体是一种变式,其内涵必须符合灵活适应的变化性,既可包括多种情状,又不显得烦琐。可有可无、可此可彼,会令人无所适从。

---

① 祝畹瑾.社会语言学译文集[M].北京:北京大学出版社,1985:17.

语体属于表达式，其样态应该在同义或近义词语的替换中变更，词语的替换，必定导致表达的变化，从而呈现不同的"气氛""格调"。

语体可以融合，但不能因此而芜杂，甚至造成主体缺席，既使人们难于分辨，又会造成某种混乱，违背了研究语体的初衷。

语体只属于有声语言，不能属于某个群体，更不属于某个个人。由于受教育程度、文化修养、语言功力、受众接受的制约，不可能全社会每个个体都掌握驾驭各种语体的能力，所以，语体不是"不学而能"的，而是"非下苦功不可"的。

有人提出"广播电视语体"，还有人提出"主持人语体"，这大概无法为其定义。广播电视传播的是大千世界中形形色色的人与事、物与法，怎能单以传播手段而一统"语体"？"节目主持人"只是一个具体岗位，节目形态各式各样，话语主体参差不齐，怎能用"人"来定"语"？主持人不仅仅采用谈话式，宣读式、讲解式、朗诵式都应该在他们的语言功力之中。有人说，"说"新闻是创新，那是不懂历史。古代另论，就是中华人民共和国成立后，山东和江苏都出现过"说新闻"的节目。党的十一届三中全会以后，内蒙古和吉林的播音员就提出过"说新闻"的问题，还实践过、讨论过。"说"，叫什么创新？"说"，有什么语体意义？不能因为"当下""时尚"就趋之若鹜。"存在的就是合理的"，这话也对，但是，合理的并不一定是正确的，正确的更不一定就是经典的。"追时髦"同"看食槽"一样，急功近利，并不见佳。

德国的语言学家洪堡特说，"语言是世界观"，夸大了；斯大林说，"语言是交际和交流思想的工具"，缩小了。语言和语言学的发展证明，使用语言和研究语言都得满足人们日益增长的精神需要和物质需要。汉民族的语言，博大精深，至今，我们还在使用《马氏文通》《修辞学发凡》的原则和观点，对于语体问题仍在摸索当中，实在汗颜。本人不揣浅陋，大胆妄言，无非是想抛砖引玉，就教于方家，以期引起进一步讨论。我期待着。

2001年8月26日于北京

话语表达简论*

广播电视语言传播的根本任务,就是充分利用这一现代化的舆论工具,通过有声语言的引导,包括"灌输"和"启发",发挥它维护国家利益,体现民族形象,捍卫文化安全的社会功能。因此,播音员、节目主持人的语言功力就显得相当重要了。而语言功力的核心,就是"表达"能力。围绕着这个核心,还应该强调观察力、理解力、思辨力、感受力、鉴赏力、调检力、回馈力等。创作主体如果不善于表达,或者缺乏表达能力,其他的知识再丰富,其他的能力再强,也不会在广播电视语言传播中胜任愉快。

一

广播电视语言传播的历史,同大众传播的历史是同向、同步的,也经历了不同阶段。先是"魔弹理论",或者叫作"皮下注射理论"。它仍然是简单的"刺激—反应"观点的应用,认为有什么样的刺激,就会有什么样的反应,以为传播者根据主观需要确定的传播内容和语言样式能决定受众的价值取向,而完全不考虑受众的心理期待和社会的语境制约。这种传播,导致了"一厢情愿"的盲目传播,效果是可想而知的。由于社会条件的限制和认识水平的局限,这种理论的出现是无可厚非的。当这种理论逐渐失去影响力的时候,又出现了"有限的和有选择的影响的理论"。这种理论,重视人的个性差异,如世界观、人生观、价值观的差异,如经济地位、性别、年龄等的不同。社会关系形成的不同的人群,会有各式各样的需要,广播电视语言传播就应该分别去适应,分门别类地去面对他们的需求,给他们可以选择的传播维度和传播空间。后来,进一步从受众的角度,研究人们如何把传播媒体给予的信息加以利用,并从中获得满足,便出现了"利用与满

---

* 原载于《中国广播》2003 年第 10 期。

足"的理论,意即媒体要采用多种多样的传播方式,传播有价值的信息,供人们充分利用,以使他们各自的需求都能得到一定的满足。此外,各种传播模式纷纷出现,不断强化传播的力度和深化传播的效果。其中,拉斯韦尔模式(即五个W模式)是被普遍接受的一种,它比较科学地描述了大众传播的共有性、规律性的传播过程和反馈过程。

值得注意的是,所有关于大众传播模式的研究,都强调线性、单向性传播,虽然更加注意受众的主动性,更加关注受众的反馈,但从没有人把双向互动模式引进大众传播。那只有人际传播或网络传播中,才会是真实可行的。作为语言传播中的话语,更是一种单向的表达——传播者的语言行为。意思是说,这种表达是在一定条件下生成和发送的"代码"。社会生活中的交往、交际和交流,是不可能与大众传播中的语言表达同日而语的。忽视了这一点,就会削弱甚至取消语言传播的特点和优势。如热线电话,当打电话的人与导播交谈时,他还是一位受众,一旦电话由电台或电视台播送出去,他就立即转变为传播者,他的话语也就成了节目的组成部分,这是传播主体赋予他的话语权力,如果出了问题,传播主体要负责任。因为,他的话语,同节目的其他内容,作为一个完整的单元,都由电台或电视台传播给了广大的受众。把这叫作"双向传播",实在是一种误解,把这叫作"交际",也有点牵强附会。

斯太格缪勒在《当代哲学主流》一书的下卷里,有一句话,说得很精辟:"我们借助于语言表达可以完成各种各样的行为。"可是,为什么非要一味强调"交际能力",而无视"表达能力"呢?

二

广播电视语言传播,在广播上,要求"以声传情,声情并茂,悦耳动听";在电视上,要求"声画和谐,形神兼备,赏心悦目"。语言表达必须遵从其基本规律:理解是基础,目的是统率,感受是关键,感情要运动,声音要变化,状态要自如。语言传播主体的创作过程是:加深理解—具体感受—形之于声—及于受众。传播语言的特点是:规范性、庄重性、鼓动性、时代感、分寸感、亲切感。播音主持艺术的表达规律是:思维反应律、词语感受律、对比推进律、情声和谐律、呼吸自如律、自我调控律。

语言传播主体的创作,应该解决三个环节的传承递进:思维方式—词语序列—语言表达(亦即心理语言学所谓"概念化""组成""发音"这三个语言产生的过程)。思维方式,因语言内容而有主次。如逻辑思维、理性思维、发散思维、聚合思维等;形象思维、艺术思维、巫术思维、灵感思维等;情感思维、直觉思维、意味思维、悟性思维等。其中,有的必须同语词结合,如影随形;有的大部分同语词结合,若隐若现;有的几乎没有语词介入,浮想联翩。由于传播的需要,最终都必须落实到词语的序列里去。词语序列,要求词汇丰富、用词准确、语法通顺、修辞贴切、合乎规范。思维方式和词语序列这两个环节,现在已经被人们普遍重视起来了,为进入语言表达的第三个环节打下了基础。在此基础上,不但可以进入写作,妙笔生花,而且可以进入有声语言的表达,感人肺腑。可惜的是,到了这后一环节,人们反倒懈怠、停滞了,以为有了前两个环节就足够了,就能够自然而然地表情达意了。应该说,这是当前语言传播中的极大障碍。"五四"时期"怎样想就怎样说"的朴素语言观,至今还在左右着人们的传播观、表达观。好像只要思维敏捷、词语恰当,表达只是"心想事成""随口唾出"的事。有些人反复强调思维方式、词语序列的重要,认为这就是语言交往、交际和交流的全部,而无视如何在有声语言中具体表达,无视有声语言的"信息共享、认知共识、愉悦共鸣"的功能,无视有声语言的停连、重音、语气、节奏的"表情达意、言志传神"的作用。看重书面语言的德里达,把语言表达称为"心灵的总书写",我们的一些同志也坚持重文轻语的旧观念,岂不哀哉!口耳之学固然幽眇难知,但是,那有声语言的感同身受,却是单从文字语言中所无法直接得到的。

一个观念、一件事物、一条信息、一种想法,凡是可以认识、可以表述的东西,包括那些模糊的、直觉的东西,人们总是要千方百计赋予它一个词语加以指称。于是逐渐形成了共同体意识,那每一个词语(包括不断涌现的新词语)都具有了社会共同使用价值。人们掌握它,是在主体理解的基础上;人们运用它,是在共同理解的基础上。那些曲解的产生,或者说话者歪曲语义,或者听话者误解语义,便造成了哈贝马斯所说的"无效交往"或"伪交往"。可见,对于语义的曲解和误解,即理解问题,是在交往之前就发生了的,而这种曲解和误解,主要是话语主体缺乏真诚、表达不清或对词语使用不当所致。这进一步证明:语言能力以表达能力为前提,然后才有可能谈论交际能力。可见杜威的观点是片面的,他强调语言的首要作用不是表达思想而是沟通思想,他说:"语言的首要推动力是影响(通过对愿望、情感和思想的表达)别人的活动。"请注意,他也不能不承认"通过……表达"。大多数语言学家都认为:交际能力是人们语言能力中重要但不是首要的能力。因为,他们大都认为语言是表达语义、解释语义的。在这一点上,乔姆斯基和刘易斯、莫里斯和卡纳普、奥斯汀和塞尔勒等人早就从功能的角度指出交际能力的重要性,认为语言的基本功能是交际功能,而语用学就是关于说话者(包括听者)的哲学,产生语言并使用语言的说话主体正是语用学的研究对象。现在再提出"交际能力"是"最重要的语言能力",还有什么创新意义么?过去就有人用"解释的传递过程"来说明交往过程,那么,说话主体的"独白"或者同在场的人说话,就必须先用词语序列对"意义"加以解释。哈贝马斯把社会交往理论看作一种关于人们如何正确使用语言以达到相互理解的理论,并且提出了对话双方必须承认的四种要求:一是话语的可理解性;二是话语命题的真实性;三是话语行为成分的正确性;四是话语主体的诚实性。对话双方只要违反了其中的一项,语言交流就无法进行。实际上,主要责任在说话一方,如果他的语言表达十分准确(当然是在一定的语境中),听者就可以接受这种解释,语言交流就能进行下去,并且可以不断深入。

如果是一个人说,大家听,就更需要话语主体能够准确、鲜明、生动地表达了。孔子说:"辞达而已矣。"(《论语·卫灵公》)苏东坡解释说:"夫言止于达意,即疑若不文,是大不然。求物之妙,如系风捕影,能使是物了然于心者,盖千万人而不一遇也,而况能使了然于口与手者乎?是之谓辞达。"(《答谢民师书》)日常生活中,说得清楚,说得明白,也许就可以了,即使啰唆些、模糊些,也不必苛求。如果是在特定的语境中,如广播电视传播过程中,话语主体一定要具备出色的表达能力,包括以有声语言(包括副语言)为主干或主线驾驭节目进程的能力、独白的能力、向嘉宾提出问题的能力、通过现场话语主体之间的交谈向广大听众或观众进行语言传播的能力等。因为广大听众或观众是"不在场"的"听者",话语主体的语言行为,都必须为他们着想,为他们服务。由于这时的听者只在话语主体的心中,而不在眼前,所以可以说,这时的听者只是话语主体"想象"中的听者,这时的表达就应该具有更"明晰"的严格条件,任何的啰唆和模糊,都会成为"无效信息"或"信息干扰"而失去表达的意义。日常语言交际中的"全息性"和"随意性"、"冗杂性"和"可重复性"都被过滤了,因而对于语言表达的要求,决不能用"交际能力"一言以蔽之。不明白这一点,把大众传播混同于人际传播,甚至要用人际传播取代大众传播,无异于降低大众传播的规格,取消大众传播的"舆论导向"价值,使人们的交往退回到纷纭混沌的原生态中,只不过增添了现代化的交际手段而已。失去了大众传播的提升和引导,语言表达也就返还到"日常语言""私人话语"中去了,那种随心所欲的胡聊乱侃,也许会成为流行时尚罢?早就有学者指出,现在成了"闲聊的时代",其讽刺意味,实在深刻。

三

广播电视语言传播,肩负着提升广大受众的社会道德水平和引导先进文化方向的责任,而绝不是专门供人取乐、被人消遣的媚俗艺伎。从说服学的观点看,它已经把"自我说服""人际说服"融入了"公共说服"的"大社会"的说服活动之中了。这丝毫不等同于"高高在上"的训斥。说服不是压服,而是"心悦诚服",犹如挚友和诤友,既可促膝谈心,又可高谈阔论;既可纵横捭阖,又可心有灵犀。这种表达,完全是"知己知彼"的"由己达人",把诗意的话语,送入耳中,达于心田。亲切,但不絮叨;庄重,但不呆板。学会"言简意赅"和"辞约意丰",难道有什么不好吗?让话语走出"油腔滑调"和"口是心非",又有什么不对吗?大众传播理应是郑重可信的、真诚可感的,任何哄骗欺瞒和云山雾罩,都必须清除。否则,失去了信任和尊重,浪费了时间和精力,就会远离"三贴近",走到文化垃圾的路上去,那无异于自我埋葬。

话语表达,如唐白居易《与元九书》所说,"感人心者,莫先乎情","根情、苗言、华声、实义"。我们从来都坚持:情者,气之根也;气者,音之帅也。话语表达,必须"因情用气,以情带声"——声随气转,气随情动,以气托声,以声传情。脱离思想感情的运动状态,发出任何声音以及声音的任何变化,都必定是苍白的、干瘪的。话语的表达要"有的放矢""有感而发""有动于衷""有始有终"。我们坚决反对那种"见字生情""以声挤情""文不逮意""为文造情"的表达。话语并不是万能的,许多情况下"只能意会,不可言传",于是才有了"言外之意",使人产生"得意而忘言"的美感享受。"情""声""气"的关系,相当微妙,有时竟是"增之一分则太赤,减之一分则太白";恰如王阳明所言:"凡歌诗,须要整容定气,清朗其声音,均审其节调,毋躁而急,毋荡而嚣,毋馁而慑。久则精神宣畅,心气和平矣。"更重要的是,同样的内容,同样的句群,同样的语境,同样的对象,不同的人可以说出不同的话语;而不同的话语,却能传达出不同的意味、不同的格调。还有甚者,同样的话语,竟完全可以表达出两种相反的语义、相反的感情。如:"这件事,我永远忘不了。"既可以是深情地回忆,也可以是痛切地悔恨;既可以是愤怒地告诫,也可以是爱恋地倾诉……这里,语言功力必然起到不可低估的巨大作用。语言的功底和能力,决定话语主体在表达过程中主动真切地建构语境,并且有意识地"操纵"共有知识,进行有利于实现表达目的的语境建构。

长期以来,文字语言在人们的心目中占据了太大的空间,有声语言似乎被弱化到了无足轻重的地步,只要一说词语,就好像是指文字语言。这种情况形成的定势,给有声语言的表达造成了不少困惑,往往以为文字语言的现实表述与内在含义的"单义性""同向性""同级性"完全吻合,而忽略了有声语言表达的多义性、逆向性、级差性。正是有声语言的"不确定性",赋予了话语主体创造性表达的话语空间。话语主体可以根据语义、语境,改变已知的词语序列的原意,有意无意地或增减其负载的含义,或伸缩其美感的尺寸,或加强、削弱其思想感情的色彩,或加重、减轻其思想感情的分量。"语无定势""声如其人",大概就是说的这个道理。人们在说话的过程中,思维在前,词语继后,表达贯之,这是静态分析时的理性观照,实际上,三者几乎浑然一体,不能割裂。硬要把三者分割开来,一一剖析,也只能作出粗略说明,而不可能在实践中分阶段实施,特别不能在三者之间再插入什么"装置"。我们之所以强调"语感"和"预感",强调"语感通悟",就是这个原因。每个人的思路、体验、功底、能力、知识、悟性都大不相同,在"实验语言学"和"计算语言学"中,现在还没有办法"量化"和"描摹",我们怎么能够采用自然科学的方法予以清晰表述呢?即使到了科学高度发展的明天,也很难做到这一步。中国哲学的"天人合一""气韵生动",有声语言表达的"感性—知性—理性—悟性"通道,引领我们走向"内省""省人"的"大音希声""大象无形"的澄明之境,其中需要研究和探讨的问题,数不胜数,我们任重而道远。"另辟蹊径"是好事,但千万不要"另起炉灶",以免遗忘前圣先贤带我们行经的路标,钻进"牛角尖",走入"死胡同"。

话语表达,同哲学、美学、心理学、语言学、交际学、说服学等,都有着关联性,这里只是简单叙述,难免疏漏,容后再补正吧。

2003 年 6 月 24 日于北京广播学院

话语传播简论*

当我们说到"交际"的时候,人们就会从人与人的往来接触的社交角度去理解,这是对的。因为,人与人可以通过文字语言或有声语言进行交流,也可以通过其他方式相互沟通,达到传递信息、抒发感情、寄予期望、求得认同的目的。这里,语言并不是唯一的途径,更不是最好的手段。例如握手、拥抱的亲近,眨眼、摇头的示意等,都不是语言所能替代的。列宁、斯大林说的"语言是交际和交流思想的工具",只是强调了语言的一种社会功能,并没有把语言看作包揽一切的灵丹妙药。由此可见,话语交际,特别是话语传播,应该着重研究话语的独特作用和话语主体的社会责任。

一、话语的交际功能

根据塞尔的"言语行为"理论,"说话就是做事","语言交往的单位"是"言语活动中符号、语词或语句的生成和发送行为"。这就进一步强调了话语主体的"生成和发送行为"的重要意义。的确,语言是人们在劳作中"有些什么东西到了非说不可的地步"才产生的。这时,人们为了呼唤、协同、要求、发泄,便开始对别人采取"言语行为"。这可以看作最早的"交际行为"。

但是,话语主体的这种言语行为,并没有立即生成"听者""语境"等意念,还有点"自顾自"的味道。随着思维的发展,随着大范围的言语活动的展开,话语的功能就形成了三个向度:思维、交际和传播。这三个向度,共同完成着语言的社会使命。而话语主体的巨大能动性,早已超越了初始阶段的那种简单的交际范围,走上了向内心、向别人、向大众"生成和发送"的广阔天地。

话语主体的能动性,主要体现在"表达"主体的实践中。表达是根基,

---

* 原载于《中国广播》2005 年第 9 期。

表达是源头,表达是权力,表达是实体。朱光潜先生指出:"语言与思想和感情的关系都非常密切;但是这种关系,一不是因果的关系,二不是空间上表里的关系,三不是时间上先后的关系;所以'情感在先,语言在后;情思是因,语言是果;情思是实质,语言是形式'的见解根本是一个错误的见解。在各种艺术之中,情思和语言,实质和形式,都在同一顷刻之内酝酿成功。"①这就十分明确地揭示了话语主体"生成和发送行为"的深刻内涵。

自从人类认识了话语的功能以后,在交际活动中,语言的作用才得到了更好的发挥。特别是在"如何说话"这个问题上,要求注重不同的情境条件和不同的用法规则。语用学告诉我们,既要关注说话者,又要关注听者,还要关注语境。这样,就造就了一个语用的平台,大家共处于一个"共同体"中。说话者与听话者共处于相同的语境之中,而且都属于同一个"解释共同体"内。这样才能完成相互理解与互相交谈的过程。因此,话语交际必须注意"解释的传递过程构成交往的本质特征"这个观点,以造成"主体间得到认同"的理解可能性和传递无障碍。一味强调"交际",忽视了交际双方的"共同体"价值,就会进入单个人的或个体与个体之间的无边界、无规则交往,既没有实际的意义,也失去了讨论的前提。

话语交际,作为人们日常生活中的不可或缺的言语行为,已经成了研究的热点。不过,任何研究都不应屈从于现象的简单摹写,更不应陷入主观的心造幻影。交际只是语言的一种功能,不能称为"本质",交际之外,还有其他的语言实在,恐怕不能说"交际之外无语言"。正如《中国大百科全书·语言文字》所说:"语言:人类特有的一种符号系统。当作用于人与人的关系的时候,它是表达相互反应的中介;当作用于人和客观世界的关系的时候,它是认知事物的工具;当作用于文化的时候,它是文化信息的载体。"②我们的目的,无非是想让言语交际更加合乎社会规范,更加具有生命活力,以便在"语言与社会的共变"中,促进人们"知识共同体""科学共同体"的完善与进步。

二、话语的传播功能

话语在人际交流中,往往是随意的、即兴的、片段的、散乱的。谁也不会把它们完全记录下来,或者全部留在脑子里。但是,话语进入大众传播,就必须改变自己的形态,显得更用心、更有底、更完整、更周延。这是大众传播的特殊要求,也是从人际交流提升到一个新的语境中的审美期待。社会学家梅尔文·德弗勒在他的著作《大众传播的各种理论》中说,传播行为是"一个表达团体规范的手段,通过这个手段行使社会控制、分配各种角色、实现对各种努力的协调,表明对未来的期望,使整个社会进程持续下去……要是没有这种影响的交流,人类社会就会崩溃"③。这里,我们当然会从中了解到,大众传播同人

---

① 朱光潜.诗论[M].北京:生活·读书·新知三联书店,1998:255.
② 中国大百科全书出版社编辑部.中国大百科全书·语言文字[M].北京:中国大百科全书出版社,1988:477.
③ 施拉姆,波特.传播学概论[M].陈亮,等,译.北京:新华出版社,1984:32.

际交流之间,那种理论的分野和实践的区别。在大众传播中,传播者通过"议程设置",给广大受众安排了一个虚拟的世界和虚拟的"传播场",人们在接受传播的过程中,没有同传播者交流的时间和机会,只有听凭传播者去"实现他们的目标,他们能选择适合他们目的的信息和以他们认为最好的方式加以组织。他们能使用令人赏心悦目的东西来吸引人们对他们的讯息的注意"[1]。

事实上,传播者一直毫不懈怠地关心着受众的需要,并且全力以赴地去满足这种种需要。但是,他们总会在自己的能力范围里,去实施自己的目标行为,而不可能超越。传播者的话语,同样是千方百计地去适合广大受众的视听期待,而不可能与此背道而驰。但是,这绝不是人与人、面对面的"交际"。

正因为如此,我们在进行话语传播的过程中,必须时时刻刻地"想着大众""服务大众"。李良荣认为,大众传播对受众的指导是鼓舞、示范、论证、启发、解释、预测和警戒[2]。因此,"政治科学家伯纳德·科恩写道,媒介在告诉人们如何思考上可能成功的时候不多,但在告诉人们应当考虑什么问题时却是十分成功的"[3]。广大受众在收听、收视的过程中,可以聚精会神,可以一心两用,可以不加理睬,可以心生反感……他们能够成为热心受众,也能够走进"沉默的螺旋"。这一切都告诉我们,大众传播的话语,并非交际话语。话语传播,不应沦落为人际交流。那么,是否意味着大众传播的话语就完全脱离人们的生活实际呢?根本不存在这个问题。因为,话语传播是植根于日常谈话的规则的,只是它比日常谈话更精练,更富有声情并茂、动人心弦的吸引力和感染力。毛至成指出:"任何真正高品位的语言,写作者都应该有几种起码的功力:一是善于将主观语言转化为客观语言。不要过分迷恋、自赏作品中的破碎之话、随意之话、即兴之话、信手拈来之话,力求成为作者、读者的'公用语言'。二是使客观语言转化为规范语言,写之能顺,读之能畅,不似天外来客尚未被破译的怪异语言。三是使客观语言提高为、升华为有美感的语言,有才气的语言。"[4]如果失却了规范,失却了美感,反而混同于日常语言,甚至比日常语言还要破碎,还要随意,那么,大众传播、话语传播,就没有了示范作用、鼓舞作用,人们怎么能够从中获得意义与感动、启迪与知识、理性思考和感情共鸣呢?

现在,我们广播电视里的有声语言,包括字幕上的字词,很多时候,还不如学生念书、学生写字。课堂上的读写,至少是符合规范的,对于那些不规范的,老师肯定一一指出,并要求改正。广播电视传播中,话语含糊不清、啰里啰唆、油腔滑调,夹杂土语、外语,追求时尚流行,从根本上背离了大众传播中的话语逻辑和控制规则,极大地削弱了话语的传播功能。这是应该引起高度警觉的问题,不能置若罔闻,更不应鼓励和赞扬。

---

[1] 施拉姆,波特.传播学概论[M].陈亮,等,译.北京:新华出版社,1984:52.
[2] 李良荣.新闻学导论[M].福州:福建人民出版社,1989:138-140.
[3] 施拉姆,波特.传播学概论[M].陈亮,等,译.北京:新华出版社,1984:277.
[4] 毛至成.尊重"语言秩序"[N].团结报,2002-12-14.

三、话语的传播范式

大众传播的话语,广播电视中的有声语言,绝非人际交流里的日常谈话,应该有其基本范式。这种范式不构成樊篱,也不提供捷径,只是营造一种适合大众传播的语境和氛围,使"现实的交往语境"重构为"理想的交往语境"。而这,却是传播者为了实现传播目的和达到传播效果虚拟的现实图景、设定的时空视阈。因为,这种传播是线性的、单向的、限时的、点对面的,而不是面对面的、不限时的、双向的、全息的。传播者在选择、提取现实生活中的局部图景的时候,必会根据自己的价值观加以提炼和净化,芟除芜杂,突出重点。传播的"理想的蓝图"不可能是"本真型""全景式"的,而必然"独具只眼""挂一漏万"。这就要求我们保有局部真实,"以小见大""以一当十",从而显示大千世界生动的客观实在。

广播电视的有声语言传播,便由此而生发出自身的话语范式,简称"话语传播范式"。其要点是:

第一,话语传播的时间性特征,主要表现在"稍纵即逝"的听觉过程中。受众的接收,要在各种干扰中过滤,要在有意注意中解读。因此,有声语言是否具有吸引力、感染力就决定了其是否能满足和适合受众的听觉期待、听觉习惯。有声语言的抗干扰能力和共振性态势,使得话语主体必须不断丰富并逐步强化传播内容的深度和传播形式的活力。那核心就在于激发听觉想象力,为受众提供广阔而明晰的想象空间,在时间流逝的过程中,拓展空间的心理阈限,凸显有声语言的"立体化"。于是,话语传播的时间性缺陷被空间性所弥补、所填充,成为既可"思接千载"又可"视通万里"的听觉"磁力场",受众可以纵情其间,甚至乐而忘返。

第二,话语传播的虚拟性特征,主要表现在"语境营造"的推进过程中。人们从打开收音机、电视机的刹那,就进入了传播者营造语境的实施方略途径之内。那声音是如此真实美妙,那画面是如此清晰实在,那人物是如此情真意切,那语言是如此声情并茂,那事件是如此新鲜多样,那场景是如此形态万千……但是,这一切都是传播者有意为之的,所反映的"现实",都经过了筛选加工,我们听到、看到的,只不过是"冰山的一角",而不是现实生活的全豹。即使是新闻事件、新闻现场,任何传播媒介都无法全方位、整景观地再现全部信息及其意义。冰山露出水面的部分总是很小的,而水下的部分只能通过那水上部分加以推测和想象,给出整体的判断和描摹。怎样把传播的信息容量扩大,从中"留白",让受众以自己的想象、联想进行填充和丰富,这取决于传播者对于受众的具体把握,拓展"关联域",加深受众的理解和感受,而不是仅仅传播那些表象,使受众只能听到"众语喧哗",看到"浮光掠影"。这就要求传播者认真提炼"典型",悉心精选"细节",以便使之具有真实的"代表性",具有视听的"延展性"。正是源于广大受众对于现实真实的多角度、多层次的不同理解和不同感受,我们才需要在传播中给出尽可能多样的形态和尽可能深刻的思想,以满足人们的各种认知水平和各种欣赏习惯。虚拟,绝非虚构,但也并非"全真"。这一点,迥异于面对面的人际交流,万不可混淆它们的区别。

第三,面对广大受众,有声语言必须规范,使用国家通用语言文字。"面对着祖国的文化……讲一种语言就是接受一个世界,一种文化"①,我们的广播电视担负着民族文化历史传承的社会责任,这个责任远比课堂上、家庭中所进行的语言教化责任更为重大、更为崇高。目前,个别地方广播中,"方言播音"随着"民生新闻"的走红而受到宠爱,并且开始炒作。这真是一种文化的无奈之举,也是一种语言的弱智行为。"民生新闻"确实展现了老百姓身边的柴米油盐、即时的喜怒哀乐,但那就是真正的"贴近"么?人人都去如此贴近,国家大事、世界风云,老百姓还有必要去关心吗?主流意识形态的表达,普通话的言说,为什么肯定会造成"压抑感"呢?方言土语难道具有这样巨大的社会功能?如果全国的老百姓都认为使用自己熟悉的方言才会产生"老百姓"的感觉,各个方言区的人都各行其道,都一起"拒绝规范",那么,"以人为本""为人民服务"的宗旨就理应落实到各种方言的话语传播上来,报纸、书刊、广播、电视等都只能用方言去书写和说话了。如此,语言文字规范、推广普通话等,就成了压抑遏制平民百姓的桎梏,还有什么存在的必要呢?连秦始皇的"书同文"都应该被抛弃了!把方言土语的地域文化,连同它的落后性、封闭性,都夸大为社会生活的精神寄托,确定为文化观念的历史结晶,我们的"汉民族共同语"也就土崩瓦解了,我们推广普通话几十年的心血也就付诸东流了!鼓吹方言至上的人们,对于推广普通话的反感和厌恶,大约不自今日始,所以才在"民生新闻"之后,紧锣密鼓地宣扬"民生语言",竭力声讨普通话的"强势语言"地位,还要代表"生活在社会底层的人们"呐喊。这种呐喊,听来相当耳熟,它同早先就有的"普通话规范走上了贵族化的道路"不是如出一辙么!国家的昌盛、经济的发达、社会的和谐、交往的频繁,已经开通了全球化、国际间的"高速公路",联合国确定的国际通用语言之一的普通话,也已经引动了"华语热"。当前,社会语言学、文化语言学、心理语言学的研究,不断深入、日益丰富,各种语言观相互融合、碰撞,并不是坏事,但是,规范却是大势所趋,有识者还是要谨慎行事为好。

关于话语传播的范式,应该继续探讨,不过,那逻辑起点是含糊不得的,更不能走向急功近利、浮躁低俗的目的地。

话语传播的内涵非常厚重、深奥,本文旨在提出几个问题,供大家参考。

---

① 帕里.当前殖民话语理论的若干问题[M]//罗刚,刘象愚.后殖民主义文化理论.北京:中国社会科学出版社,1999:218.

传媒语言引领价值的本土意义[*]

我国广播电视的语言传播,已经走过了八十年。人民广播电视语言传播的历史,也有六十多年了。虽然有过曲折和反复,但是,弘扬民族优秀文化、汲取域外文明精华、坚持先进文化导向,仍然是一条时隐时现的核心脉络。

改革开放的大局,造就了我国广播电视语言传播的总趋势。我国广播电视事业的迅猛发展,为我国人民群众的精神生活增添了万紫千红的无限生机;为我国的国际信义和声誉的远播提供了条件,促使中国进一步了解世界,也使世界进一步了解中国。这中间,国家通用语言文字的传承和普及,集中体现在传媒语言的规范化和吸引力上,发挥着日益重要的精神引领功能和文化导向作用。

目前,我们需要正视发展中的缺失,克服前进中的阻力,而不能满足于成绩的辉煌,事业的繁荣。我认为应该着重研究三个方面的问题:广播电视的根本属性、语言传播的重要地位和有声语言的个性把握。三者相互关联,互相制约,共生共荣。

一、"喉舌"的当代价值

"党、政府和人民的喉舌",既是马克思主义新闻观的生动写照,也显示了我国广播电视的根本属性。"打破喉舌论"的声音,从未中断过,但几乎没有一个类似的声音进入理论的语域。因为不管表述如何不同,都无法改变"喉舌"的深刻内涵。其他国家、各强势媒体,都在事实上维护着"喉舌"原则,只是不便或不愿公开申明而已。"美国之音"每天总要播出特意声明"反映美国政府立场"的节目,似乎其他节目就不反映美国政府的立场了,

---

[*] 原载于《现代传播》2004年第6期。

不过是"此地无银三百两"的招数。各个国家的媒体，都在维护着自己的"国家利益""集团利益"，成为国家或集团的喉舌，无数事实早就证明了这一点。我们的广播电视，维护社会主义祖国的利益，捍卫先进文化的前进方向，保障伟大祖国的文化安全，不是题中应有之义吗？所谓受众必须接受"大量的""全面的"信息，人们应该被"全面告知"，不过是一种不切实际的幻想，脱离了"管理"和"引导"的掌控，就会陷入媒介乌托邦。因此，希冀当代媒介从喉舌向"知情权保障"转型，却不知道让谁知情？知什么情？如何去保障？任何时候，我们都不能把"党、政府"同"人民"割裂开来，对立起来，把"喉舌"理解成只是党和政府的，而不是人民的，并力图代表人民要求什么知情权"保障"。由于各个媒体都有"过滤"权，选择权，媒体传播信息不可能"全面"，也不可能把所有重要信息都"全面告知"给所有受众，从而也就无法给以"保障"。如果说，目前的媒介存在着信息流向不够平衡、信息内容不够完整、重大信息传播偶有疏漏等欠缺，急需加以弥补和纠正，那是完全应该的，但这并非根本属性的"转型"，不应偏离"党性"的原则，不能偏离"党的领导"和"人民当家作主"的有机统一。

"出纳王命，王之喉舌"（《诗经》），比喻国家的重要官员，后多指"尚书"，也有指口才、言辞的。中华人民共和国成立后，"党的喉舌""党的宣传员"等说法造成了党同广大人民群众似乎存在着某种分离的印象。现在，人们在潜意识里，仍然认为广播电视只是党和政府的喉舌，成为"人民的喉舌"，不过是表面文章，说说而已。这是因为我们的广播电视在反映人民群众的普遍愿望和正义呼声方面，还有不小的差距，特别是在体现人民根本利益、长远利益的鲜明色彩和厚重分量上，显得拘谨和单调。因此，作为大众传播媒介，广播电视应该研究如何当好喉舌，为维护国家利益，为坚持党的领导和人民当家做主的统一性、主导性，更好地发挥其不可替代的社会功能，起到正确引导的作用。

其实，广播电视传播，尤其是语言传播，必须重视两个核心问题：

一是正确处理"灌输"和"满足"的关系。

首先，必须进行马克思主义、毛泽东思想、邓小平理论和"三个代表"重要思想的教育。党的路线和各项方针政策，政府的所有重要举措，各个媒体有责任、有义务向全党、全军和全国人民以及全世界进行宣传，做到渠道畅通、准确及时。各个媒体还应该努力汇聚、选取世界风云态势和人类文明结晶，撷英集萃地向广大受众（既包括各级党政领导，也包括工农兵学商等群众）传播，做到"汇天下之精华，扬独家之优势"。这一切，都属于"应知"范围，是一种"灌输"。

其次，很多信息是广大受众所"欲知"的，我们应该千方百计地给予"满足"。我们要努力了解广大受众的需要，通过各种形式，尽量满足他们日益提高的精神文化和生产生活需求，反映真实的国情民意。如各类新闻、专题、体育、服务、综艺、广告等版面、节目或栏目。

再次，无论是"灌输"，还是"满足"，都有"上情下达"和"下情上达"两个方面，都应该是相辅相成的，各取所需的。二者并非绝对的、对立的，更不是只对下不对上。有的意在灌输,却恰是许多受众"欲知"的,对他们正好是"满足";有的意在"满足",正是许多受众"应知"的,恰是一种"灌输",如此等等。关键是不夸张、去粉饰,实事求是,努力追求真、善、美、新、雅、精。

最后,全部传播,特别是语言传播,一定要力求"艺术地"进行。不要"席勒式地把个人变成时代精神的单纯的传声筒",而应该"更加莎士比亚化"。这样,"就能够在更高得多的程度上用最朴素的形式把现代的思想表现出来"(《马克思致斐·拉萨尔》)。我们的灌输和满足的意义表达,往往显得生硬和苍白,这恐怕和内容的不够丰厚、形式的不够多样都有关系。

二是正确处理"导向"和"取向"的关系。

任何国家,都有当代的主流意识形态、主导的价值取向。我国的多元经济是以公有制为主体的,共产主义世界观、为人民服务的人生观和无私奉献的价值观,就是我们国家的主流意识形态,成为当前的价值导向。其他的价值取向,只能处于次要的、共存的、与主流意识形态并行不悖的地位,而不应喧宾夺主,更不应南辕北辙。

在广播电视语言传播中,尤其需要强调的是,要勇于坚持"国家意识",要大力弘扬优秀的民族文化传统,要奏响主旋律的黄钟大吕,创造多样化的金声玉振,排除不谐和音的干扰,摒弃靡靡之音的诱惑。经济的全球化、政治的多元化、文化的本土化、精神的伦理化,造成了众语喧哗,也容易呈现杂多的价值取向。这时,强势传媒对于某种历史文化、思想道德观念和思潮的强力传播,往往使人们在"求异思维"和"浮躁心态"之下,不知不觉地受到异样的引领和感化。如拜金主义、宿命论、官能刺激快感等,销蚀崇高感和进取心。在这种情况下,我们如何强化主流意识形态的价值导向,如何凸显"喉舌"的时代最强音,便成为不可回避、无可逃避的问题。

二、重点在"怎样传播"

人类已经处于"地球村"中信息几乎没有遮蔽的高速传播时代。传播什么,实际上正在让位于怎样传播的信息整合进程。我们可以做到信息"保密",可以"遗弃"那些垃圾信息,但是,别的传媒却可以"揭秘",可以"搜罗"。哪一个传媒都不能"一手遮天"或者"造谣生事",因为,你不报道,别人报道;你拒绝,他张扬,人们总是在涉猎中比较,在比较中判别,希冀得到最真实、最准确、最丰富、最隐秘的信息。信息大战的态势,逼迫你只有走主动报道这一条路,否则,可能会"事与愿违",造成更大的"异化",给人们扭曲的、错误的信息又无从比对和鉴别,无法做出准确的判断。

因此,当前,我们必须着重研究"怎样传播"。信息的过滤与选取,不可或缺,这是价值取向和价值导向的重要前提。那些与国家民族的发展、与人民大众的期待相悖谬的思想观念和伦理道德,必须给以批判,以分清是非;那些世界范围内令人瞩目的事件和问题,必须进行关注,并且用我们的价值体系加以剖析;那些突发事件,也要及时地、客观地或简要或详细地报道，并随着事态发展逐步阐明我们的立场和态度，而不急于马上作出评价。我们的价值体系，是发现、报道和评判的核心，由此辐射出各个层面、各个角度的具体解说话语，就直接成为"怎样传播"的叙述方式和表达样态。而怎样传播，也就在这个时候发挥出不同凡响的导引力和吸引力。

话语的叙述方式，是观察角度、解析深度、语域规格和思辨力量的总体呈现；而表达样态，则是语言功力、新闻敏感、艺术分寸和话语活力的具体表现。同样的时间、地点、事件、人物，由于不同的视角、不同的阐释，就会产生不同的评价和结论。即使是评价和结论基本一致，但是，由于叙述方式不同和表达样态不同，也会产生不同的效果，出现不同的吸引力和导引力。我们在研究"怎样传播"的时候，应该十分注意话语的叙述方式和表达样态，而不要只是关注思维方式和词语序列。

我们当然要以正面宣传为主，不过，正面宣传并不意味着使用同样的话语结构，同样的词语序列，同样的叙述方式，同样的表达样态。那种同义反复、同一形态、同向路径、同类组合，肯定会造成人们的厌倦，或称"视听疲劳"，反而加强人们的求异倾向，"不得已而求其次"。在"正面宣传"的过程中，应该专心致志地讲究突出"这一个"或"这一次"的特殊性，既坚持正确的舆论导向，又机动灵活地"另辟蹊径"，避免重复和单调。这是以正面宣传为主的题中应有之义，但却必须付出艰苦劳动，不会"一蹴而就"。

我们也要"针砭时弊"，揭露社会里的"黑暗面"。但却不能"为揭露而揭露"，一定要遵循"依法治国""以德治国"的根本方针，为提供解决问题的思路和方略，去进行批评以至批判。如果一味追求"零距离"，却缺乏积极向上的引领，并无诚意和善意的关怀，只是把现象展览出来，这对于阴影的消除和心灵的慰藉又有什么帮助呢？有时竟会导致方向的迷失、信念的淡漠，何谈体现时代精神，何谈人文关怀？

我们的宣传，的确"要宣传得好，使人愿意接受"（毛泽东语），而不应只讲宣传口径，不探索宣传艺术。宣传，或传播，是政治，但不同于政治口号和政治纲领，而应是能够深入人心的、准确鲜明生动的艺术性言说。一定要讲"倾向性"，不过，按照马克思的说法，这倾向性"越隐蔽越好"，不要那么直截了当、不讲策略，不要那么生硬老套、缺乏活力。语言传播必须与时俱进，必须不断创新。政治文明、物质文明和精神文明，都应该有其特有的表达方式、言说方式。国家通用语言文字法，语言文字的规范化，说普通话，写规范字，为我们打开了语言传播的通衢大道，为我们开辟了语言传播的广远时空。我们在如此宽松、和煦的语境中，应该发挥个人的智慧和群体的能量，迅速强化"怎样传播"的意识，把大众传媒的社会潜能充分调动起来。

三、有声语言的生命活力

自从秦始皇"书同文"之后，文字语言的普遍使用，逐渐形成了汉民族的书写规范共识，人们在识字、用字方面，已经克服了交往障碍，实现了传播和接受的"共同体意识"，达到了理解和沟通,并且鲜明地表现出历史轨迹和本土特色。虽然,在语法体系中,还未能完全实现民族语言的独立建构,还带有不少欧美语言的印痕,但是,在实践上,特别是现代白话文典范著作,早就具备了本民族语言的优良传统和本民族文化的深厚底蕴,并在国际上享有盛誉。浩如烟海的名篇佳作,有力地证明,我们的文字语言,确实是十分优秀、十分精妙的。

至于有声语言,在长久的历史发展中,由于地域广阔,方言复杂,人口流动频繁,语言教育滞后,特别是"重文轻语"(重视文稿写作,轻视朗读说话)观念的纷扰,至今仍然处于被冷落、受挤压的无奈境地。就连使用有声语言的人们,大多也认为思维重要,写作重要,朗读只是"照本宣科",没有什么学问;说话只是"随心所欲",不必严格要求。这样下去,我们的有声语言还能够净化、强化、美化吗?还能够精致、精彩、精妙吗?这一点,正是有声语言日益滑落的根本原因。其他的问题,都由此而来。

为什么我们的有声语言缺乏生命活力?为什么我们的有声语言缺乏表达经典?这应该引起所有使用者、把关人的高度重视和极大关注。在广播电视中,我们的总监、编辑、记者和主播们,为什么有的人会眷恋方音、欣赏土语,有的人为港台腔所陶醉、因油腔滑调而击节赞叹?更有甚者,以洋泾浜为时尚,时时夹杂几句外语,显示了半殖民地文化心态。列宁早就指出:"学洋泾浜的法国话,就等于学俄国地主阶级中那些学过法文而没有学好,又把俄语糟蹋了的最没出息的人物的最没出息的东西。现在不是该向破坏俄罗斯语言的现象宣战了吗?"(《论纯洁俄罗斯语言》)我们仍然应该坚持1951年6月6日《人民日报》社论的基本观点:"这种语言混乱现象的继续存在,在政治上是对于人民利益的损害,对于祖国的语言也是一种不可容忍的破坏。""我们应当坚决地学好祖国的语言,为祖国语言的纯洁和健康而斗争!"至于那些有意无意地干扰语言文字规范化进程的言行,那些公开地宣扬"混乱是语言有生命力的表现"、那些片面强调语言的"不纯洁"而忽视语言共同体建设的言论,终究会被历史的潮流冲洗掉,我们还是勇往直前吧!"他们在这里私语干你什么事呢?你随我来,让人们去谈论吧!"①

有声语言的生命活力,来源于"言为心声"。老子说:"善行无辙迹;善言无瑕谪。"走路不留下脚印,多么轻快飘逸;说话摒弃污浊错乱,多么高雅明晰!鲁迅说:"案言为心声,岂可衰飒而俗气乎?"(《集外集拾遗补编》)这里,把那些低级庸俗的言说排除在外了,因为那里本就没有真正的生命价值。

有声语言的生命活力,还来自有声语言的内涵和表达形态。内容决定形式,形式又反作用于内容。"说什么",是非常重要的,例如:是国内外大事还是生活琐事,是平民生存状态的积极反映还是明星大腕绯闻的刻意炒作,是集思广益"汇天下之精华"还是集怪猎奇以荒诞为诱饵……但是,"怎样说"同样决定说得"对不对""准不准""美不美"。有的内容相当好,只是由于没有表达好,而适得其反,甚至产生歧义,造成误解。琼生有一

---

① 但丁.神曲·炼狱篇[M].朱维基,译.上海:上海译文出版社,1984:295.

段话评论培根的演说,说得很好。他说:"若论说话干净、准确、有分量、最不空洞、最没有废话,谁也比不过他。……听众不能咳嗽、不能回首他顾,咳嗽一下或回一下头,必有损失。""每个听他演讲的人唯恐他结束。"(《十七世纪英国文学》)有声语言的生命活力,在培根的演说里,不是一种精确的阐释吗?斯大林叙述列宁演说的情景时,说道:"非凡的说服力,简单明了的论据,简短通俗的语句,没有半点矫揉造作的色彩,不玩半点令人昏眩的手势,不用半句故意刺激听众的辞藻——所有这些,都使得列宁的演说比通常'国会'演说家的演说高明得多。"(《论列宁》)我们的播音主持人员,在话筒前、镜头前,不是常常有人用"矫揉造作的色彩"和"令人昏眩的手势",迎合低级趣味,追逐流行,招欢买笑,以招徕受众么?他们把信息是否真实准确、是否迅捷密集、是否具有美感都抛到脑后了,只是一味追求"眼花缭乱"和"胡聊乱侃",追求"人际化""生活化"——可以挤眉弄眼、撸胳膊挽袖子,可以敞胸露肚、叉腰跷二郎腿……以此作为哗众取宠、追名逐利的招数,还美其名曰"为大众"。

　　鲁迅说过:"不过,也不能听大众的自然,因为有些见识,他们究竟还在觉悟的读书人之下,如果不给他们随时拣选,也许会误拿了无益的,甚而至于有害的东西。所以,'迎合大众'的新帮闲,是绝对要不得的。"鲁迅接着说道:"由历史所指示,凡有改革,最初,总是觉悟的知识者的任务。但这些智者,却必须有研究,能思索,有决断,而且有毅力。他也用权,却不是骗人,他利导,却并非迎合。他不看轻自己,以为是大家的戏子(贬义,并非指戏曲演员——引者注),也不看轻别人,当作自己的喽啰。他只是大众中的一个人,我想,这才可以做大众的事业。"(《且介亭杂文·门外文谈》)这一段话,简直就是对今天广播电视语言传播工作者,特别是对播音主持人员的最明确的言行告诫和最严肃的职业规劝。

　　在"怎样说"的逻辑起点确定之后,我们再来看有声语言真正的活力。

　　恩格斯所说的"非说不可",是指说话的强烈愿望。被动地说、不得不说、冷漠地说、懒散地说,都会造成愿望的缺失和懈怠,自然不会产生活力。

　　"有的放矢",是指说话要有目的:有重点,有主次,有对象。

　　"有感而发",是指说话要有动因:有比兴,有语境,有灵性。

　　"有动于衷",是指说话要有感情:有感受,有情绪,有情感。

　　"控纵自如",是指说话要有技巧:有顿挫,有抑扬,有分寸。

　　总体来说,就是:理解是基础,目的是统率,感受是关键,感情要运动,声音要变化,状态要自如。

　　要排除干扰,时刻把国家民族利益和广大受众日益提高的精神文化需求放在心上。在汲取西方先进经验的时候,不要忘记国情民意,不要把他们的价值观念奉为圭臬、效仿他们资本扩张的生存模式,"让每一个毛孔都滴着血和肮脏的东西";在坚持先进文化的前进方向的时候,不要舍弃本土的优秀传统,让半殖民地文化心态浸染神圣的智慧心灵,让投机取巧、低声下气、轻浮虚伪、庸俗低贱取代中国老百姓所喜闻乐见的中国作风和中国气派。

要努力创新,殚精竭虑、全力投入,不放弃每一个机会,不浪费每一次创作,走进广播电视,融入具体节目,当好热情主人。抛弃懦夫的模仿,拒绝懒汉的"克隆",自重、自尊、自强、自信,研究和创造传播个性、节目个性、语言个性和艺术个性。不必迷恋于"明星效应"——"一举成名天下知,成名就能知天下",什么节目都请明星作为嘉宾,明星们若什么话题都敢发表意见,由于修养欠深、专业所限,难免闹出笑话。这不过是商业运作的神话,为什么还要趋之若鹜;不应追赶时髦,所谓"说",并非万能,并非唯一,除了节目需要,除了平铺直叙,只会耗散信息、迟滞信息,削平艺术、放逐美感;不要拾人牙慧,"读报"可以作为一档节目,但是,不宜多,不宜烂,而且不该"聊报""侃报"。广播电视是最现代化的舆论工具,怎么能依赖报纸的消息转手告知呢?各个台、各个频道都一窝蜂地"读报",而且添油加醋,枝蔓横生,弄不清哪是报纸上说的,哪是"读报人"说的,远不如简要介绍什么报纸有哪篇文章可读来得清楚爽快。

至于"个性化",应该是指"艺术个性"。因为"自然人完全是为他自己而生活的;他是数的单位,是绝对的统一体,只同他自己和他的同胞才有关系。公民只不过是一个分数的单位,是依赖于分母的,它的价值在于他同总体,即同社会的关系。好的社会制度是这样的制度:它知道如何才能够最好地使人改变他的天性,如何剥夺他的绝对的存在,而给他以相对的存在,并且把'我'转移到共同体中去,以便使各个人不再把自己看作一个独立的人,而只看作共同体的一部分"①。大众传媒中的公众形象,更不能脱离社会、脱离传播群体而独立存在,他们的个性化,必须服从于、服务于传播的任务和需要。当一个人走进传播、融入节目以后,应该"强化、美化节目所需要的那部分自我,弱化、淡化节目所不需要的那部分自我",以便适应广大受众的需求。"张扬自我""张扬个性",容易导致自我和个性的膨胀、变形,失去道德关怀和社会责任。"……人本主义哲学家对自我的关注并不是要美化人,而是旨在将自我在宇宙中的地位恢复为一个自由的负有责任的个体。他们继承了威廉·詹姆斯的观点,将尊重自己的个性与尊重他人的个性视作尊重生活本身的一部分。"②孤立地强调"个性化",不能解决内涵与外延的确定性,很难起到引领作用,反而造成同尊重他人的个性割裂开来,甚至拒绝尊重他人的个性。更为重要的是,必须区分个性的"善"与"恶",以使个性,包括艺术个性,提升到真善美的境界。恩格斯在1859年5月18日从曼彻斯特给斐·拉萨尔的信中,鲜明地指出:"您完全正确地反对了现在流行的恶劣的个性化,这种个性化总而言之是一种纯粹低贱的自作聪明,并且是垂死的模仿文学的一个本质的标记。此外,我觉得一个人物的性格不仅表现在他做什么,而且表现在他怎样做……"我们看到,当前的所谓"个性化",要么眉飞色舞,要么故作深沉,要么口若悬河、不知所云,要么囫囵吞枣、自我欣赏,在"怎样做"上真是自作聪明,

---

① 卢梭.爱弥尔·论教育:上卷[M].李平沤,译.北京:商务印书馆,1996:3.
② 古尔德.弗兰克尔:意义与人生[M].常晓玲,瞿凤臣,肖晓月,译.北京:中国轻工业出版社,2000.

还自称形成了什么"风格"。现在,仍然应该反对流行的恶劣的个性化,同时凸显有意义和有责任的个性化,大力提倡焕发时代精神、洋溢人文关怀的传播个性、节目个性和公众形象个性。在"德才兼备,声形俱佳"的前提下,各显其能,不断提高审美意识和审美能力,创造个性美,培养能够欣赏个性美的大众。

　　生活大树常青,传播魅力永驻。

2004 年 9 月 27 日于播音系

传媒语言文化身份的当下识别*

传媒语言,即大众传播的语言形态。其中,文字语言的文化身份已经有较为清晰的描述,报纸杂志都有常规形态和规范文本的共识,在这里只涉及同有声语言大体一致的基本态势与走向。有声语言的文化身份,在广播电视传播中,似乎还缺少范本和经典的共识形态,因此,有必要进一步探讨。

一、传媒语言文化身份的常规形态

传媒语言,除了民族共同语的规范和民族文化的谱系要求之外,还表现出大众传播的特殊规格,即集中、典型的文化身份呈现。传媒语言的常规形态、基本特点,或本体价值,大概可以归纳为:

规范与简洁:为了满足大众对于信息传播的饥渴心理与急迫期待,传媒语言应该尽可能使用规范的即国家通用的语言文字,以便迅捷而明晰地进行发布和告知。信息传播的大容量、高密度,必须避免芜杂和混乱,努力做到"言简意赅""辞约义丰"。

权威与引领:大众传媒的权威性、可信性,是其生存和生命的根基。失去了权威性、可信性,只是作为社会生活中一个平凡而世俗的声音,谁都可以质疑和颠覆,谁都不予信任和传递,那么,它的存在就成为可有可无的了。它的权威性、可信性并非是全息定论,而是真正成为有效信息的真实、准确的发布者和世界文化精华融合、解读的教化者,成为主流意识形态的维护者和先进文化前进方向的体现者。当下,尤其要亮明自己民族文化身份,发挥舆论导向的社会功能,阐释面向现实、面向世界、面向未来的,民族的、科学的、大众的社会主义先进文化的精神实质和多样表现形式,显现出

---

* 原载于《现代传播》2005年第3期。

传媒语言榜样的自律和示范的自觉。

鲜明与丰富：任何文化价值，都必须凸显自身世界观、人生观的取向，都必须坚持民族文化传承的本土血脉，都必须汲取人类文明历史积淀的营养。不应被本土文化的神髓"一叶障目"，看不到大千世界的色彩纷呈；也不应该让光怪陆离的文化万花筒"蛊惑人心"，一味地去追新逐异、集怪猎奇。要把价值取向和价值导向统一起来，把时代主旋律和形式多样化统一起来。要坚定不移地、旗帜鲜明地传播高品位和高境界的时代精神，反对萎靡不振的铜臭味和脂粉气。

理趣与情趣：大众传播，应该表现广阔生动的现实生活，应该充满昂扬向上的人类心灵的活力，避免四平八稳、有气无力的干瘪之音和油腔滑调、庸俗低级的靡乱之音。理趣教人思考和向真，情趣引人感悟和动心，二者都会使人身心舒畅，使人乐此不疲。枯燥的说教，让人昏昏欲睡；感情的游戏，让人远离真挚。只有理趣和情趣，才会让人在美感的享受中，潜移默化地、不知不觉地提升自己的人生境界和生活质量。

多维与贴近：传媒语言的人文关怀，是多维的，既可以在时间维度思接千载，又可以在空间维度视通万里；既可以在政治文明中体味民主法制的国家意义，又可以在物质文明中感受宏观调控的经济实效，还可以在精神文明中建构自强不息的智慧大厦。传媒语言永远是要贴近广大受众的，贴近他们的社会生活、家庭生活和个人生活，贴近他们的柴米油盐、琴棋书画，贴近他们的职业、专业和事业。但是，这种贴近，是适合，是亲和，而不是迎合。因此，多维是上行线，贴近是平行线，二者交会，便是传播的"点"；无数个"点"，就形成了传播的"场"。凡是维度的平直和贴近的下滑，都能造成传播的失效或逆反，带来未可预知的恶果。某些传媒语言的教训，应成为前车之鉴。

通俗与浅显：既然面向大众，就要认真对待大众的认知水平和接受能力。所谓"雅俗共赏"，所谓"深入浅出"，就是一切以大众是否"明白""清楚"为最高传播任务，把深刻的道理用通俗易懂的话说出来。但是，由于大众传播中信息的迅捷和密集，要求日新月异和夜以继日，无暇反复推敲；要求天文地理和三教九流，无力样样精通，所以，难于假以时日、精心制作；难于集思广益、入木三分。于是，不得已而求其次，习惯于并满足于通俗和浅显，不再追求高雅与深邃，久而久之便成为一种"定势"。传媒语言处于这样的境地，也就很难孤军奋战地去营造汉语美感的氛围了。不过，如何反对"庸俗"，如何避免"浅薄"，确实值得反省，值得我们时时警觉。

还有一些违规形态，如广告的夸饰、情景的编造、腔调的嗲气、手足的失态等，虽然还在泛化，却正受到应有的批评，开始逐渐被广大受众抛弃。这里就不赘述了。

二、传媒语言文化身份的弱化

当下，传媒语言文化身份，在各类媒体中都存在着弱化现象。其中，最明显、最突出的弱化，表现为：

政治身份的简单化：传媒语言政治身份应该是其文化身份在国家政权和国家体制方面主流意识形态的反映。在党和国家的纲领路线、方针政策的宣传，重大事件、突发事件的报道和时事政治的评论方面，从总体上说，我们的媒体发挥了"党、政府和人民的喉舌"的功能，坚持了正确的舆论导向，阐述了鲜明的立场态度，表达了人民的意愿和理想，显示了大国的气魄与风度。但是，各个媒体在具体解析、传播的过程中，往往以"完成任务"为己任，缺乏具体细微的阐发功力，特别是缺乏艺术地宣传的能力，因而显得粗糙和单调，容易造成"简单的时代的传声筒"的味道，给人以公式化、概念化、生搬硬套、生吞活剥的印象。如果大力增强文化的厚重感，尽力揭示文化的蕴含，就可以把"政治教义"融化为"文化浸润"，使人们从中感受到格致、诚意、正心、修身、齐家、治国、平天下之间的密切关系，认识到社会发展、国家利益、集体生活、个体责任的和谐统一，体会到全球文化、民族文化、地域文化、社团文化的共存互动，觉察到自我认知、世代传承、人类进化、世界文明的螺旋提升。传媒语言并不都要板起面孔、正襟危坐，它应有高雅庄重、平实正规、通俗灵动和消闲自在等多种形态，即使是庄重、正规，也还有"寓庄于谐""寓教于乐"的各种表现。很多传媒语言的创作者，不像众多专业工作者那样，潜心研究传媒政治、传媒文化、传媒语言，把这当作终生追求的事业，而是有意无意地走上了省时省力的"惯性捷径"，甚至走上"娱乐化"的邪路。政治说教违背了"良师益友"的主体价值取向，成了庸俗社会学和机械唯物论的俘虏，舍弃的不仅是政治身份和文化身份，还丧失了主流意识形态维护国家利益的话语权力，削弱了马克思主义政治哲学的感召魅力。这种现象，在各级广播电台、电视台的语言传播中，屡见不鲜，甚至形成了某种"趋势"以至"定势"，竟使得不少受众产生了厌烦心理，并笼统地归咎于新闻传播理论的苍白和从业人员的平庸。

经营身份的低俗化：传媒语言经营身份是其文化身份在商品社会市场竞争中推销精神产品的标识。大众传播媒体的某种产业属性，开拓了获得社会效益和经济效益的广阔空间，在精神上、物质上都带来了丰硕的成果，这是有目共睹的事实。但是，市场经济的价值观作为无形的指挥棒，牵动着人们的思绪，搅动着人们的生活，有时杨柳依依，难以割舍；有时恶浪滚滚，艰于呼吸。大众传播媒体正处于两难境地，坚持社会效益，也许两袖清风；注重经济效益，也许一本万利。如果兼顾二者，反倒两败俱伤。于是，口头上，高喊社会效益放在首位；实际上，倾心经济效益第一。那高楼矗立、金碧辉煌、车水马龙、挥金如土，岂是社会效益、经营身份的果实？这种政治身份和文化身份的弱化，是在不知不觉中进行的，却是在传媒语言政治身份的规避、文化身份的隐退和经营身份的显现中，逐渐暴露的。那并不甚精确的发行数量的统计，那并不很科学的收听率、收视率的升降，唯一可以得到的就只有"利润""回扣""奖金"这些营销的报酬，与广大受众何干？又与广大善于传播、精心传播的敬业者何干？在市场竞争中，市场营销的最高任务，就是极力包装自己的商品，高声叫卖，好话说尽，招欢买笑，甚至把自己当作商品，不惜出售肉体与灵魂，目的是赢得市场份额和品牌名气。在大众传播媒体中，虽然不乏坚守精神家园的志士们,但也有放逐崇高、唾弃艺术的"先锋"们。这些人在市场营销中千方百计地制造低级趣味、垃圾快餐,企图用感官刺激、梦幻兴奋去引诱受众、迷惑受众,以维持其发行销售率、收听收视率,博得富商大贾的青睐,收获更多的"资本"投注。他们的成功,颠倒了"众善奉行、诸恶莫做"的法则,树立了"弱肉强食""优汰劣胜"的样板,给那些随波逐流者、追异猎奇者营造了一个自由驰骋的天地,于是,胡编乱造、东拼西凑、云山雾罩、信口开河、邯郸学步、东施效颦,风行一时,大行其道。他们丧失了应有的起码道德良知,竭尽腐蚀消解人们善良心灵之能事,妄图摧毁民族精神的丰碑,以便在废墟上建造纸醉金迷的大厦。于是,市场营销无孔不入,名利双收!多少仁人志士的强烈呼吁,多少法令条文的强制实施,他们都不屑一顾,置若罔闻。难道这是正常的吗?经营身份就如此引人入胜、乐不思蜀?这些营销手段,因为远离政治文明,所以永远不会犯政治错误,对于那些只把政治关的人们来说,可以放任自流,尽管明明知道确是"迎合"与"媚俗",似乎也无关大局。至于文化身份受到冲击和挤压,好像是"时尚"和"流行"的必然态势,所有媒体概莫能外,久而久之当然就见怪不怪、随波逐流了。

传媒语言的文化身份在由表及里、由此及彼的弱化中,渐渐疲软了。政治身份可以不断复制"金科玉律"格式的文本,经营身份可以肆意张扬"金钱万能"谋略的大纛,而民族精神、优良传统、国家利益、主流文化呢?怎样才能够深入民心、发扬光大?我们就听之任之,寄希望于"物极必反""否极泰来"么?

三、当下的文化处境与精神寄托

传媒语言负载着文化的承接与延续,蕴含着民族的精神与气质,展现着时代的风采与节奏,引领着国家的文明与进步。但是,传媒语言当下的文化处境令人一则以喜,一则以忧。

当我们看到政治清明、英雄辈出的时候,当我们翻阅报刊茅塞顿开的时候,当我们发现好书爱不释手的时候,当我们听到广播里传出悦耳的有声语言心驰神往的时候,当我们收看电视节目感到声画和谐、赏心悦目的时候,我们会由衷地感谢大众传播工作者的辛勤劳苦,发自肺腑地赞赏他们的心血结晶。诸多大报上那些深邃的文章,会引人深思;有些好书中的神来之笔,竟使我们不觉击节吟咏;广播里声情并茂的语言,规范而美妙;电视里形神兼备的话语,温馨而悠远。中央电视台第十套的节目,绝大部分属于科学教育的精品,厚重的历史感,深沉的人文性,前沿的知识广度,美学的执着追求,经常令人叹为观止。节目用电视这个现代化的传播手段,从整体上描述了时代的文化风貌、民族的精神境界。也许其收视率不算最高,可它积淀在我们内心的养分,远比某些花里胡哨的益智类、议论类节目精深得多、丰富得多。有些台的高质量、高水平的节目,也堪称国家级的大手笔。它们的共同点是展现了汉语的魅力,弘扬了传媒语言的优良传统,以"真、善、美、新、雅、精"的文化品位,凸显了中华民族的作风和气派。对此,我们可以自豪地说:"这是中国!""这是泱泱大国的媒体!"我们确实为此感到兴奋不已,并充满了在未来全球竞争中无往而不胜的信心。

不过,世界范围的"小报化"倾向、"世俗化"心态、"人际化"盲从、"后现代"追随,正在各种语境下泛滥。报纸书刊上的"娱乐星闻"、广播节目中的低迷嘈杂、电视节目里的俗不可耐、网络传播中的纵情虚幻,已经使人们感觉到了"假、恶、丑、烂、野、粗"的危害。这些危害,大体分为以下几类:

第一类,信仰解构,私欲膨胀。自有人类开始,就有了人类的信仰,不论是图腾也好,神明也罢,或者是某种理想的社会模型、认定的理论体系,许多人为此而昼思夜想、身体力行,甚至终生奋斗不懈。我们信仰共产主义、马克思主义,更是一种崇高的世界观和方法论。多少人为之拼搏献身,多少人无怨无悔地研究探索。但是,现在,有些人以金钱为信仰,实行拜金主义、利己主义,贪得无厌,欲壑难填。唯利是图的结果,必然是道德的沦丧。"拔一毛以利天下,不为也"成了游戏规则,"己所不欲,勿施于人"反而被讥笑为傻瓜哲学。传媒语言中,经常出现"我"如何如何,"钱"怎样怎样,以得大奖为目标,以数钞票为荣耀。大量的豪华装修、高级美容、南北大菜、亿万富翁、当红明星、出人头地,眩人耳目,诱人躁动。这和残酷的原始积累、勤奋的自力更生、生命的自强不息、共同的民富国强,还有一丝一毫的干系么?

第二类,虚情假意,哗众取宠。"言必信、行必果"的古训,"言行一致"的做人准则,变成了"言语的巨人,行动的矮子"。信息传播变成了顺口溜,人生话题变成了插科打诨,家庭悲剧就好像"催泪瓦斯",英雄事迹就好比冒险游戏……一切都要"有故事""讲故事",将生命轨迹、人生哲理、社会道德、国家兴衰都付与浅薄的调侃和无序的闲聊之中,貌似贴近和活泼,实则造成了心理的浮躁和情感的戏弄。人们对于"口是心非""口蜜腹剑"已经司空见惯,明明知道说的那一套并非是实际做的,也都照此办理,彼此彼此,不以为耻,只是心照不宣罢了。

第三类,出言不逊,随心所欲。大众传播的"有稿播音锦上添花,无稿播音出口成章",是有声语言传播主体多维自律的集中表现,是言行规范的基本要求。当下,人们会发现,这种自律已经走向了"我行我素",这种要求已经变成了"张扬个性",而且,腹内空空、信口雌黄、胸无点墨、口若悬河、虚张声势、借以吓人。传播者面对广大受众,毫无尊重之意,只有狂傲之心;热衷于邀功请赏,陶醉于自恋情结。什么"平等交流""服务宗旨",什么"以人为本""人文关怀",都扔到了脑后,全力以赴地去争取那"嗟来之食""牙慧之拾"。

第四类,其貌不扬,格调低下。大众传播对传播主体的基本要求"德才兼备、声形俱佳",正在日益淡化,取而代之的是声音浑浊、口齿含混、语调各色、表达生涩、五官不正、斜眉歪嘴、体态奇特、手势放肆,而且男声女气,女声嗲气,确实令人耳不卒听、目不忍视。更奇怪的是,抛弃了普通话的字正腔圆、简洁优美,竟去模仿港台腔、洋泾浜那半生不熟的音调,竟去推崇方言土语、街谈巷议那褊狭琐屑的词句。所谓的审美日常生活化，又开始了日常生活"审丑化"。好像越是丑陋和怪异，就越能解除人们的"审美疲劳"，越能满足人们的"求异思维"和"戏谑期待"。如此这般，高雅似乎脱离大众，庸俗则会符合民心，格调低下的传媒语言，便成为当下最时髦、最新鲜的"套餐"，不但成为"挡不住的诱惑"，而且能够"引金入瓮"，怪不得让制造者、管理者及一切经营者趋之若鹜、"心潮逐浪高"了。所谓大众文化，在这里得到了最直观、最详尽的解读，受到了最热情、最亲切的膜拜。而电视娱乐的视听刺激，更能达到最佳的经营身份的认同和喝彩。不少的电视节目和电视剧中，那鲜血淋漓的暴力行为，那赤裸轻贱的色情表演，那插科打诨的私欲冲动，那粗俗低劣的花言巧语，正在人们的生活中，特别是在少年儿童的言行中，扩散着、蔓延着、泛滥着，几乎无可抵挡、无法遏制了。

总之，传媒语言的当下文化处境，已经到了"众语喧哗""人声鼎沸"的程度了。对政治身份的敬而远之，对经营身份的情有独钟，竟建构着文化身份的囹圄和枷锁，从而使文化身份日益萎缩和日渐销蚀。但是，人类不仅仅是"能制造工具的动物""会说话的动物"，人类还应该是"能够制造美、生产美、判别美、享受美的动物"。人类的审美价值追求，人性的审美愉悦期待，早已脱离了动物性的兽欲，早已洗刷了个体性的贪欲。广大人民群众的精神寄托，时刻蕴含在对传媒语言人文提升的呼唤上，时刻表现在对"声色犬马""纸醉金迷"的痛恶中。人们的美好愿望、幸福期盼、精神振奋、心情舒畅，绝对不会在梦幻世界里真正实现，更不会在充满脂粉气、铜臭味的熏陶中切实获得。有些人制造出梦幻世界，只是为了经营精神消费、文化消费的华丽空间，吸引人们变成"人在江湖，身不由己"的消费者；有些人撒播脂粉气、铜臭味，只是为了经营欲望发泄、意志消沉的麻醉泡沫，诱使人们成为"昏昏欲睡，飘飘欲仙"的享受者。更重要的是，把人们的出场欲、表现欲看作"精神消费资本"，千方百计地给予"打捞"，必欲耗尽其心力、逃离其心宅而后快。一些人就将精神寄托在如此放浪形骸的世俗享受上，失去了对真理的向往，忘却了对社会的责任。"千里之堤，溃于蚁穴"，如果不提高警觉，不严加防范，后果将不堪设想。

四、传媒语言文化身份的维护与识别

传媒语言文化身份，特别是在广播电视与网络中，被简单化的政治身份和低俗化的经营身份解构为沙滩文化或泡沫文化，表面上广阔平坦、色彩缤纷，实际上松散如渣、轻飘易碎，根本没有恒久的稳定价值和精妙的艺术品位，既不能感染当下，又不能流传后世。怎样才会让传媒语言的文化身份凸显出来，并且坚持下去呢？

只在理论上论证，规则上制约，是抵挡不了那些简单生硬的词句和利润欲望的诱惑的。现在，是否可以采取某些必要的决策，以便动员全社会的力量，进行有效的管理和监督，把广大受众的"表层反馈""显性反馈"进一步扩展到"深层反馈""隐性反馈"，加大应对决策和前瞻决策的力度。如：

第一个问题，制定传媒法、新闻法、广播电视法、网络传播法等。这是现代大众传播的世界潮流,应该尽力适应。关于什么是合法的,什么是违法的,逐渐形成共识,并转化为社会共同体的标底,严格遵照执行。所有传播中的"不作为"和"污染源",都成为群众举报的内容。管理者对此进行梳理、处置,对于"敷衍塞责、粗制滥造"的,对于"趋利忘义、低级恶俗"的,或者吊销经营许可证,或者罚没其各项收入;要坚决断绝其唯利是图的财源及各类渠道。

第二个问题,开展舆论监督和监督舆论的双向批评,推进批评与反批评的常态机制建设,扩展人民民主的广泛权益,积极利用大众传播媒体的影响力,时刻检查大众传播媒体的风向标,充分发挥"为人民服务"和"人民当家作主"在传媒责任问题上的权利功能和义务功能。在全社会形成一种人人有责、人人负责的风尚,形成有话就要说,说了就管用的心理态势,提高广大人民群众的社会责任感、文化责任感、道德责任感和话语责任感。

第三个问题,提高人们对于"文化身份"的识别能力,用良好的文化产品和优秀作品吸引人、感染人。大力普及科学理论、高尚情趣、民族传统、域外精品,以先进文化的生动形态占领文化阵地,以规范语言的审美形态覆盖各类媒体,造成强大的声势和浓烈的氛围,引领人们进入澄明和谐的境界,从而自觉地拒绝低俗轻浮的精神鸦片,知其害而不入其彀,察其"乐"而不就其毒。其实,识别的要领就在于"辨音律的耳朵"和"审视美的眼睛"。在视听上,"凡切韵之动,势若转圜,讹音之作,甚于枘方;免乎枘方,则无大过矣"①。从听觉和视觉上判断,对于"圆凿(孔)"和"方枘(柄)",不但能"知其然",而且能"知其所以然",只是要经过"潜移默化"地熏陶和"耳濡目染"地磨砺罢了。

英国人类学家 B. K. 马林诺夫斯基在《文化论》一书中,把文化分为"物质设备""精神文化""语言""社会组织"四个部分。传媒语言正是精神文明和物质文明的精彩华章,它不但具有反观大千世界的深刻蕴含,而且具有提升扩散的本质特征。俄罗斯20世纪的经典作家瓦·拉斯普京指出:"电子革命把人淹没在虚拟世界里,把他改造成某种新式的、派生的、漂泊的东西。"他还指出:"如果所有读者都用善良而纯洁的榜样,用悲悯和热爱劳动,用睿智而深刻的语言,用热爱自己土地和自己传统的榜样来教育的话……那么这会是一个新的文明,一个坚决拒绝书籍中的和所有其他艺术中的恶的文明!我们知道:恶是强大的,但爱和美更强大!"②在我们的文化视野里,在我们的传媒语域里,为什么就如此轻视语言特别是有声语言的吸引力和感染力呢?中国文联副主席仲呈祥先生那十分精辟的分析,应该是振聋发聩的:"'观众喜闻乐见'就被片面地理解为什么东西能吸引更多人的眼球,就可以不加甄别地选用,自然就造成了消极地顺应观众群体当中某种落后愚昧的鉴赏习惯的现象。一旦消极地去顺应,就又强化了受众当中落后消极的东西……被强化了的消极落后的东西,它倒过来又会刺激不清

---

① 刘勰.文心雕龙·声律[M].北京:人民文学出版社,1983:365.
② 拉斯普京.致中国读者[N].光明日报,2005-2-25.

醒的创作者，从而创作更低下的产品。这样一来，精神生产同文化消费之间的恶性循环、二律背反就产生了。"①

传媒语言的文化身份，应该得到尊重和强调，以使大众传播的形态进入规范化、审美化，充分发挥它那"沁人心脾""渐入佳境"的巨大功能。

---

① 仲呈祥,杨乘虎.电视艺术生态环境的忧思与净化：访中国文联副主席仲呈祥[J].现代传播,2005(1):67-70.

传媒语言与儒释道文化精神的追求

传媒语言的表层功能,在于传播有效信息,丰富精神生活,展现时代风采,推动社会进步。但是,那深层次的潜发辐射功能,往往被时尚和流行所冲淡,以至淹没。特别是在众语喧哗、多元并存的背景下,浮躁的心态和功利的诱惑,更容易导致对寂寞和沉静的忽视甚至鄙视。尽管中华民族文化的源远流长、兼容并包造就了自身强大的生命力,开辟了经验历史的生长力,不过,那路程却是曲折反复的,有低谷,有高峰,并不平坦宽阔。儒家文化、道家文化和佛教文化都经历过这种波澜起伏的状况。因此,目前的文化精神走向看起来"每况愈下",实际上,我们民族的优秀文化传统,仍然发挥着潜移默化、世代传承的重要作用,而且是任何力量都无法动摇和消解的。传媒语言的"快餐"和"低俗",使得大众对于文化的需求已经"碎片化"和"浅薄化"了。改变现状的重要途径之一,就是大力倡导儒释道文化精神的追求,让漂移了的传媒语言最终回归到民族优秀文化的通衢大道上来。

一

儒释道的文化精神,虽各有千秋,但融合早已开始。正如南怀瑾先生所言:"中国文化,儒道二家之学为二大主流,如黄河长江,灌溉全国,久已根深蒂固。佛法在后汉、两晋、南北朝期间,陆续输入。初期翻译教典经文,多援引老庄或儒书。……达摩东至,契理契机,于言诠以外,传授心法,简捷提示,深合中国民族文化特性。……佛法在中国之有禅宗,非但为佛教之光,亦为东方文明大放异彩。"[①]儒释道的文化精神宏大深邃,显然不只蕴含于孔孟、老庄、释迦牟尼本人的经典中,还显现于后世传人的相关著作

---

① 南怀瑾.南怀瑾著作珍藏本:第五卷[M].上海:复旦大学出版社,2000:10.

里。我们只从传媒语言的角度,望其一隅,通过他们某些核心论点,进一步了解儒释道的文化精神留给今天的有益启示。也许挂一漏万,也许简单粗疏,不过只要我们存有这样的思路,大概就能够有所收获。

儒家的一系列论述,从各个角度阐明了语言和语言传播的性质、任务和基本要求。如"有德者必有言"(《论语·宪问》),"居其位,无其言,君子耻之"(《礼记·杂记下》),"道听而涂说,德之弃也"(《论语·阳货》),"辞达而已矣"(《论语·卫灵公》)。这里,我们作为大众传播工作者,必定有我们的传播目的和传播理念,那就是"党、政府和人民的喉舌"。既然是"喉舌",肯定要有许多话要说;而作为喉舌,不说话、说话不当,就违背了自身的职业道德和社会责任。我们传播的内容,一定是真实、准确、可靠、可信的,绝对不能"听风就是雨""道听而涂(途)说"。我们的任何信息,特别是新闻类的信息,完全不应该把虚假的、夸大的东西,当作确实的东西传播出去,"混淆视听"。此外,还要特别强调"辞达而已矣",应该是语言传播过程中最基本的标准。所谓"词不达意",包括声音浑浊、吐字含混、方音浓重、语速极快。不考虑传播效果,把"口耳之学"这一听说双方的共同认知需要,变成了传播者自我表现、自我欣赏的个人作秀,丧失了表达、传达、通达、畅达的可能性,从而造成信息的失信与失效。

面向大众,只能用天下最精华、最丰富的精神文化,主要是中华民族优秀传统文化以及世界文明成果的结晶,进行"教化"和熏陶,提升大众的审美情趣、精神境界。儒家的"仁",佛教的"菩提",道家的"道",都是一种"智慧"。道家提倡的"大音稀声,大道无形"(《老子·四十一章》),就概括了语言的至高品位。真正理想的、深刻的语言,是无法完全用语言表达出来的,任何语言表达,都可能损害"道"的深远意义,都可能削弱"道"的崇高情感。我们应该悉心领会语言,尤其是有声语言的蕴含,不要轻易、随意地出声说话。要说话,也得遵从这样的原则:"有无相生,难易相成,长短相形,高下相倾,音声相和,前后相随。是以圣人处无为之事,行不言之教。"(《老子·二章》)如此,才能真正给人以启迪和教益。庄子也说:"至人用心若镜,不将不迎,应而不藏,故能胜物而不伤。"(《庄子·应帝王》)我们历来认为:传播者只有摒弃名利的追求,抛却世俗的心态,才会完美地去撷英集萃,去正本清源,使人们受到"真、善、美"的感染。当然,在认识"美"的时候,我们不同意只重视"质美",而忽视形美,因为形式美、形象美,也是非常重要的。在这一点上,孔子的"言之无文,行而不远"(《左传·襄公二十五年》)就强调了言辞文采的价值,对我们建构传媒语言,具有现实意义。那种平庸、低俗的语言传播,的确应予剔除。

二

文化精神的追求,是大众传播的核心任务。语言传播更需要汲取各种文化的精髓,融会各种文化的悠长,汇聚不同文化的个性,涵化不同文化的底蕴。在全球化背景的文化视野范围内,更应该独具只眼,高瞻远瞩,建设民族文化现代主体的家园。佛教文化的引进、移植、吸纳、融合,使我们看到了"国学"发展、兴旺的进步轨迹。用管子的话说,就是"变俗易教,不知化不可"(《管子·七法》)。管子以"渐""顺""靡""久""服""习",即浸染、顺应、磨炼、熏陶、适应、习惯为"化"。我们对待"国学",也应该这样,走"会、通、精、化"的路子。佛教文化中的"渐悟"和"顿悟",不但是习修佛学的关键,也是学习国学的途径,更是语言传播者,特别是有声语言传播者的法宝。

在佛教传承中,神秀主张"渐悟",慧能主张"顿悟"。南宋的儒家,也分成了两派,争论不休。其实,这就是"量变"和"质变"的关系,积累和激发的过程。有声语言,同样需要"化",需要"博观而约取,厚积而薄发"(《杂说·送张琥》)。事实上,"佛教认为真理是不可言说的,言教只是教化众生的权宜方式。佛教主张'言语道断',认为真正的悟境是'言亡虑绝',无法以语言和思虑加以表述的"①。至于"渐悟"与"顿悟"的区别,我们不必拘泥于具体解析,只要看如何在语言传播实践中深刻领会。如"渐悟","神秀一系主张运用种种方便,点滴领会,日积月累,逐渐贯通,最后豁然大悟";而"顿悟",根据竺道生的顿悟说,"由于众生本有佛性,佛理常在心中,因此众生的觉悟就在一念之间。在一刹那间豁然开解,无所不知,这就是大悟,就是顿悟"。② 有声语言的大众传播,迥异于日常生活的随意说话,而需要更高超的语言功力、更引人的韵律美感。只具有一般人的说话能力、交谈能力,是远远不够的。叶圣陶先生在致王力先生的信中,就明确指出:"盖今人为文,大多数说出算数,完篇以后,惮于讽诵一二遍,声音之美,初不存想,故无声调节奏之可言。试播之于电台,或诵之于会场,其别扭立见。台从恳切言之,语人以此非细事,声入心通,操觚者必须讲求,则功德无量矣。"③这种情况到今天并没有多少改变,我们还要反复说明,文字语言跟有声语言是不一样的,在审美上,更是大不相同的。我们认为,必须开辟"感性—知性—理性—悟性"的思维向度和实践理路,把有声语言的锤炼途径阶段化、明晰化。这里的感性,是指从生活中感受语言的生命活力;知性,是指在学习中认识语言的丰富积淀;理性,是指在理解中强化语言的思辨深度;而悟性,是指在传播中建构语言的整体和谐。四个阶段,不可或缺、反复循环,如登堂入室、进之愈深、见之愈奇,便会做到"善行无辙迹,善言无瑕谪"(《老子·六十二章》),也就是所谓"言近而旨远者,善言也"(《孟子·尽心下》)。语言传播既不能晦涩古奥,也不能浅薄低俗,其间,就应该做到"表情达意、言志传神",或者明确要求:有稿播音锦上添花,无稿播音出口成章。为了实现这样的目标或要求,每一个传播者,都必须热爱生活、了解社会,立志为大众"善于传播",用"善言"去感染大众、启发大众。于是,我们就应该刻苦学习和加紧锤炼语言功力。但是,我们在学习中,往往只注重理解,而忽视感受,只重视分析,而不关注"了悟"。这样,很容易造成肤浅或冷漠。我们提出"语感通悟",把语言传播主体的思想感情、性灵兴发、志趣格调、审美理想都纳入其中,就能极大地调动主体的创作愿望和创作自觉,逐步

---

① 方立天.中国佛教哲学要义[M].北京:中国人民大学出版社,2002:572.
② 方立天.中国佛教哲学要义[M].北京:中国人民大学出版社,2002:963,958.
③ 王力.龙虫并雕斋文集[M].北京:中华书局出版,1980:483.

获得"举一反三"和"以一当十"的"语感通悟"的"澄明"之境。

有声语言大众传播,亟须创作主体具有"天行健,君子以自强不息"的精神,怀着"学如不及,犹恐失之"的心态,抱着"人一能之,己百之;人十能之,己千之"的恒心,坚持"学而时习之,不亦说乎"的韧性,充满"胜人者有力,自胜者强"的信心,掌握"大学之道,在明明德,在亲民,在止于至善"的目标和路径。这样,就一定能够满足广大受众对于儒释道文化精神的期待和需求。

三

只有继承中华民族优秀的文化传统,涵养诸子百家的文化精髓,并结合大众传播进行当代的文化阐释,才有可能"宣传得好,使人愿意接受"(毛泽东语)。

首先,要"定于一"(《孟子·梁惠王上》)。这里有两个前提:一是"其恕乎!己所不欲,勿施于人"(《论语·卫灵公》);二是"三人行,必有我师焉。择其善者而从之,其不善者而改之"(《论语·述而》)。在大众传播中,特别是有声语言传播中,传播者应该坚持正确的传播观、新闻观不动摇,以自己的"公众形象"维护国家利益,捍卫文化安全。我们既然从事大众传播,特别是从事有声语言大众传播,就应该专心致志、全力以赴,坚定不移地弘扬伟大的中华民族精神:爱好和平、团结统一、艰苦奋斗、自强不息,而不能心猿意马、朝秦暮楚、心浮气躁、敷衍塞责。为了做好工作,就要体现时代精神,充满人文关怀,拒绝"损人利己",尤其不能损害人民大众的利益;还要虚怀若谷,有容乃大,警惕"骄傲自满",因为"谦受益,满招损"。播音员、节目主持人既然是公众形象,就要"洁身自好",既不要不拘小节,又不要狂妄自大。这样,广大受众才可能尊重你、喜爱你、接受你。

其次,要"言善信"(《老子·八章》)。在语言传播中,应该时时刻刻注意坚持真实的身份,真诚的态度,真挚的感情,真切的语气。我们是新闻工作者,信息的传达者,不是演艺界人士,角色的扮演者,我们的诚心诚意、热情洋溢,都要通过准确、鲜明、生动的有声语言来表达。我们总是千方百计希望我们的节目可听可看、中听中看、耐听耐看,而不希望半途而废,甚或前功尽弃。我们必须具有深厚的语言功力,具有"达于耳、及于心"的语言魅力。孟子在回答公孙丑"何谓知言?"时说:"诐辞知其所蔽,淫辞知其所陷,邪辞知其所离,遁词知其所穷。"(《孟子·公孙丑上》)语言传播者和语言接受者,都要能够识破语言中被遮蔽的部分、被矫饰的部分、被歪曲的部分和被阉割的部分,进而开掘出"言外之意""弦外之音"。在这一点上,佛教的"译经"和"诵经",都非常注意语言传播的"音声性",给我们以深刻的教益。历代涌现出许多著名的"唱导师"——在法会和斋会上讲经说法,通过宣唱佛法,来化导众生。根据《高僧传》的记载,佛教对唱导师的要求是很高的。"夫唱导所贵,其事四焉:谓声、辩、才、博。非声则无以警众,非辩则无以适时,非才则言无可采,非博则语无依据。至若响韵钟鼓则四众惊心,声之为用也。辞吐后发,适会无差,辩之为用也。绮制雕华,文藻横逸,才之为用也。商榷经论,采撮书史,博之为用也。"①按照方立天先生的解释,"声",应该声音朗朗,抑扬铿锵,以引发听者警觉,洗涤尘心;"辩",应该口齿清晰,表达准确,应变有方;"才",应该出口成章,文采飞扬;"博",应该熟读经史,旁征博引。这个要求,对语言传播也具有十分重要的指导意义。而现在,关于声音口齿的要求已经被人们冷落了,有的语言传播者、教育者,尤其是有声语言创作者,认为科技发达了,声音可以"调试",表达可以"压缩",用气发声、吐字归音都不必学习和训练了。长此以往,恐怕我们的语言表达连"老和尚念经"都不如了。其实,长期进行有声语言的艰苦磨炼是振兴"国学"的一个重要方面,因为正如海德格尔所坚持的观点:"语言是对内在心灵运动的有声表达,是人的活动,是一种形象的和概念性的再现。"②而更值得十分重视和深入研究的是吕叔湘先生提出的根本方针:"戏剧、广播等'艺术语言'需要特殊训练。"③肖晴先生也早就指出训练"要按照循序渐进、由浅入深的原则":"开始时,音量也不宜要求过大,当呼吸、声音位置、口劲等还掌握得不好时,片面地追求声音洪亮,过分使劲,必然要走上叫喊的道路,终至声嘶力竭。如果方法不对,甚至留下坏习惯,要改起来就费劲了。"④把有声语言大众传播,混同于日常生活的交谈,就会无视传统、降低要求、取消训练,那无异于"数典忘祖"。

在商品大潮浪涛滚滚、社会生活物欲横流的时候,我们讨论关于国学的问题,是否有些不识时务? 可是,既然感到民族文化传统日渐式微,我们又怎能沉默呢? 可喜的是,一大批年轻人,已经意识到主流文化的历史厚度,先进文化的时代高度,并互相鼓励,共同投入学术研究的行列中来。我们的教师们,也在努力传授知识、播撒智慧。可惜,广播电视里,却经常表现出"无文化"的倾向,令人忧心忡忡。从语言传播的角度,增强振兴国学的使命感,恐怕并不多余。

任何创新,都离不开传统的继承,包括批判和吸收。因为"一切划时代的体系的真正的内容都是由于产生这些体系的那个时期的需要而形成起来的。所有这些体系都是以本国过去的整个发展为基础的"⑤。这一原则,将指导我们建立中国老百姓喜闻乐见的、中国作风和中国气派的有声语言大众传播理论体系,我们还是认真对待为好。

---

① 方立天. 中国佛教哲学要义[M]. 北京:中国人民大学出版社,2002:1100.
② 海德格尔. 在通向语言的途中[M]. 北京:商务印书馆,1997:5.
③ 吕叔湘. 语言和语言研究[M]//中国大百科全书出版社编辑部. 中国大百科全书·语言文字卷. 北京:中国大百科全书出版社,1988:专文.
④ 肖晴. 戏曲唱工讲话[M]. 北京:中国戏剧出版社,1960:12.
⑤ 马克思,恩格斯. 马克思恩格斯全集(第三卷)[M]. 北京:人民出版社,1960:544.

广播电视语言传播的共同体意识*
——有声语言的价值观

有声语言的个体发生学意义,追问和思辨功能,由己及人、表情达意、言志传神的社会效果,几乎是没有争议的。但是至今仍然存在着许多模糊的观念,使我们在如何对待和运用有声语言的问题上,产生了不少困惑。也许是孔夫子的"辞达而已矣"没有加深我们的认识,也许是索绪尔的"语言和言语"未能开阔我们的思路,也许是老子的"大音希声"说得太玄奥,也许是中国人早就形成了"重文轻语"的传统心态……要不,为什么从五四运动提倡白话文以来,我们一直在"语"和"文"的关系上,摇来摆去、莫衷一是呢!

一

提倡白话文,主张"吾手写吾口""怎么想就怎么写",是汉语发展的重大进步,并且走上了与时俱进的康庄大道。这中间,民族文化传承不可能毫无作为,肯定被"白话"吸收、涵化、延续、拓展着。民族语言的稳定性、随着时代发展的变异性,坚实而鲜活地体现在有声语言的表达和交际之中,文字语言与有声语言的共存共荣、兼收并蓄,既丰富了书面语言的情态样式,又深化了口头语言的内涵韵味,因而说明了二者有分有合、分久必合的趋势。到现在,文字语言和有声语言中,各自包含了书面语言和口头语言的各种体式,"文体"和"语体"很少有互不交融、单独存在的样态。就"语体"说,也有书面语体和口语语体的区别。那"文体"中,只"小说"一类,鲁迅和老舍的文字语言风格,就大不相同。这种交叉重叠的现象,正是相互吸收、逐渐消化、为我所用、扬己之长的必然,而去粗取精、选优汰劣,是"适者生存"的法则,处在"生存空间"的有声语言,又怎能逃避?

---

* 原载于2003年《北京广播学院老教授文集》。

有声语言存在于人们的现实生活中,活跃于人们的交往交际中,广播电视传播更是永远离不开它。在这里既要反对"唯我论",即认定"纯粹的个体性",无视语言的社会性;又要反对"主体论",即一味强调"说话主体",而否认"听话主体"的存在。因此,我们必须打破结构主义语言学的自我封闭观念,充分认识有声语言的"交往共同体"的现实意义。也就是说,有声语言的发出、深化和驾驭,同有声语言的接受、判断和储存,共处于一个交际平台上,共同遵守一条规则。因为,单个人无所谓规则,凡规则都应该是公共的。广播电视语言传播,比起日常的语言交际来,那规则当然要严格得多。"无差错""求规范",光这两方面,就可以显示其有声语言的优势和优美。有声语言在"规范空间"里,既不能忽视听话主体,我行我素;也不能脱离现实语境,唯我独尊。

规范,其实是一种"自由"。个体进入规范,超越了地域、传承的语言樊笼,可以广泛深入地进行交往;群体进入规范,到达了社会共同体的高远境界,可以无拘无束地敞开心扉。广播电视中的有声语言,应该成为全社会的"榜样",而不应该借口"贴近生活""亲切自然",消解榜样的力量,制造语言的混乱。

不错,语言,尤其是有声语言,从来都是发展变化的,从来都不是凝固僵化的。在这动态的"与时俱进"中,也从来都是糟粕与精华同在,伪劣与经典并存的。正因为如此,人类的主观能动性才显示出了在认识世界的同时去改造世界的巨大力量。面对有声语言中的糟粕和伪劣,只承认它们存在的合理性,是远远不够的,还必须指出其危害性,并排除其污染性。同时,还要大力提倡"净化"和"美化"、"继承"和"发扬"汉民族共同语,即《中华人民共和国国家通用语言文字法》里规定的普通话。

二

普通话并不是凝固不变的,谁也没有说普通话只能停留在 2001 年的规定上,今后再也不许动了。普通话在合乎规律地发展着,在不断调整、纠正不合理的规定,经常不断地吸收着新词新语(包括外来语),那些明显不当的读音,有的已经更改,有的还在酝酿更改。我们不应以个别问题上的偏差而否定"大势所趋",也不应因前进道路上的曲折而否定"因势利导"的重要作用。我们的汉语,在"书同文"的基础上,已经走上了"语同音"的规范之旅,不过,这是一个"过程",没有终极标准,没有完成之日。就像今天还有错别字一样,不规范现象总会伴随着人们,让人们去辨别,去选择,去淘汰,去创新。而那规范的规则和标准,也会不断地调适、不断地校正。但是,这个过程,必须在"约定"和"俗成"两方面的互动中实现。认识过去和当前的语言现象的某些发展变化"规律",主动地去作出"约定",通过颁布法律、公布实施条例或推行权威辞书等明确相应的规则和标准,是语言学家和行政主管部门的社会责任。就因为是"约定",总有不够周延的地方,而且总是落后于语言变迁的。其实,"约定"虽然有一定的强制性,更重要的却是"俗成",只有大家承认了、遵从了,"约定"才有意义,规范才进了一步,"共同体意识",或曰"规范意识",才算建立了、形成了。由不规范到比较规范,由一部分人规范到大多数人规范,这个"过程",永远没有终结。例如汉字的读音问题,常常带给人们困惑,要么变来变去,使人无所适从；要么生活中这样读感到别扭，很不习惯。如果经过调查研究，让两个或以上的读音并存，一个汉字字音既有"读如"，又有"又读"，由大家在使用中假以时日，加以取舍，随着时间的推移逐渐淘汰选择，再根据社会生活的需要和学术渊源的考究，给出规范，不是更显得权威么？"啥"字规定读去声，"指""骨"等统读上声，呆板的"呆"、确凿的"凿"这类读音至今存在混乱，都是约定时专注于书面语，忽视了社会生活的普遍使用造成的。尽管出现了种种偏差，语言规范的成绩还是有目共睹的，仅就普通话水平"三级六等"的标准（也在修改）广为推行，引导全社会掀起了推广普通话、学习普通话的热潮，无疑，是"利在当代，惠及子孙"的重大举措。

规范就是引导。语言，特别是有声语言，从一开始，就没有完全"纯洁"、完全"健康"过，总是不断出现污浊和混乱，时时可见畸形病态或无病呻吟。但是，社会生活在前进，时代风云在变幻，语言作为民族文化的精灵，怎能无动于衷、置身事外？人们无时无刻不在通过"语言表达"去诠释动态的世界，"在场"进行有目的的交流。正是共同体意识，或曰规范意识，促成了人们在语言使用过程中，努力走向纯洁和健康。因为，污浊和病态都是个体心绪的词语杂陈，传达了某种心灵扭曲或追求感官刺激的人生况味，有的也反映了"牙牙学语未成音"或"乡音未改鬓毛衰"，向往规范而力有不逮的状况。语言的发展，需要"推陈出新""唯陈言之务去"。语言中存在不纯洁、不健康的成分是正常的，"水至清则无鱼"，关键是我们如何对待它。所谓存在的"合理性"，是指其必然的成因，绝不意味着对于任何"存在"都采取鼓励、倡导的态度。我们能够因为广播电视语言传播中存在"港台腔"，就给予肯定吗？我们能够因为很多人说话带有"尖音"，普通话水平测试时就该承认其正确吗？正是这种混乱，阻碍了普通话的推广，干扰了正在全世界兴起的"汉语热"；正是这种"理论"，长了"混乱和病态"的志气，灭了"纯洁和健康"的威风。日常生活中语言的芜杂和伪劣，极其猛烈地冲击着广播电视的语言传播；而广播电视语言传播中庸俗的"生活化""多样化"，又助长着人们生活语言的拉杂和紊乱。我们难道不应大力引导、大声疾呼，甚至带有强制性地去规范它们，坚持"正确使用祖国语言，为语言的纯洁和健康而斗争"么？

广播电视语言传播，尤其应该如此，并且应加强语言的审美教育，提升语言的审美层次，给广大受众以厚重的美感享受。有声语言的价值，不仅散现于生活空间，而且集中于规范空间，更突显于审美空间。人际交流中的种种语言现象，绝对不应全盘照搬到大众传播里来，而应该经过筛选、过滤，把那有价值、有意义的精华部分，作为精品或经典节目（栏目）的重要组成元素。广播电视传播的有声语言，只要允许鱼龙混杂、泥沙俱下，那就是失职，就是对受众的侮弄。

三

有声语言的价值，是以"语言功力"为基石，以"审美层次"为阶梯，时隐时显地体现出来的。语言需要天赋，"经验历史"需要随时听从调动，大脑语言神经中枢需要激活，呼吸和发音器官需要敏锐灵动，心理机制需要应付裕如，观察力、理解力、思辨力、感受力、表现力、鉴赏力、回馈力等需要整合发挥。一定要在恩格斯的"非说不可"和毛泽东的"非下苦功不可"的前提下,进行吕叔湘先生指出的"特殊训练",达到"有稿播音锦上添花,无稿播音出口成章"的境界。吕叔湘先生还指出:"人人都使用语言,但是运用语言的能力却大有高下之分。即使在没有受过多少学校教育的人中间,也是有人能说会道,有人笨嘴拙舌。……演讲术是锻炼口语表达能力的。"为什么没有受过多少学校教育的人里也有人"能说会道"呢?这些"能说会道"的人,是怎样学出来的呢?这很值得我们探究。但有一点可以肯定,"能说会道"并不意味着有声语言的价值高,不过总比笨嘴拙舌好得多。我们的目的,是在"能说会道"的表达中,做到语言规范,还要增强美感,这样才能够实现交往、交际的任务。由此可以提出"信息共享,认知共识,愉悦共鸣"的价值观。这个"共"字,隐含着共同体意识的基准和氛围、语义和语境。说话主体与听话主体,共同营造了听说环境和互动态势,也呈现了"主体间"的差异和联系。广播电视语言传播的导向和品位要求,十分明确地给定了传播者的社会责任,那道德的底线,时时警醒传播者不要迎合和媚俗,不要抛弃语言功力,不要加入众语喧哗、纸醉金迷的行列,更不要推崇什么"声音和形象已经不那么重要了"的"教诲"。像京剧界有梅、尚、程、荀,我们播音界也有齐(越)、夏(青)、林(田)、费(寄平),没有"台下十年功",怎会有台上的辉煌?声音嘶哑暗淡,表达苍白杂沓,日常交往都会显得尴尬,难道还有勇气走进广播电视?还有胆量忙于应酬而拒绝练功?鲜花由汗水浇灌而成,掌声因深情感召而起,"台上一分钟"的精彩,由多年的心血凝聚获得。不断地学习和积累,才能厚积薄发、更上层楼。

有声语言包括朗读和即兴口语。朗读是由文字语言转化为有声语言,即兴口语是由内部语言外化为有声语言。朗读讲究"读而不板,说而不演",必须掌握朗读规律和朗读技巧;即兴口语讲究"随口唾出,不黏不塞"。二者都需要语言功力。遗弃朗读,对朗读带给人们的美感体验、民族涵养、词语魅力、话语样式等置若罔闻,而只是一味地"训练说话",会有效吗?如果认为"言不由衷""贫嘴巴舌""巧言令色""云山雾罩"也是训练的成果,那就把语言传播变成了"摇唇鼓舌""巧舌如簧"的表演,离"以事醒人、以理服人、以情感人、以美愉人"就有十万八千里了!不把朗读作为基础,不加强朗读训练,语言传播便会受到明显的削弱。任何时候,语言传播都离不开朗读,说将来广播电视全部是即兴口语传播,不过是一种外行话,不必信以为真。

中华民族博大精深的语言传统,不应该断裂,而是要继承,要创新。我们的有声语言价值,必将日益提升。我们对此深信不疑。

2003年5月27日于北京广播学院

中国播音学发展论*

"播音"概念是发展的,国外的不说,远的也不说。

中国的广播是从1923年1月23日在上海成立的第一座电台开始播音后开始的。中国的电视是1958年5月1日以"北京电视台"的名义进行实验性播出开始的。1958年9月2日,由实验性播出变为正式播出。

我们国家广播和电视的发展历程是比较短的。虽然短暂,只是历史的一瞬,但是给我们的教益是很多的。因为中国的国情和其他国家不一样,最近100年来我们国家的变化,风云激荡,道路曲折,在广播电视事业上也有所反映。

比如,我现在的看法是,"文革"期间的播音不能全盘否定。尽管它的内容,包括某些形式,都是绝对化的,受极"左"思潮的影响,但是在播音表达上应该说有其独到之处。但是,"文革"后我们并没有认真地总结,反而因为彻底否定"文革",而把一些好的东西忘记了。比如,陈钢播"大文章"播得相当好,大嗓门,大气势。实际上他在话筒前用的音量很小,但是他找到了一个非常好的、通过广播进行表达的方法,这个方法就是"立体化"的声音。或者明确一点说,不是用声音的强弱,而是用声音的高低来进行表达,这是我们民族美学文化中的一个观点,即"抑扬顿挫",特别是"抑扬"。我举一个简单的例子,如果我们现在还播这么一句简单的话,"《国际歌》的作者欧仁·鲍狄埃",可能大家觉得这还有什么讲究的呢?可是当时陈钢的处理是给它一个悬空的架势,一个极大的落差。这是一种韵律,蕴含着一种气势,把表达的力度表现出来了,把内在的力量体现出来了,这绝对不是从日常生活的谈话里就能捕捉到、模仿到的。

中国人的历史思维中有一个惰性,要么"全都",要么"全不",要么都

---

* 原为全国高校播音主持艺术教师高级讲习班的发言。收入《播音主持教学法十二讲》,中国传媒大学出版社2005年6月版。

好,要么都坏,这是非常恶劣的。它在我们的思维方式上,甚至于在我们的人生体验上,都提出了一个非常重要的问题:我们怎么对待历史?怎么对待学问?怎么对待科学研究?

我今天基本从这个思路出发谈几个问题。

一、中国播音学在什么样的土壤上出现?怎样发展到今天的样子?

人民广播建立以后,有很多新鲜的、生动的经验,虽然显得稚嫩,但是蕴藏了无限的生命力和发展空间。

比如,当时延安有"口播部",即把书面的、晦涩的、不通俗的、听不懂的语言,变得大家都能听得懂。我们现在电台里,这么多年一直提倡"口语化",但是没有体制的保证,全靠自律、自觉。像这样体制上的东西,谁来保证?

还有一些观念性的东西,比如,济南解放了,中央没有批件,也没有文稿,就是播音员在话筒前说,凭着自己对时代的热情、对祖国解放的渴望,热情洋溢地欢呼出这样一句胜利的话语。

比如,条件很艰苦,外面有毛驴叫,播音员照样精神集中地播。类似这样的东西,都是非常宝贵的财富,我们还有谁再提起它?这正是我们播音学的基础。没有这些东西,中国播音学是不可能凭空出世的。

到了20世纪50年代,有了三本书:黄皮书、白皮书、蓝皮书。黄皮书是齐越老师带着代表团跟着梅益同志到苏联去考察,吸取了他们的播音经验,搜集了他们的理论文章,出的一本《苏联播音经验汇编》;白皮书是中央人民广播电台的几个播音员写的经验文章,其中包括夏青老师的《克服报告新闻的八股腔》这个经典著作;蓝皮书是地方台,主要是省台播音经验的汇集。怎样发展我们自己的播音事业,怎样建立我们自己的播音理论,每一本书都提供了非常珍贵的思路,尽管也有错误。

但是这种实践的呼唤,被社会上或者是广播电视的部分领导者所忽略。20世纪五六十年代就已经有了"播音无学"的说法。选拔播音员,认为高中毕业生足矣,只要声音好、认得字、会普通话就可以了。但是中央台以齐越老师为代表的人从来没有这样认识过,在政治上批判了"公民论",即只要是一个合法公民,就可以当播音员;在业务上评判了"低文化"论、"播音无学"论。

我们当时在中央台,研究斯坦尼斯拉夫斯基的体系,研究我们的曲艺,研究我们的戏剧和电影,包括朗诵艺术,向这些艺术家们学习。

1959年、1960年这两年,中央台进的播音员都是大学毕业生。正在业务研究热火朝天的时候,中央台请了很多人来报新闻,演员报新闻"演员味",小说家报新闻"小说味",包括孙敬修老先生也来报新闻,"安徽省啊,有一口大肥猪",这是讲故事,不是报新闻。我们就研究为什么他们播不了新闻?因为播报新闻有特殊的要求:首要的是新鲜感,它不是烂熟于心的,而是刚刚收到的东西让你表达,这种新鲜的感觉不是自生的,而是客观环境促使你产生的。马上收到一条消息,往往就有先睹为快、一吐为快地播报新闻的这样一种要求。

当时唐继琛给播音员提意见,说你们的"要命"之处就在于"中速行驶"。这里面有两个问题:一个问题就是我们新闻播得是"四平八稳",听起来不像朗诵或是演戏那样,那么夸张、渲染,大起大伏。他恰恰说到了我们的特征,当然也反映了我们在语言表达上面的问题,比如语速之间、段落之间表达上的变化还是显得小。类似这样一些讨论、研究、业务学习,都在我们的头脑中建立了"地形",就是播音的学问挺大。所以这一时期叫作"前理论"时期。

"前理论"时期就在思想上、目标上给了我们一个方向,这里面有很多值得研究的东西,不是像有些人说得那样,拿起稿子念就行。可惜的是我们的"前理论"时期并没有扩大,并没有普及,而且经过"文革"后,更没有继承,这是非常可惜的。我们的理论现在之所以如此混乱,认识如此模糊,是因为老一辈心血凝结的东西几乎丧失殆尽了。

我们理论的"初起"还应该归功于北京广播学院。1963年9月,中文播音专业开始招生。当时第一线急需播音员,我们又得培训。作为一个专业来讲,培训就不能像原来的短训班、培训班那样,不能只讲通讯、新闻、文艺怎么播,必须从基础上来。我们借鉴了姊妹艺术的经验,有了发声教学,气息、声音、吐字、归音等,也有了基本表达,当时叫作"语言逻辑"。我们63级的教材非常简单,但是主体已经比较明确了,比如播音的性质和任务,播音创作的目的,感情、停顿、重音、节奏,当时斯坦尼斯拉夫斯基的"最高任务""三张王牌"这些都有了。当时在"停顿"这一节中,特别强调我们是为工农兵服务的,我们要让他们听得懂、听得明白、听得清楚。

到64级播音班时,内容又丰富了一些。"文革"后,1973年召开了全国的高级培训班,各省、市、自治区的很多精英都来了。齐越老师带领着大家边实践边研究。在强大的政治压力下,我们自己都经过"文革"的洗礼,被批过、被斗过,而74、75、76这三届,当时叫"工农兵学员",他们是来"上大学、管大学、改造大学"的,我们是"改造对象"。但是在那种情况下,同学们并没有这样认识,而是希望学到更多的知识,不管是下厂、下乡,都在努力学习知识。77级恢复高考,正式招生。1979年召开了全国的播音基础教材研讨会。很多同志提出了宝贵的意见。现在的《播音创作基础》原来是个雏形式的油印本,包括正确的创作道路,包括对新中国播音风格的概括,在那次会上得到了共识。由我来写,但并不是我一个人思考的成果,而是群体的智慧,我主要在播音基础里提到播音表达规律问题。

一个学科建设起来非常艰难,一个理论体系的形成也要经过反复推敲、认真检验、不断修改的过程。提出表达规律意思就是,一个理论没有自己的规律性的认识是不行的。也许这个规律只是浅层的、并不周延,也许这个规律今后会被统统打翻,没关系,但是必须提出来。所以,《播音创作基础》就是这样来的。它油印的时候叫《播音基础》,内部发行也叫《播音基础》,到 1985 年,才正式出版,仍叫《播音基础》,后来才改为《播音创作基础》。

由于播音成了本科,而且 1980 年开始招收硕士生,所以我们在理论的建设上,面临着非常大的压力,我们怎么办?徐恒老师当时就写出了《播音发声学》这本书。这一段时间里面,比较错综复杂,我们没有机会详细地说。一个,1982 年(实际上 1981 年就开始准备)召开了第二次全国播音会议,探讨了播音工作的根本属性是新闻性,研究了主持人的问题,特别研究了新闻的所谓"播"和"说"的问题。夏青老师有一个中心发言,谈得非常好:要根据内容具体表达,不要从概念出发,走形式。为什么会提出这个问题呢?这是因为在这个会议之前,报刊上就有文章讨论,说播音能不能"说",甚至在内蒙古的会上还有人来尝试、来实验。有两种意见,有的人说不能"说",有的人说可以"说",最后形成了这样一个规律性的认识:根据内容确定具体的表达方式。

就在这次会议上,讨论了主持人节目的形式,比如"信箱"类节目,有的同志在会上还特别谈到了自己主持的信箱节目没有稿件,就这样回答听众的问题,领导就看看提纲。

1984 年,在中央电视台召开了一次会议,研究播音,我在会上提出了两句话,到现在我还坚持:有稿播音锦上添花,无稿播音出口成章。这是播音员的两大基本功,否则就是"瘸腿";也可以叫播音员的两翼,有了这两翼就无往而不适,甚至无往而不胜。现在实践证明,这样两个功力,对一个合格的播音员是至关重要的,它带动了我们文化的积累,社会视野的开阔,人生经验的体悟。没有这些东西,只是"耍嘴皮子""照本宣科",甚至胡聊乱侃,都会极大地降低节目的质量。

20 世纪 80 年代的后期,《中国播音学》的写作就开始了。我们 19 个人分工合作,终于在 1994 年 10 月,出版了《中国播音学》。它的出版意味着学科建设逐渐走向成熟,标志着一个新学科的诞生。现在又有了新的版本,增加了很多内容,使其不断得到完善。社会上、学术界的很多专家对其还是承认的,当然也有些人不屑一顾,我们不去管他。当然,在《中国播音学》的发展过程里面,还有很多其他的著作问世,这里就不一一列举了。

1994 年 2 月,我出了一本《播音语言通论——危机与对策》,我想跟大家谈谈当时的简单情况。1989 年,在广州会议的闭幕式上,我说了一句话:"我认为播音员涵盖主持人。"就是这么一句话,使得很多人很生气,包括以李东为代表的广播界的人,他就写出了一篇文章——《走出魔圈——与张颂教授商榷》,当时以高分数得到了"中国广播电视学会"的论文一等奖。当时他的很多观点是很有代表性的,到现在恐怕也还有代表性。所以,我就结合其他一些人的看法,比较匆忙地,仅用了一个月的时间就把这本书写完了。但是,它的副产品我觉得可喜,就在《播音语言通论——危机与对策》这本书里,我提到了"语感通悟",这是播音学从基础理论走向美学理论的重要阶梯,这就为播音学今后在美学空间里的发展提供了一条路径。

所以,中国播音学是这么艰辛地、筚路蓝缕地,或者说"严重"一点,披荆斩棘地走过来。其中,融入了多少前辈先贤的辛苦,有多少第一线的经验被吸纳进来,有多少国外的有用的观念被汲取过来,正如马克思说"万事开头难,每一门科学都是如此"。我们的学科很不容易,正因为不容易,更应该爱护它,爱护的最好办法就是研究它、发展它。我们绝对不能闭关自守、抱残守缺,要用我们新鲜的经验、新鲜的理论成果不断去丰富它,使它更完善,更成熟,更像一个学科的样子。

我们现在有两种态度:一种态度,对于外界的任何批评都不屑一顾,一言以蔽之曰:"他们不懂。"另一种态度,就是我们播音学已经"成"了,我们没有话说了。不客气地说,这都是懒汉和懦夫的思想!

我们的前辈花了那么多的心血建设起这样一个学科,我们应该为它做些什么?你肯定有经验,肯定有新的认识,要及时地补充进来。我们这个学科,就是一个实践性很强的学科,不是从理论到理论,反复思考、冥思苦想写出来的,它是实践经验的升华。这就是为什么从齐越老师开始就特别重视实践,特别重视到广播电视第一线去实践,参与节目,去播出;在学校里面,老师们要实践,要带着学生实践,学生也要实践。没有实践,我们在看这个理论,或者研究这个理论、批评这个理论的时候,就像隔靴搔痒,挠不到痒处,只有有了实践的经验,我们才会有感悟,我们才能够真正认识话语的分量和内涵,我们才能从自己的经验里面提升出这个理论的元素,并给予拓展。

我们现在急需一部《中国播音史》,但写起来会很难。

二、中国播音学的学科建设

中国播音学学科到底是从哪些方面凝聚到一起来的?凝聚成一个什么样子?为什么中国播音学是语言学及应用语言学下属的三级学科?这是有历史原因的。

我们的学科定位比较复杂,它的本质属性是新闻性,重要属性是艺术性,但是它又离不开语言。在这种状态下,到底我们怎么走才能提升自己的学科地位?谈到新闻,我们因为叫"播音主持艺术学院",不能并到新闻学院里;说是"艺术",并到影视艺术学院里,我们和影视、影视艺术又不是一回事。所以,我们主要是在本科,原来叫"播音"专业,后来本科目录里改为"播音与主持"专业。为什么要这么改?是为了适应形势,领导说老叫"播音"太窄了,应该再拓展一下。所以,只能在名字上再加上一个,即"播音与主持"专业。为什么叫"播音主持艺术学院"?我当时说,我们就叫"播音学院",简单明了。后来他们说,不行,要加上"主持",你这里来一个"播音学院",那边就会有一个"主持学院",这样也不利于我们学科的发展。好像我们对社会的认识带有某种习惯势力,而习惯势力是最可怕的势力,我们只好做权宜之计。学院的名字叫"播音主持",申请博士学位的时候,和国家语委的语言应用研究所一起来申办,因为我们势单力薄,应用研究所作为研究所又不能单独申办,必须和高等学院联合申办,所以我们两家联合,这个博士点就下来了。其实,在这个博士点下来之前,我已经在艺术学那边带了"语言艺术"博士生。这就说明我们的学科是一个交叉学科,几个学科都和它有关联,每一方面,向着某一方面,另一方面就有可能受到削弱。比如,现在我们本科定位于艺术方面,硕士、博士方面就可能受到点削弱。

在学生里面产生了一种糊涂观念:艺术和新闻是两回事,要走歌星、演员的路子,这就是一个非常错误的定位和定向,它不利于一个新闻工作者的培养和成长。这个方面的东西,现在就只能先这么做了,摸着石头过河,走一步算一步,将来什么样子再说吧。

所以,在我们的认识上,从来没有把播音主持艺术仅仅定位于新闻,仅仅定位于艺术,仅仅定位于语言,我们从来不做这种狭隘的定位。这并不是对其他学科的轻视,而是对自身独特性的重视。哪一个学科也离不开,但是我们又不能简单地从属于一个学科,这样实际上就为我们的生长开辟了一个广远的天地。包括哲学、美学、心理学、逻辑学,都和我们有十分密切的关系。我们这个学科的建构基本是在四个学科的基础上——哲学、美学,新闻学与传播学,语言学及应用语言学,文学艺术。这样四个大的学科群,共同支撑着中国播音学的建设和发展。在我们这个学科里面,没有必要,也不可能对四个大的学科群分别加以阐释,而是把它们精华和前沿的东西纳入本体,使我们的本体更丰富、更坚实,更显示出学科的独立性。

我们这个学科的建构里面包括三个子系统:

第一个子系统,广播电视的语言传播系统。它是一个关于传播规律和传播模式问题的系统。

关于传播模式的问题,我们现在业内认识也不是很一致,特别是"单向"传播还是"双向"传播的问题,曾经有一段时间非常混乱。我一直坚持,广播电视传播就是"线性单向"传播,说"双向"传播是不正确的。传播媒体自定时间、自定节目表、自定节目内容、自定传播形式等,受众无权。他可能会提出意见,但那是反馈的问题,主体还是有它自己主体的权力,它定出一定的频道或频率,一个时间段的节目,受众就在这个时间段去看、去听节目。这种传播的单向性就说明了受众接收的强制性。

那么热线电话、现场观众都是传者,媒介赋予他们发言权,他们也变成了传者,这个观点对不对?当某一个听众打热线电话,他在和导播说话的时候,身份是受众;导播把他的话传到主持人这里,他同主持人聊起来以后,他的话通过电波传到千家万户的时候,其受众的身份转变为传者的身份。是媒体赋予了他传者的身份,他成了传者。那么访谈对象、现场观众呢?都是传者。你请他到媒体这儿来发言,就是你给了他发言权,给了他话语权,广大的听众和观众听到了他、看到了他,他就是传者。所以,我们说,单向传播不是凭空来的,也不是在维护"魔弹论"。

事实上"魔弹论"本身的产生和发展,也有它的社会学、心理学的基础,绝不像我们有些人说得那样,我说一句话就能打倒一个人,就能说服一个人,这个在传播学里写得很清楚。但是,这并不意味着我们对受众的忽视、无视。我们非常尊重受众,特别是新中国的广播电视,是一心为受众服务的。那么怎么服务?要及时地吸取受众的意见,接受他的反馈,使自己的节目办得更符合受众的需要。所以,我们觉得最终的"拉斯韦尔模式"才是最科学的一种表述，就是他的传播的单向性和反馈的及时性，把这两个合在一起，不是打个电话、来封信就是双向的，绝对不是。真正的"双向"，在我们国家的数字电视发展起来以后，会有，现在网络上有某种迹象，但也不能说完全是"双向"的。这个问题不详细说了。

这样反而提升了、加重了传者的责任。要仔细研究自己的节目到底符不符合我们这个社会、这个时代、我们的受众群体的需要，而不是只研究经销商、广告商的需要，这是一个质的区别。所以，在我们的传播过程里面，我认为，核心的责任是引导受众，要给他信息、给他知识、给他愉悦等，引导受众提高自己的精神境界和生活质量，而不是相反。

引导又分为两个方面：一个是"满足"。他需要什么，我们就传播什么，在调查研究的基础上，经过分析、策划，他喜欢京剧，我们就播京剧；他喜欢做菜，我们就播做菜；他喜欢马三立，我们就播马三立……但是在这个过程里面，我们千万不能忘记引导的第二个方面，就是"灌输"。大众传播中灌输的责任是非常重要的，从马克思、恩格斯到毛泽东、鲁迅都从来没有否定过灌输。工人阶级不能自发地成为革命者，必须给他们灌输马克思主义；劳苦大众必须给他们灌输先进的知识。这就是说，广大受众里面有"欲知"，也有"应知"。对"欲知"的叫满足，对"应知"的叫灌输。比如，十六大报告，广播电视都要播，这是灌输，他应该知道我们党中央在这个时期的任务。所以，传者的这两大责任都要引导，在满足的时候，特别注意不要"迎合"，有人把满足和迎合混起来是不对的，不要迎合低级趣味！在"灌输"的时候，要讲究艺术，不要成为简单的时代的传声筒。这样我们的引导才会奏效，才能受到受众的欢迎。

恰恰我们在这两方面，目前存在着严重的问题，低俗的迎合和生硬的灌输，使我们的广播电视的魅力大大削弱。没人看，灌输有什么用？失效，无效，极大浪费！从灌输的角度看，那纯粹是绝对缺乏艺术性，就像填鸭式一样，肯定会引起反感。

所以，我们在宣传上一定要讲究艺术。我们现在灌输方面的东西越来越少了，这个走势相当好，现在更严重的问题，是迎合。广播电视本身就是一个非常肤浅的东西，很难做到深刻，因为它天天播，大量地播。但是，也不能说就不能深刻。我们走的这条路，就是时尚和流行。时尚和流行很容易做，包括色情、暴力等，哪怕是粗制滥造，有一点这方面的意思，就能受到欢迎。但是，人们的动物性会随着时代的发展越来越少，作为人的人类性会越来越丰富，想用动物性的感官刺激去迎合，只有在拜金主义的氛围下，才能大行其道。在资本主义的发展过程里面也存在过这种问题，比如美国，一开始也是禁止色情的电影，后来就开放了，一开放，电影院门口排大长队，大家都争着、抢着去看这种电影。但是，时间不长，两年，再没有人排队了，一方面，当然有了录像带，可以拿回家看，但现在录像带借得也很少，不过如此而已，没有什么更深的、值得追究的东西，只是一种刺激物的、感官上的快乐，这所谓的快乐，是动物性的快乐。

我觉得我们广播电视传播规律里面，对于线性单向传播，对于强制性传播、限时性传播还缺乏一个明确的认识。

但是,等到数字化发展到新的阶段,演着一半电影,我可以把后半截改了,更不用说最简单的——我要调一个好电影,20世纪40年代的奥斯卡获奖电影,有吗?多少年前的,都保存在网里,你可以通过数字电视把它调出来,要看前天的《新闻联播》也可以调出来,这是一种"互动",还谈不到"双向"。因为广播电视本身是一个有群体优势的传播者,个人很难与之抗衡。网站也是这样,你建立一个网站,整天发布消息,你的消息的点击率肯定低,比广播电视低得多。为什么?你只是一个个体,你形不成和它抗衡的力量,真正的"双向"还要在若干年以后。即使到了"双向",也还有传者的责任问题,不是说像人和人的关系一样,打个电话两边一聊,绝不仅仅是简单的这个样子的。

所以说,广播电视语言传播模式是一个核心问题,当前主要是这样一个问题。怎样认识这个问题?在我们上课的时候,恐怕要特别跟学生强调、说清楚,传者的责任更强了。这个问题简单说到这儿。

还应该补充一个问题,也就是我们现在传播里面信息密集性的问题,这里也存在很大的问题,这直接影响我们的语言质量。

我们的信息传播要坚持真实、准确、迅捷,这都没问题。学生很容易采用加快语速的办法,解决密集的问题,这只是在量上的追求。因为量,而降低了质,是不好的。为什么这么说?现在我们播新闻也好,主持节目也好,有时候听起来非常快,没有标点,没有抑扬顿挫,没有语言疏密度的变化,"一道汤",这不能叫密集,这叫信息的耗损。一句话揭示不出它的内涵,表达不出它的思想感情,只是表面上的文字意思,甚至于这种文字意思也听不清楚,这不是信息的耗损吗?!你传达的是无效信息,再快也是没有用的。15分钟的新闻,如果播得好,播得真正为受众着想,可能只有10条。这10条播出去,条条有印象。如果硬要播15条,条条没印象,不仅浪费了传播的时间,也浪费了受众的时间,令人听得糊涂。

所以,信息密集性的问题在教学当中,一定要注意给同学讲,千万不要单纯追求速度。追求速度,严重地说,就是对受众的蔑视。当然,我们也不能像传统的、过去的那种播报方式,那个让人听着着急,(演示)"今天白天晴,风力二、三级",这是不行的。语感的问题,实际上是一种时代感的浓缩,时代节奏的内化。要去感觉我们这个时代需要什么样的节奏,需要什么样的氛围,需要什么样的语言。感觉到了以后,他就和这个时代是合拍的,否则的话,要么落后,要么就失掉了本质的东西。

第二个子系统,播音主持理论的子系统。有声语言传播,广播要求"以情带声,声情并茂,悦耳动听",电视要求"形神兼备,声画和谐,赏心悦目"。这种总的要求是符合广播电视的特点的。徐光春同志2000年在北京广播学院召开的播音学研究会的年会上提出过,对播音员、主持人的共同的要求是"德才兼备,声形俱佳"。这个要求提得好,但是对"佳"的解释五花八门。这里面有几个问题,就当前存在的问题,说一下我自己的看法:

一个就是规范的问题。怎么看待规范?怎么进行规范?我认为,规范不是束缚,规范是一种自由。你的语言越规范,听懂你的话人就越多,你的传播范围就越广,传播效率就越高。

但是,这里又有两个问题,一个问题就是"有的人不规范不是也在播么?不是也在主持么"?第二个问题是"规范后是不是就死板、呆板了?"这两个问题在认识上必须解决。

规范是一个方向,是一个动态发展的过程,它要通过行政甚至立法的手段,强制人们走这条路。《国家通用语言文字法》《普通话测试标准》等,就是这样一个东西。在这个过程里面,肯定有不规范的现象存在,念错字音、词语搭配不当、方音土语的介入等。不能因为有这些现象,就说规范不必要。甚至像有的人说的,"我这个不规范是为了老百姓能听得懂"。当然,我们的规范本身也有问题。我们的意见早就向语委提过,"规范不意味着唯一"。你再规定,流"血"就是"xiě",老百姓还在说流"血"xuě,它在特定的语境下,能够和下雪的"雪xuě"混淆吗?为什么不能让它并行呢?而且,规范到了连自己都说不清楚的地步,"血xuè债要用血xiě来还",别扭不别扭?"讨还血xiě债!"这多有力量,"讨还血xuè债",读起来就"飘"了。

不同的情况,应该有不同的要求,要允许并行不悖,这在国外的词典里是有的,叫"又读",可以让它并行。这样,在实践当中,让老百姓淘汰它,将来哪个不用,哪个用。当然,专家们会对语言的规律有认识,但是,语言的发展规律也很复杂,有吸收,有淘汰,有新创等。所以,关于规范,我们要认识到这个问题。有的人不规范是正常现象,但是如果你会而不去规范,这是你职责不到,是专业问题、责任问题。

第二个,规范后是不是就死板、呆板了?不是!我们现在教学中很大的一个问题,就是把规范教死了,把规范变成了"唯一"。

当然不仅仅是我们有这样的问题,好多语言学家恐怕也有这样的问题。语言是活的,特别是声调,它是语流过程里面的相对值的一种反映,没有任何绝对值在里面起作用。语言生命活力的问题,涉及很多很多的问题。比如,你的语言是不是能让人接受?是不是很符合内容的要求?你的语言表达是不是自己的体验?为自己将来形成一种风格做准备,包括用气发声、吐字归音,绝不是"唯一",千万要避免"唯一"。丹田气到了胸部怎么样?到了咽壁怎么样?到了口腔怎么样?那只是一个范式,在它的周围可以生发出好多种类型来。为什么我们总是静态地认识规范?(演示)"ɑ",它的范式的周围都可以活化,但是到了不同的内容它必须得变,用央"ɑ"去解决一切问题是绝对错误的。提颧肌也是这样,颧肌提起,是指上唇的中部的三分之一的两端向颧骨划线,它是一种内在肌肉的控制,而不是有表情的动作。原来我们很多人一说就微笑起来,(演示)"昨天又压死一个人",这根本不对!这应是一个非常内在的、一种习惯性的控制。提颧肌解决你唇齿相依的问题,下巴放松的问题,槽牙打开的问题,它的力量就是让你叼住这个字,让你送出去这个字,都是非常自如的。不仅仅是"微笑"。这样教的话那还了得。所以,规范的问题不会导致呆板,只有呆板的教学法,没有呆板的规范。

比如庄重,庄重是我们中华民族的一种民族大气的表现,它和那种一脸严肃故作深沉完全不同,而是内在的气质,说出话来是可信的,不是虚假的;是发自内心的,不是调侃的,所以我们中华民族的很多格言绝句、名篇佳作都非常庄重,包括嬉笑怒骂皆成文章,也是很庄重的,这是我们中华民族内心审美的一种重要风格,千万不要伤害它。庄重了就大气,就洒脱、自如,就从心所欲而不逾矩。没有这个根基就会走到虚假、轻浮、苍白这些道路上去。当然,庄重也是一种范式,每个人的理解、生活经验会给它不同的补充,这样才显出了多种多样的神采,因之,庄重才是一个非常重要的东西。

但是有一个问题,就是我们的新闻。一个负责任的新闻工作者,他是不会在新闻里去调侃的,调侃就会使人认为是道听途说,失去了可信性。最近报章上还在夸湖南的《晚间新闻》,它是有进步,与过去吊儿郎当那样的有点区别了。但是它的新闻的界定有问题,新闻是新近发生的事实报道,而它是新近吗?它不一定是新近,而且新近发生的这个事实有新闻价值吗?不一定!这就扩大了新闻的外延,什么都可以当新闻了,所以我原来就给他们建议叫《晚间杂志》最好,不要叫《晚间新闻》了。社会新闻也是有新闻价值的新闻,不是所有的犄角旮旯、鸡毛蒜皮的事都可以报道,这是不行的,这是集怪猎奇、哗众取宠的一种表现。对于这方面的问题我想应该认真地对待。

"说"新闻,轻松,好像没有政府文件那么严肃。轻松一点可以,也是一条路子,但不能把新闻节目变成非新闻节目,形式再生动都没有了意义。

过去我们新闻讲究语言简洁,现在语言可以稀释一点,比如(演示)"一只老虎生下了四只小老虎",你可以多说两句都没关系。过去就是简单地报一下,像电报体,显得干巴一些,现在可以增加一些色彩,但不能失去庄重,不能降低新闻价值,否则,我们看到的世界是都是犄角旮旯的世界,都是鸡毛蒜皮的世界,明察秋毫之末而不见舆薪,我们对这个世界的认识就更偏颇了。

还有,话语权力。我们是党、政府和人民的喉舌,是党、政府和人民给了我们话筒前、镜头前说话的权力。这个"权力"不是一般的"权利",而是真正的、有力量的权力。它意味着我们在话筒前、镜头前有话语生杀大权,有权让它生动活泼,也有权让它死气沉沉;有权让它热情洋溢,也有权全部否定。这是有声语言的很大的特点。写成文字以后,看不到权力的影子,但只要说出来,这种权力就体现出来了。

权力有两种:一种是隐性的话语权力,指转述和旁白。比如中央的文件、重要的社论,我们只有转述的权力;比如解说词,我们只有旁白的权力。但是这种转述、旁白是非常重要的权力,当前正遭到蔑视。有的人说,"有稿播音是消极的、被动的,没什么创造性,没有个性"等,这一系列的问题都需要加以剖析,给以回答:事实绝非如此,广播电视发展到将来,也永远不会走全都没有稿子的路。这是我们的特点,也是我们的优势。一个人只会自说自话,别人写的东西念不成句子、表达不出意思,更不用说文采,这是无能的表现;只会照着稿子念,没有稿子说不出话来,一样是无能。

隐性的话语权力非常重要。比如,中央十套播出的《夏商周断代工程》内容非常精彩,解说差强人意,如果加以调整,就会为片子增色不少,这就是隐性的话语权力运用得不够好。现在我们的有稿播音,正在低谷当中艰难地行进。遇到的外界的干扰不说,就说我们自己的心态，只要拿到了稿件，就觉得自己受到了限制，就显得很被动、无奈，这是十分错误的心态。老一辈播音艺术家早就教导我们，即使是现成的文字稿件，我们拿到手以后，也有广阔的创作天地，这正和伽达默尔主张的"视阈融合"不谋而合，文本的视阈和读者的视阈融合，互相补充，形成新的视阈。国内外对于文本的阅读、朗读，即有稿播音，都是充分认识和肯定的。如果在这一点上我们不坚持自己的阵地，我们就会后退而有愧于这个时代。特别在教学当中，我们播音系就走过一段弯路：在话筒前、镜头前胡聊乱侃，学生们对此情有独钟，让找一个话题谈话，神采飞扬却言不及义；拿到稿子，就没兴趣了。

这两种是互补的。我们从认字开始就不知不觉地进行着有声语言内在化的训练，为什么我们到了成人、到了真正的岗位上，反而忽视了它、轻视了它？这是没有道理的。

另一个话语权力是显性的话语权力，叫作率真独白。它表面上看是自己的行为，实质上看还是媒体的行为，因为我们是喉舌。为什么会有人觉得这容易呢？因为可以随口唾出，怎么说和说成什么样都没有明确要求，这就违背了我们民族文化当中语言的言简意赅、词约义丰。但是，这是非常重要的一种话语权力，它要求有声语言的质量、内容的深度、语句的辞采、表达的灵动。1980年以前，我们行使的绝大部分是隐性的话语权力，所谓"不喊不革命"，激情就是一切。1980年以后，口语至上，在重文轻语的历史上又加以强化，认为什么人都可以说话、说自己的话，不用经过刻苦训练，这是又走到了另一个方向。这两种话语权力此消彼长。

形而上学的东西，往往干扰着我们老走极端，当一个问题得到重视时，另一个问题就被忽视，这是违反辩证法的。

两种话语权力在历史上可以分成两部分，1980年以前，即1966～1980年这一段，叫话语权力的萎缩，我们几乎没有权力，都是"两报一刊"社论。1985～1995年这一段，是话语权力的泛滥，什么人都可以到广播电视里来说话。最典型的就是：一个女孩在电台工作，一个月500元，她嫌累，自己不播了，叫她妹妹来，给妹妹300元。她妹妹也嫌累，又让妈妈来帮忙，给她在调音台上操作，给妈妈100元，领导都不知情。我们的广播电视如果泛滥到如此严重的程度，就出问题了。不是知识的贫乏、美感的消失，而是信息的错乱和责任的丧失！就像苏联出现的自由论坛一样，什么价值观都可以在媒体中说，都可以张扬，这是非常危险的事情。这两种情况，今后要特别注意，让学生在思想里认识到隐性、显性的话语权力都非常重要，不可或缺。

再有，语言功力。中国播音学的核心是播音创作基础理论，往前生发是发声学、吐字归音，往后生发是各种文体、节目形态、广播电视语言传播。而播音创作基础理论的核心是播音创作主体的语言功力。语言功力不是"语言的功力"，它比语言的功力广泛深刻得多。它从观察力开始，理解力、思辨力、感受力、表现力、鉴赏力、调检力、回馈力，都在语言功力里。把语言功力简化为表现力是错误的。

语言功力管三大块，第一块是思维功能。从功能上说，语言是思维的工具，这个表述基本准确。有的人一辈子在想一个问题,没有发表,这就是他思维的能量。等到他出成果发表了,但是思维过程被隐去了,我们看到的是思维的成果。但是他得用语言表述,如果他的语言功力不强,思维也不会清晰、有效率。

第二块是交际功能。人们日常生活当中的交际,需要语言。没有语言功力,交际也不会成功,反而显得很吃力。

第三大功能是传播功能。你说给很多人听,这些人在你的脑子里可能都没有具体的印象,但他们会给你一种刺激,让你向他们诉说。思维、交际和传播,是通过语言功力将之管理起来,达到表达效果。孔子说"辞达而已矣",非常深刻,强调说话的主体要"达",如果每个说话的主体都"达"了,思维的成果就会流通起来,交际的效益也会扩大起来,传播的力量也会增强起来。

语用学里讲说者和听者,包括语境,研究语言链是可以的,但是千万不能忽视话语主体的力量。话语主体的力量是话语主体的一种表现,是话语实施的一个过程,应该说是构成整个语言世界的一个亮点。我们认识语言功力,千万不要仅仅局限在有声语言的表层上。因为我们的有些训练方法,特别是即兴口语的训练,往往停留在表层。所谓的应变多少法,实际都是在表层打转。比如,"今天天很热",怎么训练?如果出着汗,又没空调,(演示)"唉,太热了!"如果空调很冷,天很热,怎么表达?等等,复杂之极。词语的选用、词语序列的排列、有声语言的色彩和分量,极其复杂。一个人一个说法,怎么能纳入一个体系里面,让大家一起走啊。所以吕叔湘先生说,"有的人文化水平不高,但是能说会道",这里告诉我们两个信息,一个是文化和有声语言绝对不是对等的,另一个是有声语言与人生体验密不可分,接受事物很快,而且把别人的话能变成自己的话说出来,能灵活运用。所以,我们的训练往往走入机械的、模式化的训练,实际上是对个性的抑制,是对有声语言生长的压抑,这不行的。只能给他们一条道路,让他们在这条道路上不断探索,达到一种感悟,语言就会生成,然后就会适应。

要有决心,自己做一下,每天就用5分钟,随便找一个话题,录下来。一开始时,前4分钟叙述,后1分钟评论一下这件事。道路上的交通,天气的变化,人生世态的炎凉……都可以作为话题。这没有限制。因为这种捕捉社会现象本身,就是对你的思维走向的一种锤炼。练习一个月。第二个月开始,3分钟叙述,2分钟评价。第三个月,2分钟叙述,3分钟评价。第四个月,1分钟叙述,4分钟评价。搞四个月试试看。我没有给任何人定题、定向、定方式,但是这是一种实践当中的,一个活着的人都可以适应的道路。经过四个月的训练,你的语言能力一定是相当强的,不但善于捕捉越来越有价值的东西,而且叙述得条理清晰,评价得恰如其分。这种训练是任何所谓的方法和模式都达不到的。当然,如果你愿意加大量,一天10分钟,这都随自己。因为,进入这样一种语境,就是"逼"着你说话,不说不行,非说不可,这是语言的最基本的原始状态,体现了恩格斯说的"非说不可"四个字,而且体现了毛泽东所说的"非下苦功夫不可",没有窍门。这只是说独白这方面的训练,将来,可以再做成对话的训练。这里是提供了一种方式,一条路径,没有任何明显的制约。

如果我们全国的人，或者我们播音专业的学生们，逐渐地在这条道路上摸索出这样一个东西来，日积月累、持之以恒，我想，我们的语言质量会大幅度提高。当然，它和文化的学习、社会经验的积累都密不可分，因为你不学习，眼界非常狭隘，只能说这点事：只认识杨树、柳树，其他树都不认得了，那你没话好说；对新的交通法规不熟悉，评价新的交通事故就没有依据，不学习是不行的。你人生的体验也在增加。它不仅是有声语言的训练，也是你的一种生存方式，是一种话筒前、镜头前的积累，或者叫"前理解"。这样，你将来的语言就会为你的个性生存，或者叫语言的风格，打下很好的基础。所以，不要小看了语言功力。

一会儿我再讲一讲"学院派"。学院派很容易走理想化的道路。

如果我们的专业在大众媒体上，真能够显示出自己的实力，我们国家的民族文化、语言文化的素质就会有极大提高，到那时就会涌现出很多有声语言表达的典范供大众学习和欣赏。到那一天，我们就可以毫无愧色地说：我们这些人走的这条道路，实现了秦始皇没有实现的"语同音"的道路，我们全民族的有声语言状况会发生质的变化，重文轻语的现象会得到克服。

所以，我们现在一定要从这个角度去示范，不要迷信"普通话水平测试"。我说的不是不重视，要重视，不要迷信。因为这是一个太基础、太基础的测试，就是得了"一级甲等"，那 30 个 0.1 的错误，怎么去认识它？现在还没有得满分的呢，怎么也得有个十个八个错。在广播电视里 20 分钟里出 10 个错，允许吗？这个要求，太低了。另外，将来全国都在推广普通话，我们 14 亿人口里，不用多了，这个零头 4 亿人，都达到了"一级甲等"，我们的压力该有多大。任重而道远。

我们把对语言功力的认识，对普通话水平测试、对教学的认识，对学生训练的认识等，放在一个过程里面审视，就会不断地调整，在调整当中又不断地进化，在进化的过程当中就有不断提高。

首先，要自信，千万不要自惭形秽。别人说"播音无学问"，就觉得是没学问；说"有稿播音没出息"，就觉得是没出息——整天处于这种心态下，自己不能长进，也教不好学生。

然后，就是研究我们还有哪儿做得不够。从 1996 年开始，我提出这个方法已经八年了，我还没有听到有一个同志说，"我练了四个月"。为什么？是否我的要求太苛刻？是训练得太艰苦？还是什么？就是觉得它是错误的，我也可以练四个月，试验一下，到底有没有效果。当然，形成制度就更好了。比如，我们的小课，就布置学生们这么做，每天五分钟，一个星期 25 分钟的作业，听一下。小组学生的作业不一定每一个都听，听三五个，再布置新作业，再练，能不能行？"语言这个东西，非下苦功不可"，不是一蹴而就的。

最后一个问题，谈一下语言样式。刚才我谈到过播新闻、说新闻的问题。1979、1980 年，有人发表过文章，说"说新闻"的问题，所以在第二次播音会议上就讨论了这个问题，有了明确的认识。为什么又出现了？只是因为凤凰卫视的陈鲁豫，她很平实地讲解新闻事实,就被有人吹捧为"20世纪最优秀的新闻节目主持人",连她爸爸都说"这么年轻的孩子,别那么夸她",他们的领导也说,"我们不能像内地那样播新闻,我们不会,只能走这条路"。走的这条路也没有出我们的圈啊,我们1979年就讨论过这个问题,有没有必要拿它来做一个甚嚣尘上的话题,翻来覆去地讨论?我们的精力还没有到这么充分的程度,应该把它用到更重要的地方去。追时髦是广播电视的一个弊端,也是理论界的一个弊端,包括我们现在的文学、文学批评、文艺批评,都走到这样一种浮躁的、浅层次的境地。

语言的样式,20世纪60年代初,我们新中国已经有了第一个播音艺术的高峰,在这个高峰里,齐越的朗诵式,夏青的宣读式,林如的讲解式,费寄平的谈话式,都给我们提出了很新颖的语言样式的概念。我说"朗诵式",而不是"朗诵",是"式"。这四种"样式",都体现了我们中华民族的文化源流,体现了在有声语言方面实行民族化的一个重要的起点。

他们树立的榜样,随着"文革"被摧毁了,当时我们在理论上也没有给以充分阐释,事实上他们把有声语言的基本样式都体现出来了,还有什么别的样式吗?朗诵式可以播报新闻,宣读式当然可以,讲解式也可以,谈话式也可以,因为播报新闻没有具体语言样式的要求,它只是要求有新鲜感。对新鲜感的体现和对新鲜点的把握,还有状态的积极、节奏的运用,这和它的样式关系不是很大。朗诵式照样可以有新鲜感,也可以有新鲜点的把握,具体节奏的驾驭,听起来就是新闻。这四个"式",在新闻节目里都可以叫播新闻。理论上的阐释不足,我们的继承也很不好。几乎都继承了宣读式,朗诵式很少,方明继承了一点,于芳继承了一点讲解式,谈话式几乎没有人做到。谈话式对我们播音界来说,是一个非常久远的话题。

我们一进入播音岗位,老一辈艺术家就告诉我们,"话是从自己嘴里说出来的",要"说意思",要"像说话"。尽管这种理论话语的色彩不浓,但是说到了根本。有了稿件,要把稿件变成自己要说的话;没有稿件,也要说,有内容、有感情地报。所以,我们总觉得谈话式是一种很正常的现象。人类的生存状态里面,语言在生活空间里都是谈话,不是吗?也有不是谈话的,比如在劳动的协作过程当中,有了最原始的诗,有了唱,但基本形态还是说话。到现在还是这样。哪个不是说话?都是在说话,只是在不同的样式上说话。出口之前的内部的感觉必须找到说话的感觉,达到非说不可的地步,但是一出口,就不一定是日常生活说话的那种形态。(演示)"举头望明月,低头思故乡",这是在说话,但是语言的样式是朗诵。非要把它变成日常生活的谈话,那就不是这种词句,"抬起脑袋看见月亮,低下脑袋想起老家",认为这是说话。怎么能这么浅薄地理解语言?

现在我们播报新闻也是说话,但是说话它有很多的要素,内心要素是非说不可,有强烈的播讲愿望,这样出口才有根据,才有价值,才不是无病呻吟,才不是梦呓。然后出口之后,肯定有多种多样的样式,因为四大样式之外,结合语境还有四大体式——高雅庄重体、正规平实体、通俗灵动体、消闲自在体。这在生活当中,应该是随处可见的事情。曾经有个例子,俩人谈恋爱,女的说,"你看你老不出来,咱俩见面的时间太少了",这不是说话吗?男的说,"你忘了'两情若是久长时,又岂在朝朝暮暮'",这是朗诵?这是他对他爱人说的话。这是非常平常的事情,为什么到我们播音中,就要严格地区分"播"和"说"?为什么?我认为,只能证明语言的一种蒙昧状态,理论、实践的蒙昧,所以我才写了一篇《语言启蒙行动宣言》,应该是启蒙的时候了。如果我们总是存在这种混沌状态,那会经不起任何挫折,更经不起任何外力的干扰。

1982年的第二次播音会议,1986年的宁夏银川会议,我们的两个大的全国会,都在统一着不同样式的节目,包括新闻、主持人节目等。当时,主持人的形式出现以后,大家都在积极地研究,总觉得是我们自己分内的事情,而没有想过这是另一支队伍、别人的事情,不管是从基础理论、美学理论上,还是从语言学理论、社会学理论上,都是这个样子。为什么后来又出现了新的情况?这个历史原因比较复杂,整体上说是以阶级斗争为纲转为以经济建设为中心,我们任务的转移,对市场经济开始进行认识,逐渐形成。在这个过程里面,广播电视解放思想了,有的实事求是,有的不实事求是。

比如,广播电视的改革中心就是要突破"喉舌论",不当"喉舌"了,行不行?于是,在主持人的理论上也出现了"你们播音员只是搞政治宣传,我们是在说自己的话",这是什么观点?!远离政治,还是抛弃政治?这难道仅仅是语言之争吗?于是,有一些社会活动家打着"主持人"的旗号,另立山头,有些领导也尾随其后,大声疾呼"甩掉播音腔,远离播音员"。1985年简直是乌云滚滚,到1990年更是"黑云压城城欲摧"。后来,有的台领导变了,说还得和播音员学基本功。我请问谁给播音员定的位,"只能在话筒前、镜头前播报别人的稿子"?历史没有做这种定位,党中央也没有形成红头文件,历史在发展,谁不允许新闻播音员去采访,去编导?不是不允许,我想是无奈。

20世纪50年代末期,我们很多台,包括天津台在内,打破规律,解散播音组,播音员都下到编辑部编稿、采访去。没坚持两年,又回来了。为什么?他们下去了,谁来播?有那么多人才储备吗?编稿、采访的人比他们水平高得多,而且有的人有些地方进不去啊,比如时政采访,有很多的局限。现在也是这样:主持人去采访理所当然,新闻播音员采访,绝对不行,得守住这个"摊"。这是自己的能力问题,还是自己的愿望的问题?都不是。让播音员去采访,不一定差。所以我们提出"一专多能",坚决反对"采、编、播合一"——这是一个错误的口号!——两个人可以,100个、1000个人可以,如果让整个队伍都走"采、编、播合一"的道路,就是在解构播音,是取消主义,它意味着语言质量的急遽下降。所以,播音员可以也应该去采、去编,要随遇而安。不要因为没学采,所以就这样播算了,就是你亲自去采,到话筒前也是你主要、首要的职责。采访是把在现实生活搜集到的素材提炼以后写成文字,播音员是透过文字看到大千世界,这是两个创作过程,不能用前一个代替后一个创作过程,首要的还是话筒前、镜头前的工作。一天都去采访,到话筒前精疲力竭、神色苍白、唇舌无力,说话都费劲,还播什么?!这是失职,而不是增长才干!广播电视不是练习的场所,而是实战的场所。

现在这种"二元对立"正在消减。有些评奖的时候,是播音还是主持分不清楚了。早先一个获奖的节目,前半截就是播稿,后半截接了几个电话,这是什么节目?今后我们的新闻随时要和前方的记者谈话、交流问题,还有很多更新的方式;主持人节目里面也要配片。比如,赵忠祥在《人与自然》里就出了三次镜,说了6句话,大量节目由他配音,这到底是主持人节目还是播音节目?非得划分,说不清楚!为什么?因为,到现在什么是"主持"人们还没有形成概念。在没有形成概念之前,我出一个主意,凡是设主持人的节目,就叫主持人节目。什么是主持人?主持人节目里面的播音员就是主持人。不用管他采、编没有。受众看的是你在话筒前、镜头前的情况,不能说"这稿是我编的,我给大家播一下",做这种声明有必要吗?这些东西都困扰着我们。很多人不理解,"由播音员转成主持人"。我还说,罗京在《新闻联播》里处于一种不可替代的地位,他在《当代工人》里主持,和袁隆平的对话也非常精彩。非要把我们的队伍分成两半,"哼哈二将"各站一边,要么主持,要么播音,有必要吗?如果不是糊涂,就是别有用心!我们现在研究的重点不是要"二元对立",而是我们的主体怎么发展、怎么丰富。现在有的新闻播音员,离了稿不会说话,还应该练习即兴口语。有的主持人只会啰里啰唆说两句话,让他读个信、配个片,根本不成句子,不合格。我们培养学生的时候,必须把这两点结合起来。没有或当播音员或当主持人的这种定位的概念,这最有利于我们形成有声语言表达的典范。否则,我们的典范就出不来。我们呼吁那些有志于研究主持人的理论家,包括第一线的专家,写出一本像样子的有体系的主持人学的书来,供我们学习。24年过去了,不是大家没有这个水平、精力,而是学术路径出了问题。必须把播音和主持合到一起来,这是方向。

第三个子系统,大众传播和人际传播的关系系统。这个系统非常重要,它是东方大众传播学,或叫中国大众传播学非常重要的组成部分。大众传播怎么出现的?大众传播是由于科学技术的发展形成的,可以由少数人通过现代化的传播工具,供大家听、看人生百态、大千世界。这种科学技术手段的形成和整个社会发展的需要相联系。有了广播电视后,我们可以听、看其他地方的东西,看别人怎么生活,听别人有什么道理。它和人际传播有关系吗?绝对有关系。它植根于人际传播,经过过滤和选择,把人际传播里精华的、有意义的东西收集到大众传播里来,让更多的人听,让更多的人看。

但是,当前理论界,包括传播界有一个"响亮"的口号:大众传播人际化。大众传播本来就是反映人际、传播人际关系的,为什么还要提这个口号?是我们的大众传播只传播神仙鬼怪,没有宣传人吗?还是只传播古代、外国,没有当下?都不是。大众传播有问题,但是主要的问题不是人际化的问题。恰恰好多问题就是因为"人际化"了才出现的。

比如两位嘉宾,一男一女,有妇之夫、有夫之妇,主持人问,"你们赶紧商量一下,什么时候结婚",这不是提倡"重婚"吗?"再商量一下,什么时候生孩子",这不是违反政策吗?什么意思?人际传播里,招待会、晚会,闹一下,允许这种行为;大众传播里,绝对不允许!我们欣赏什么呢?欣赏不修边幅,欣赏生活常态?违反政策和道德,这是人际化吗?有人说,有的主持人主持时撸胳膊挽袖子,是体现一种紧迫感、新鲜感。像这样一些奇谈怪论把我们的大众传播搞糊涂了。为什么现在色情、暴力的东西如此之多？我认为，苏联的现实主义电影有无穷的魅力，为你提供了想象的空间，不是生活的原生态。"二战"结束了，前线的士兵回来了。未婚妻去迎接。两人在车站发现了对方，开始相向奔跑。天空正下着雨，女的打着伞。两人刚要拥抱的时候，镜头切开了，镜头移开了，伞落到了地上，天上落着小雨。这多么高雅啊！为什么一定要把动物性展示得淋漓尽致？！能不能给我们启示？我们广播电视节目里面也有很多东西，可以创意，可以有新鲜的东西，为什么要把低俗的东西拿来？大众传播和人际传播绝对有联系，但是我们要选择、提升，让大众传播对每一个人的生存状态都有意义、有价值，大众传播应该具有这样的传播功能。所以，大众传播里的很多失误是过于人际化造成的。比如，警匪片里，怎么逮犯罪嫌疑人，都描绘出来了，这恰恰提示了现实中的犯罪分子，使其反侦察的能力增强了。过分人际化，就会让生活中粗糙的、芜杂的、垃圾的东西涌入大众传播。这是人际化的一种危害，不值得提倡，现在需要"解毒"的东西很多。

我们现在大众传播里面，为什么显得色彩不够丰富？内容不够充实？这和我们整个的传播体制、机制都有很大的关系。为什么我们容易克隆人家的东西？克隆后不伦不类，虽然有的挺火，但火的价值显得单薄，这些问题都没有考虑。现在有些评论家担忧，大众传播的浅薄已经没法评论大千世界的是非了，大众传播为了迎合利润，已经开始不择手段了。这不是大众传播最要研究的问题吗？

现在有些问题已深入人心了：宿命论、拜金主义、感官刺激的问题，使人们认为广播电视就是玩弄传播、玩弄人生。但是孩子们、广大农村的人们从电视里能得到什么？现在最缺乏的是体现时代精神，表达人文关怀。

我们现在是个什么时代？民主化的进程不断加快，三贴近、三个面向、三项教育等，人民群众的自觉性，特别是底层群众的觉醒，这都是非常重要的问题。但是现在我们的广播电视里都是豪宅，角色们打扮得特别漂亮，进出高级娱乐场所，那我们的普通人民怎么办？谁来关心他们？谁来反映他们的生活？谁为他们呼吁？这不是广播电视的责任吗？我们的学生一进校就应该从这方面给以教育，我们将来不是冲着大款、豪宅去的，而是冲着广大的、还没有脱贫的、刚刚到小康的广大人民群众来的，为他们谋福利，为他们呼吁，让他们走向富裕。我们大众传播里面最缺乏的东西，现在反而受到了冷遇。这些问题不是我们能够解决的，但我们在思想认识上要清楚，要给学生讲清楚。

关于"学院派"。对"学院派"有两种看法，一种是推崇，一种是否定、贬低。"学院派"（不是学院主义）也是在不断发展过程中的。"学院派"起源于16世纪末，意大利的绘画艺术出现了巴洛克绘画、学院派绘画和现实主义绘画三个流派。学院派绘画以卡拉齐三兄弟为创始人，严守古代和文艺复兴艺术大师的规范。所以，我们现在理解"学院派"，就是规范化。但是这个学院派有很重要的贡献，它是欧洲第一所美术学院，开设了比例学、解剖学、建设学等，形成了一个严整的美术教育体系。它的问题是太恪守规范，把大师的作品奉为圭臬，不许越雷池一步，这是意大利学院派绘画历史里的一个问题。

我们把学院派借鉴过来,我们也要建立我们的"学院派"。

首先要保证继承传统,绝对不能割裂传统。

其次要坚持规范教育,绝对不能否定规范、随心所欲、各立门户、各行其是。我们的教材、教学计划、教学步骤、教学安排都是教学的法律,不能随意更改,可以有不同意见,但是不能否定教材,个人没有这样的权利,至少在现阶段、在当下,要维护我们教学的规范。

最后"学院派"要随着国家的发展、社会的进步更新观念,不断创新。这样的"学院派"才会有生命力,才是真正的学院派。有人说"学院派"就是保守,随便说,但是我们自己不能保守。我们要及时引进新的学科、新的前沿,融入我们的学科。继承方面,中华民族的文化源远流长,博大精深,我们继承得不够而不是继承得过了头。"学院派"应该是我们引以为自豪的事情,千万不要作为贬义,像"播音腔"一样否定掉。"播音腔"也有价值,我们反对的是固定腔调,或者叫八股腔,不是反对播音腔。这些方面的问题都要澄清,从概念到体系。将来我们学院派的发展也会把不同的流派引入进来。比如,朗诵式的播音,谈话也可以气韵生动……千万不要用一个模子刻学生,用一种模式套学生,用一个体系束缚学生。我们主张不断地创新、发展,将来我们学院派也会有不同的学派,比如吉林学派、上海学派、南京学派等,不同学派林立,说明这个学科兴盛,应该鼓励、呼唤这种学派林立的情况,使我们的教育得到大的发展。

我们这个高级讲习班主要的成功之点,不是广院的教学经验有多么的丰富,或者是如何有典型性,而是我们大家汇聚到一起,来共同探讨我们的专业教育,这一点是个里程碑。做梦都想的事情,今天终于实现了。只有大家走到一起,形成群体的合力,事业才有发展。

我曾经在我们学院的一个科研会议上发表过一个观点:这个科研里有两个问题值得注意,一个是个体性,个体性太狭隘,老从自己的角度去观察事业,没有多角度、多层次地去观察我们的事业,视阈受到极大局限;由于有了个体性,特别是和职称、学术什么的挂上钩后,让人觉得功利性太强。功利性的危害在哪儿?过去我们播音学开会,经常出现大会形成的决议、别人优秀的作品,有些人回到单位以后锁到自己的抽屉里,"这是我的财产",没有形成大家的财富。这样的话,我们的事业怎么发展?一定要避免功利性,我们需要团队精神。只有形成了团队,才会有整个学科的进步、学术的发展、学术的深化,才意味着我们的事业蒸蒸日上。将来我们的播音史中,教育史这一部分,我们的这次会议恐怕会写下浓重的一笔。

第二个问题,由于我们总是处于一个个体的、微观的、自发的层面,我们全国的情况,全世界的情况,甚至观照全广播电视界的情况,都显得声音极其微弱。尽管我们大声疾呼:重视我们的专业吧,这里有很多的东西是很可贵的啊,是前人的经验啊,是我们的创新啊……谁来重视?没有人倾听你的声音。为什么会这样?正是由于我们这种散漫的格局造成的。如果真的形成一支队伍、一个团队、一个军团,谁还敢轻视我们的力量,谁还不对我们刮目相看?我觉得这是非常重要的问题。我兴奋于此:我们终于有了一支自己的队伍!这是可喜可贺的事情!

刚才丁教授所谈的,代表了学院派的观点,我非常高兴。因为我们从来被人们看作操作层面的工匠,我们教授学生怎么在话筒前播,掌握什么样的技巧,从来没有人说,你们不要仅仅局限在话筒前、镜头前,你们的眼界要放开,这是我们全民族的语言的事业,不得了的。这是学院在观念上对播音专业认识的一个质变。如果我们都这么看我们的专业,哪个专业、哪个学校,哪个高等、中等、小学教育都离不开我们的时候,我们的事业不是更体现它的重要性了吗?我们将来在教学当中,要时刻提醒同学们,我们不仅仅培养在话筒前的一种操作行为,而且培养民族语言的一种典范的意识。我们都要成为有声语言的典范,谁都要向我们学习,谁都要向我们借鉴经验,这对其他学科也是一种贡献。当然,我们也会把其他学科前沿的东西吸引到我们这里来,才能走向我们的理想,否则,我们只能是闭关自守。

另外,我觉得,宣传的工作也需要一种学术的敏感。当前的播音主持艺术专业教育里面的学术动态、动向是什么?对此我们要有一种洞察力。发现了某些动向以后,就要尽自己的力量支持正确的方面,反驳那些不正确的方面,使我们的学术沿着一个健康的、合理的、科学的、正确的道路前进,我们的事业才不会走更多的弯路。

"中国播音学博士文库"总序

"中国播音学博士文库"经过几年的筹划和商谈,终于可以开始运作了。

中国播音学的学科发展历程是艰难曲折的,它以自己独具特色的坚定方向和海纳百川的学术胸怀,筚路蓝缕,勇往直前,在几代人勠力同心的苦苦探索中,在孜孜以求的崎岖道路上,打通了这样一条攀登的路径,开垦出这样一片肥沃的土地。在这里,有志者可以播种花果树木,可以营造亭台园林。每当我们想到"播音",一定会心潮起伏,激情洋溢。因为事业所系,生命所系。

一

不论在旧中国,还是在新中国,不论是靡靡之音,还是真理之声,广播的有声语言,一直没有间断过。从正面和反面,都给了我们经验和教训。有的经验是具有普适性的,任何时候都应该汲取;有的教训,尽管带有时代的局限,也会给人们有益的启示。

1940年开始的人民广播,继承了我们中华民族的黄钟大吕,既反对无病呻吟,也反对气势凌人。播放过胜利进军的战斗号角,播送过翻身解放的欢歌笑语。其间,也有过20世纪六七十年代高亢激越的"大话"和80年代后期散漫零碎的"神侃",但那成型的主流话语形态,仍然高扬着汉民族共同语的大纛,坚持社会主义先进文化的导向与品位,感召人们传承民族精神、华夏文化,为祖国的繁荣和昌盛而甘于奉献、勇于创新。

我们不会忘记,延安窑洞频传的捷报,天安门上庄严的宣告,阶级斗争为纲的退隐,市场经济调控的完善,政治民主稳健的步伐,文学艺术繁荣的氛围,科学教育发达的设计,国际交往成功的范例,综合实力提升的轨迹……

我们不会忘记,广播传播的巨大发展,电视传播的飞速进步,节目形态的多种多样,节目内容的丰富多彩,卫星覆盖的日益广阔,数字技术的日新月异,语言文字的逐步规范,有声语言的魅力无穷,媒体竞争的激烈态势……

我们不会忘记,新闻播音的主体地位,专题节目的色彩纷呈,综艺节目的多层娱乐,体育现场的专注热烈,影视配音的动人心弦,访谈对话的机敏深刻,老年问题的深情关注,少年儿童的成长培育,传受和谐的人文关怀……

我们不会忘记,学科理论研究的举步维艰,学科教育实施的崎岖坎坷,学科人才培养的幽眇难传,实验机器设备的陈旧匮乏,经典示范作品的散佚流失,学术论著发表的狭小空间,学术梯队建设的耗时费力,强化语言功力的孤掌难鸣……

多少人对此情有独钟,多少人为此废寝忘食,多少人由此发愤图强,多少人因此刚正不阿……

突飞猛进的广播电视事业,五彩缤纷的广播电视节目,已经成为人们社会生活中不可或缺的精神食粮。不可否认的是,在这些精神消费中,包含着虚假和低劣的产品,令人担忧,应该给予清醒审视和严格批判。固然,理论是灰色的,生活之树长青,但是,哲学的智慧之光和生活的实践之刃不能缺席,有事业心和责任感的大众传播者,尤其不能熟视无睹!

二

播音教育,特别是学历教育,从1963年9月算起,至今也有43年了。起步时,是三年大专学历,到了1980年,从1977级开始,升为四年本科,属于文学学士;同年,开始招收硕士学位研究生;1999年,可以招收艺术学的广播电视语言艺术方向的博士学位研究生;从2002年起,招收语言学及应用语言学的中国播音学方向的博士学位研究生,从2006年开始,转而进入二级学科——招收新闻传播学所属广播电视语言传播专业的中国播音学方向的博士学位研究生。这样的变迁,证明了两点:

其一是,播音有学。播音,并不是像人们想象的那样,只是照着写好的稿子"念字出声",它是一种有声语言的创造性活动,它是播音员、节目主持人在话筒前、镜头前"以有声语言为主干或主线,出头露面,驾驭节目进程"的创作过程。它以马克思主义哲学为思想指导,以新闻学与传播学为理论根基,以艺术学为传播重心,以语言学为规范要素,以语言功力为主体特性,以审美价值为创作理想。它总是顺应历史和时代的潮流,继承民族优良传统,吸取世界文化精华,坚持中国老百姓所喜闻乐见的中国作风和中国气派,忠于人民,服务大众,维护祖国利益,充满人文关怀。作为"党、政府和人民的喉舌",它必须"乐于在场,勇于出席,善于发言"。因此,播音员、节目主持人应该恪尽职守,集思广益,遵循社会公德、职业道德、家庭美德和个人品德的要求,实现大众传播中的公众形象和日常生活中的个人形象的统一;要"以播为主,一专多能",力求做到"有稿播音锦上添花,无稿播音出口成章"。在传播中,应该达到"信息共享,认知共识,愉悦共鸣"。由此可见,播音学是一个多学科、多层次的新兴交叉学科,并不是某一单个学科的衍生物。以《中国播音学》为标志的学科理论体系和学术价值建构,已经被社会普遍接受。

其二是,播音有术。播音,是在实践中生成的,也是经过实践检验的。它的理论,具有很强的实践性;它的实践,又有独特的操作性。在用气发声、吐字归音的训练中,有行之有效的路径和方法,必须循序渐进、持之以恒;在语言表达上,从有声语言的特点、创作的正确道路、思想感情的调动、语言表达的技巧,到话筒前的创作状态,都有一整套规律和一系列要求。播音创作过程,是"理解内容—具体感受—形之于声—及于受众"的过程,应该讲求高质量、高效率,要推进民族化、风格化,体现韵律美、意境美。它强调"语言功力"——宏阔精微的观察力、融会贯通的理解力、条分缕析的思辨力、具体丰富的感受力、精妙高超的表现力、独具只眼的鉴赏力、应付裕如的调检力、体察入微的回馈力。它要求实现"以事醒人、以理服人、以情感人、以美愉人"。技巧训练,先要"刻意雕琢",然后再"返璞归真"。在节目策划、文案写作、采访编辑、灯光背景、化妆服饰、体态举止等方面,也都提出了可应用性目标。这些内容,须臾不能离开实践,否则,任何理论研究都不过是"隔靴搔痒"。但是,只停留在实践和应用层面,不进行理论提升,就会作为"简单的传声筒";或者脱离实践,凭空进行理论研究,就会成为"辞藻的编排者",即使有再深厚的文化底蕴,也显示不出有声语言的魅力,揭示不出有声语言的内涵。

关于播音的学理和术用,现在的研究还显得稚嫩,有待进一步总结、梳理、充实和完善。

播音有学、有术,它带给我们的启示是久远的,学士、硕士和博士们,都将从中得到多维的探索之路。我们期待着他们的丰硕成果。

三

到2006年7月,已经有7人毕业并获得博士学位。可喜可贺之余,需要冷静思考。他们的研究成果,应该说是走在前沿的,具有开拓性的。我们国家的论著浩如烟海,但大多从文字语言角度进行研究,而从有声语言角度进行剖析的,或者只囿于字音、声腔,或者限于韵辙、诗律,竟很少参照。这同"口耳之学,幽眇难知"、不易保存流传有关,也同人们对此重视不足,认为说话人人都会有关。尤其是长期以来,社会"重文轻语",觉得会写文章就有水平,会说话却不算什么。至今,业内还有这种倾向,诸如:"编辑水平高,播音水平低""能写稿子水平高,只搞播音必然水平低""有稿播音被动,没有个性;无稿播音即兴说话主动,能张扬个性""声音和形象不那么重要了,重要的是文化""规范就是字音标准,播音只是会说普通话",如此等等,似是而非,不一而足。

我们进行学术研究的逻辑起点,不可能停留在启蒙和普泛的认知上面,而应该走向规范化的深层,攀缘审美性的峰峦,开掘独具特色的语言内涵,展现视通万里的音声风韵。于是,我们的博士生们在前辈先贤的启示下,每个人依据自己的研究课题的需要,开始了只争朝夕的深钻苦研的学术之旅。

这些研究的核心命题,都紧紧围绕"广播电视有声语言创作";研究内容,从人文精神、审美价值、诗意生存、诗性功能、生命活力、传播特质,到节目主持人本体论等;研究范围,有广播,有电视,有哲学、文学、艺术、新闻、传播等视角;研究方法,有比较、调查、定性和定量分析……

在研究过程中,选题的难度是既不能完全学理化,又不能陷入操作性;观点的确立必须从当下的大众传播现象中总结抽绎,实证的采集必须从纷繁的各类节目播放中捕捉提取;论证要努力避免引证的陈旧褊狭、实例的单薄脆弱,还要力求推论判断的坚实,把握历史的厚度和时代的高度;为了把创新点和前沿性论述清晰,要集中主要精力,字斟句酌,增补剪裁,精心铺陈,数易其稿。此外,还要反复推敲标题、论题、章节序列、表述逻辑,以及讲究语法规范,正确征引原文,仔细校对注释和标点符号。

在开题和答辩之前以及进行中,他们都坚持广泛听取专家们的批评和建设性意见,争取当面聆听指教。这一点非常重要,因为,这是全面吸取学术营养的大好时机。所有经过开题、答辩的博士学位论文中,都饱含着各位专家的心血,都融会着他们的生命智慧和美学理想。如果说,这些论文达到了优良的学术水平,那其中,就有专家们的提携之力和教诲之功。在"中国播音学博士文库"起步建设的时候,我们应该向所有关心、帮助我们的专家学者,表达最诚挚的感谢!

随着播音学科的成长和成熟,我们这个学科的社会认知度越来越高了,关注、了解它和熟悉、研究它的人,也越来越多了。人们从广播电视传播中,知道了播音主持工作的重要性,知道了播音主持工作的特殊性。

播音主持工作,需要"德才兼备、声形俱佳"的特殊人才,需要先天资质和后天习得,尤其需要坚实的语言功力,需要众多学科的有力支撑,需要深厚扎实的理论修养,需要社会经验的不断积累,需要具体丰富的实践体悟,需要公众形象的培植塑造,需要个人风格的不懈追求。其中,创造和艺术个性,创新和美学理想,覆盖了整个传播层面,覆盖了全部节目流程,根本没有高低贵贱之分,轻重主次之别。理性的迷茫,认识的偏颇,必然会带来使命感的游离,必然会造成事业心的缺失。博士学位论文的撰写,义不容辞地肩负起针砭"识"弊的责任。如果躲进象牙之塔,不问时势,那不过是纸上谈兵,现实意义就荡然无存了,学术价值也会消失殆尽。我们的学科,就是在同各种错误观点和理论干扰的论辩中建立和发展起来的,退缩和忍让是懦夫和懒汉的生存哲学,缺乏学术勇气,只会让别人指着脊梁说:"无言以对,没真东西!"陆续发表的博士学位论文,毕竟证明了,我们在理论和学术上,没有沉默,没有失语,没有缺席。

四

从入学的和毕业的博士的学位论文选题看,从已经通过的博士学位论文看,我们的学术视野还不够开阔,我们的学理阐释还缺乏深度,我们的论证方法仍然显得粗疏,我们的播音实践总不如一线的人们那样丰实。因此,今后的路正长,究竟如何走下去,确实应该深思熟虑,广采博收。

首先,还是坚持实践,争取到电台、电视台播音,真正进行有声语言创作;或者在校内的话筒前、镜头前和教学活动中,严格按播出要求训练,主要是体味有声语言的表达要求和形态变化,在思想感情不断运动的状态下,深化文化蕴含,全面加强语言功力的整体表现力,并且具体而微地领悟规范空间与审美空间的奥妙。这是进行播音学理论研究的基础和前提,也是揭示语言传播规律的必要路径。

其次,继续吸纳相关学科的前沿成果,进行跨学科研究,努力开辟新领域,拓展新空间,夯实本体论研究,扩展分支研究。要打破封闭式、微观式、平面式、单项式研究思路,建立开放式、宏观式、立体式、综合式研究思路。

再次,充实扩大"有声语言精品库""有声语言赝品库",保存和积累视听作品资料;要大力开展受众调查,整理反馈意见,建立"受众调查库";要大量搜集关于播音学的文章、著作和各种批评建议,列出篇目,做出摘引,汇集成册,陆续编纂,有价值的,可以出版。

最后,提倡严肃认真、一丝不苟的学风。摒弃浮躁心态,甘于寂寞;远离声色诱惑,勤于苦舟;鄙视急功近利,乐于清静;拒绝阿谀奉承,忠于真理;轻蔑拉帮结派,善于慎独;顶住围攻报复,敢于抗争;虚心接受批评,刻于座右。掌握学术话语,填充学科空白,追求澄明之境,催生语言经典,真是时不我待,任重道远啊!

我们的中国播音学,应该是"独具特色、独占鳌头"的,世界鲜有,国内领先。开办播音主持专业的全国一百多所院系,都在看着我们,并跃跃欲试地、摩拳擦掌地企望超过我们。竞争是不可避免的,互相学习,相互帮助,更是事业发展的需要。在竞争中,发挥优势,凸显特色,八仙过海,各显其能,既授人以渔,又馈我以鱼,大家受益,何乐而不为呢?

不久,很多院系就会逐步设立硕士授权点、博士授权点,播音学方向的博士们,必将人才济济,人才辈出。到那时,我们的文库收入的博士学位论文就要汗牛充栋、流传四海了!

播音学的百花园,一定是姹紫嫣红开遍;播音学的学子们,一定会并肩携手向前!

感谢审订委员会的全体专家!感谢中国传媒大学出版社的领导和责任编辑!

中国传媒大学播音主持艺术学院播音系

张颂于"三书屋"

2006年6月6日

《语言传播人文精神的阙失与重构》序

李凤辉是中国播音学的第一位博士,他的博士学位论文《语言传播人文精神的阙失与重构》,是"中国播音学博士文库"的首篇。这都是值得庆祝和纪念的。

经过几代人多少年的奋斗和拼搏,才创立了中国播音学。作为第一位播音学博士生导师,我的压力很大,不知道如何指导,不知道怎样设课,不知道上课讲些什么,不知道论文写些什么。

我只知道,博士课程和硕士课程不同,甚至存在质的区别。硕士研究生,学习本专业知识,研究本专业业务,学位论文理论结合实际,富有新意,每篇三万字以上;而博士研究生,要在硕士课程基础上,增加学科前沿课程和专业主干课程,还要学习相关专业的重点课程和精选课程,并要完成若干篇学术论文。学位论文要有科学性、前沿性、创新性,每篇十万字左右。这个"质",是全方位、多维度的,是"接着说"和"自己说"的,是学理论证的,是自圆其说的。

依据这个认识,我和李凤辉共同讨论,反复推敲,列出大纲,通过了开题报告。此后,他便投入了紧张的写作。直到读博第四个年头,他才修改定稿,并通过答辩,获得博士学位。

博士学位论文写作是艰苦的,特别是在职读博,除了日常教学、做班主任,还有许多课题的任务要按时交卷,他经常是废寝忘食地搜集资料、埋头写作。由于他本科是学哲学的,对于中国哲学很有兴趣,时当"人文精神"大讨论,更使他感到振奋。因此,他便以此为题,进行了多视角思考,先写出了五万字的历史沿革,而后又积累了多种视听资料。最后的论文,虽然存在某些不足,但是从整体看,还是达到了博士学位论文的要求。

这篇论文主要论述了人文精神在广播电视语言传播中表现出的缺失状况,以及他认为应该重构的设想。这个选题既有学术价值,从学理层面考察和探讨了人文精神在广播电视语言传播中的表现及其基本特征,研究了语言传播人文精神的主体性建构和主体间共建问题;又有现实意义,针对人文精神在广播电视语言传播中的各种缺失,分析了产生的语境及原因,并从引导的定性与定位角度,指出各种"失当"的主要症结和具体例证。这些,对于大众传播视听作品的价值取向,无疑具有观念上和实践上的指导性、建设性作用。当然,这篇论文在几经修改后,仍存在某些不足之处,如论述人文精神的特征及其表现,稍觉空泛;个别例证的典型性、唯一性显得单薄了些。

应该说,人文精神,源于《周易·贲》的"彖曰:贲亨;柔来而文刚,故亨。分刚上而文柔。故小利有攸往。天文也;文明以止,人文也。观乎天文,以察时变;观乎人文,以化成天下"。关于人的待人接物,与他人的关系,包括与群体、社会的关系,是人自身修养形成的网状文饰,可以反观其内心世界。这种文饰,有真假、善恶、美丑、雅俗、精粗之分,因此,人文精神也并非都是真善美的。传播语言的本质就是人文精神的音声化,那含义是要强调"言为心声",说出来的话语,就是人的内心反映,不论是"心口如一",还是"口蜜腹剑";不论是"阳春白雪",还是"下里巴人",都概莫能外。语言是交际和交流思想的工具,是一种功能性表述,如果从人类高级神经活动和认知、审美、表情达意、言志传神的实质性剖析,它又是人文精神的音声化,其音声化内涵,应该指向包括语音、词汇、语法、修辞在内的遣词造句、布局谋篇的语流态势及趋向。作为"工具"的形象比喻,无可厚非,不过,它迥异于尺笔、锄犁等物质器械,而是人类内心活动的外化,成为人体有机构造的必要组成部分。它的自身调整、社会联网,它的随机应变、与时俱进,开辟了人类集体创造性、审美性的广远时空。这种理解,给了我们认识语言、掌控语言传播的新路径。

人文精神在当代的主流表现,应该具体表述为:体现时代精神,充满人文关怀。我们将在理论上和实践中,提倡和实行终极的人文关怀,以便造就全面发展的人,建设富强和谐的社会。

李凤辉作为中国播音学的第一位博士,思想压力很大,因为,他深知责任的沉重。希望他坚持不懈地继续努力,在教学、科研、实践等方面都更上一层楼。

张颂写于三书屋
2006年6月8日

《当代广播有声语言的创新空间》序

柴芦径是从英语专业和新闻专业相继毕业后开始读我的硕士的,取得硕士学位就留校任教,主要讲授广播业务课程,2001年9月起攻读在职博士,过三年,获得博士学位。她非常刻苦,一方面努力完成教学任务及其他工作,一方面学习必修和选修课程并认真地及时完成课程论文的写作,同时,主动参与中央人民广播电台和中央电视台相关节目的策划、编辑或者播音。可以说,她集教学、研究与实践于一身,这使她的学术水平得到了比较迅速的提高,而且进一步坚实并拓展了专业理论的基础。这一切,都充实和深化了她的博士学位论文《当代广播有声语言的创新空间》,把广播有声语言的学理性内涵引向了当代同类研究的前沿。

我国的广播,特别是人民广播,有着优良的传统,曾经发挥了无可替代的、广泛而深刻的社会影响。那广播语言的魅力,吸引过多少听众!优美精妙的话语,撷英集萃的佳句,令人回味无穷、代代传诵。但是,自从电视(图像广播)急剧发展以来,广播的优势似乎大为减弱,人们在关注媒介的时候,好像总集中于电视,谈到广播,或者轻轻带过,或者根本无意涉及。以《中国广播》杂志为首的研究刊物,为了发行量,也在寻求"吸引受众的眼球""在市场竞争中占有份额"的有效途径,甚至对于研究广播的学理层面的深度探讨也产生了某种顾虑,唯恐"读者寥寥"。这是一种十分可怕的学术景观,不能不使人担忧。

现在,广播仍然属于"强势媒体",不应该被归为弱势媒体。如果说广播没有变得更加强大,那只能归咎于存在着"弱势群体"。把广播办得有声有色的电台、频率,并不算少,如北京电台、广州电台、深圳电台等,因为这些电台的主管和骨干们,形成了"强势群体"。不过,全国的电台还不能紧密地建构"共同繁荣"的肌体机制,未能造就整个国家的"电台强势群体"。其中,有利益的驱动,也有工具理性的干扰。正因为如此,对于广播规律的研究,也就只能各自为战了。

在我指导的博士论文里,选择广播规律进行研究的,至今只有柴芦径的这一篇,因此我很看重。它既没有宏观地把握世界广播的发展脉络,也没有微观地考察具体操作的运行程序,而是以中国大陆广播为土壤,着意于"声音意象"与"先声夺人",特别强调了"让经验活起来"的审美感悟和语言创新。它的"为大众性"跟媚众、媚俗划清了界限,辨析了接受主体的特征;它的"个性表达"跟表现自我、张扬个性分清了是非,阐释了创作主体的驾驭。可贵的是,论文始终贯穿了民族性审美意识和审美诉求,用"天人和合"的宇宙观,具象化为"整体和谐"的审美观,直接论证广播有声语言创新空间的开发与营造。这样,就把广播的传播规律、有声语言传播的主体间性、审美视野的尺度以及广播那无比广阔的生存天地,有机地融入了合目的、合逻辑的论述中。

广播的发展与创新,在世界广播史中,虽然曲折但从来都是不可逆转的,不会衰亡,不会萎缩,不会化为泡沫。即使将来同其他媒体融合,也都有其存在的价值。收音机里,现在能够"听"电视,将来也能够看到图像;网络里,同样可以"听",也可以"看",可以保存,可以流传。只是那节目的样态,应该更适合人们"听觉"的特殊需求,更符合人们的收听习惯,更充实人们"审美耳朵"的感受,更拓展人们的想象空间。确实不该怨天尤人,无奈地走习惯的、驾轻就熟的老路。应该抓住特殊性,另辟蹊径,充分发挥"声情并茂、悦耳动听"的优势,开掘"有意味的形式",深化"有品位的内容",让人们"百听不厌"!

柴芦径的论文,通过答辩以后,又进行了修改、增删,更明晰了,也更深入浅出了。特别是对于广播的形式、内容、路径、方法等的熟稔和精细表述,的确显示了作者的文化功底和理论储备进入了广播视阈以后所达到的学术高度。对于广播的理解与感悟,脱离了广播的具体实践,是无法实现的,也是不能科学概括的。因此,我十分强调实践的关键性作用。如果具有丰富的实践经验,又能深入地体验和感悟话筒前、镜头前的动态表达阈限,那么,就可以呈现出具体而微的表象,进行准确而生动的概括和提炼了。如此,方能真实地、确切地解决规律性的问题。柴芦径的论文,分析例证具有学术眼光,而提炼实践的精髓显得不够切近,大概也是实践经验不是很充分的原因吧。例如对"流动的声音意象"的论述,稍觉平面,不够立体,就是这种情况。正是声音意象的流动性,才造就了人类对于语言感知的历史性和社会性的叠加,家族性和地域性的重合,语言共同体和话语个体的共存,音声性和意蕴性的共生,具象性与整合性的共荣,瞬间性对永恒性的召唤,特殊性对普遍性的回馈。当广播中传出某种话语的时候,纷至沓来的、此起彼伏的声音意象总是在被接受主体迅速直接地选择中,先后留下或深或浅的印记,以至作出反应;这就要求表达主体"说出的每一句话都是整个生命的综合体现","传播的每一句话都有一吐为快的美感享受"。只有这样,创新空间才可能担当责任与使命的嘱托,催生有声语言表达的"典范"。

已经很不容易了,即使是博士论文,也不应该求全责备。如此才能给自己和后人留下记载进一步研究成果的篇幅,也正说明学科的潜在力量,并再一次证明有声语言传播的创新空间是深邃广远的,前行的路途仍然需要付出辛劳,累累的硕果必定交给热心的、坚毅的后来者。广播的有声语言传播绝对不该被无视,更不应被忽视、轻视。什么时候人们重视它了,那么,广播的崛起振兴、百花盛开的日子就到来了。我们期待着。

张颂写于三书屋
2006 年 9 月 19 日

《播音创作主体论》序

已经进入"知天命"之年,早已晋升为"播音指导"——教授级职称,仍然坚持攻读博士学位,积极进取,认真听课,经过三年刻苦钻研,终于以优异的成绩,获得博士学位,这就是浙江人民广播电台文艺台副总编金重建。他的虚心好学、恒心和毅力,使我万分感动!

理想中的学习型社会,理论上的活到老、学到老,真正落实到个人,并不少见。不过,在市场经济快速运转、浮躁心态弥漫周边的情况下,急功近利和感官刺激往往使人们无法清心寡欲、专心致志。为了事业和专业而从事某种职业,并抱有崇高的志趣,自得其乐地追寻有意义的生活,那只属于"自觉"者。

播音,从专业的角度观察,走过了四十多年的崎岖之路。其中,从实践经验的提升,到理论体系的建设;从各类节目的驾驭,到整体素质的强化,多少有识之士废寝忘食、梦寐以求!他们也是"自觉"者。

一

自觉,成为我们这个新兴学科、交叉学科的灵魂。

特别是"播音创作"的正确道路,几乎同自觉心脉相通、血肉相连。

广播电视传播,其根本属性是"新闻性",而语言传播,带有明显的"艺术性"。因此,播音创作必然是创作主体的创造性劳动过程,亦即在创作欲望支配下的、自觉的能量释放过程。新闻工作者,是不自由的,他必须客观真实地反映现实,对受众负责;"艺术家是不自由的,是不能随心所欲的,他是一位受艺术之利用而成为实现其目的的媒介"①。因此,新闻人和艺术家的共同性在于社会责任。而责任又是一种意识——包括自我意识、自觉意

---

① 荣格.现代灵魂的自我拯救[M].北京:工人出版社,1987:255.

识、潜意识、下意识和集体无意识等。金重建的博士论文,抓住了这个核心,展开了颇有深度的论述。

自觉,是"自在""自发"的质变,走向"自为""自律"的通衢大道,开辟了主体与群体、主体性与群体性的结合之路。它跟那种"自我奋斗""自我张扬""自我表现""自我满足"的心理屏蔽格格不入;也迥异于自私自利、损人利己、欲壑难填、唯我独尊的鼠目寸光;更有别于口是心非、阳奉阴违、大言不惭、口蜜腹剑的奸佞心肠。

社会自觉,内容极其丰富,例如:国家兴亡匹夫有责,追求真理矢志不移,孝顺父母尊敬师长,乐善好施扶弱济贫,见义勇为除暴安良,教书育人以身作则,爱岗敬业精益求精,执政爱民两袖清风,相敬如宾举案齐眉,洁身自好独善其身……如此,则是"社会和谐人人有责,和谐社会人人共享"的理想境界。

专业自觉,实际上就是苦学深钻、甘于寂寞、不畏险阻、只争朝夕、日思夜想、广采博收、继承创新的过程以及不断获得的那些阶段性成果。播音专业的创作主体自觉,既有主体的天赋,又有后天的习得,总体上表现为八个方面:

观察力:避免"一切都如过眼云烟"的盲目性,加强心细如发的捕捉力,既能明察秋毫之末,又能见到舆薪。双目如电,可远观可显微。主要是"冷眼向洋看世界",也要内察"心潮逐浪高"的情状。观察自然现象——"细雨鱼儿出,微风燕子斜""月晕而风,础润而雨",固然重要,但是,社会上的人和事及其变化,应该成为主要观察对象。要有一双新闻眼,选材是价值发现,"先睹为快";报道是价值引领,"一吐为快"。

理解力:在已有知识积累的基础上,进一步激活前理解,融入新内容,要注意历史线索和现实平面的交叉点,分析其关系,把握其联系。不要受前理解的束缚,而拒绝新内容,反而要敢于打破前理解的框框,进行深入思考。

思辨力:必须养成多问几个"为什么"的习惯,从而把"质疑""提问"进入"追问"的过程,推展为"打破砂锅问到底""不到黄河不死心"的惯性思维范畴。在这个基础上,才会出现创新思维。思维的懒惰,将导致半途而废,甚至前功尽弃。思维方式与方法的扩充与融通,正是寓于"百思不得其解"之中。有人说,播音就是念稿;有人播音也确实是"睁眼看稿不动脑,张嘴念稿不动心"。这都远离了播音专业的创作理念和根本规律。

感受力:感之于外,受之于心。一切外在和内在的东西,都必须经过主体的"感同身受",消化吸收。将所有刺激都拒之于千里之外,无动于衷,那就会永远在播音艺术殿堂外面徘徊。感受的深化,使思想感情处于运动状态,并聚精会神地进入有声语言的内容与形式的结合之中,再加以艺术地外化。感受是关键。感受力的强弱深浅,决定"诚于中而形于外""形之于声及于受众"的效果。

表现力:当有声语言不断推进、各种技巧融会贯通的时候,创作主体的全部积累和所有潜能都凝聚在"语语中的、字字珠玑"的语流之中,走向"表情达意、言志传神"的佳境。由于新闻工作的千变万化、时不我待,所有信息都只能瞬间传播,稍纵即逝。所以,创作者不应该敷衍塞责,甚或消极懈怠。应该努力做到"形神兼备,声情并茂"。表现力中的

"声",需要字正腔圆、悦耳动听,那种含混不清、沙嘶劈哑的现象,根本不符合有声语言创作的规格,即使勉强进入大众传播,也不能达于耳、入于心,迟早是要被拒绝和淘汰的。

鉴赏力:审美能力的表现,审美意识的投射。鉴赏力缺乏或低下,便会导致创作标准的滑落,甚至进取心的泯灭,严重的,还会颠倒是非,以丑为美。

调检力:自我调节与检验的能力。不要僵持和单调,随时调整自己的心态和状态,努力达到主动适应并驾驭创作进程的各种要求。

回馈力:为避免无的放矢以及传播对象的模糊或空泛,必须保有对象感的动态变化,并时刻获取反馈信息,几乎是共时地返还给创作主体。这样就会时时增强创作愿望,使有声语言始终充满生命的活力。

所有这些能力都是相互作用、互为补充的,都是人类高级神经活动的成果标识,都属于人类进步和发展的前提条件范畴。当然,如果缺乏"自觉",主体就会退化,群体就会衰亡,一切创造,包括创作,也会随之销蚀。

二

在播音创作自觉的问题上,必须抓住其独特性,否则,流于一般,便不得要领,将一事无成。创作主体的自觉,来源于自我意识和行为目的的强化和显化。

自我意识的问题,就是创作主体的存在意识,主体价值的实现意识。行为目的的问题,就是创作意图和创作路径的科学与明晰。二者共同担负着创作的成败责任。

在播音创作中,"自觉"就意味着一种思维定势的内驱力,就意味着一种强烈愿望的原动力。其实,它并不需要任何强制与约束,甚至已经成为某种自然而然的习惯,成为某种奔腾不息的态势。

为什么会出现如此情况呢?

因为,我们认识到的播音创作规律,既在理论上揭示出其独特性,又把有声语言的内核融入了创作主体的语言功力里。主体明确了多少,储备了多少,就能表现多少,不会亏欠,也不会膨胀。这里,我们的主体意识中包含着认知路径和提升路径,那就是"感性—知性—理性—悟性"的螺旋式渐进的路径。这条路径,完全符合人类认识世界的一般规律,只是在"悟性"上,十分明显地体现了"口耳之学"的特点。由于各种条件的不同,后天习得的差异,每一个创作主体都保有自身的独立性和独特性,从感性开始,各个阶段的认知和体验都存在相当大的区别,这正是"人各有性""人各有志"的必然。

当下,要解决"理性"与"非理性"的关系问题。把二者完全对立起来,是不正确的。我们是把二者结合起来认识并把握的。完全理性地进行播音创作,肯定要失败;把创作看作非理性的产物,也会使创作夭折。而"自觉",却把二者紧密地融合在一起,使其各司其职,各显其能,同声相应,同气相求。

当下,更要解决"渐悟"与"顿悟"的关系问题。悟性是一种令人豁然开朗、恍然大悟、心有灵犀、茅塞顿开的心境。禅宗五祖和六祖的分歧，就是前者主张渐悟，后者主张顿悟。而现代心理学关于这个问题的说明，是很通俗的：作为思想火花的闪现阶段，顿悟或一系列顿悟的产生标志着酝酿阶段的结束。一下子发现问题解决办法的顿悟体验，就像在头脑中有一个灯泡一下子亮了起来。事实上，许多创造性的问题解决方案并非出于顿悟，而是有一个递增（Incremental）过程，即通过许多小的步骤发展出来的[①]。

播音创作的自觉，是日积月累、跬步累土不断吸收沉淀的生成状态，并且在创作过程中表现为"一鼓作气""厚积薄发""情之所至""从心所欲不逾矩"。自觉是不能等待的，是执着追求、业精于勤、上下求索、除旧布新的产物。有时，灵感的发生，似乎就在不知不觉之中。

总之，自觉问题，是一个重要而紧迫的现实问题，也是一个关键而长久的战略问题，它关系到创作主体的成果是否达到精品和典范的层次，关系到专业发展和学科成熟的效率和质量。在这方面，金重建的博士论文给了我们很多有益的启示和忠告，无论是初学者还是业内人士，都会从中感受到中国播音学的高度与厚度。这个研究成果，真让我们振奋。

三

我和金重建同志相识，是在20世纪70年代。他的播音，尤其是新闻播音，透露出一种正气和大气；他发表了多篇文章，多角度地阐释了对播音创作中诸种现象与存在问题的正确认识，表现了深厚的理论功底。

作为浙江省的第一位播音指导和中国播音学博士，他一贯谦虚谨慎，一心向学，从不张扬。尽管他还具有相当大的学术潜力，如果有适合的岗位，还可以作出更多的贡献。但是，他总是那样平和，那样执着，做着自己该做的事情。他不善交际，懒于周旋。在繁忙的工作之余，他的博士论文，八易其稿，认真修改，不急不躁，他的矢志不移、坚持不懈，也得到了校内外专家的高度评价。

关于播音创作自觉的研究，还刚刚起步，众多问题，有待于进一步深入研究，因为涉及哲学、心理学、语言学、传播学等各个学科的综合考察与探索，所以今后，任重而道远。希望金重建同志继续前行，为中国播音学的拓展与深化，作出自己的新贡献！

中国传媒大学播音系 张颂

2007年11月25日于"三书屋"

---

① 库恩.心理学导论：思想与行为的认识之路[M].北京：中国轻工业出版社，2004：406.

《中国电视节目主持人文化影响力研究》序

曾志华教授的博士论文《中国电视节目主持人文化影响力研究》,得到了答辩委员会的充分肯定和高度赞扬,获得了优异的成绩。现在,她又经过深入思考,进行了补充和修改。她要求我写一点文字,作为序言,我只好借此机会发些感慨了。

曾志华同志是作为高级人才被引进到北京广播学院的,晋升教授以后,仍然孜孜以求,好学不辍。在攻读博士期间,她不断完成各种立项、发表论著,顺利完成了学业,获得了博士学位。她主持过节目,演播过小说,获奖无数。她教学认真,教法灵活,受到学生们的由衷爱戴。这样,她在"教学、科研、播音"三位一体的综合能力互补中,进入了中坚力量的行列。她那坚韧不拔的意志、甘于寂寞的心态、兢兢业业的精神、不畏险阻的勇气,确实令人感动。这正是她研究公众人物文化影响的道德取向和人格坐标,并从理论和实践的结合上,同"口是心非""言行不一"的研究者、实践者划清了界限。

一

播音主持艺术是大众传播中的"有声语言创作",特别是在广播电视中,是以有声语言为主干或主线,出头露面,驾驭节目进程的创作。电视节目主持人还要讲究身体姿态、面部表情、发型服饰和背景道具等"副语言"的品位规格。正如爱德华·泰勒在《原始文化》一书中所说:"现在,众所周知,面部表情等表达方式成了通用姿势语中的一部分,并被作为口头语言的一种重要的附加语。面部本身的这种表达方式在有声语言中起有构词能力的作用,这一点虽然还不是那么明显,但是经过观察,可以证明它是正确的。"有声语言与副语言的恰切融合,是"表情达意、言志传神"的基石与核心,是发挥文化影响力的生机与通衢。人们往往轻视这个出发点和归宿,把这看成可有可无的存在。因此,文字语言中的遣词造句、布局谋篇,并不能替代有声语言中的词语序列和表达技巧,后者完全可以改变前者的思维走向和意义内涵。有声语言已经在"工具"之上进入了"文化"的语域,融入了更丰富、更深刻的精神要素。

《周易》关于"观人文,以化成天下"的名言,虽早已耳熟能详,但真正理解它并付诸实行的,还不普遍。文化之所以受到重视,好像源于文化多元化的认知,而缺少文化传承的变迁。其实,民族文化的根深叶茂造就了当下的文化景观,没有千年滋养,没有语言教化,是不可能成就本民族文化的"一元"的,怎能参与那文化的"多元"?英国人类学家B. K. 马林诺夫斯基在他的《文化论》里,就把文化分为物质设备、精神文化、语言和社会组织四个方面。我们在论及文化的时候,有多少关于"语言"的阐释呢?有声语言更是如此。我们的文化传统,都蕴涵在简明、深刻、质朴、优美的有声语言之中,电视节目主持人的语言表达应该做到:赠人以言,重于金石珠玉;劝人以言,美于黼黻文章,听人以言,乐于钟鼓琴瑟(《荀子·非相》)。否则,既缺乏文化蕴藉,又弱化了影响力度,怎样发挥电视的传播威力呢?我们提倡"信息共享、认知共识、愉悦共鸣",就是希望以坚实的语言功力,打造有声语言创作的精品和典范,在传统继承和时代创新的"共变"中,使我国的电视文化、电视节目和节目主持人迅速走上民族文化传播与跨文化交流的康庄大道!

二

曾志华教授的博士学位论文,关于文化影响力的见解与论证,十分精辟。其从"界定""发生机制""作用空间""多维视阈"到"最大化实现之途径与战略思考",以播音学为起点,汲取了哲学、艺术学、社会学、传播学、文化学等多种学科的前沿成果,旁征博引,辞约义丰,时显新意,多有创见。

在我们的研究中,创作主体是重心,这是一个学科的特点。失去主体或本体,就会异化为另一个学科。但是,并不是说,这就是唯一的命题。我们还可以从不同的视角、不同的层面去阐发。曾志华教授的这篇论文,以"文化影响力"为主线,把传播—接受、传者—受众连接起来,顺理成章地推及节目主持人的必备条件和专业素质,给人耳目一新的启迪。

论文在"本质特征"的论述中,特别强调了"支配力——令受众'忠诚'的权威状态"。这一点相当重要。广播电视的舆论"引导"作用是否还需要?如何引导?主持人起什么作用?我们看到的现象能够给我们满意的答复吗?社会学常常讲求"社会流动"和"社会结构",传播学讲求"传播模式"和"传播效应",但是,它们并不能完全解决"文化影响力"的"支配力"问题。该论文在"媒介的社会控制""受众的信息接收""电视的节目内容""主持人的话语权力"几个方面,有说服力地论证了主要观点的合理性、必要性和可行性。这样,就为电视节目主持人如何掌控节目进程,如何面对受众期待,指出了明确切实的路径。

我们的电视节目主持人也面临着"转型":从屈指可数的明星,变为数不胜数的繁星;从定期定人的名牌节目变为千人一面的克隆节目;从庄重高雅的教化节目变为哗众取宠的娱乐节目;从朴实大方的谈话节目变为急风暴雨的互动节目……跟随时尚和流行,追逐热闹和低俗,于是我们的主持人便陷入尴尬的境地:有时要突破道德底线做"大众的戏子",有时要背叛价值取向"把大众当作喽啰"。这时,主持人的文化身份已经变质,"大写的人"被缩写为"工具"。这同我们对节目主持人"一专多能"的要求是南辕北辙的,其"文化影响力"会变为"文化破坏力"。在全球多元文化竞争的环境中,希冀传媒大国走向传媒强国,加强"软实力"的建构,就不能不引以为戒。

三

曾志华教授已过"不惑"之年,老人们居住在南昌,需要赡养关爱;儿子读大学二年级,需要培养扶持;爱人工作繁忙,需要悉心照顾;学生们无论在校还是毕业,她都会不辞辛劳地呵护和教导……这些年她真是殚精竭虑、无微不至啊!在这种情况下,她能够毅然攻读博士,严于律己,奋力拼搏,夜以继日,广采博收,虚怀若谷,精益求精,使人感佩,不能不油然而生敬意!

眼下,一种浮躁情绪弥漫着,侵蚀着人们的心性,声色犬马的诱惑让人"寝不安席、食不甘味",几乎忘记了诸如"国家利益""核心价值""主流文化""人民疾苦"的存在。我们的教育和学术,也受到了干扰,教师人格、学术尊严遭遇严重的挑战。坚持"为人师表",净化学术良知,正是我们义不容辞的责任,曾志华教授做到了,很多学者也做到了,确实平添了我们的信心和勇气。是的,"只有不畏艰难险阻的人,才有希望达到科学的峰顶"!

曾志华教授在学术研究中,把宏观视野和微观例证结合起来,显得丝丝入扣、语语中的,验证了"大题小做"和"以小见大"方法的正确性。叙事不必面面俱到,论理不必条条具陈。当然,曾志华教授的例证赞赏处多,批评处少,是出于对公众名人的爱护和鼓励;不过,尖锐的批评,应该也是题中应有之义。"嬉笑怒骂皆成文章",有时"针砭时弊"会更有疗效。希望曾志华教授进一步增强学术勇气,把"菩萨低眉"和"金刚怒目"融为一体,形成"刚柔并济"的学术风格!

中国播音学的博士,曾志华教授是第十位。即将毕业的还有十数人。我们处在兴衰的重要关口,我们的学科,需要大批精英人才,我们应该出版更多的具有原创性的论著。历史已经给了我们厚爱,人民已经给了我们沃土,我们应该无愧于这个时代!当然不能怨天尤人,当然不该自暴自弃。齐越精神的大旗正在前面迎风招展,有志者一定会前赴后继,艰难困苦踩脚下,鹏程万里织锦绣,以"无往而不适""无往而不胜"的英雄气概,去迎接百花盛开的春天!

可为序?

张颂写于中国传媒大学
2008年9月16日

《播音主持心理学教程》序

从广播电视诞生那一天起,有声语言大众传播过程就同新闻学与传播学、语言文学、艺术学、哲学、美学等紧密地联系在一起。理论上千丝万缕、实践上潜移默化、学术上融会贯通、方法上异曲同工,形成了色彩纷呈的靓丽景观。其中,传播主体、创作主体和表达主体,不仅考量自我,而且观照"他者";不仅观察"外显行为",而且探索"内隐行为"。因此,人们发现心理学在研究中不可或缺。

心理学的学科发展,特别是人类心理学的发展,为各个学科的深入探讨,提供了至关重要的基础性成果,至今已经陆续产生了"心理学之父"冯特的结构主义心理学、威廉·詹姆斯的机能主义心理学、华生的行为主义心理学、沃特海默的格式塔心理学、弗洛伊德的精神分析心理学、马斯洛的人本主义心理学以及目前日益受到重视的生物心理学和认知心理学,学派林立,此伏彼起。由此派生出来的分支,更是琳琅满目,诸如教育心理学、儿童心理学、司法心理学、犯罪心理学、文化心理学、艺术心理学、宣传心理学、受众心理学等。我们认识到,心理学不是所谓的"常识",而是一门科学,它最忌讳"想当然",最关注"为什么"。它坚决主张"实证",坚决摒弃"假象"。凡是遵从心理学认知规律的成果,都会为人类认识世界、改造世界作出自己的贡献。

中国播音学的建设,同样得益于心理学的支撑。老一辈播音艺术家,从自己的播音实践中已经深刻地认识到创作心理对于话筒前、镜头前的有声语言(包括副语言)表达,具有多么重要的影响。他们对年青一代播音员、主持人的教导中,最经常、最殷切的嘱咐,就是"爱岗敬业""信心百倍""热诚服务""心中有人""具体感受""深刻理解""自觉创作""状态自如"……这里面,几乎没有一个问题能够离开"心理"范畴。在我们的学术视野、研究领域里,或者直接显露,或者隐含融合,心理学的知识和价值都不同程度地、以不同方式呈现出来。

中国播音学虽然汲取了国外的相关营养，如斯坦尼斯拉夫斯基的表演理论、洪堡特的语言学理论、黑格尔的美学理论等，但是，更重要的是总结、概括、提升了新中国的播音实践经验，突出了本土的、本民族的文化精华根基，显示了独具特色的学科核心价值体系。因此，它植根于中国的土壤上，生长于中华民族的襁褓中，吮吸着汉语的乳汁，涵化着华夏的底蕴，与中国的广播电视事业同此凉热，进入世界强势媒体竞争的行列，并在有声语言传播的学术研究、理论建设中独占鳌头。中国播音学根本不属于"舶来品"，而心理学却真正是从国外引进的新学科。

一

中国播音学涵盖了播音和主持，把二者看作同根的孪生姊妹。应该说，二者只表现为有声语言传播形态的两极——最典型的播音是完全根据文字稿件进行的创作，最典型的主持是经过精心准备的即兴口语的创作。中间存在着若干个同中有异的形态，表现出相交相融的态势。现在，两种最为典型的形态，也都程度不同地呈现出交叉融合的变化。播音主持心理学，如果在"有声语言创作主体"上分道扬镳，那对于学科建设将产生不利影响。因为，有声语言创作，就如恩格斯所说，都是当有些什么东西到了"非说不可"的地步，才会说话，而说话，又不外乎"把文字语言转化为有声语言"和"将内部语言外化为有声语言"两个维度。一个具有说话能力的人，不论如何说话，说什么样的话，他的心理活动总是在自己内心发生的、思想感情的运动。也许木讷寡言，也许口若悬河；也许言必信、行必果，也许口是心非、口蜜腹剑。播音主持的创作心理，最突出的特点，就在于脱离了人际交流的随意性、散漫性和私密性，而进入了大众传播的语境，坚持了公开性、严谨性和引导性。人际交流和大众传播的分野，不能模棱两可，不能泾渭混淆。

进入大众传播，特别是广播电视传播，一切都被放大了，都变得透明了。有一点杂质，有一点污秽，就要产生消极的影响，就会产生误导。由此，传播主体必须首先净化自身，祛除任何违反社会公德、职业道德、家庭美德和个人品德的思想感情。树立正确的世界观、人生观和价值观，应该是至关紧要的事情。如果这个方面的问题被忽视，那后果就不堪设想了。我们的心理学，万万不可"明察秋毫之末，而不见舆薪"。我们传播的"真、善、美"，体现在一言一行、一颦一笑之中！而这些是"言不由衷""故作多情"装不出来的。我们需要的是"真实的身份、真诚的态度、真挚的感情、真切的语气"！我们在话筒前、镜头前的言谈话语、举手投足，都应该是油然而生、飘然而至的。

我们一再强调"创作自觉"，并不是主张一味地控制，而是引发！我们要有能力"强化和美化节目所需要的那部分自我"，而"弱化和淡化节目所不需要的那部分自我"！

二

播音主持心理，当然不能违反人类的共同心理规律。但是，又不能在各个层面上追求同一。应该研究那些特殊的部分,应该阐释只属于播音主持的那部分。

所谓特殊的部分,大体上可以从三个角度去把握:

第一个角度,就是来源于人际交流,而又升华了的部分。诸如:非说不可的愿望,表情达意的信息传递基本能力,对什么人说什么话的一般意识等。

第二个角度,就是大众传播的一般要求的部分。诸如:语言行为规范,态度严肃认真,加强注意,镇定自若,尽量让人听清楚话语内容;语言要流畅,竭力避免啰唆重复、说错说乱等。

第三个角度,必须充分发挥大众传播中有声语言的美感效应,提升传者和受者的审美意识、审美能力,以便在"以事醒人、以情感人、以理服人"的过程中,努力实现"以美愉人"。人类之所以区别于其他动物,最根本的一点,正是那不可替代、不可超越的创新能力和审美能力。这就开辟了人类高级神经活动的巨大空间,造就了人类接近终极真理的无限潜能。

思维、话语、传播,这是人类进行有声语言大众传播的题中应有之义,其中的心理活动极其复杂多变,认识和掌握它,绝非轻而易举、唾手可得。比起研究人际交流的一般心理、日常心理、普通心理,比起书面文字语言的写作心理,播音主持心理研究要花费更为旷日持久的精力。

中国播音学的理论体系,是以播音主持创作主体为核心的。主体的心理素质、心理状态,可以说是本学科的重要根基。有声语言的研究,历来不够深入,现在的成果,也只是探索的产物。不过,我们可以肯定地说,这种探索是有价值的。它必将带来某种新的路径,开辟新的天地。

我们的目的,不仅仅是规范语言传播,或者增加花色品种,或者提高传播效率,而是大力催生有声语言的典范,创造有声语言的经典,用以提升全民族的语言文化素质,如同"书同文"那样,走向"语同音"的历史高峰,造福后代。

三

有声语言,如电光石火,稍纵即逝,其深层变化,既难于感知,又不易辨析。正所谓"口耳之学,幽眇难知"。同一个人,同一句话,由于时间和地点、环境与对象、事件和过程等的不同,必然发生差异,有时会大相径庭。更不用说每个人每时每刻的思绪和感受的瞬息万变了。

有声语言的基本表达规律是:目的是统率,理解是基础,感受是关键,感情要运动,声音要变化,状态要自如。其中,感受极其重要,处于关键的地位,决定能否掌握话语权、进入创作圈;而状态又是成败攸关的大问题。这些,也是心理学研究中的重点。

目前的心理学发展,有的偏重抽样调查,有的专心于实验测试,这些都是可行的、有作用的。但是,量化的研究,总有时过境迁的遗憾,此一时也,彼一时也,心理变化如此纷繁复杂，没有某种定势的取向，没有某种范式的假设，不用多层、多边、多向、多维的方法，恐怕难以准确地认知和辨别，更难于科学地概括和通晓。是否能够使用"原因主义"的研究方法，而减少"结果主义"的研究途径，以便把人的心理现象逐步变得清晰？

心理学的研究方法，必然会越来越有效。播音主持心理学的研究，也会日益科学。本书就是一种可贵的探究。本书对在岗的播音员、主持人的有声语言创作心理和相关现象进行了有益的阐释，对于提高综合素质，提高教学质量，都具有引导性启示。相信大家在阅读本书、学习本书时，会结合实际，进一步了解心理学的特殊意义，并能在反复思考和感知中，获得创作的自觉。

这本书，继承和消化了前人的研究成果，并在心理学本体和播音学本体的结合上，达到了新的高度，对中国播音学的学科建设，是一个新贡献。我借本书出版的机会，说了一些自己的看法，不当之处，希望得到指正。

张颂

2007年10月9日草于"三书屋"

《影视配音艺术》序

自从有了电影、电视,就出现了影视配音。那些优秀的配音,一直萦绕在人们的脑海中,每每谈及总是令人激动不已。但是,关于影视配音创作,往往只是在业内探讨、研究,发表的论述不过凤毛麟角,对于这门艺术的创作规律、审美价值,并没有形成共同的认知和明确的指向,因此,仍然处于启蒙阶段,需要不断地扩大研讨的范围,不懈地开掘理论的深度,使这门艺术得到传承和普及。由于教学的需要,我们播音系早就设置了"影视配音艺术"这一专业方向,并且进入了具体教学计划的实施。同时,教师和学生都在新闻、专题、文艺等配音以及配音导演的实践上积累了有益的经验。问题是一直缺乏成型的专门教材。

王明军老师从播音系毕业留校后,致力于播音创作基础理论、演讲与辩论和朗诵通道班的教学,并不断参加以影视剧为主的配音实践,还担负着繁重的校团委和党总支的领导工作。他十年前就萌生了撰写影视配音艺术专著的愿望,但超负荷的压力,使他总未能完稿。他多年来积累了丰富的实践经验和大量的声像资料,在克服了各种困难之后,终于和青年教师阎亮一起,写成了书稿。我看到书稿以后,心情很不平静,一股热浪撞击着我的心头:这个理论空白总算填充了一部内容坚实、论据翔实、方法切实的专著!

这部专著,从影视配音实践出发,抽绎出共性基础理论和分类指导范式,把分散的典型作品归类,把各家之言梳理辨析,概括了中央电视台、中央新闻纪录电影制片厂、长春电影制片厂、上海电影译制厂和广东电影制片厂等不同时期、不同风格的各类配音,立足于提高配音艺术水平和配音人才质量,力图在循循善诱、典型引路、加强对比、悟性开发的思路上,强化深刻理解和具体感受、准确达意与生动传情、艺术共性和审美个性、类型语境与主体优势的关系,成就"这一部""这一个"的品格和特色。本书的各个章节都有独到的见解和精彩的表述,说明作者对配音艺术的由衷热爱以及对广大读者能够从中获益的期盼,当然也证明了作者扎实的专业功底和宽阔的学术视野。

这部专著,涉及了广泛的领域,探索了多样的方法,是难能可贵的。可是,它并没有给定专一的路径,限制创作的方向,而是打开了门窗,在令人耳目一新之余,更能够看到更为广远的空间。作者的谦虚是有道理的,因为,任何学科和专业,都只能有终极关怀,而不会有绝对真理。特别是影视配音艺术,更需要在继承前人丰富实践经验的基础上,以宽广的学术视阈,坚实的语言功力,明晰的思路,切实的方法,阐释它的认知价值和审美意义。这部专著,具有如此鲜明的特色和如此强的现实针对性,并且力求实现开拓性与创新性的结合、理论性与实践性的统一,其中蕴含着的劳动的艰辛和收获的喜悦,读者是能够体会得到的。

至于那些还应该研究和探索的问题,不妨各抒己见,集思广益。我认为,目前能够思考的东西很多,有些还处于模糊状态;有些只是某种感触,择其要者写在下面,仅供参考。

首先是配音艺术的定位问题。无论是新闻、专题、广告,还是人物、事件、景观,一切以画面为基础,而只要是"画外之音",主要指配合画面的有声语言,就可以统称配音。但是,配音大都不是画面中人物自己说出的话、一般人的自然说话,而是由专业人员配上去的,符合事件发生发展过程,符合人物的身份、心态、语境、语气的鲜活话语。因此,这是一种艺术创作。这个创作是各工种同心协力完成的,包括整体策划、文本撰写、导演调配、配音驾驭、技术支持、后期合成等。如果只着眼于文本的制约,还要大做文章,把这种制约当成镣铐,一点儿都看不到其中的开掘深度,感受不到个中三昧,却还要大声疾呼,企图让人们鄙薄它、抛弃它,这无异于对我们国家通用语言文字的侮弄!因为,我们一出生,就要同时学习说话。而说话又可以分为"有文字依据"的和"没有文字依据"的两种。一味鼓吹人们甩掉文字依据,去交际、去谈话,执拗地主张一切都即兴发挥,那不就成了文盲也能做到的"能说会道"了吗?读书时也不要朗读,诗文也不要朗诵,极其精彩的名篇佳作怎么能更广泛地传播,极其厚重的人文精神怎么能更生动地弘扬呢?有声语言表达就真的变成了"念字工具",依据文本进行有声语言创作的传播主体居然被叫作"念稿员"!人们使用语言,或者是写或者是说,或者把写的东西变成说的,或者把说的东西变成写的,不是十分自然的吗?断定二者有"原则区别",有"本质不同",任何说话都拒绝依据文本,文字语言竟被取消了转换为有声语言的资格,那是多么可怕又可悲的事情!儒释道各家都主张"辞达""诵经""善言",请问:没有文本,也就没有了朗读、朗诵,更没有了配音,皮之不存,毛将焉附?这可是非常简单的道理啊!有些配音者,特别是新闻、专题的配音,总是采取客观、冷漠的态度,显得无精打采、有气无力,那就失去了新闻价值,模糊了政策分寸,销蚀了受众的兴趣;抑或采取张扬、做作的态度,显得油腔滑调、荒唐怪异,必然就减弱了大众传播的庄重性、可信度,丧失了有声语言的艺术魅力,降低了有效传播的吸引力、感召力。这一切都同画面的规定性相悖,脱离了与画面相辅相成的主旨,就意味着泯灭传播者满足受众期待、引导受众提升精神境界的媒体责任。

其次是配音艺术的定性问题。影视配音艺术不同于日常生活的说话,它必须具有艺术性。这艺术性的核心,就是"声画和谐"。也许是以画面为主,也许是以语言为主,有声语言表达永远是配音的主题,永远要使声音和画面"整体和谐"。画面要求语言贴切,要求同步行进,不能游离、不能混乱、不能生涩、不能做作。画面要求语言准确,要求揭示含义,不能敷衍、不能浅薄、不能割裂、不能冷漠。有声语言必须融入画面营造的氛围,符合画面发展的趋势,遵循画面转换的速度,对应画面凝聚的情绪。配音者可以发挥自身的优势和风格,但必须中规中矩,循规蹈矩。有了局限性,才会有创造性!任何企图超越画面、我行我素的想法和做法,都可能半途而废,甚或功败垂成!配音一般都是严格按照文本进行,决不允许即兴夹杂冗余词语,有了差错,必须重新录制。如果夹杂零散琐碎的词语,就会破坏内容的完整、艺术的美感,糟蹋群体心血的结晶。应该遵循这种艺术创作的特殊要求,而不要自我矮化,把配音艺术看作有些人所谓的"文字稿的有声版",好像配音工作只能是被动受制约、平庸无个性的简单劳动。其实,配音者作为创作主体,存在着广远的创作空间,一定要积极主动。任何依赖和消极,只能造成空泛苍白的无意义传播;而创作主体的个人艺术特色或风格,也必须融合到影视片的整个结构、词语序列中去,如此,才可能实现全片"整体和谐"的目的。

再次是配音艺术的美感。人们对于"说话",有许多看法,认为"口耳之学,幽眇难知"的,好像深不可测、无法认识;认为"口若悬河""不学而能"的,似乎归于本能、不必讲究;"重文轻语"者,推崇文字语言,忽视有声语言;"口语至上"者,貌似看重口语,实则摒弃技巧;一味追求"自然、亲切"者,忘记了"艺术之所以为艺术,正因为它不是自然"(歌德语);百般贬低"字正腔圆"者,抛却了"语言这东西,不是随便可以学好的,非下苦功不可"(毛泽东语)。人们日常生活的谈话,千差万别,不能一概而论:有词不达意的,有沙嘶劈哑的,有吭吭哧哧的,当然也有逻辑严谨、悦耳动听的。因此,有声语言完全应该进入"规范""审美"的艺术境界。是不是规范,是不是具有审美价值,便成为鉴别和考察有声语言水平高低的标尺。我们用"对不对""准不准""美不美"来引导有声语言创作,而不应片面地痴迷于日常口语形态,各种语言样式一律走进失范的"私语化"狭小胡同里,不能自拔。在"影视界",出现了轻视配音、重视出像的普遍现象。出像时,可以费尽心机梳妆打扮;配音时,却可以不看本子、不看片子、不动脑子、光耍嘴皮子。配音质量变得平庸低劣,甚至听不清意思、听不出感情、配不上画面、离开了人物。这是典型的"抹平艺术""放逐崇高"!配音者彻底沦为"配音匠"!其根源,除了"唯利是图""见利忘义"的道德滑坡之外,就是把配音艺术当作"配搭",希求在这个领域扬名立万者有之,只是在这个岗位暂时栖身者有之,但都置文本规格于不顾,置广大受众于不顾。艺术表现,可以不够成熟,但是,绝对不能敷衍;可以不够崇高,绝对不应庸俗。在"配音界",如果不能形成适者生存、优胜劣汰的良性竞争机制,还在承袭"跑马圈地""各行其道"的恶性运营状态,那么,这块催生有声语言典范的沃土,就会堕落到贫瘠荒凉的地步,前辈配音艺术家们,必定会因为后继乏人而哀叹不已!在有声语言表达典范的"魔圈"里,绝对不应该越雷池一步。美的尺度,是非常苛刻的,真是差之毫厘,谬以千里。可喜的是,还有一群人,非常明确地把握着配音艺术的真谛,从来没有看轻这项创作,他们执着追求、刻苦磨炼、研读文本、反复体味、精益求精、乐此不疲,创作出的优秀的配音艺术作品,正在广为流传,被人们交口称赞。这就是我们的希望所在。本书采撷的那些精品,非常珍贵,确是我们取之不尽的宝藏。

  这本专著,的确是填补空白之作,填补了中国播音学的一项空白。播音员、节目主持人也是有声语言的创作者,为影视片配音,是这个专业的题中应有之义,应该学习、借鉴影视配音艺术的宝贵经验和研究成果。因此,我们播音主持艺术专业的师生们,更要去大胆实践,为各种影视片配音,包括影视剧人物配音。它会丰富我们的表达样式,加深我们的感受,强化我们的语言功力。

  王明军、阎亮的专著,尽管在学理上还需要深入探究,但是,那启蒙性、引领性的社会效益,是可以预期的。欣喜祝贺之余,仅以普通观众的身份,说一些皮毛的话,表达自己的一知半解和热诚期待,疏漏之处,尚望指教。

张颂
2006 年 7 月 1 日于三书屋

《朗诵艺术指要》序

曾致的新作《朗诵艺术指要》即将付梓,书稿翻阅一过,从中感受到了他那孜孜不倦的学术追求,体味到了他那业精于勤的治学态度。在朗诵艺术的实践和理论上,他做了多年的积累,并且考察和分析了这门艺术的来龙去脉,梳理和提炼了各类精品的风格特点。因此,他是有足够的发言权的,不少观点富有新意,有些见解独具只眼。我愿意借此机会,写下自己的一点看法,以就教于读者。

一、启蒙与普及

今天,我们写信、上网等,使用的汉字大家都能认识,所以不存在理解上的障碍。如果没有秦始皇的"书同文",恐怕就不会这么方便。就像文字的发展一样,语言也要经过从杂多到统一的过程,而不可能一蹴而就。

语言的发展,由家族、部落等群居生活劳作中的各种语音词汇,逐步形成地域方言,各个方言再经过分化、融合等变迁,便有了不同时期的表现。当下存在几大方言区,只是语言发展的一个阶段,以后还要遵循语言规律,继续向前发展。可以肯定的是,随着人类社会生活的全球化、信息化,随着国际间各类交流的日益频繁,语言规范化的趋势必然不可阻挡,某些语言(包括某些方言)会消亡,某些语言要更广泛地普及。这其中,有声语言的规范化、审美化要求,已经成为刻不容缓、迫在眉睫的事情。

值得注意的是,我们早就颁发了《国家通用语言文字法》,但对于有声语言的认识,却显得如此忽视、轻视、蔑视,仍旧停滞在"重文轻语"的阶段,几乎没有什么提高。日常生活中不经意,语文教学中不在意,广播电视中不注意,学术研究中不留意,致使以"不标准"为"有个性",以"港台腔"为"新风格",以"男声女气"为"大趋势",以"女声嗲气"为"贴近性"……我们的青少年们、婴幼儿们在潜移默化、耳濡目染中,也受到了极大的影响。

语言中的是非、优劣,遭到了十分严重的误解和扭曲。

我们必须进行启蒙,我们必须进行普及!

二、有稿与无稿

文字语言和有声语言一直是并行不悖的、相辅相成的。虽然有源流的关联,虽然有功能的差别,却从来没有高低贵贱的截然分野。常识告诉我们,乡野村夫中不乏能写会算的本事,达官贵人更离不开口传心授的技能。有哪一个读书人拒绝吟诵诗文?有哪一个识字者只写信而不去念信?在我们的日常生活中,书卷是写出来的,更是念出来的!平时说话,固然不必把每个字都写下来再去说;任何出声念出来的文字,也不可能都是自己的创作!正因为如此,我们不要听信有些人的建议:说话,得说没有稿子的话;念东西,得念自己写的诗文!否则,就会消极被动,变成文字的附庸,变成别人的传声筒!这个建议好不好呢?好像不太对。为什么不能写下来再说呢?为什么不该念别人写的东西呢?人人都这样做,自己写的诗文,别人就念不得;别人写的诗文,自己也念不得。那该怎么去体味、欣赏、交流、传播呢?把自己封闭起来,以自我为中心,虽可自娱自乐,却远离了社会,隔绝了群体,如何"全面发展",如何"服务人民"哪?

朗诵,就是把古圣先贤及今人的名篇佳作,把那些有传播价值的文字作品,拿来仔细揣摩,深入理解,加强感受,引发感情,转化为有声语言,给更多的人听、看、欣赏,让大家从中获得审美愉悦。这就如同广播电视播音员、主持人的"有稿播音",只有"锦上添花",才能满足广大受众的信息需求和审美期待。朗诵者必须对文字作品进行再认识,把自己的知识积累同作者的思想深度加以结合,把自己的生活体验同作者的感情浓度加以沟通,实现伽达默尔提出的"视阈融合",然后化成有声语言的一定样式,激情洋溢地、恰如其分地、抑扬顿挫地、悦耳动听地向听众观众"传达",并从"表情达意、言志传神"的朗诵中,认识作者,理解作品,领会朗诵,得到美感,同时,也为无稿说话,储备丰富的词语,打下坚实的功底,激发思维的灵性,提升审美的能力。

古人写的东西自己不可能朗诵了,今人写的东西自己不善于朗诵了,这些宝贵的文字,只好交给朗诵者去开掘,去传诵了。于是,一代又一代朗诵艺术家用他们那精湛的表现力,创作出无数艺术典范,树起了多少丰碑,供后人世代传颂。他们的成就表明:文字语言转化成有声语言,是一种不可替代、不容贬低的创作,我们只有发扬光大的义务,而没有弃之如敝屣的权利!

让我们坚持:有稿播音锦上添花,无稿播音出口成章!

三、艺术与审美

艺术固然来源于生活,但是毕竟不是生活本身。因为,艺术是生活的提炼,是阅历的凝聚,是智慧的结晶,是生命的合力。"台上一分钟,台下十年功",是投身艺术、献身艺术的人们不可回避的"炼狱"之旅。懒散怠惰是艺术的大敌,偷奸取巧是艺术的陷阱。朗诵艺术尤其需要勤学苦练,自强不息。

追名逐利,同艺术背道而驰;蝇营狗苟,同艺术譬若霄壤。艺术产生美,而美又生于善,善当然从真来。失去真、善、美,就不会有艺术。用一句通俗的话概括,艺术就是用最小的力量,达到最大的效果。那"最小的力量",凝结了多少日日夜夜,多少精力血汗!穷其毕生,也走不到"炉火纯青""登峰造极"的境地,总有瑕疵,总有缺憾。即使"瑕不掩瑜",还会有时代的局限,认知的疏漏。这样,艺术便在通向未来的道路上,蕴含着无尽的宝藏和无穷的魅力。思想的干瘪、知识的浅薄、良知的缺失、手法的单调,往往使艺术沦落为匠技,不可能产生真的坦荡、善的皈依、美的震撼和新的境界!

朗诵者要掌握朗诵艺术,首先要塑造自己的人格,真诚大度,善良忠厚,"己所不欲,勿施于人"。其次,要勤奋坚毅,锲而不舍,知难而进,不骄不馁。再次,要虚怀若谷,广采博收,精益求精,闻过则喜。最后,要刻苦钻研,深入体味,只争朝夕,持之以恒。

朗诵者必须先学会发现文字作品的精髓,发现美。在咀嚼中,感受作品里的粗犷美、豪放美、高雅美、深沉美、温柔美、婉约美、通俗美、轻盈美,总之,体味多重和谐美、整体和谐美。

朗诵者还要善于把握自己的优势和强项,着力扬长避短。从选材到分析,从背诵到朗诵,都要以"真实的身份,真诚的态度,真挚的感情,真切的语气"去驾驭文字作品,活化为自己最擅长的技巧,转化为自己最淳朴的表达。

审美的基本表达、特色表达和风格表达,都属于审美范畴。每位朗诵者根据日积月累的独特体验、独特感受、独特表达,经过长期磨炼,都可以形成自己独特的朗诵风格。但不要一味地追新求异、集怪猎奇,不顾文字作品的内容和形式,只去寻求同他人的"区别",这就曲解了"艺术个性"的内涵和价值!

我们应该捍卫:艺术的科学路径,审美的民族精神!

四、历史与现实

众多的文字作品,我们大体可以分为"历史的"和"现实的"两大类。这两类作品的朗诵,应该加以区分,不可混淆。

目前的朗诵创作中,经常出现"历史的"缺乏历史感,"现实的"缺乏深刻性。原因在于朗诵者没有处理好同文字作品的关系,理解不透,感受不深,把握不准,表现不力。

"历史的",大多属于"过去的",如古代的、近代的作者的作品。其中,往往借题发挥,表达思古之幽情,写当时之心貌。朗诵者必须深味个中情调,回溯感必须十分强烈。回溯感,就是"遥想当年""设身处地"的时空感和驾驭感。当然不必完全模拟古人,扮演古人,但是,更不能完全陷入今人的心境,用当下的气象和语气,单纯表现今天的时态。

尽管朗诵者有自己的判断和理解，也不能淡化古人的蕴含，甚至取代、替换古人的语言特点和表现风格。要善于表现历史的厚重感，把古人的思想感情恰当地表达出来。失去历史厚重感，就会缩小想象空间，就会显得干瘪生硬。

"现实的"，大多属于"现在的"，如现代的、当代的作者的作品。其中，不论是记叙、描写、抒情还是议论，都属于今天的人，说今天的话。虽然容易理解和感受，但却容易停留在文字语言表层，容易忘记作者而蜕变成朗诵者自己个人的东西。其实，原作文字语言里边不能表达、不愿表达、不好表达、不宜表达的内容和话语，更需要朗诵者用心思考、潜心感受，挖掘出那些隐含着的、深藏着的蕴藉，使之显露，使之明朗，让听者能够觉察到、体味到。从思维过程、词语序列到表现方式，抓住作品的主旨和风格，理清脉络，再现情景，凸现特点，凝聚重点，就不会浅尝辄止了。

朗诵，不是念书，更不是念字，要有激情、意境和韵律。"感人心者，莫先乎情。"这是至关重要的。古人之情，今人之情，不仅有色彩和分量的不同，还有主体把握的身份差异，有主体驾驭的个性区别。这就要在理解感受和声音处理上下功夫。

五、情调与腔调

朗诵，以文字作品为依据，而文字作品所饱含的激情、意境和韵律，就一定要通过有声语言给以充分地表现。因此，朗诵创作还要注意如何把握"情调"，如何运用"腔调"。

情调，是文字作品同有声语言珠联璧合的产物，它表现出朗诵者的知识储备、文化修养、人生感悟和表达技巧。它是一种"会、通、精、化"的锤炼过程和结果，它是"感性—知性—理性—悟性"的融通过程和结晶。它既是文字作品的生发，更是有声语言的合成。朗诵者必须善于区分各个文字作品的基本情调，感受到"这一篇"跟"那一篇"的差别，并能让人体会到"个中滋味"。

腔调，是有声语言表达中的"规格"，既有声音的态势和趋向，又有词语的推进和意味。在声音形式上，有"唱腔""韵白""评书""快板""单弦""民族唱法""通俗唱法"等。一切艺术语言表达，都忌讳"固定腔调"。所谓固定腔调，就是脱离具体内容，从思维定势出发，沿着惯性的轨迹，省心省力地在声音的既定套路里行进，显得胸有成竹，从容不迫，却造成"以不变应万变"的空泛表达。任何腔调，包括戏剧、曲艺、歌唱、朗诵、播音，只要出现了固定腔调，就意味着思想感情表达的僵化和死亡。只有摆脱了它，才可能使有声语言迸发生命活力，产生特有的吸引力、感染力和艺术魅力。

朗诵的固定腔调，总是游离于内容、体裁、风格之外，拉腔拖调、忽起忽落、停连无度、重音含混、语气飘忽、节奏紊乱。粗听似乎"像朗诵"，细品便知"不对味"。这种情况，有的是在模仿过程中不自觉地抓住了皮毛，走了弯路；有的是在练习过程中有意识地找到了捷径，入了歧途。事实上，在学习的道路上，只有遵循规律，不畏艰苦，认真揣摩，反复体味，坚持"内容决定形式，形式反作用于内容"的原则，才可能渐入佳境。

但是,我们决不笼统地反对"腔调",因为,任何艺术都有自身的审美特点和历史积淀,总会存在着区别于其他艺术形式的明显的特征。朗诵的艺术特征或许可以简括为:依据文字语言,进入预设情境,加强内心感受,引发真挚感情,增大唇舌力度,拓开重点词语,拉动抑扬幅度,渲染意境气氛,等等。那基本要求,仍然不能违背"理解是基础,目的是统率,感受是关键,感情要运动,声音要变化,状态要自如"的规律。如果把朗诵完全变成日常生活的说话,那就同朗诵大相径庭了。

朗诵是个体劳动的产物,是创作主体艺术个性的展现,是文字作品与有声语言的融通升华,是文化传统与时代精神的互动互补,是传播先进文化、和谐文化的一翼,是提供大众审美愉悦的重要渠道。

我们呼吁:让朗诵活动更广泛地开展起来吧!让朗诵教育更深入地进行下去吧!

有感而发,即兴议论,兴许是画蛇添足?就权作"烂序充数"好了。

张颂草于"三书屋"
2007 年 7 月 20 日

前沿编

谈谈播音的降调问题
向主持人进一言
论广播电视语言的净化和美化
坚持规范化　走向多样化
面对新世纪，广播播音何处去
"字正腔圆"的艺术风范
"口语至上"批判
试论新闻播音的创新空间
广播电视的网络优势
捍卫电视新闻的严肃性，拒绝娱乐化！
电视节目主持人不该演艺化！
电视综艺节目的审美走向及媒体责任
论语言传播的三重空间
大众传播与人际交流
试论中国播音学的发展与世界华语播音的融通范式
新闻发言人的口语表达
……

谈谈播音的降调问题

粉碎"四人帮"以来,我们广播电台的播音质量有所回升。但是,继续提高播音质量,既是广大听众的强烈呼声,也是我们播音员的普遍愿望。对降调问题的研究、探索,正是由此而来的。

我们的人民广播,历史不算长,却有优良的传统和丰富的经验。前些年,由于林彪、"四人帮"倒行逆施,人民广播事业遭到严重的干扰和破坏,播音又怎能例外?"不喊不革命",这就是原则;"调高情亦高",这就是标准。喊得头昏眼花,还得接着喊;已经声嘶力竭,仍然不许降调。喊不上去了吗?"不怕牺牲"!喊不出来了吗?"靠边站"!喊,成了最时髦的东西,连舞台上、银幕上,也是喊声震天!如今,随着林彪、"四人帮"的覆灭,随着党的优良传统和作风的逐步恢复和发扬,我们更深切地感受到了党的期望和人民的意愿。人民厌恶假话、大话、绝话和屁话,当然,也从来没有喜欢过"喊"话。那令人不能忍受的、不堪入耳的嗓音高调,连同那令人不能容忍的、不堪出口的毒言恶语一起,理所当然地受到了历史的谴责和抨击。

于是,降调被鲜明地提出来,并且在播音实践中被越来越多的播音员同志所重视、所追求。这种追求,正标志着我国播音的优良传统的恢复和发扬,也意味着向广播语言艺术高峰开始了可喜的登攀。

一

究竟怎样理解"降调"呢?

有的同志可能说:降调降调,自然是把调降下来,有什么不清楚的!

那么,如果进一步问:所谓"降下来"是指什么呢?怎样降下来呢?

事实上,就是因为对"降调"的理解有不够准确的地方,才产生了不太理想的效果。例如,有的同志就认为:降调显然是对高调的否定。那么,这种否定显然是越彻底越好。于是,在播音时就得尽量低,似乎一点儿高音也不能有,有一点儿高音便是有高调的影子和痕迹,就必须立即加以荡平。

这种认识,在一些同志的头脑里不一定那样清晰和强调,但或多或少是起了作用的。因之,我们听到某些播音,低是低了,不过却显得那样平,连应有的高音和棱角都几乎被磨光了。关于这样的"降调",有许多异议那是自然的。还有的同志认为,高调是费力不讨好的事,而降调却可以事半功倍,自己播音时,只要松弛省力,听众就容易听得进去。基于这样的认识,播音时的确松弛了,省力了,不过却显得那样淡,几乎听不出播音员的播讲愿望,感受不到那蓬勃的朝气,反而给人以松松垮垮、无精打采、冷若冰霜的印象。对这样的"降调",我想也不会有多少人赞同吧。

实际上,我们播送每一篇稿件都有一定的宣传目的,它总要体现在播音的具体过程中。我们思想感情的运动状态,表达思想感情的各种方法,都受到宣传目的的统帅和制约。凡是由于某种干扰,正确的宣传目的被削弱,甚至被其他目的替代了,这就是目的转移。如果为降调而降调,使降调作为手段的性质变为目的,就是喧宾夺主。这同在话筒前想技巧、改毛病、装样子等,殊途而同归。在这个问题上,有意无意地把降调作为目的,的确是一大障碍,必然会导致播音的失败。

降调不是目的,而是手段,它只是为了更好地为宣传目的服务,只是为了"使人愿意接受"而被我们赋予了存在的价值。否则,它的命运不会比使人听而厌之的高调的命运好多少。为了避免出现"降调情亦降"的效果,而忽视宣传目的的作用,无疑是缘木求鱼;即使详谈其他细枝末节,也不会产生纲举目张的作用。这是为众多的事例已经或正在证明的。

二

不少播音员同行在探索降调的实践中,对存在的问题和听众的反应很伤脑筋。听众不愿意听高调,可是对当前的降调又觉得平淡无味,松软无力。在这方面,当然不应将听众的这些意见作为否定降调的理由,应当在我们自己身上找一找原因,认真研究一下如何降调。

我认为要解决两个问题:一是降到什么程度;二是降成什么样子。

先谈降到什么程度。

高调,经常使用极限高音、强音,震耳欲聋。但如果过低,一味使用极限低音,反而会使人感到压抑、窒息。二者都会造成外在、强制、生涩、吃力的印象。在生活中,在艺术上,那最丰富、最生动、最悦耳、最诱人的声音,肯定是自如的声音。我们降调,就是降到自己的自如声区,充分发挥自如声区的特色和表现力。

自如声区,有其最高点和最强点,也有其最低点和最弱点。这最高点和最低点之间,最强点和最弱点之间,便是自如声区。需要说明的是:所谓"最高",不是极高,不是到了极限的高音;所谓"最低",也不是极低,不是到了极限的低音。"最强""最弱"的意思也一样。自如声区里,高低强弱都是自如的,没有任何做作力量。

自如声区的范围,有其相对性。有的人,自如声区大部分在高声区;有的人,自如声区大部分在中声区,或在低声区;某个人自如声区的最低音,可能是另一个人自如声区里的最高音;某个人自如声区的高低幅度可能相当于两个半八度音阶,另一个人自如声区的高低幅度可能只有两个八度音阶,等等。这种自如声区的相对性,正是每个播音员自己的自如声区的个性。要确定和把握自己自如声区的个性,摸索出运用它的规律,取其长,补其短,才能在降调过程中有所突破,才能逐渐形成自己的播音风格。

把握住自己自如声区的个性,还要防止那种脱离自己自如声区的声音的模仿,防止使用自己自如声区以外的声音。例如,有的同志自如声区偏高,为了降调,就故意压低声音;有的同志为了追求某种"理想"的声音,改变正常的发声状态,改变自如声区的特色,等等。

另外,由于稿件内容千差万别,在考虑稿件基调的时候,也要适当考虑播送全篇稿件的"使用声区"。播某些稿件,要更多地使用自如声区中偏高的部分;播某些稿件,又偏重于使用自如声区中较低的部分,等等。"使用声区"一般总是小于自如声区,充其量也只能等于自如声区,而绝不能大于自如声区。

上面着重谈的是自如声区的高低音域,其实,自如声区是一个立体概念,还包括强弱、明暗、宽窄、圆扁、润干等。如有的同志自如声区的高音有时变窄、变干了,这种高音就是有缺欠的、不完美的。如果经过持之以恒的科学的训练仍不能解决,就要在使用时注意"避其短"。

降调,只要能降到这种立体概念的自如声区里,就会如鱼得水了。

下面再谈谈降成什么样子。

降调要降到自如声区,只是第一步,接着还要把握降成什么样子才能"使人愿意接受"。我认为至少要把握以下三个方面:

第一,要做到无一字无依据。我们把文字稿件转换为有声语言,最忌"睁眼看稿不动脑,张嘴念字不动心"的机械状态,而应准确地表现稿件的思想感情,充分发挥我们再创造的主观能动性,完美地达到宣传目的。在这方面,一般初学播音的同志容易产生问题。还有另一种情况,那就是未能完全从内容出发的、走向主观随意性的播音。似乎在动脑、在动心,但思想感情的运动状态与稿件内容是游离的,色彩不吻合,分寸不贴切。这是初步掌握了播音的主动权之后容易产生的问题。

在播音中,我们要经常注意避免出现机械状态和随意状态。胜利的途径唯有"无一字无依据"。我们形之于声的每一层、每一段、每一句、每一字都要从稿件内容出发,都要以符合稿件内容的内在思想感情的运动状态为依据。"无依据"有时是理解不深,有时是表达不当;有的是生活经验不足,有的是语言习惯未改;也还有一些别的原因。这要具体分析。

为降调而降调的表现之一,就是脱离了内容,失去了依据,只注意降调,当然不会有什么好效果。说穿了,也还逃不脱"八股调"。这就像有一个人想把浮躁的作风变得扎实起来,光注意于举手投足是不够的,先得让内心扎实起来。这样,扎实的作风才有依据,也才能真正形成起来。

第二，要做到无一处无变化。我们播送每一篇稿件，从内容到形式，从层次到语句，从色彩到分寸，都是有变化的。要做到"无一字无依据"的表达，必须使这些变化自然地显露在有声语言中。为变化而变化，没有依据地随意变化，当然不妥；但是，因担心无依据而不变化，成为无依据的单调，同样为我们所不取。

有声语言是诉诸听觉的。要使听觉永远处于积极、敏感的状态，就要求声音不断变化。这似乎是一条普遍的规律。这和视觉要求色彩的变化相同，感情色彩、声音色彩就是一种向视觉的借用。歌德和艾克曼的对话，曾由颜色学而涉及声音、舞蹈、戏剧的变换规律。艾克曼还指出，在这条规律下"我们乐意避免方才听过的同一种声音"①。这个见解虽然显得笼统，但对我们还是有启发的。

要求变化，在有声语言的运用中，正是对单调的否定。人的听觉之所以不愿承受单一性的刺激，就因为刺激的单一性少有色彩和分寸的有依据的变化，少有主次分明、上下衔接、浑然一体的转换。平淡、呆板、僵直、生硬，永远使人厌烦，并会受到听觉的抵制。

有声语言的变化，有的如"吹皱一池春水"，有的如"惊涛拍岸，卷起千堆雪"，有的如"铁骑突出刀枪鸣"，有的如"夜半钟声到客船"。降调，正是为了克服单一性，加强丰富性。

毛泽东同志曾深刻地指出："世界上的事物，因为都是矛盾着的，都是对立统一的，所以它们的运动、发展，都是波浪式的。……这是事物矛盾运动的曲折性。"②有声语言的变化，就是要把握思想感情的曲折性，把握声音形式的波浪式。这正是我们所说的"降成什么样子"的"样子"。

在声音形式上，重视语音要素各自的相对性是极端重要的。在有声语言的运动中，音色、音高、音强、音长都是在比较中显现出区别来的。切实做到"降而不懈，降而不僵，降而不抻，降而不软"，健康的而不是畸形的降调便会应运而生了。这"一朝分娩"的缘由，并非造物的神通，恰是"十月怀胎"的孕育。这中间，废寝忘食自不必说，仅那失败的苦痛就比成功的欢欣要多出许多倍！

第三，无一言无对象。为了降调而降调的播音，往往失去对象感。就像高调的"对空训人"，降调而无对象犹如自言自语，听众会觉得你的话与我无关。

解决这个问题，必须研究如何设想对象。

我认为，设想对象要具体，要力图符合宣传目的，并尽量联系与稿件内容有关的、我们自己的生活经验。但是，具体设想时，既不要太广大，似乎是千万人端坐细听；也不要太狭小，好像只播给一两个近亲好友听。以有利于唤起播讲愿望，达到宣传目的为原则。如果不但能做到"心中有人"，而且能做到心中有听众的反应，把每句话都流畅自然地送

---

① 古典文艺理论译丛编辑委员会.古典文艺理论译丛：第十一册[M].北京：人民文学出版社，1966：215.
② 毛泽东.毛泽东选集：第五卷[M].北京：人民出版社，1977：361.

到听众的耳朵里,送到听众的心坎上,那么,降调便增添了新的活力。

困难的是新闻、评论的播音。这当然同我们对两种体裁的看法有关系。它们的政治性、政策性、指导性、鼓动性,把我们搞得谨小慎微,前怕狼后怕虎,甚至手足无措了。不是吗?有的同志播起科学常识来,自如得很,一旦拿起了新闻、评论来,似乎就登上了什么宝座,端着个架子,拿着个调子,正襟危坐,照本宣科。这些同志完全是出于好心,不过多为习惯使然,弄得事与愿违,效果不佳。

历史唯物主义告诉我们:人民,只有人民,才是创造世界历史的动力。我们设想的具体对象,大多是工农兵和知识分子。我们向他们做宣传,虽然不必是事事商量,小心求教,但也不应把他们看作一无所知。新闻、评论,难道不是摆事实,以事明理;讲道理,以理服人吗?

诚然,有一种意见并不正确。这种意见认为,听众对我们宣传的内容完全了解。这样想,常常会削弱甚至取消宣传的必要性,削弱甚至取消播讲的迫切性。我们在设想具体对象时,要恰当选择才是。

正确地设想对象,牢固地获得恰当的对象感,将帮助我们调降而情不降。

三

降调,要降到自如声区,要降得丰富多彩,但我们不能满足,因为这只不过是提供了一个创造多种播音风格的基础。对如何形成自己的播音风格,本文不打算多谈。这只是想说,在降调问题上,宁可把目标定高些,眼界放开些,理论的研究更深些,实践的步子更大些,也不要受到局限,左顾右盼,裹足不前。

播音工作的个体性、独创性,当然是受阶级性、党性支配的。这一点正是我们无产阶级广播始终不渝地坚持的根本原则,也是我们形成我国无产阶级播音风格的共性基础。忽视了它,必定走入歧途。但是,我们也不要忽视了不同的播音员的声音特色、不同表现方式所形成的个人风格。忽视了它,寓于个性之中的共性必定名存实亡。那种对空谷回音和高天流云的"气势"的膜拜,并没有完全从某些同志的印象中消失,他们的辨音力尚未从中解脱。这恐怕不能说不会成为阻力吧!

播音的优劣,应该让人民群众来评判。实践是检验真理的唯一标准,但不能用一两次实践作为盖棺论定的例证。播音风格的形成,需要时间,需要帮助,需要支持,需要实践。出现曲折和反复,不能动摇登攀的毅力;发生争论和非议,只会增加登攀的勇气。可以将降调问题作为突破口,把我们的播音质量提高一步,从而为中国式的四个现代化的社会主义建设,为中国式的广播语言艺术的成熟,作出我们应有的贡献。

1979年10月

党的十一届三中全会前后,我国进入了一个新的时期,拨乱反正,在广播电视中也受到了巨大的推动。"文革"中的高调门、火药味儿,受到了冲击和摒弃。但是,应该怎样调整播音的基调、语气、声音和状态,众说纷纭,理解不一。"降调"问题,针对性强。当时,中央广播事业局局长张香山打电话给北京广播学院学报编辑部,对此文表示赞赏,有一些地方台播音组还专门组织了学习讨论。

所谓"降调"问题,至今未完全解决,这里有总体要求和具体要求问题,也有播音队伍素质和语文功力问题,当然也涉及改革问题。仍可以作为一个课题深入探讨。

夏青

向主持人进一言*

不论是哪个专业的人,只要到电台、电视台主持节目,就成了节目主持人。目前,节目主持人很多,但水平不一,受众的褒贬各异。不过可以肯定,认识和评价一个节目主持人的优劣,绝不单以节目时间长短、覆盖面积大小、受众人数多少为标准,能否给受众以审美愉悦,往往成为决定性因素。

一个节目,有内容也有形式,设置主持人是节目内容的需要,主持人虽然处于节目的中心,却必须服从"节目内容决定节目形式,节目形式又反作用于节目内容"这一原则。有的主持人,装腔作势,哗众取宠;有的主持人,冷漠懈怠,漫不经心,实际上,已游离于节目之外,破坏了节目内容和形式的和谐统一,也便失去了主持人存在的意义。在受众心目中,主持人在节目制作过程中怎样决策、怎样编导,并不重要,关键是节目播出后的效果。受众自然是从播出的节目中考察、评价主持人水平的。

那么,播出的节目是如何展现主持人风貌的呢?语言功力是主持人的基本条件。

主持人的语言功力,直接影响节目质量和主持水平。声音不悦耳,口齿不清晰,语言不规范,言不及义,语无伦次,言不由衷,是连起码要求都没有达到的。竟有人美其名曰"自然"。歌德说:"艺术之所以是艺术,就因为它不是自然。"美学意义上的自然,是"不工者,工之极也",绝非生活语言的照搬。有声语言要做到"出口成章,妙语连珠",确属不易,但应该是努力的方向。如果两句话能说明白,偏要啰唆半天,有时越说越让人糊涂,岂不是浪费时间?!

文化修养,是主持人言谈举止的根基。有的主持人明显地给人以浅薄之感,有的主持人常常使人觉得在故作深沉,这正是其文化修养不足的表

---

* 原载于 1992 年 8 月 15 日《人民日报》。

现。主持人不能不是这个节目的内行。不论是转述,还是直抒,都应该有一定深度,电视上,还讲究一颦一笑、举手投足、发型服饰的蕴藉。观众不大喜欢"金玉其表"而"囊中羞涩"的主持人,常说他们"没有风度"。听众不大喜欢"虚声嗲气"又"絮絮叨叨"的主持人,常说他们"不够大方"。可见,主持人必须善解他人未解之理,善述他人未述之事,善抒他人欲抒之情,善言他人欲言之语。文化修养是日积月累的,但要争取主持艺术的日新月异。时过境迁还以不变应万变,便是停滞,受众产生厌倦心理怕是不可避免的。

思维反应,有气质修养方面的问题,也有阅历经验方面的问题,反映在节目构思、内容转换衔接、形式设计、谈吐畅达得体等节目成品的不同角度上,主持人的思维要迅捷,反应要敏锐,显现出对节目进程的驾驭能力、应对能力,熟练而不敷衍,深刻而不晦涩,简洁而不生硬,风趣而不低俗。几个人一起主持节目,不应冷场,也不应抢话头,热烈而不杂乱,稳重而不呆板,更需要默契。

心中有人,是主持人的一项交际需求。在现场,在播音室,主持人应获得这一交流心态。同受众,同合作者,都不可出现目中无人、旁若无人的交流障碍。要时刻想着听众或观众,一言一行都为他们着想。有的主持人,似自言自语,好随心所欲;有的主持人,常信口开河,爱取笑别人。听别人说话,不要东张西望;对别人说话,不能妄自尊大。这里,不是一声声"朋友",一个个微笑能够搪塞得了的。

节目主持人能力要提高,涉及众多问题,而整体素质的强化、深化,是个核心。愿我们的主持人树立规格层次意识,使广播电视节目色彩纷呈,满足受众日益增长的需要。

论广播电视语言的净化和美化*

广播电视传播,语言的作用不可轻视,语言的文化内涵和精神品格在广播电视中无时无刻不在显现,并达于受众耳目,进入受众心田。作为最现代化的舆论工具,广播电视的触角似乎已经全方位地作用于人类的社会生活,而语言的质量正直接影响着人们的价值取向、思维定势、生命活力和生存方式。所谓语言的质量,就是指语言的净化和美化程度。

一

在人类历史上,口头语言、书面语言相继出现,交互满足着人们交际和交流思想的需要,竞相攀登语言艺术的高峰。从百家争鸣开始的雄辩,从《诗经》《楚辞》开始的名篇,构成了我国源远流长的灿烂文化宝库,建造了我国独具特色的辉煌语言大厦。"脍炙人口""手不释卷",正是人们从孩提便口诵目视的丰富与优美的精神享受的恰切说明。众多的传世佳作和不朽名篇至今仍有其震撼人心的力量,在民族文化心理上矗起了不可动摇的中流砥柱,净化和美化着民族精神凝聚其中的语言。

但是,语言是一种社会现象,不能不被社会的发展变化所更动。有时,被引入形式主义迷阵;有时,被蒙上域外文化灰尘。即使像在我国改革开放的大好形势下,也不免出现语言的严重污染和混乱,折射出殖民地半殖民地文化心态还有着滋长的土壤这一现实。

以经济建设为中心,建立社会主义市场经济体制,带来了国家的繁荣和昌盛。但是,社会主义精神文明建设并不能在短时间内清除利己主义、拜金主义的污浊,私有制观念反而以新的包装侵入屡经忧患的肌体,冲击着民族自豪感、历史责任感。于是,民族文化、民族语言的主体优势,也受

---

* 原载于《广播电视语言文字规范化文集》,北京广播学院出版社1996年版。

到崇洋媚外、沉渣泛起的公然挑战。打着"改革""创新"的旗号，摒弃民族语言的优良传统，催动文化品位和语言质量走向"迎合"和"媚俗"，正是广播电视语言传播的危机所在。

二

广播电视是现代化的舆论工具，是党和人民的喉舌。对这一根本观点，并不是所有人都认同的。有人认为，传统广播模式"对于分析政治宣传确实是十分适用的"，而"主持人语言"，有着"不同的风度和格调"，是与传统模式"彻底决裂"的改革产物。主持人有权决定节目内容，"突破了原有稿件审查制度"。在这些"理论"的引导下，喉舌功能被挤压到一个狭小的范围里，似乎改革已同它真的"彻底决裂"了。于是"个性""个人风格"的赞美声不绝于耳，随之而来的，便是对党的方针政策的扭曲与冷漠，某些庸俗内容和低级趣味堂而皇之地进入大众传播领域。

有人公然主张"主持人不必像播音员那样必须说普通话"，"不必看重生活作风中的细枝末节"，"要自然，不必字正腔圆"，"要打破播音腔才能贴近受众"……这些论调使许多人迷惑，使不少人失去了对语言污染的警觉，模糊了对语言混乱的辨别，甚至认为自己越不像播音员越好，越没有播音味儿越好。有的播音员也自惭形秽，不再致力于语言功力的锤炼，不再讲究播音的艺术品位，甚至盲目地引进生活语言中的杂质，且以此为改革的成果。

《共产党宣言》中的与传统观念彻底决裂，特指与私有制观念彻底决裂，这应是一常识。自有广播电视以来，就有"播音"这一不可或缺的环节，就有"我播你听"这一不可移易的模式。中共中央（1983）37号文件明确指出"以新闻改革为突破口，推动广播电视宣传的改革"。新闻改革，最主要的是从"以阶级斗争为中心"转移到"以经济建设为中心"，而没有任何打破喉舌论的含义。主持人节目的大量出现，丰富了广播电视的多功能，却丝毫不意味着削弱喉舌功能这个主功能。节目主持人也是新闻工作者，而不是"自由主义者"或"民主个人主义者"，怎么能丧失搞政治宣传的崇高职责呢？怎么能"自己决定节目内容"想说什么就说什么呢？怎么能"突破"审查制度呢？世界上哪里有不以自己国家、阶级、集团的利益为重，把广播电视变成"自由论坛"，搞成各种观点、各种思想、各种价值观念的大杂烩的呢？企图突破审查制度，极力吹捧个人"把关"，会把改革引到什么方向去呢？

我们的广播电视，在党的领导下，弘扬主旋律，提倡多样化，取得了很大成绩；但那不谐和音，无异于干扰，使得本该纯净的语言渗进了杂质，受到了污染。这不能不加重我们建设社会主义精神文明的责任。

三

广播电视传播，应紧紧围绕社会主义精神文明的建设，提高全国人民的思想道德素质和科学文化素质。大多数传播者是清醒的，因此，播出了不少精品节目。但是，由于各地电台、电视台风起云涌般地建立,大量未经培训和良莠不齐的人进入并承担了节目制作与播出,在那些管理不力,特别是把经济效益作为硬任务的单位,包括台、部、组,有些节目出现了格调不高、内容杂乱的问题。

这里主要表现出传播者自身职责不明、思想混乱和认识模糊的问题。

其一,把传播者混同于受众,一心做"知心朋友",甚至把受众当作"上帝",误解了"受众中心"的本意。尤其是传播者自己生活圈子狭小,社会认识浅薄,视野相当狭隘,造成思想道德意识低下,千方百计向"时髦"受众迎合的局面。把"改造世界观""树立正确的人生观""为人民服务""无私奉献"看成过时的口号,一味地追求"人情味""讲实惠",有的散布封建迷信,有的崇奉西方的价值观念,有的宣传吃喝玩乐、享受人生。英雄人物、高尚情操不那么吃香了,巨星、大款成了风云人物,举手投足、一颦一笑都那么令人心驰神往,拍案叫绝。好像世界历史是他们创造的,芸芸众生都应该仰其鼻息,被其恩泽。这样的传播者要把受众引向何方?

其二,把传播者当作"圣哲""思想家",以为自己"全能",可以指点迷津、号令天下,高昂着头、眯缝着眼,似乎又回到了"上智下愚"的社会,受众便成了"群氓"。事实上,广播电视的传播者,需要一定的政治觉悟、政策水平,需要广博的知识,需要锐敏的反应,需要语言的功力,那目的是很明确的,即:具有传播的能力,能在节目中汇集相关的人类文明,以事省人、以理服人、以情感人。他们既不可能是古希腊尊崇的"学识渊博的圣哲",也不可能是封建的欧洲贵族尊崇的"勇敢的骑士和谦恭的僧侣",更不可能是文艺复兴时期人文主义者推崇的理想——"集学者的睿智、艺术家的才华、武士的英勇于一身的和谐发展的人"。传播者之所以能胜任传播的岗位,通俗地说,因为他善于传播。或者具体地说,因为他善于搞广播,他善于搞电视。值得骄傲的,是他搞广播或电视,有一定的优势,比一般人高明。如果说他是"学者型主持人""专家型主持人",不过是说他在主持某一类型节目时,不但有主持的能力,还具有与节目内容相关的学科领域、专业领域的一定水平的知识,并不是说他是与节目内容相关的那个学科领域、专业领域的权威或学科带头人。如果真的是那个领域的权威或学科带头人,可以做嘉宾主持,根本没有必要放弃那个领域的权威或学科带头人的学术地位、学术成果,去做什么职业主持人。作为传播者,必须在善于传播上下功夫,而不必热衷于去成为某个领域的权威或学术带头人。而为了善于传播,他必须培养自己的群体意识,使自己在一定的群体中准备传播和进行传播。任何轻视、忽视、无视群体,居功自傲、"鹤立鸡群"的思想和言行,都会销蚀传播能力,缩短传播生命,降低传播质量。以"圣哲"自诩的传播者,在节目中不会有上乘的表现,反会给受众"威压",可以蒙骗一时,但怎能长久?"教训人""教导人"的语言或副语言,已经使人厌烦了,只能改弦易辙。

以上两种传播者,都是失职的,从语言的角度看,都是迷失的。迎合受众或训导受众,必然造成遣词造句、表情达意上的错误和失度,越是由衷之言,就越是偏激过分,这时,语言本身已无能为力了。

四

我国宪法明文规定"国家推广全国通用的普通话",这具有强烈的现实意义和深远的历史意义。其中,特别要领会的是广播电视语言传播的规范表率、标准样板和文化艺术价值的不可低估的影响。作为语言规范的表率、语言标准的样板,理论上并不难解,主要是实践上有一定难度。因此,关于语言不规范、不标准的问题,大多数人达标需要假以时日,少数人不愿解决,只要不走上语言传播的岗位,也不必强求。但不应该存在"吃不着葡萄就说葡萄酸"的心态。将来,语言识别,人机对话,不规范、不标准的语言会举步维艰,形同盲哑。自己不愿解决,可不要贻误子孙。

语言的美化,同充分认识广播电视语言传播的文化内涵与艺术美感有密切关系。把语言仅仅看作"沟通"的工具,便舍弃了语言的美化,也便舍弃了美化的语言,同时舍弃的,当然还有文化内涵和艺术美感。

任何一部思想史,不能不同时是一部语言史;任何一部美学史,也不能不同时是一部语言史。文化内涵,不能不通过语言揭示和显现,即使是珍贵器物,也需要语言进行探幽发微。海德格尔把语言看成"罗格斯",看成规律,应该说并没有夸大其词。

"字正腔圆、赏心悦目",应该成为广播电视语言传播的基本要求。"皇后"写成"皇後","辍"念成"缀",当然不能叫"字正";嗲声嗲气,尖团不分,也不是"腔圆"。声音沙哑、干涩,不会悦耳;语气平淡、生硬,更不会动听。这些,都在基本要求下限以下,离语言美化尚有十万八千里。

语言的美化,首先是文化内涵的丰富与深刻,而再丰富和深刻的文化内涵也只能主要通过语言来实现,来传达。广播电视语言传播,可以把内容表现得淋漓尽致、有声有色,也可以使深刻的思想、丰富的感情变得平庸和苍白;当然,更可以有意地扭曲或轻率地误读,产生与原意相反的视听判断。这一点虽是语言的启蒙性功能,却往往被淡忘甚或掩埋。由此,语言的美化常常受到折磨以致摧残。

丰富、深刻的语言内容必须探寻与之相应的语言样式,必须讲究与之相应的表达方法。如果硬要把"说什么"和"怎样说"分开来进行两难追问,那么,在大众传播的语境中,"说什么"既然植根于广袤的文化沃土,"怎样说"便成为"削去冗繁留清瘦"的艺术功力了。广播电视的语言传播,必须经过传播者的艺术加工,以精炼的形象、有神采有韵味的词语展现社会生活的风貌和内心世界的高洁,这样才能达到语言的美化,"以高尚的精神塑造人,以优秀的作品鼓舞人"。舍弃"字斟句酌""精雕细刻"的锤炼制作过程,永远达不到"信手拈来""浑若天成"的境界。广播电视应该用高超的艺术功力给受众以美感享受,并努力提升和强化受众的审美意识、审美能力。

有人说,广播电视的语言传播应该通俗,这并没有错,因为谁都知道艰深晦涩的语言是不受欢迎的。但那通俗,并不排除艺术审美价值,反而增大了有神采、有韵味的难度。因为它不能像文言文那样听来吃力,不必像诗词那样韵律严谨。通俗,不能理解为直说大白话,甚至把"这个这个""那么那么""什么呢什么呢"当作应有词语。通俗,也不能理解为啰唆拖沓。通俗的词语,必须要有神采、有韵味,词汇丰富、用语准确、语言流畅、表达生动都是题中应有之义,传播者应努力做到平白不平淡,浅显不浅薄。万不可借"通俗"之名,行"低俗"之实。

五

广播电视语言的净化和美化,同传播者的事业心、责任感密不可分。一个热爱广播电视工作,热爱听众、观众,自觉做党和人民喉舌的人,不可能在节目中信口开河、信口雌黄,不可能让节目散发铜臭味和脂粉气,更不可能助长"西化"和"分化"。这是传播者(特别是播音员和节目主持人)思想道德素质的核心内容。

广播电视语言的净化和美化,同传播者的文化水平、语言功力密不可分。文化水平融会贯通为历史的厚度、时代的高度和理解的深度。语言功力潜移默化于观察力、思维力、表现力和鉴赏力。表现力包括:语言主要是有声语言的驾驭能力,副语言主要是眼神的贯注能力。光有文化水平(即使很高),如果缺少语言功力,也不宜走上出头露面的播音、主持岗位。而具有一定语言功力的人,"有稿播音锦上添花,无稿播音出口成章",必然具有一定的文化水平。等而下之的"侃大山"的人,也可以口若悬河,却不能达到声情并茂地朗读、抑扬顿挫地吟咏那样的层次,这便是"口语至上"主义者的悲哀,也是把播音员贬斥为"念稿员""活道具"的人们的痛苦。按照一味追求"自己写稿自己播"的理论家的意旨,李杜的诗、苏辛的词,只有这些古人自己朗读才有价值,今人只能"照本宣科"了。我们的播音员、节目主持人即使都成为著作等身的文豪,恐怕也难于逃避播读别人诗文的境遇吧!广播电视传播中,语言功力应该是妇孺皆知的要求。

广播电视语言的净化和美化,同生活积累、社会见闻也是密不可分的。大众传播,缺乏对广大人民群众生活的体验,对国内外社会状况孤陋寡闻,不了解生活的真谛,不晓得社会的变迁,把自己隔离在现实生活之外,只凭坐井观天的一孔之见,在当今的信息时代,肯定会成为落伍者。传播渠道应该充满时代气息,应该传送密集信息,应该加强受众与世界的联系,应该开阔受众的视野,应该向受众奉献最好的精神食粮。正是"问渠哪得清如许,为有源头活水来"。目前,有一些传播者,包括记者、编辑、播音员和节目主持人,似乎惰性太大,不愿深入生活,偶尔"深入"也是蜻蜓点水,走马看花,浮光掠影。还有甚者,"按酬付劳",哪里最"实惠"到哪里去。这是对传播生命的扼杀,而且,扼杀了现在,也就扼杀了将来。长此以往,语言的净化和美化便必定走向反面,社会主义精神文明也就只能成为一句套话了。

可见,广播电视语言的净化和美化,同传播队伍的素质紧密相连。信息共享、认知共识、愉悦共鸣的精品节目,只属于那些真抓实干、勤学苦练、言必信、行必果的有志之士。

六

　　社会主义精神文明重在建设,广播电视负有伟大的历史使命。任何一个节目,任何一个栏目,任何一位播音员、节目主持人,不能不成为完成这一历史使命的齿轮和螺丝钉。当你策划、采访、编制、播出的时候,当你面对全世界人数最多的亿万受众期待的目光的时候,你的主体思维是以哪个为轴心、在哪个层面上运行的呢?你的语言视界是在什么范围、以什么焦点追寻的呢?这是每一次创作都要明确回答的。你是否考虑了:得心应口的满足那根基何在?穷于应付的疲惫那壮志何酬?你是否意识到:"磨刀不误砍柴工",尽管失去股票升值的机会也是一种幸福?"人怕出名猪怕壮",也许置身鲜花掌声的海洋更是一种危机?

　　社会主义精神文明重在建设,语言的净化与美化成为人们生存价值的标志。广播电视中传出的声音,应该是时代的强音,是具有中国特色的黄钟大吕。普通话就是全国通用的标准语,准确、精妙、丰富、优美,正显示着"热风吹雨洒江天"的强大生命力。许多国家的"汉语热",国际上广播电视的竞争,国家的统一,经济的发展,跨世纪的目标,都在昭示我们:中华民族以可持续发展的综合国力,以日益鲜明的特色优势,步履坚定地走向美好的未来。广播电视语言,同样符合这一规律:越是民族的就越是世界的。古今中外的优秀文化要吸收,一切文化垃圾要清除,是一个民族自尊、自重、自强的表现,是一种语言自律、自新、自立的显示。人类文明由此得以不断发展。

　　社会主义精神文明重在建设,社会主义市场经济越是健全、发展,对此越不能放松。唯利是图导致道德的沦丧,物欲横流面临文化的堕落,而精神贫困必然造成语言的萎缩。正确的人生观、世界观、价值观,需要坚韧不拔、见微知著地引导和培育。广播电视给了人们顺风耳、千里眼,广播电视语言的净化和美化,便在"思接千载,视通万里"的时空中,使人得到"随风潜入夜,润物细无声"的美感享受,"精骛八极,心游万仞"。我们企盼着。

坚持规范化　走向多样化*
——节目主持艺术中的语言态势

广播电视语言传播,永远附着在传受关系中。传播学的种种模式,一旦进入传播实践,便都显露出"我播你听(看)"的格局。在"热线电话""版块直播"的主持人节目十分红火的时候,这种格局也未曾动摇。听众、观众个人"参与"节目之后,就立即加入了传者的行列,他说什么,其他人就听什么。有声语言就在这种状态下发挥着自己的社会功能。原因很简单,在传者和受者之间,存在着时间推移过程中的"线性"联系。也许是直线,也许是环线,不能改换。于是,时间性和线性的特征进一步突出了有声语言的明晰性要求。明晰性是从通俗易懂到明白晓畅再到清晰优美逐层提升的概括,是广播传播"悦耳动听"和电视传播"赏心悦目"的共同根基。

一

凡是设置了主持人的节目就是主持人节目,同其他形式的节目一样,有声语言不可或缺。播音员、节目主持人都是"出头露面"的人物,他们是党和政府的喉舌,人民群众的知音。同时,他们也是语言教师,在广袤的课堂上,为老少妇孺传播信息、知识,并做着语言示范。人们自觉不自觉地学习、有意无意地感受,日复一日,耳濡目染,在潜移默化中得到了语言的熏陶。因此,播音员、节目主持人只要在话筒前、镜头前工作,就必须坚持规范化的语言表达,展现规范化的语言风采。

对播音员和节目主持人的总体要求,从业务的角度来说,主要是"以播为主,一专多能"。如果不以播为主,就是别的什么行当了;而一专多能,不但解决了相关、相邻行当的联系和互补问题,而且明确了主体的位置与业务特点。在以播为主的认识上,我们提出"有稿播音锦上添花,无稿播音出

---

* 原载于《语言文字应用》1997年第4期。

口成章",既有优良传统的继承性,又有社会发展的开拓性,相辅相成,相得益彰。

当今,语言的视界已经脱离了小农经济自给自足的狭隘天地,正在融入历史文化的高远时空。那种把规范化看作刀斧绳墨的观点,很容易走进死胡同,就不足不怪了。特别是一些节目主持人,再加上某些糊涂理论,对语言规范化犹如骨鲠在喉,必欲清除而后快。据说,规范化社会使他们的语言失去"生活化"的光泽,变得干瘪和呆板。

现在,一些节目主持人,包括一些名主持人,在话筒前、镜头前的语言面貌,并不那么珠圆玉润。有的气促声噎,有的气虚声飘,有的方音明显,有的生硬做作,不一而足。从语流看,初听好像顺畅,细听便觉语势单一,主次模糊,甚至形成了一种固定腔调。这难道是"生活化"么?贴近生活的要求绝非要与生活同态,大众传播也不应陷入人际传播的汪洋大海,这应是起码的常识。

为了着意夸大节目主持人播音与传统迥异,竟在刊物上宣扬"主持人语言"与播音语言是什么"两种不同的语言","不可以用一种语言规范来规范"。我们的理论家连语言的常识都抛弃了。

文字语言和有声语言是两种语言形态,朗诵式、宣读式、讲解式、谈话式……是不同的语言样式,而每一样式又会根据不同的内容、体裁、对象、语境、风格……表现出不同的语言样态。汉语的准确、丰富、精深、优美,不但源远流长,而且独具特色,这早已为世人所公认。推广普通话的社会意义和文化价值,在语言规范化的进程中,将得到进一步显现。

新闻播音、专题播音、节目主持,不论前期做了多少准备工作,多少人参加了策划、采访、录制,全部工作最后都汇集、凝聚到节目中,融合、体现到有声语言(电视还包括副语言)中。报告新闻,必须强调新鲜感,要求"字正腔圆、呼吸无声、感而不入、语尾不坠、语势平稳、节奏明快"。每一条消息、每一篇通讯、每一件深度报道、每一次评论,又都有具体的要求。说这是"按播音的程式化规则来说话","如果那样做,主持人和受众都会感到做作和滑稽",真是"欲作新词强说愁"。稍有播音体会的人都知道,新闻播音是有声语言创作中的高难度动作,需要极强的语言功力。现在,由于"轻新闻、重主持"的误导,新闻播音的水平不尽如人意,能够报告新闻,特别是能够报告重大新闻的人才奇缺,提高新闻播音的质量是当务之急。节目主持人也必须强化自己的语言功力,以适应多种样式、多种样态的语言要求,正如孙家正部长指示的那样:"播音是播音员和节目主持人的基本要求……没有标准、规范、准确,任何亲切、自然恐怕都不会走到正确的道路上去。"[①]看来,"按播音的程式化规则来说话"是否定不了的,不按播音的规律来说话,什么亲切、自然,什么"生活化",都将是画饼充饥。

节目主持艺术的核心同样是有声语言创作,同样要用普通话来规范,不存在第二种所谓"特殊"的语言规范,认为"应有不同的能与生活化相适应的规范",就是把规范化同

---

① 孙家正.充分认识播音工作的重要地位 促使播音工作上一个新台阶[J].中国广播电视学刊,1996(5):5-8.

生活化对立起来,用"与生活化相适应"来抵制规范化。节目主持人也要树立现代意识,也应该按国家大法把普通话作为通用语言,以说普通话为荣。这样才会使自己的语言雅俗共赏,富有生活气息。只有这一种规范化,岂有他哉!硬要提出另一种规范,还要别人去实行,那才会使人感到"做作和滑稽",为有识者所不齿。

二

　　主持人节目是多种多样的,节目主持人的有声语言也应该与之相适应,采用不同的语言样式、语言样态。所谓"谈话式""应答式""交流式"等,只是一种样式。节目需要时,主持人也应该能够宣读、朗诵、讲解……播报几条信息,朗读听众、观众的来信,朗诵一些名篇佳句,讲一个故事,解答一些问题,如此等等,怎么能用"应答式"之类以偏概全呢?根据恩格斯的说法,劳作和协作使人们到了有些什么非说不可的地步,便产生了语言。在语言的发展中,"非说不可"形成了符合社会需要的个体心理需要,在内心的冲动和希求的基础上,泛化出各种语言样式和样态。其中毫无高低、尊卑之分。口语至上主义者只看到零碎、片段的语言现象,就极力贬低把文字语言转化为有声语言的重要作用和创作艰辛,并且否认语言功力的价值。在他们心目中,《阿Q正传》根本不应该写出来,鲁迅自己讲出来(哪怕是用方言)才算上乘之作,后世的任何高明的演播艺术家朗诵出来,只能是赝品,因为他在"照本宣科"。节目主持人只要有文字稿件作为依据,那就进入了"单一型"主持人的行列,就说明能力低下。这是怎样的语言视界!小农经济自给自足的生活方式同西方的某些"通才教育"的工作方式混合成了一种理论:造就"全能主持明星",因为语言,不过是"口语",人人会说,只要在采访、编辑、制作上花气力,就胜任愉快了。

　　理论的浅薄造就了语言的浅薄,理论的混乱招致了语言的混乱。什么粗糙的声音、含混的口齿,什么浓重的方音、港台的腔调,什么神聊乱侃、语无伦次,都大摇大摆地、堂而皇之地走进了广播,走上了电视。一大批可塑性很强的主持人,在迷乱中失去了锤炼语言功力、提高综合素质的大好时机。

　　在广播电影电视部召开全国语言文字工作会议之后,在广大受众和有关专家的一再呼吁之后,语言规范化的大潮汹涌澎湃,势不可当。许多电台、电视台开始重视了,不少台还采取了有力的措施,广播电视语言传播有迹象重振雄风,再展风采,形势很好,令人兴奋。这进一步证明,道路是曲折的,规律是不可违反的。

　　在语言传播中,主持人节目是一种新形式,也是一种好形式,应该深入研究。出现一些同实践不相符的认识,完全是正常的;改变一些看法,使之更符合实际,也属必然。但是,偏执一词、固执己见,一味地贬斥播音语言,不能不叫人怀疑:到底是语言知识贫乏,还是根本没有实践经验,还是别的什么原因?

　　我国历来就存在着"重文轻语"的现象,大概同科举制度用八股文取功名有关。春秋战国时代推崇雄辩之士,说服这个,说服那个,绝不是将文章送来送去,而是当面锣对面鼓地争个不休。长期以来,写文章被看作高水平,口头语言似乎司空见惯。现在,很多人认为记者、编辑比播音人员水平高,因为他们能写稿子,有的还能口头报道。于是有人断言,记者出身是节目主持人的资本,没当过记者,主持节目就好不到哪儿去。这种看法,仍然是重文轻语的传统观念,和"口语至上"主义一脉相承,都不把语言功力当作一门学问。事实上,记者也有千千万,难道都能当主持人?别的出身就不好么?

不论什么出身,语言功力是关键,这是职业和岗位的需要。语言功力,不是随便可以上一个新台阶的,有时穷毕生之力,也许还走不到语言宫殿的里面去。语言的艰巨性、复杂性、长期性、反复性,使有志者废寝忘食、夜以继日,冬练三九,夏练三伏,真是"非下功夫不可"。

对语言的认识远没有穷尽,学习的路还长,妄自尊大和浅尝辄止都是可怕的绊脚石。

三

广播电视语言传播中,有不同的品位,诸如通俗品位、平实品位、高雅品位等,各品位又存在着不同的层次,诸如"对不对""准不准""美不美"。当前,受众对传播的要求越来越高,"美不美"已经成了较为普遍的话题。广播的声情并茂,电视的形神兼备,内容与形式的统一,感情与技巧的统一,体裁与风格的统一,这一连串的关系,摆在传播者的面前。如何在时代的高度、历史的厚度、现实的深度和视野的广度上,走向和谐,从而激荡生命的活力,几乎成了每个节目必须重视的问题,主持人节目当然不能例外。

语言传播,在规范的基础上,必须超越时间性和线性的特征,在历时中寻求共时,在线性中寻求立体性,在导向上高奏主旋律,在艺术上展现多样化。在主持节目的过程中,根据节目的性质、任务和受众反馈的需求,主持人必须坚持自我的真实,强化和美化节目所需要的那一部分自我,弱化和淡化节目不需要的那部分自我,以有声语言为主干或主线驾驭节目的进程,以有我之创作进入无我之境界。主持人与节目融为一体,如鸟在林,如鱼得水,突显了群体的合力和节目的魅力。受众便在美感享受中受到启迪和鼓舞。

有声语言表达,千变万化,决定于创作主体和接受主体的审美层次。有时不免"以其昭昭,使人昏昏";有时却是"说者无心,听者有意",真正做到"心灵的碰撞"是十分困难的。这里,首先要求创作主体能左右逢源,以一当十。语感,语言的悟性,语言的心理阈限,不能不成为创作主体的内在尺度。当通俗品位的节目要求不庸俗、不媚俗时,切不可掉以轻心,稍不注意就会让"亲昵"和"迎合"走进话筒;当高雅品位的节目要求不晦涩、不艰深时,也不要失之轻率,稍不谨慎就会让"刻板"和"费解"隔断受众。

节目主持艺术,五光十色,最忌驾轻就熟。就像画家选笔调色,同是花鸟虫鱼、山川风月,每一幅都有创意和新意。这里用得着清人郑板桥画竹的深刻体验:"四十年来画竹枝,日间挥洒夜间思,削去冗繁留清瘦,画到生时是熟时。"如此日积月累,不但节目做得好,主持人自身也会逐渐形成自己的风格。这风格虽表现为稳定的艺术特色,却非一成不变,而会随着不同的语言内容、不同的感受、不同的语言样式,选取准确、新鲜的语言样态,造就同中有异、异中有同的语言精品。在这里,共性和个性实现了辩证的统一。在这里,"艺术对象创造出懂得艺术和能够欣赏美的大众——任何其他产品也都是这样"(《政治经济学批判·导言》)。

爱因斯坦说:"物理学也分成了各个领域,其中每一个领域都能吞噬一个人短暂的一生,而且还没有满足对更深邃的知识的渴望。"(《爱因斯坦文集:第1卷》)传播学也分成了各个领域,播音与主持艺术同样可以吞噬一个人短暂的一生。全力以赴地创作,心无旁骛地研究,一定会使语言传播的百花园盛开时代之花。

面对新世纪,广播播音何处去*

广播,包括声音广播和图像广播。声音广播,简化为广播,取狭义概念;图像广播,转化为电视,取部分概念。概念的发展,绝不意味着混乱。我们这里的广播,也是用其狭义。播音是个大概念,包括新闻播音、专题播音和节目主持。我们这里的播音不用狭义。

新世纪——21世纪,将在各个方面超越20世纪,广播播音也不例外。

向何处去,并非木然不觉、茫然不知,而是指如何超越20世纪,在新形势、新条件下发挥其更大功能。

由此,我们可以进入正题。

一

围绕信息传播,最热门的话题是信息高速公路、多媒体和网络文化。

可以预见,21世纪网络文化将有大面积的扩展,将有高层次的提升。信息高速公路将逐步开通、加快,多媒体将进入千家万户,成为人们精神生活、物质生活十分便捷的助手。

多媒体的普及首先使广播传播模式发生了质的变化。20世纪广播模式基本上是线性单向传播,不论如何重视反馈,仍然是一种"我播你听"的格局。受众在大众传媒的强制性传播范围内进行有限度的选择收听。某一个时段播什么内容,具有不可变异、不可更改的固定性。不管参与传媒的人有多少,他们仍然等同于传者中的一员,与不在场的受众处于两个端点。有人以为改革、以为有了热线电话就改变了传播模式,似乎已经造就了双向交流的格局,那是一种夸大其词的表述,是一种脱离实际的概括。在场的参与性与不在场的强制性正是传与受的差异性,参与者拥有传播

---

* 原载于《中国广播》1998年第12期。

权,占据传者的位置;媒介终端的人,除了可以获得某种参与感之外,仍处于被动收看收听的位置上。而能否获得参与感,并不取决于在场的参与者是否热烈和激动。热闹非凡的场面如果缺乏一定的品位,很可能令广大受众厌烦。认识了这一点,传播者才会真正把广大受众放在心上,在传播过程中,既重视传播内容、在场参与者,也重视不在场的受众。面对在场的参与者,实质上却是为了不在场的受众。了解并掌握了这一模式,才会在新的传播模式中取得主动,加强传播效果。

新的模式的特点,主要是传者队伍的扩大,传播权力的普泛化。任何一个多媒体的拥有者,既可以是受者,也可以是传者。当传——受可以互为、互换的时候,大众传播媒介的航船便驶入了人际传播的汪洋大海,它们如何保有自身的传播权威、传播优势、传播功能,或者说如何能生存和发展,那就需要未雨绸缪、早做筹划了。广播电视的独立系统必须进入信息高速公路的网络,这是毫无疑义的。但是,它必须进一步研究广播电视传播规律,着重解决节目内容和形式的辩证统一,开掘广播电视的社会潜力和聚合活力。广播面临的挑战尤为严峻,如果放松装备,放弃声音魅力,弱化语言张力,就会失去竞争力。

二

网络文化中的广播,不能不把重点从普及转向提高,从信息共享转向愉悦共鸣。

在"多元文化"的喧嚣声中,广播必须沿着中华民族主流文化的轨迹前行。五千多年的中华文明积淀了丰富的文化宝藏,我们挖掘得太仓促草率,我们继承得太狭窄表面。市场经济中急功近利的浮躁心态,在广播传播中反映为追求感官刺激和当时趣味,满足于热线电话多少个和听众来信多少封。至于全部节目的文化含量、每个节目的文化品位,鲜有精密的统计与核算。文化视阈、文化视角、文化层次、文化分野,理应在生产节目流程中具体把握,不因其"阳春白雪"而冷落,不因其"下里巴人"而趋之若鹜。我们的社会,众多领域都需要主流文化的注入与陶冶,现在如此,今后更是如此。越是民族的,越是地域的,才越是世界的,越是特色的。弘扬主旋律,是有国情、个性的,缺少主流文化的支撑,中国的广播就会随波逐流,日渐式微。

广播中的有声语言,一定要高于人们的日常语言,一定要高于其他地方的同族语言。汉语普通话生于此,长于此,应当是唯此为佳。我们的广播中,应该使用最标准、最纯正、最丰富、最优美的普通话。如果某一国、某一台的"华语"广播中,传出比我们更高、更美的普通话,我们应该汗颜!这并不是一种苛求,而是一种常识。在网络文化中,语言不仅是信息的沟通,更是文化的交流。普通话在广播传播中要展现自己的准确、丰富、深刻和精妙,方音方言、吐字不清、语流不畅、表达拙劣,没有资格登上广播的大雅之堂;一音之错、一词之舛,差之毫厘,失之千里,网络文化中没有它的容身之地,逃脱不了被淘汰的命运!

广播中,在扩展信息源的基础上,首先强调信息的真实和准确。真实的信息是维护传播信誉、树立广播权威的保证，而信息的价值取向和有效信度，又为人们带来独有的亲和力，清除了"左右而言他"的隔膜。真实的存在要求准确地显露，任何的模糊与迷乱都会制造存在的虚假光环，令人乘兴而听，败兴而止。

广播中，在一定时段里信息的密集，会满足听者的信息饥渴，那松散和冗余除了给人以拖沓、焦急，再也不能产生什么求新的希望。而密集适度的信息传播，要求稍纵即逝的广播减少一切中转环节，迅速、快捷地进入信息终端。信息高速公路上极小的坎坷，都可能造成无法挽回的信息失效。重视信息的密集、迅捷，发挥信息的跨越时空的优势，是广播在网上处于动态运行的不可替代的功能，否则，过度密集、迟滞的传播，会扼杀广播的活力，使之成为明日黄花。而且，当地球成为一个村落的时候，几乎没有什么信息能够处于屏蔽之内了，那些机要信息只好采取网络难于吸纳的手段予以控制。这时，时效性远比时机性更为人们所重视。这样，广泛而深入、大量而直接地获得信息，准确而迅捷地择取和传播信息就显得十分重要了。因此，培养一批训练有素，敏感睿智，"下笔千言，倚马可待""学富五车、出口成章"的记者、编辑、播音专业人员乃是当务之急。传播的竞争，不再是媒介占有、传播专权的竞争，而成了人才的竞争，最善于传播的个性鲜明、捷足先登者，当然会长操胜券。

三

网络文化，仍然分日常文化、实用文化和高雅文化；传播模式中的多向互动、个人传播者的出现，并不排斥集团传者的存在。广播以其强大的科技能力、高超的传播技巧、明显的人才优势，还可以保有竞争的实力。问题是，竞争的焦点，应该在于人文精神的终极关怀，这是 21 世纪人类提高生活质量的核心问题。

人文精神的阐释张扬，寄托在群体智慧的凝聚和汇合中。可以说，集团传播者具有强劲的网上张力和永久的风格魅力。

集团传者的传播渠道相当广阔，它们的台标、呼号昭示着有益、有效信息的网址特征和平台风貌。有价值、有信誉、有美感、有权威的广播，在网上一出现，便会使人眼前一亮，耳目一新。集团传者从现在起就要培育、磨砺自己的特色和风格，这样，如何建构自己的美学理想，加强自己的审美能力，便成为 21 世纪创造广播美、节目美的螺旋式上升的坚实阶梯。

当下的时髦思维方式是"驾轻就熟"：以快餐文化填充时段，以现趸现卖增添时尚内容，以雕虫小技玩弄时空样态，以花样翻新嘲弄听者期待。这是传播历史上的懒汉和懦夫思维方式，应该一点儿都不能保留地予以摒弃。

我们必须努力追求"以事省人、以理服人、以情感人、以美愉人"，创造出音美、意美、情美的节目样态，催动民族化、风格化，强化意境美、韵律美，让声音的丰厚负载自然地、畅达地萦绕人们的耳畔，流入人们的心田。坚持不懈、只争朝夕地锤炼我们的审美眼光、审美笔触、审美听辨、审美表达,让时代的旋律、高尚的道德、民族的企盼、历史的回响、理想的召唤、文明的大纛,融入美的眼睛、美的文笔、美的耳朵、美的语言,在太空的电波中鸣响着黄钟大吕,在声音形象中矗立着中华民族的伟岸身躯。

美学理想的追求,审美能力的锻造,不是唾手可得、一蹴而就的。只有不畏艰苦、勤学苦练才会不断进步。广播播音的重要地位、巨大功能,在这方面应该成为独具特色、备受青睐的专业优势。广播播音,既要在语言上率先垂范,成为国家标准的规范具现,又要在信息高速路上最易感知、最能涵化的渠道上占有一席之地,不断增加信息传播的美学含量,使人在"耳不暇听"中获得"悦耳动听、心驰神往"的审美愉悦,那重点就在语言功力上。我们的播音,不论是新闻播音、专题播音,还是节目主持,都应该成为语言精品,以深厚的语言功力、高超的语言技巧,传播人文精神的内涵,开拓人类文明的视野。

20世纪语言哲学的转向,从"写什么"走到了"怎么写",从"说什么"走到了"怎么说",我们再也不能停留在"重文轻语""口语至上"的阶段了,再也不能徘徊在"播报好还是谈话好""有稿好还是无稿好"的狭小语域里了。更不能误入"播音员时代已经过去,主持人时代已经到来"的"理论"歧途,去追寻无视语言功力的"写作型主持人""思维型主持人"。在网络文化中,传者的"出身""成分"分界和"类型""人格"差异不再体现于传播的终端,"姓名"浩如烟海,入网者比比皆是,人们审视的重心都放在信息内容与内涵上,在注意的边缘,那强制传播范围内的数点星辰也化入了万里长空,个性的风采也只会"今是而昨非",被集团传者的整体风格所笼罩。只有有声语言,在广播中处于永恒的闪光点上,并且是"长江后浪推前浪,世上新人换旧人"。独树一帜的伟人,包括伟大的思想家、文学家、艺术家、科学家,也不过各领风骚数十年,然后成为"巨人的肩膀"。

无论在多媒体中,还是在广播中,只要人们还耳聪目明,就需要声音和色彩。人们在不断完善自身的过程中,维护着自身的判断权、选择权,道听途说和人云亦云的现象将日益稀少。敷衍了事的传播、粗制滥造的传播、哗众取宠的传播、低俗猎奇的传播,在网络文化中只能是被批判、被摒弃的对象。

我们新中国的播音风格还是应该坚持的:爱憎分明,刚柔相济,严谨生动,亲切朴实。它展现了中国老百姓所喜闻乐见的作风和气派,也是中国特色社会主义广播电视的品格的表露。

面对21世纪的机遇和挑战,该做的事还很多,抓住机遇,迎接挑战,厉兵秣马,积草囤粮,我们将无往而不适,无往而不胜。面对新世纪,广播播音将向高远的时空走去。

"字正腔圆"的艺术风范*
——简论夏青的播音艺术

夏青的语言艺术,字字珠玑,真是言不尽意;夏青的播音创作,博大精深,的确书不尽言。

一

播音,是广播电视传播过程中的重要环节,是一项"出声露面"的创造性劳动,是一种有声语言(包括副语言)的创作。

我们的播音,要传达党的纲领路线、方针政策,要自觉地发挥党、政府和人民的喉舌功能,"教育和鼓舞"全党、全军和全国各族人民,建设社会主义精神文明和物质文明,实现我们的战略目标和最终理想。

夏青的播音,严格而坚定地遵循着这一创作原则。他以严肃认真、一丝不苟的创作态度,字斟句酌、高屋建瓴的创作理念,钟爱祖国、关注时代的创作热情,庄重严谨、铿锵有力的创作风格,不断强化着他的创作活动。从一个字音到一次播音,从日常播出到重大任务,从正常工作到紧急情况,从自己准备到帮助别人,他都毫无例外、毫不放松地全身心投入。

夏青的播音,像齐越的播音一样,已经达到了艺术的高峰。他们从未脱离播音创作的根基,因为只有在这个根基上,才会绽放奇香异彩的花朵。

二

播音创作,绝不仅是悦耳的声音、清晰的口齿就能胜任的。但是,不悦耳的声音和不清晰的口齿肯定不会有上乘的播音作品。

多年来的"重文轻语"现象、崇尚日常口语的"自然主义",往往使我们忽视悦耳的声音和清晰的口齿在播音中的重要作用。至今,还有这类观点

---

* 原载于《中国广播》1999 年第 2 期。

的影子,徘徊在一些人的心目中。

夏青的播音,真正达到了"字正腔圆"的境界。他那明亮圆润、浑厚坚实的声音,他那清晰纯正、韵律悠扬的词句,造就了一种悦耳动听的形式美。这种形式美,产生了先声夺人、引人入胜的听觉效应,仅此,就使人百听不厌、乐此不疲了。

"字正腔圆",像宽敞平坦、一览无余的大道,像碧蓝如洗、一望无际的天空,可以包容过去、现在和未来的人、事、情、理;而字不正、腔不圆,只是一路泥泞和一片井天,灵动的思维和丰富的生活到这里便被滞留和窒息了。

"字正腔圆"是话语的一种美的叙述方式,应该有更多的人学习它,掌握它。拒绝它、贬低它,可能有千万种理由,不过,一言以蔽之:吃不到葡萄,只好说葡萄是酸的。

当然,夏青的"字正腔圆",还有更深刻的内涵。

三

夏青的"字正腔圆",不仅隐含着时代的高度、历史的厚度,还呈现着大国的风度。

五千多年的古国文明,传延到今天,广博的积淀,精深的承续,建构了中华民族的辉煌形象。特别是新中国成立以后,广播电视在迅猛发展的过程中,又展现了它的"爱憎分明、刚柔相济、严谨朴实、亲切生动"的黄钟大吕式的风貌。新中国的播音风格,为有中国特色的社会主义广播电视增添了独树一帜的景观。

夏青的播音,在"字正腔圆"中,洋溢着一种阳刚之美。庄重严谨,规整大方,铿锵有力,明快洒脱,形成了巨大的逻辑钳力;主次分明、重点突出,特别精到地运用了停连技巧,既一气呵成,又切分细密,显示了有声语言的顿挫之妙。一顿一挫,放得开,收得拢,声音中止而意蕴丰厚,深化了内涵,强化了节奏,给听众创造了心驰神往的思辨空间。

夏青尤为擅长"宣读式"播音,但绝不照本宣科,而是有的放矢,有感而发,举重若轻,言之有物,既有理性的张扬,又有感性的点染。从驾驭全局到微细处理,都做到了"意料之外,情理之中",毫无粉饰,毫不做作。

语言功力,更集中地融汇着创作主体独特的人生经验、生命感悟和语言习得。夏青的语言功力,沉郁规整,犹如杜甫的律诗,用字老到,出语惊人,是播音中深厚的现实主义风格的代表。他在这条路上达到了历史的高度,其中,自有成才的规律在。

四

播音创作,带有明显的时代印记,播出的节目如此,创作的依据如此,表达样式、语言样态更是如此。延安时期的播音风格,同抗日战争、解放战争的氛围融合;新中国成立以后,又有翻身解放、当家做主和历次政治运动的氛围对播音风格的影响;改革开放、经济建设,使播音风格进入了思辨、丰富的层级。各个时期都有自己的代表作,展现了播音创作空间的深广和播音创作理想的高远,进一步证明了播音创作的党性原则和喉舌功能。20世纪60年代初期的"大文章","文化大革命"中的"高调门",在播音史上,仍有它们的历史意义和认识价值,不应一笔抹杀。割断历史、脱离时代的论述和研究,都不是郑重的、实事求是的,不利于播音艺术的发展。研究夏青的播音艺术成就,也要采取历史唯物主义和辩证唯物主义的立场、观点和方法。

历史在进步,时代在变化,人们认识世界和把握世界的方式也在相对真理的长河中追新求异,在大浪淘沙中弃伪存真。广播电视线性单向传播的模式将在网络文化的兴盛中,增加多向互动模式。播音创作在文字的转化和思维的外化过程中,进入节目形态的方式和方法必将充实和丰富话语的叙述样态,语言的精妙也将培养更多的会审美的耳朵。"字正腔圆",不仅在艺术层面给人以人文精神的涵养,而且会在生活交际层面美化社会语境。

夏青播音艺术的发人深省,确是一种历史性的启迪。

五

从广播电视传播的角度审视夏青的播音艺术成就,我们认为,夏青正是一位复合型的播音艺术家。他那博古通今的学识,包容着中华民族文化的精粹;他那造诣精深的专业,律动着汉语语言文字的美学追求。我们对他的敬佩是久远的。

现在,有些人仰视西方,膜拜港台,对那些被宣扬和炒作出来的节目和人物,大有望尘莫及之感。我想,当有意无意地夸饰殖民者文化和殖民地文化的时候,当有意无意地推崇域外的广播电视节目和"名人"的时候,当说这些名人是全才、是"复合型"人才的时候,是不是还记得我们的历史,我们的"名人"?是不是忘记了20世纪五六十年代,我们的齐越、夏青、林田、费寄平,已经拥有了数以亿计的听众?他们是我们的,也是世界的!

这里,我们要特别提起的是,早在20世纪50年代,夏青的著名论文《克服报告新闻的八股腔》就已经在指引着后来者根据传播内容进行准确、鲜明、生动的表达了。老一辈播音员们从大量的实践中概括出来的理论,至今还放射着真知灼见的光芒,他们的教诲我们能够忘记吗?当然不能。

西方的和港台地区的先进技术与传播经验是应该学习和借鉴的,但不能只宣扬"远学欧美,近学港台",这只会走向片面以至误区。因为,"数典忘祖"是哪个国家、哪个民族都不会鼓励和支持的。若是一心向往的不过是人家的皮毛,就不仅抛弃了对本民族优良传统的承继,而且丧失了对本民族人文精神的关怀。那么,"站在巨人的肩膀上"就成了一句空话,"巨人"便化为虚无。

夏青——也是播音艺术中的巨人。

"字正腔圆",应成为中华民族语言艺术的风范;

"字正腔圆",是研究夏青播音艺术成就的起点和归宿。

"口语至上"批判[*]

谈话时使用的语言叫作口语,并同书面语相区别。我们通常所说的"有声语言"既包括口语,也包括书面语的音声化。

广播电视的传播,是以有声语言为主干或主线的,本应该包容两种形态:从内部语言外化形成的口语,从书面语转化形成的语言。但在相当长的一段时间内,前者被挤压,后者被扩大,造成了必须有文字依据才能进行传播的状况,这不能说同极"左"思潮没有关系。

正是改革开放的迅猛形势,广播电视的兴旺发达,才使口语得到了新的生机,"有声语言"才以完整的形态发挥出应有的功能。1984 年,我提出"有稿播音锦上添花,无稿播音出口成章"的现实根据就在于此。

可是不久,口语的生机又面临着危机,它被神化的同时开始被虚化,被人化的同时开始被俗化。

对此,仍有不少认同者。有的主管领导还表现出"唯口语为佳""独尊口语"的倾向。毫不夸张地说,广播电视界弥漫着"口语至上"的迷雾。我们怎能等闲视之?

一

当人们在共同劳作中到了有些什么"非说不可"的地步时,语言便产生了。开始极其简单,而后逐步复杂。语言产生之后,用于交流思想、沟通感情、交换信息、协同动作,显得非常方便、快捷。我国先秦时期的讲学、游说,学术上的百家争鸣,都离不开语言,可见一斑。

后来,文字产生了,语言有了视觉形式,突破了时间和空间的限制,发挥的作用更大了。不过,口语和书面语的关系并不完全一致,且时近时远,

---

[*] 原载于《现代传播》2000 年第 1 期。

有时书面语竟似脱离口语而另行其道。这同语言的发展有关,同汉字的特点也有关。我国历史上存在着大量的"口头文学",五四运动以后,由于"吾手写吾口""怎样想就怎样写"的提倡,白话文终于成为主流。

现在人们认识到口语是书面语的根本,同时也知道文学语言具有领导作用,书面语也有它不可替代的优势。不应片面、偏执地认识二者的关系。

口语存在于人们的社会交往中,保有社会契约性的规则,保有个人需求性的意向。口语的鲜活性、丰富性,带来了它的原创性和具象性。但是,口语主体的复杂性、即兴性,必然造成口语的芜杂性、缺损性,使之难于避免当下性和多向性的困扰。

口语在日常生活中的表现,由于运用语言能力的强弱,也是有高下之分的。有的人能说会道、口若悬河;有的人笨嘴拙舌、词不达意;有的人言简意赅、语语中的;有的人贫嘴薄舌、言之无物,等等。不分青红皂白,一味地推崇口语,不一定就是对口语的重视。

二

印刷媒介的出现,使书面语的作用发生了飞跃性的变化,信息传播更为广泛和迅速,促进了书面语的规范化和通俗化。

广播和电视的先后出现,使有声语言的作用发生了提升性的变化,信息传播更为快捷和生动,更为广远和多样,促进了有声语言的示范性和可听性的强化。

广播电视中的有声语言,有较长时间、较多节目都是由报刊书面语转化而来的,染上了较为浓重的报刊书面语色彩,有人称之为"报刊的有声版",提出应"自己走路""走自己的路"。广播电视理应自己走路,不应依附于报刊,"剪刀加糨糊"是缺乏自主性、独创性的表现,采取的是不负责任的态度。

但是,什么是"自己走路"呢?取消报刊书面语,一切自己来么?那么,政府声明、法律条文、权威社论、专稿特稿……要不要播出?新闻要不要播报?专题要不要解说?这些是不是书面语的"有声版"?

所谓"有声版",不过是把文字变为声音的意思,带有明显的贬义。文字变为声音,有各种各样的情况,其两极是:简单地念字出声,是一种字音的拼接,谈不上表情达意;文字语言转化为有声语言,是一种有声语言再创作,不但能表情达意,还可以言志传神。这两极之间,就有多种层级的差异。广播电视的语言传播,应该以后一极为目标,并坚决摒弃前一极及其相关层级。它是大众传播,迥异于小学生念书、庠生谈八股文,也不同于生活中的念念信、读读报。正因为如此,广播电视中的有声语言即使由文字语言转化而来,那作用也是不容轻视的。这里可以略举一二:

有声语言可以改变文字语言的语意和意向。正面的意思可以变成反面的意思,反面的话可以说成正面的话,而不增删更改一个字。这一点竟有许多人不知道、不了解,于是以为既然文字语言审定了,播出去肯定不会有错。殊不知,是有声语言传播主体掌握着生杀大权,决定着传播的"正面宣传"的内涵。

有声语言增减着文字语言思想感情的色彩和分量。文字语言中的褒贬爱憎,可以通过视觉判断。但是转化为有声语言之后,却可能变味儿。热情的赞扬,也许显得言不由衷,或者平淡冷漠;凝重的愤怒,也许显得敷衍了事,或者轻飘肤浅。生活琐事会播得有声有色、气势磅礴;国家大事会播得有气无力、与己无关。诸如此类,不一而足。视觉上的黑体字,听觉上却成了小七号,这不是对文字语言的扭曲么?创作主体的内心世界凝聚到文字语言中,行使着话语主动权,是外力无法直接干预的,也是文字语言本身所不能完全左右的。

有声语言还可以伸缩文字语言的美学尺度,这更是容易解释的。有声语言创作者的美学理想、审美能力会给文字语言以美化,当然也可以丑化。当为文字语言的风格加以有声语言的内省阐发的时候,创作者独特的人生感悟、具体感受和习惯表达样式,总要融入其中,并在有声语言的表达中给以个人风格的观照,形成稳定的艺术特色,为受众提供美感享受。

以上解说,不过是一种浅显的启蒙读物;但仅此就可以证明"照稿念""念稿员"之类的认识,是怎样的可悲、可笑。

原来,书面语的"有声版"也不是那么容易的事,"自己走路"是须臾不可离开它的。

三

在广播电视语言传播中,可以先把口语诉诸文字再转化为有声语言,也可以把书面语改得更符合口语要求。不形成文字语言,从语言主体的内部语言直接外化为有声语言,似乎更是"自己走路"的重要表现,要不口语为什么备受青睐呢?

改革开放以后逐渐蓬勃兴起的谈话性节目,日益重视口语化。不论是访谈、热线,还是综艺、体育,大量使用口语,有不少把文字语言转化为有声语言的节目,也模仿即兴口语的样子,给人以亲近、自然的感觉。一时间,"自然谈话""说自己的话""人际交流"等成为时尚。

但是,广播电视传播毕竟是大众传播,无论怎样"人际化",也不应违背其传播规律。首先,广播电视的线性传播、单向性传播、限时性传播,不可能不产生对传者的约束性、对受众的强制性。而信息的准确和密集、时间的高效和短暂、交流的虚拟和反馈的后置,都改变不了"我播你听"的格局。这就必然要求提高传播质量,其中重要的是语言质量。

其次,广播电视的喉舌功能、舆论导向、思想倾向、价值取向,不能不发挥传者的引导作用,不能不增强受众的提升效果。"真、善、美、新、雅、精"的宗旨,必须落实到当代的人文关怀中,竭诚为受众服务,远离乡音俚语,杜绝粗制滥造,拒绝"西化",埋葬媚俗。

最后,广大受众自有民族性、延续性、增长性、积淀性的文化期待,投射到广播电视,不能不产生反馈诉求的紧迫感,逼使广播电视去粗取精,舍末逐本,除旧布新,选优汰劣。

这里,重要的是"大众传播",而不是什么"人际传播"。从语言传播的角度看,任何虚拟的人际传播,都被大众传播所整合而徒有其表。

大众传播的真谛在于"大众"二字。大众真实存在,笼罩着传者和受者,使大众传播或隐或显地承受着它的动力和压力,无可逃遁。

以话筒和镜头为代表的传播场,使传者和受者的意识中充满了"我在对千万人说话、行动"的预设。传者找到了自己的位置:我要把节目做好,紧张状态要放松,出口要有分寸,举止要有风度……虽然其中的"好""放松""分寸""风度"在认识上并不一致,但想树立良好的公众形象却是相同的。因此,话筒一开,镜头一照,传者便有意识地强化节目所需要的那部分自我,弱化节目所不需要的那部分自我。而受者也找到了自己的位置:这么多广播电视节目是为各类人群办的,工人的、农民的、学生的、老年的……搜寻到自己需要或喜欢的节目便停留一会儿,不满意就换台,没一个满意的就关机。一旦打进热线电话,甚至进入播出现场,便预感到"大众"在听、在看,而尽量坐好、走好、说好。潜意识中"别让人笑话"竟成了最低要求,其实这时其身份已不在受者之列而进入了传者之中。大众传播场根本不同于人际传播场,直播现场的精细、录播现场的加工,都会使人排除我行我素、随心所欲的失态,并油然而生自律感。凡是违犯禁忌、草率拖沓、冗杂粗俗、雄辩不休、失语不发等状,都会在转景或剪辑时被删去。

广播电视的语言传播必须植根于大众传播的理念:面对大众传播,为了大众传播。把大众传播混同于、降低到人际传播的水准,是对大众传播的异化,是对电子传播媒体功能的贬损,更是对大众期待的亵渎。

四

主张"口语至上"的人们,只是把语言当作一个空壳,他们更强调思维。这本可为一家之言,因为在语言和思维的关系问题上,古今中外都还没有统一的认识。关键在于不应重思维而轻语言,把语言作为思维的附庸和侍从。新颖的思维方式、精确的思维过程、良好的思维状态、出众的思维成果,在广播电视传播的各个环节都是需要的,而那表现的领域却不相同。管理、采访、编辑、策划、广告、科研……自有其特点,唯独语言传播中有声语言创作主体,必须具备深厚的语言功力。

语言功力,并非只是"语言"的功力,它包括运用语言所必需的功底,如语言积淀、语言素质、语言环境、语言机制等。它还需要运用语言所涵盖的能力,如观察力、辨析力、捕捉力、感受力、表现力、调控力等。被狭义理解的语言的功力,只不过是表层语言的操作技术,并非切实的语言功力。但语言是为表达而存在的,总要进入"由己达人"的程序,各种能力必定凝结于、落实于、体现于语言(包括副语言)上。

世界上思维精细而语言粗疏的人很多,只有思维精细而语言精到的人才有条件进入语言传播。思维的活跃,往往造成其多向性、复杂性、模糊性、个体性等问题,语言功力才能使其走上选优性、简约性、明晰性、畅达性的传播之路。认为思维有什么语言必然显露什么,因而只管思维的新颖独特而不论语言表达得是否准确,把语言需要的表达自觉降为语言本体的表述自在,是对语言功能的弱化、对语言功力的漠视。

思维的满足同语言的萎缩制造了崇尚口语的幻觉,其目的在于把受众的注意力引向某种修辞方法,把受众的听觉阈限囿于隐喻解读,用貌似高深的句式转换,出奇制胜的词语拼合,力图解构遣词造句的常规,颠覆深入浅出的质朴,从而使口语失去存在的价值。

如果有一定的语言功力,便不至于在有声语言中以固定语势、加快语速去着意凸现思维的态势,这样做的结果是走向了反面:掩盖了思想的闪光,稀释了感情的浓度,堵塞了美感的通道,屏蔽了个性的魅力。有时竟怀疑:语言主体的作为究竟为了口头的表达,还是为了写作的文采?有时更怀疑:与其听这一席话,还不如去看这一篇文。听说话,稍纵即逝,如不明白,不容琢磨;看文章,历历在目,如不理解,反复阅读或求教于人,仍能连续下去。"怎么想就怎么说"是不行的,大众传播要求的是为大众想,更要对大众说。思维的个体性不被人知,只有学会正确地表述、准确地表达,才能被大众感知、被大众理解。写作是如此,有声语言更是如此。而这,从思维活动的起点就要把握住,并延续到表达的终点。广播电视传播,必须善于聚集全人类的精华,必须善于把它们传播给期待着的大众。任何个人的思维都不过是个狭小的领域,单枪匹马打天下,行之不远便会夭折。因此,企图用思维的满足营造口语至上的氛围,无法推托使语言萎缩的责任。21世纪的语言哲学正以不可抗拒的排山倒海之势,从思维阶段转向语言阶段,从说(写)什么转向怎样说(写),并将迎来美学的新世纪!

五

广播电视传播中的有声语言创作,是一种特殊的艺术语言创作,必须经过长期的、反复的、严格的、艰苦的训练与磨砺。

在训练中,首先是现阶段所学、所思、所见、所闻的融会贯通,以此为基点;其次要打开思想感性的运动通道;再次要进行语言技能和语言技巧的学习积累;最后要逐步解决情、声、气的综合运用问题。

这种训练,既不是简单的语言训练,也不是机械的技术训练,实质上是人文精神音声化的陶冶和锤炼。

这种训练,是因人因时而异的。训练的难度和严格程度一直处于动态变化之中。没有普遍适用的"练习曲",也没有人人必学的"楷体字"。因为"情无定型""语无定势"。

这种训练,必须超越日常语言的当下性和个体性的自然状态,进入电子媒介的规范性和审美性的传播状态。

这种训练,必须结合时代性和敏感性、民族性和新闻性反复进行,时代的脉搏和时代的节奏必须融入语流之中,语言的生命活力必须旺盛。任何"纯语言""纯技巧"的命题,只会窒息创作主体的创造性、能动性、独特性。

对口语的推崇,对日常口语的神化,正是口语至上的核心。可惜这不过是一种迎合和媚俗,是为了哗众取宠,同时也是对广播电视传播语言的轻蔑和贬斥,对艺术语言和语言功力的否定和拒绝。

口语至上主张人人皆能,甚至以半生不熟的口语为偶像。这种论调使人联想到"想吃葡萄而不得,就说葡萄酸"的尴尬,也使人想到妄图把汉语改造成印欧语系的"革命派"的张狂。对此,只能用原典的集萃和传统的精华进行启发,以便使其弄明白语言的幽眇难知、奥妙无穷;还要用"玉不琢,不成器"的道理进行讲解,以便使其搞清楚语言的示范作用、美感享受。

口语至上的观点早已有之,并不是今人的发明。只是眼下又有了它生长蔓延的气候,它才直言不讳地亮出了自己本色的主张。本土的重文轻语的历史现象,域外的后工业社会的消费文化,对准"语言艺术"联手攻击,以"大众文化"为口号,宣扬"生活""自然",制造官能刺激,以一时的喧闹和欢乐取代高雅艺术的恒久魅力和主流文化的崇高理想,以金钱拜物教和宿命论呼唤殖民地奴仆心理的复活,并取缔勤劳节俭、自强不息的民族美德。浮躁心态、物欲横流的恶果必然是高视阔步地去追利逐名,放弃专业的深钻苦练,大言不惭地叙述自我的神话,锋芒毕露地演绎语言的奴性,自给自足地张扬人格的魅力,不屑一顾地背对艺术的圣殿。

处于前工业文化的人民大众,不会容忍后工业文化的大量侵袭,短暂的官能享受缓解不了生命征途上的酸甜苦辣。艺术品位的俗化和语言能力的弱化,正激励着一大批有志者甘于寂寞和清苦,志存高远,发奋进取,为弘扬民族优良传统,吸取世界文化宝库的营养,为众多学科(包括语言学、艺术学)作出自己世纪性的贡献。不必担心当下的文化垃圾令后代患上失语症,五千年艺术基因的抗体保存着强大的智慧辐射力,弱智的语言现象是历史的瞬间,灿烂的语言光华一定会永照人间。

任何存在都有其现实合理性。面对商业的炒作、利益的失衡,面对大款的一掷千金、大腕的一句千金,面对道德的滑坡、语言的贫瘠,面对时尚的浅薄、噪音的干扰,不必茫然,不应木然。只管去叙述英雄的故事,只管去敲打编钟的乐曲。真理的黄钟大吕正接受雷鸣般的掌声,艺术的有声语言已捧得鲜花般的敬意。广播电视传播在信息高速路的竞争中,一旦失去有声语言的艺术支撑,就会失去立足之地,让位于双向互动的多媒体,有识者一定会从今天开始,抛弃口语至上的蛊惑,专注于有声语言的美化,并形成集团优势,在网络文化中进行可持续发展的战略部署。

自然主义、形式主义的游魂并没有远去,它会在许多场合出现。有些理论阵地不断为它高歌"魂兮归来",还历数其功业。口语至上成了一种主义,也不奇怪,但决定语言命运和前途的绝不是它,这是毋庸置疑的。

试论新闻播音的创新空间*

一

新闻播音是广播电视有声语言传播中难度最大、要求最高的一种创作,要求新闻播音创作主体知识面广、政策性强、心理素质成熟、语言功力扎实。新闻播音创作主体的理解能力、反应能力、应变能力、协调能力、驾驭能力,是其他类节目主体所不可比拟的。特别是在有重大新闻、突发新闻、抢发新闻、同步新闻的紧要时刻,无论凌晨深夜,不论长稿乱稿,都要无条件地泰然处之并应付裕如,只许成功,不许失败。新闻播音创作背后的艰难苦涩,都化作"先睹为快""一吐为快"的创作喜悦,融入了铿锵有力的语句,但有多少人能解"个中滋味"?

新闻播音从语言表达样式上看属于"播报式",其一般范式被表述为"字正腔圆,呼吸无声,感而不入,语尾不坠,语势平稳,节奏明快,新鲜感强,基调各异,分寸恰切,语流畅达"。其经典样式有齐越的朗诵式、夏青的宣读式、林田的讲解式、费寄平的谈话式。

新闻的叙述方式是服从、服务于传播需要的,其共性为"概括叙事、言简意赅"。广播电视的有声语言传播,要突出口语化特点。我国人民广播自诞生之日起,就十分重视口语化工作,陕北新华广播电台设有口语编辑部,口语化是多年来编播实践中的经常性课题。随着广大受众语言文化素质的提升,随着文言文中活的词语日积月累地汇入白话,我们的广播电视中已经鲜有生涩晦暗、佶屈聱牙的新闻语言了。今后我们还要进一步提高口语化水平,但却不应违反新闻的固有叙述方式,不应杂入啰唆和拖沓,让

---

* 原载于《中国广播电视学刊》2000年第2期。

新闻语言变味。

　　新闻播音,播报方式是主流形态,世界各国的新闻节目都以严肃新闻为主。严肃并非板着脸、端着架子,而是要庄重,与随意和轻浮相对立。当人们急于知道事态发展时,新闻播音行为必须是严肃的、郑重的、认真负责的,由此人们才会产生信任感;当人们想知道事态的新状况时,新闻播音行为必须是积极的、迅捷的、干净利落的,人们由此才会产生新鲜感。播报方式可以满足这种需要。创作主体的心态是"刚刚收到的消息,马上报告给你",受众的接收心态是"这是新消息,可信"。

　　播报方式还有利于信息的密集明晰。合理地密集可以加大信息量,密集得合理可以增强明晰度。

　　播报的方式并不排斥说,关键是怎样说。恩格斯指出,人类在共同劳作中到了"非说不可"的地步才产生了语言。这说是一种内心的要求和愿望,由个体出发成为群体的社会需要,通过声音载体实现人际交流。说的意念物化为语言形态,包容着诸种不同的叙述方式,像日常谈话、演讲、解说、朗诵、念书、朗读、播报、评述等,都是叙述方式中不同的语言样式、语言样态。说的意念属于有声语言发出主体的内省体验,语言样态属于有声语言实践成果的表现形态。内省体验有深和浅、简单和丰富等的差异;表现形态也有多和少、空泛和精微等的区别。这些,归根结底是有声语言发出主体的语言功力问题。有较强语言功力的人才有可能成为创作主体,其内省体验深刻丰富,其表现形态恰切精微,声与情谐,貌与神合,每一次新闻播音创作,每一条新闻播音作品,都能做到"这一个"。正如俗话所说:"只要功夫到了家,一枝笔画千朵花。"新闻播音所要求的语言功力也应如此。目前,有些新闻节目中的新闻播音,形成了固定腔调,以不变的语言样态应万变的新闻内容,令人听而生厌,这绝不是播报式的罪过。

二

　　新闻播音的创新空间十分广阔,正随着时代前进的节奏日益拓展。世界的风云、历史的车轮总会在新闻节目中得到反映与回应,新闻播音义不容辞地成为这反映与回应的生命居所。面对这反映与回应,它从未表现过冷漠与麻木,有时反倒显得过分热情与痴迷。

　　信息的密集传播,是信息爆炸时代人们对信息获得的一种期待。在单位时间里,有效信息的容量越大,越能满足这种期待。新闻播音语流速度从最早的平均每分钟160个字到现在的平均每分钟280个字,证明提高语速也是信息密集传播的一种需要。不过,如把这作为唯一的方法,甚至不惜损耗信息,那就南辕北辙了。无效信息的堆积,无异于对信息密集的背叛。

　　新闻播音的风格化,是美学时代人们对有声语言创作的一种呼唤。要在新闻播音范式的基础上,在"爱憎分明、刚柔相济、严谨生动、亲切朴实"的总体风格中,充分展现新闻播音创作主体的艺术个性;要大力提倡独特的人生感悟、独特的美学理想和独特的表达样式,在"信息共享、认知共识、愉悦共鸣"的传播层级观照下,努力把党性原则的刚性同语言表达的弹性融为一体,让各类新闻节目和新闻播音创作姹紫嫣红、百花齐放。新闻播音的共性要求并不会抹杀创作主体的个性呈现。否认、取消新闻播音共性的要求和否认、遏制创作主体的个性表达,都会成"播音无学""念稿无能"论调的注解。

新闻播音的民族化,是新闻播音风格的逻辑起点。要弘扬汉民族共同语的民族性潜质,坚持中国老百姓所喜闻乐见的中国作风和中国气派,发挥汉民族共同语准确、丰富、优美、精妙的功能,体现中华民族博大精深、吸纳百川的文化底蕴,彰显源远流长的高风亮节、落落大方的人文精神。要区分汉语和欧美形态语言的差别,要祛除"港台腔"在正规汉语中的斑痕。

新闻播音创作的美学追求是一项长期而艰巨的系统工程,任何浮躁心态、急功近利的操作都会与此背道而驰。有的新闻节目,属于闲聊的语言样式,以零零散散的信息罗列,加上拉拉杂杂的中性话语,作为对"播报"的改革。这种闲聊式,缺乏应有的积极态度和报道热情,狭小的生活空间、懒惰的生存状态,正是对信息密集、明晰的颠覆。但这里确实有一种新闻节目,不以信息的新鲜、密集为目的,而重在信息的认知价值,满足受众的信息诠释期待。这一类新闻节目可以采用轻松的讲说、舒缓的节奏,甚至允许有一定的冗余词句。即使如此,也不能无动于衷、漫不经心,离开新闻节目的总体要求。有的新闻节目,采用调侃的语言样式,用一种玩世不恭的态度、破碎的现实图景,杂以插科打诨,拼凑成貌似活泼亲切、实则哗众取宠的版块。新闻播音的调侃,是"过把瘾就死"的调侃文学的泛化,意味着调侃主体的自我膨胀,显现出鄙视世态、藐视世人的形象。无疑,新闻的真实可信,新闻播音的认真负责,都在调侃的自我燃烧中化成了灰烬。

这两种新闻播音,模糊了新闻的边界,滑入了非新闻的怪圈,企图用游戏的幻影引导前"工业社会"的人们去欣赏"后工业文化"的感官刺激,迎合一些人求异思维的猎奇取向,制造用过一次就扔的快餐文化,让人们进行一番简单、浅薄的官能享受。这还是新闻么?这不但远离了新闻,更远离了现实。

所以我们说,新闻播音的创新空间,绝不应闲置社会责任,绝不应填充无论内容和形式、思想和感情都不属于新闻的东西,而应该不断增加历史的厚度、时代的高度、视野的广度、语言的力度和美学的尺度。21世纪正是造就新闻播音美学的世纪。

广播电视的网络优势*

广播电视发展至今,有些问题好像已经比较清楚了,有争论的,出于某些原因过早下了结论的,似乎可以再考虑一下了。

信息高速公路的出现,互联网和多媒体的发展,网络文化的进步,都为广播电视提出了新的课题,提供了新的视野。这既是机遇,也是挑战,我们不能不认真对待。

一

广播电视的传播模式,到底是单向的,还是双向的,这是首先要明确的。

广播电视一直都是单向传播,这本来是事实,没有怀疑的理由。不管是什么时候,是哪一个地方,其以时间为线,以媒体为始端,以接收器为终端,进行带有强制性的分时段传播,然后或主动或被动地接受反馈,如此反复,姿态万千。

所谓以时间为线,当然是指随着分分秒秒的流动,节目一个一个地传送,受众一个一个地收听、收看,而根本没有可能逆时针方向接收,或跳跃性接收。就传播的始端到终端来看,这是一条线,而这条线是按照时间的顺序发展的,一般叫作"线性"或"单向"传播。

以时间为线,是指整体,包括每一个电台、电视台,每一个频道、每一个频率的播出。实际上,各台、各个节目,都是分时段进行的,或早或晚,或长或短,十分精确,长一点就超时,短一点就空播,有时,刚播到"这次节目……"就中断了,"播送完了"已经被下一个节目冲掉了,这就是分时段播出的严谨和苛刻之处。

---

* 原载于《岭南视听研究》2000 年第 4 期。

以时间为线,是指流向,任何内容、任何形态、任何手段、任何方式,都不会改变传播的方向。现场听众、观众当然就在媒体之中,处于传播始端,他们的言行属于"传者"范围,这是毫无疑义的。像"热线电话"这种情况怎么辨别呢?我们认为,听众或观众打来电话,在没有传播的时候,仍然属于"受者"的范围,但是只要他的话进入传播,他便立即成为"传者",作为传播的一个组成部分,被广大的受众接收了,有人说这是"双向交流",恐怕不准确。

所谓"强制性",也不难理解。电台、电视台播送节目是预设的,早已安排妥当,受众只能从这些节目里选择,几乎不能更改。什么时间、播什么内容、在哪个频道或频率,甚至用什么接收器能收到,都是有一定之规的。从共时的角度说,在同一个时段里,各台播出的节目是固定的,除此之外,就没有东西了;从历时的角度说,同一个台播出的节目一档接一档,想看哪一档,只能等到这一档时间开始,既不能提前,也不能错后。这正是单向传播的弊端,受众只能被动地接收,而没有另外的主动权。在这种情况下,只能是"我播你听""我播你看",既没有双向交流,又没有双向互动。哪怕上星的台、落地的节目成千上万,也改变不了这种格局。

"主持人节目"的出现,确实活跃了节目形式,但没有使传播模式发生根本变化,这是常识,谁也无法美梦成真,或者心想事成。把一件事情夸大,希望用以振聋发聩,结果往往事与愿违,反而证明缺乏基本常识。

广播电视传播的这种"模式",的确提示了它的规律,进一步明确了传播主体的社会责任,特别强调了加强"反馈"的重要作用,从而把它的先进性和局限性辩证地统一了起来。

二

事物的发展总是不以人的意志为转移的,对事物的认识必须以事实为根据。网络以它巨大的吸引力和精密的组合力,为人们开拓了前所未有的可能性空间,成就了一次数字化、虚拟化革命。广播电视面临着空前的机遇和严峻的挑战,以往的优越感、霸权意识应该剥离出去了。

首先,互联网的第一要义就在于"双向互动"。它真正实施了"来而不往,非礼也",传播没有了"始端"和"终端"的区别,只有先后的不同。一台电脑、一个网址、一位上网者,既是传者,又是受者。一方面,可以向网上发布;另一方面,也可以从网上获得,不受地域、时间、身份、水平、意识形态、审美观念的影响。

其次,网上的竞争进入了"分秒必争""寸土必争"的激烈状态,不仅在人生观、世界观、价值观方面会有冲撞,就是在传播观、艺术观、语言观、经典观方面也会产生分歧。

再次,经济实力、科技水准、传播手段、网络前沿举措,将成为重要的物质保证,我们面临的是一个网络世界,没有强大的物质基础支撑,就会陷入失败的窘境。

最后，知识经济、历史文化、民族特色、网络超前意识，将成为重要的精神家园，我们面临的是一个崭新领域，没有独立的精神操守规则，就会失去存在的价值。

正因为如此，广播电视必须发挥自己集团军的凝聚力、战斗力、感召力、亲和力，果敢决断地进入网络激战之中，占领阵地，扩大战果，坚韧不拔、乐此不疲地展现持久的风采，重铸时代的辉煌。当然，它将继续成就自己原有的事业，只是又增加了更繁重的任务，而不是化为"泡沫"。

广播电视的可持续发展，是建立在自身的不断提升中的。而解决内容和形式的完美统一，正是一个永恒的主题。内容和形式是一对矛盾，它们的关系应该是：内容决定形式，形式反作用于内容。内容的丰富性、形式的多样性，建构了广播电视节目的姿态万千、色彩纷呈。首先是内容，植根于广阔的现实生活土壤上的、饱含时代气息又深蕴人类文化内涵的传播资源，取之不尽、用之不竭，无限风光、无比鲜活。我们只有全力开掘、勤奋遴选、精心梳理、自觉报道的义务，而没有懒于发现、等待指令、敷衍塞责、坐享其成的权利。其次是形式，只要打破小农经济的狭隘眼界，摒弃市场营销的功利心态，专心致志地继承各种可以继续使用的样式，见微知著地研究那些符合内容需要的手法，自然会有独到的表现形式纷至沓来，推陈出新、水到渠成。

经过多年建设和磨炼，广播电视事业拥有一大批政治强、业务精、作风正、素质高的人才，他们已经为自己的岗位作出了重要的贡献，他们还将为网络文化作出更多的贡献。在网络文化的发展中，他们会形成一个集思广益、多谋善断的集团，以其巨大的实力和不可比拟的优势进入互联网，甚至可以独占鳌头、各领风骚，长盛不衰。在网络互动的竞争中，这种集团军的优势，将会产生发散性效果，同众多网页进行多层次的互访，既可吸引广大受众，又可获得同步反馈，从而发挥更大的社会功能。

三

由于网络互动是以声音和图像为主要手段的，尽管图像中也会有文字，但那总的要求仍然应该同广播电视相近，即声情并茂、神形兼备、声画和谐、视听愉悦。

第一，画面必须清晰完整，文字必须通顺晓畅。

第二，声音必须悦耳动听，语言必须明白精练。目前，广播电视传播中的问题，主要是画面有时显得凌乱，文字有时差错较多，声音不够丰富，语言很不讲究。尽管在舆论导向、政策分寸方面相当注意，但那传播效果往往并不尽如人意，这是令人担忧的。因为，进入网络之后，人们要求"真、善、美、新、雅、精"，对那些粗疏的画面、浅陋的文字、单调的声音、苍白的语言，只会"不理睬它""走为上策"。到那时，再正确的世界观、人生观、价值观，也会失去光辉、减弱感召力，倒把"引人入胜、潜移默化"的盛宴拱手送给了别人，这是多么尴尬的事！

在我国，自秦汉以来，特别是科举制度盛行后，"重文轻语"的现象日益严重，入学、入仕均以文章取胜,所谓"读经读史"不过是为写作而出声,根本不是为口才而练习。在浩瀚的文史宝库中,难得发现口若悬河、应对敏捷的雄辩大家的风采,如果有,也是寥若晨星,或者化声为文,表现不出有声语言的优美,感觉不到有声语言的魅力,令人不胜惋惜。大概就是这个原因,竟使后人只知"文如其人",不知"声如其人"。

问题还在于,广播电视是以有声语言为主要手段进行传播的,有声语言或是主干,或是主线,几乎不可或缺。如果仍然"重文轻语",甚至以此进行管理和指导,那就必然造成有声语言的衰落,丧失有声语言的精妙,抛掷有声语言的美感。以此状况,怎么能在网络中生存呢?更不用说参与优胜劣汰的竞争了。

尤其在网络互动态势下,对有声语言决不能掉以轻心。比起广播电视的日常播出,它更需要讲究有声语言的质量和效率。所有进行有声语言传播的业内人士,当然,包括播音员、节目主持人,都应该具有较强的语言功力,不但做到"有稿播音锦上添花,无稿播音出口成章",而且达到声声入耳、句句达心、语语中的、娓娓道来、表情达意、言志传神、信息共享、认知共识、愉悦共鸣的境地。这是日常生活语言所无法企及的,也是人际传播不能自然提升的。有两种观点应予澄清:一是,认为语言仅仅是思维的成果,只要思维深刻、缜密、灵动、敏捷,就必然呈现在语言上,有声语言会自然而然地表达出来,根本不用在语言上下什么功夫、花什么力气;二是,认为语言是生活中人际交流的工具,生活中怎样说,广播电视中就怎样说,无须着意加工,一强调规范和艺术,就会失去自然和亲切,就会拉大同受众的距离。这两种观点,显然是受了自然主义语言观的影响,忘记了广播电视语言传播的性质、任务和不可估量的社会价值。特别是当代思潮中的"抹平艺术""放逐崇高"也进入我们的论域,成为一种时尚,似乎不如此就不足以证明意识的"现代化"。

殊不知,网络互动对于"节目"的要求是十分苛刻的,主要是因为它能够长期保留,并可随时调出。只有那些"百看不厌、百听不烦"的精品,才会跻身其间,有资格流传开来。尤其是能够给人以美感享受的节目,更会受到人们的钟爱,还会成为学习、仿效的样板。而准确、鲜明、生动的有声语言及其规范性、庄重性、鼓动性、时代感、分寸感、亲切感,正是题中应有之义、网中必行之道。以文字语言传播观作为网络互动的理念,不过是"重文轻语"的沉渣泛起,对于广播电视传播都是陈旧和落后的了,难道进入网络还会有什么优势么?面对网络互动,可不能像唐·吉诃德面对风车呀!

广播电视传播仍将发展,并作为进入网络的一种丰富资源。它的两个层面不可忽视:日常播出层面会在社会生活中继续发挥作用;重点特色层面应在网络互动中参与全球竞争。日常播出节目没有必要全部进入网络,网络也不会毫无限制地容纳过多的信息。重点特色节目当然是可以传世、可以竞争的佳作,轻易不会被淘汰出局。不管哪个层面,都应该在全球化、信息化的大背景下,努力做到信息的真实、准确、密集、迅捷、悦耳动听、赏心悦目,否则再先进的思想、再先进的技术,也休想有立足之地、存身之所。

四

　　网络互动,肯定会逐步走向法制化、规范化、通用化、理想化,发挥其空前的历史性高效率、高智能,推动人类社会的不断前进。全球的网络,一定会有国际法的保障和控制;各国的网络,也会有自己的法律保证和管理。网络平台的多层多级,网络通道的四通八达,如果没有一定的规范,也就不会有全面的通用。在此基础上,随着科学技术的发展,网络互动还会向着更高级、更先进的水平飞跃,这是完全可以预料的。

　　但是,目前的情况决不可过于乐观。国际互联网处于"西强我弱"的态势,我国的综合国力还需要大力增强,我们的网络还需要不断健全和完善,特别是我们的软件建设更需要迅速开发和提高。把我国的民族文化精粹、优良传统通过网络融入世界文明之中,绝非一朝一夕的事。

　　我们正处于21世纪的新起点,快步走向美好的前景,急需广播电视边播出边入网,边改革边提高,积累新的经验,探索新的途径,遵循客观规律,把握有利时机,创造出无愧于泱泱大国的辉煌成果。

　　根据网络互动的发展势头,地球继续变小,信息的真实性受到歪曲和肢解的可能性越来越被制约,传播的霸权行为和欺诈手段越来越被排斥,人们的听觉和视觉既可听风辨雨,又可以察言观色,很难被别人左右。由于竞争激烈,比较和鉴别中那假言伪行极易被识破。因此,人们的视听期待便会有多个维度的选择,并保有共时监督批评的发言权。但是,在传播内容的深广度、表现手法的多样化方面,确实存在着巨大的可容性空间,知识的创新、艺术的创造、历史的解读、文化的交流,都可以淋漓尽致地挥洒、四面八方地驰骋。现在,我们就应该厉兵秣马、未雨绸缪,做好充分准备,不可临阵磨枪、仓促上阵,否则悔之晚矣。我们有着得天独厚的优势,我们肩负义不容辞的重任,只要发愤图强,自强不息,就一定会"更上一层楼""一览众山小"。

捍卫电视新闻的严肃性,拒绝娱乐化!*

电视新闻,在全世界都有它的可识性,并非难于认知、不易把握的,新中国的电视历史不过四十几年的,但已积累的经验也告诉我们,新闻的传播规律是十分清楚的,那就是:真实性、准确性、权威性、可信性。

真实性——必须是已经或正在发生的事实。包括事实背景、事实过程、事实因果、时间地点、人物言行、价值观念等,不能虚构,不能想象,必须完全符合实际。

准确性——必须尽量客观公正地叙述、描摹事实的来龙去脉,不夸大、不缩小、不矫饰、不遮掩,不应以主观失察填充真实景象,不应以认识偏颇顶替现实存在。

权威性——必须在掌握了全局、估量了形势的前提下,进行择优汰劣、举重若轻的遴选,保证新闻的价值和质量,达到发布的率先和高效。

可信性——必须严肃认真地、一丝不苟地传播,规范庄重地、真挚坦诚地报道,不轻飘、不随意、不敷衍、不马虎,表现出"一言既出,驷马难追"的负责精神。

以往的观念只强调"新鲜",而忽略了其他,这就容易造成追新求异、集怪猎奇。其实,大千世界的广远时空,既有闻所未闻之事,也有司空见惯之事;既有突发事件,也有预知领域,怎么可能都是新奇怪异的天方夜谭呢?

一

在市场经济环境下,新闻受到了前所未有的冲击,不但有偿新闻泛滥,新闻本体越来越泛化,而且,为了迎合受众的,特别是商家的爱好,竟然把新闻的根本性质改变了,使新闻报道混同于娱乐行为,生活的真实反映似

---

* 原载于《南方电视学刊》2000 年第 5 期。

乎可以是任何个人的道听途说、随意铺排,甚至可能是传播者的主观想象或者精心制造。有的貌似自我解嘲,有的近乎私塾讲古,有的好像编顺口溜,有的竟如调侃玩笑,哪里有一丝一毫的信息共享,哪里有一丝一毫的言之凿凿?

广播电视的节目,各有各的形态,各有各的性质,硬是让新闻报道承担娱乐综艺节目的任务,是南辕北辙的,是毫无道理的。不分青红皂白,不问高低深浅,一切以主观意志为转移,不是严肃的、负责的传播者应有的态度。

的确,广播电视传播的所有节目都应该贴近受众,"宣传得好,使人愿意接受"(毛泽东语)。但是,并非一律走娱乐的路,更不能进入固定模式。娱乐综艺节目轻松愉快,往往使人们接受某些刺激、获得某种满足,解除身心疲劳。很多人,特别是年轻人,愿意收听收看,当然有其道理,无可厚非。世界上很多国家的电台、电视台娱乐综艺节目五花八门,雅俗共存、嬉笑同在,也有大批稳定的受众。不过,这类节目终究不同于新闻报道,不同于真正的新闻节目,两者怎能同日而语,又怎能泾渭不分呢?

真正的新闻节目,以发布法令、政令,公布文件、文告,传递消息、资讯,传播事件、情况为己任,而不以"取媚于人、取悦于人"吸引受众,更不应以"招欢买笑、矫情邀宠"进行交易。否则,新闻就会变成任人玩弄、改头换面的稗史野文,只能姑妄言之、姑妄听之了。

真正的新闻节目也要注意角度、讲究形式。角度新颖、形式完美,自然会给人以认知共识、愉悦共鸣的魅力,可感可信,回味无穷。但这同娱乐性完全是两个范畴的事,不应混淆。

二

新闻节目的娱乐化,在国外早有先例,并不是我们有些同志的发明。值得深思的是,我们有些同志一贯欣赏外国的做法,甚至崇拜得五体投地,好像国外的东西只要拿来就是宝贝,无须取舍扬弃,好像他们自己没有走过弯路,内部也没有什么分歧。这种思维方式不是显得有些凝固么?我们稍微了解一下外国。

先看美国。哥伦比亚广播公司(CBS)著名主持人丹·拉瑟,长期以来坚持新闻的严肃性,反对新闻的娱乐化。他说:"如果像好多台一样让新闻和娱乐节目界限模糊不清,我想那样是比较危险的。"他还说:"在CBS,质量永远比收视率更重要。"[1]为什么我们只欣赏他的主持能力,而忽略了他的这一观点呢?

再看德国。不来梅电台的电视总编米歇尔·盖耶尔说:"我们所做的,就是不使'今日新闻'被那些领导新闻娱乐化的人引入歧途。他们说那样可以使新闻更有趣一些,但这种做法最终与那种献媚取宠的新闻活动并无多大区别。"德国记者协会主席赫尔曼·麦恩指出:"我们不能不承认,当信息'包装'服务于市场推销目的,因而'包装'比信息本

---

[1] 丹·拉瑟答美国《广播与电视》杂志记者问[J]. 世界广播电视参考,1999(6).

身更受重视之际,信息对公众的告知功能也就名存实亡了。"①

连资本主义国家的有识之士都明白的新闻规律,为什么我们倒置若罔闻呢?社会主义国家的新闻传播,应该更加重视真实可信,更加令人心悦诚服,绝对不允许滑入暴力、凶杀、色情、怪诞的轨道。

三

毋庸讳言,广播电视的吸引力、亲和力,不是唾手可得的,也不能邯郸学步、东施效颦。只有深入钻研、不懈努力、高瞻远瞩、特立独行,才可能深入浅出、厚积薄发、凸显特色、独树一帜。

但是,当内容贫乏又懒于开掘的时候,形式便跳出来诱惑你了。不管什么内容,也许陈旧,也许粗俗,只要在形式上玩出花样来,也会叫你心跳。这是捷径吗?否,这是一种浮躁心态下无能的表现。

当前,打着改革旗号投机取巧、欺上瞒下的现象并不少见,节目制作也会偷工减料,自诩时尚,要不,为什么真正的精品如此之少呢?新闻节目似乎更难于出精品。原因是:缺乏深入的调查研究,不做切实的采访搜寻,只凭浮光掠影、浅尝辄止地走马看花,或等待请柬,或选看来稿,对形势、对事实一片茫然,对政策、对行业一知半解,怎么会有精深、精湛、精良的新闻报道呢?

天下新闻一大抄,早已不是新闻了。独家新闻确实不易,出色新闻更是难得。因为那要求相当苛刻,于是就在形式上做文章吧。先是对现有新闻传播攻其一点,不及其余,扣上呆板、单调、千篇一律、千人一面等帽子;然后,又推崇港台地区的模式,赞颂他们如何亲切自然,如何个性鲜明。不知道这是改革还是倒退呢?

首先,新闻播报的基本样式在全世界都大同小异,把新闻事实推前,使播报者隐退,让受众直接感受新闻本体,让事实显现自身价值。任何一档新闻节目如果播报者自己一味表演个性、显示自我,甚至掩盖了新闻价值、抹平了新闻形态,那么,这档新闻节目就是失败的。

其次,有声语言的传播在新闻节目中有特殊的要求,例如:字正腔圆,呼吸无声,感而不入,语尾不坠,等等,从而保证新闻的明晰、规整、流畅、迅捷,也为自如平实、由己达人的播报提供了坚实的基础。打破这种播报样式,企图借助别样的播法去吸引受众,既远离了播报,也远离了新闻。

再次,新闻必须概括叙述,言简意赅、词约义丰。而在事实的话语中夹入个人的见解,在叙述的情境中叠加自己的认识,不但是画蛇添足,而且是自我膨胀,确实可以满足张扬个性的愿望,却也低估了受众的水平。不是让受众自己去领会报道的内容么?怎么

---

① 麦恩.联邦德国大众传播媒介[M].北京:德意志联邦共和国驻华大使馆,1993:166-168.

又忍不住指点迷津了？其实，越是重要的新闻，才越应该发表议论呢，不过，那议论是需要点真才实学的，掌握不好分寸、把持不住身份是要出丑的。至于那些不重要的新闻，大概就不需要什么议论了，啰唆几句倒也无妨，可是那又何必呢。有人认为，只有发表一定的议论，才算是进步，才算是改革。这是一种本末倒置的观点，是误入歧途了。有谁希望某个个人发表什么议论，完全悉听尊便；广大受众可是要了解形势的发展、世界的变化的，并且自有主张、自有倾向，如果没有极大的启发和重要的价值，只是传者一点浮皮潦草的看法，就更不想耽误工夫欣赏个性表演了。

最后，殖民地文化的特点之一是它的仰附性。要充分表白自己的忠诚和驯服，就一定把最时髦、最前卫的东西奉献给殖民者，以乞求施舍和封赏。为此，不惜数典忘祖，不惜背井离乡，不惜哗众取宠，不惜阿谀奉承。作为泱泱大国的子孙后代，有些人对此津津乐道、照猫画虎，并且大力推行、乐此不疲。君不见：有气无力者有之，站立指画者有之，旁设电脑者有之，慢条斯理者有之，眉飞色舞者有之，胡说乱侃者有之，啰里啰唆者有之，怪腔怪调者有之，鹦鹉学舌者有之……哪里还有一点中华民族的作风和气派？哪里还有一点新闻传播的氛围和味道？从中我们不是感觉到了某种酸涩和凄凉吗？

任何存在都有其现实合理性，不过我们还是应该坚持主流文化的历史走向，还是应该高扬民族传统的旌旗大纛，以真正的传播姿态自立于世界民族之林，发挥我们的优势，不辱我们的使命。

四

什么时候我们才能进入新闻传播的前沿阵地呢？现在的新闻播报，样式比较单一，缺乏共性基础上的个性风貌，甚至存在某种固定腔调。在内容不够丰富、稿件不够鲜活的条件下，尤其需要改变现状，充分发挥播报者的主观能动性，以较强的语言功力、较高的驾驭本领，增强电视新闻的可视性、审美性、亲和力、竞争力。新闻传播即将走向国际互联网，那里充满了激烈的竞争。真实、准确、密集、迅捷、高超、美感，将成为竞争的焦点，稍有不慎就会"一失足成千古恨"，或被遗忘，或被淘汰，很难"东山再起"，重振雄风。

不要被眼前的既得利益所迷惑，不要被浅薄的狭隘认识所束缚，坚持新闻的严肃性，抛弃新闻的娱乐性，尽力放开目光，加快步伐，遵循新闻的规律，敞开鲲鹏的胸怀，朝着科学的峰巅勇敢地、坚定地向前走去，把那些陈芝麻、烂谷子都扔进太平洋里去！

电视节目主持人不该演艺化！*

目前，电视节目主持人这一职业，受到人们普遍的关注。很多年轻人向往它，想走上这个岗位；广大观众也喜欢主持人节目。节目主持人们大多比较注意自己的"公众形象"，希望成为"名主持人"。有些节目主持人确实主持得不错，名气很大，身价倍增，拥有一大批观众。但是，也有一些节目主持人，自我感觉良好，却并不受欢迎。那原因有很多，而走上了演艺化的道路，不能不说是一个重要原因。

为什么电视节目主持人不该"演艺化"呢？

大家都知道，广播电视是党、政府和人民的"喉舌"，是"舆论阵地"。其中，新闻性节目是它的"主体""龙头""骨干"，必须真实、准确、迅捷、密集地传播有价值的有效信息。因此，它要具有权威性、可信性。新闻播音员（包括主播、主持人）只能是"党的宣传员""人民的知心朋友"。他们一定要以真实的身份、真诚的态度、真挚的语言，进行有的放矢、有感而发、有动于衷的传达和交流。任何一点儿虚假做作、张扬卖弄，都会使传播失真、失效。

改革开放以后，广播电视的功能扩大了、加深了，知识性、服务性、欣赏性、娱乐性节目越来越多。播音员、主持人的队伍迅速壮大。在这些节目特别是电视节目里，是不是可以"表演"呢？再强调"喉舌"，是不是过时了呢？

广播电视的性质和任务仍然是"以科学的理论武装人，以正确的舆论引导人，以高尚的情操塑造人，以优秀的作品鼓舞人"。任何节目，都担负着提高广大听众和观众思想道德素质、科学文化素质、教育审美素质的社会责任。我们绝对不应该以"满足受众需要"为名，传播那些文化垃圾，这是毋庸置疑的。特别是综艺娱乐节目，更不应该"迎合""媚俗"，一味追求

---

* 原载于《北京日报》2003年1月22日。

商业利润和官能刺激。

为了吸引广告和提高收听率、收视率，主持人往往会忘记自己的"社会角色"，一心想"搞笑""玩闹"。这就很容易滑向"插科打诨""招欢买笑"的泥淖。当下，节目主持人"演艺化"的主要表现有：

扭捏作态：打扮得怪里怪气，发型奇特，服饰"另类"，表情眉飞色舞，眼神飘忽，体态轻浮，举手投足十分随意。

嗲声嗲气：声音干细喑哑，吐字含混，话语拿腔拿调，模仿港台腔，内容没有主次，轻重格式倒置，语速很快，语意不清，还经常夹杂一些洋话、土话，什么"Bye-bye""Ok"，有时，甚至伸出胳膊，竖起两个指头喊"呀"。

信口开河：不讲分寸，不注意导向；不顾语句通顺，废话太多，冗余信息、无效信息不绝于耳，眼里没有嘉宾和受众，甚至搞庸俗调侃。

突出自我：一心想显示自己的"个性"，忘记了节目的要求，千方百计吸引人们的注意力，有时故作天真，有时故作深沉，虚情假意，装腔作势，以显得有特点、有"风格"，很"个性化"。

如此等等，不一而足。

为什么会产生这种现象呢？我想大概主要有这样几个原因：

一是忽视了电视传播中节目主持人的社会责任、道德责任、文化责任、引导责任、服务责任，以为要"走进千家万户"，要"亲切""自然"，就得"个性化"，就得"有观众缘"，就得给人们带来笑声。于是，便认为越"时尚"越好，越"前卫"越好。

二是缺乏一定的鉴赏力，低估了广大人民群众的审美能力，以为港台地区、国外的有些节目主持人，会作秀，会出彩，人们看着新鲜有趣，编导和主持人在眼花缭乱中失去了辨别力，良莠不分，又懒于自己开动脑筋创新、别具一格，于是就"东施效颦"，一味模仿，急于"克隆"，好像如此就一定会提高收视率。

三是无力传承民族优秀文化，除了用一知半解做些装点，只能随波逐流，把"流行"当成标准，对于什么是"中国老百姓喜闻乐见的中国作风和中国气派"的节目格调和节目品位，胸中无数，这样，就无法把民族文化底蕴、世界文化精华融入节目中，节目的肤浅、主持人的浅薄，又怎能避免？

四是在社会主义市场经济不断健全完善的过程中，拜金主义、极端利己主义思想造成的社会浮躁风气，或浓或淡地弥漫在电视节目主持人队伍里，满足现状，急功近利，私欲膨胀，唯我独尊，便也顽强地渗入到、显露在主持节目时的言谈话语中、神情举止里。

五是志存高远、虚怀若谷、勤学苦练、自强不息的进取心和坚韧力似乎显得犹豫和脆弱了。人生的远大理想，事业的历史使命，似乎已经被"适者生存"的人生况味、"临渴掘井"的应变方式所吞噬。谁要是再坚持"台上一分钟，台下十年功"，谁就是"傻瓜"。

六是电视节目质量的评价体系，仍然众说纷纭，并未形成一个合目的、合规律的共识标准。一个单位、一个栏目，都可以各行其是，没有刚性的行规，受众调查也还停留在表层阶段,很难据以准确定性;节目主持人主持得不好,仍然可以继续主持下去,无人排除干扰,督促其提高,或者请他下岗。

事实上,广播电视节目主持人(不论谁来充当这个社会角色),实质上只能是新闻工作者,而不能是演员。他们必须以真实的身份出声露面,根本不是扮演另外一个角色。他们要以有声语言为主干或主线,辅之以副语言(眼神、表情、体态、服饰等),驾驭节目进程。为了同节目产生"鱼水效应",他们应该善于调整自己,强化和美化节目所需要的那部分自我,弱化和淡化节目所不需要的那部分自我,使自己完全融入节目之中,如鱼得水。

事实上,演员也可以主持节目,有的主持得还很精彩。例如《戏曲人生》的主持人、相声演员姜昆,《夫妻剧场》的主持人、影视剧演员英达,他们主持节目确实很优秀。但是,他们只要进入电视节目,同样必须遵守电视传播的规律和纪律。如果硬要不顾一切地表演一番,肯定和主持人的身份格格不入,让观众产生反感。

电视节目主持人不该"演艺化",绝非贬低演员的价值,而是希望我们的主持人提高新闻工作者的综合素质,可以吸收优秀演员的镜头前状态松弛、语言轻松幽默、举止准确自然、烘托气氛火候到位等优点。

电视节目主持人是公众人物,他们要体现国家形象、群体形象,他们的话语权力是神圣的,怎可等闲视之?

事业的发展,媒体的竞争,都需要更多、更好的电视节目主持人,我们期待着。

2003年1月6日于北京广播学院

电视综艺节目的审美走向及媒体责任[*]

电视综艺节目在发挥媒体多重功能、活跃荧屏传播样态、满足人们精神需求、促进大众身心愉悦等方面，是有目共睹的，它的有益的社会效果和正当的市场回馈，也是应当给予肯定的。但是，社会群体组成人员的复杂性和大众对于传播媒介需求的多样性，有时，使得传播媒介的决策犹疑不定以至日趋物化。这其间是有主客观原因的，我们不能不加以重视。

一

电视综艺节目从改革开放以后，就逐渐显示出它那热闹、活跃的强劲势头，越来越受到广大人民群众的欢迎和喜爱。它给人们带来轻松和欢乐，使人们在欣赏文艺节目、观看各类表演时，获得身心愉悦，解除工作疲劳，增添生活乐趣，缓解社会压力。特别是它能够把不同的文艺形式和广泛的生活情趣结合在一起，撷英集萃、巧妙连缀、波澜起伏、相映成趣，更是让人耳目一新。传统的专项表演，便显得不够丰富和多样了。如中央电视台的《综艺大观》《曲苑杂坛》，北京电视台的《说演谈唱》，湖南电视台的《快乐大本营》等，都曾经是红极一时的综艺节目。后来，随着综艺晚会的兴盛，电视综艺走向了场面更为宏大、内容更为驳杂的形态。

但是，电视综艺节目一直存在着先天的缺陷，那就是它对世态炎凉的当下关怀和对寓教于乐的仓促表达。

任何综艺节目的创意，都离不开具体人物和细节的描写，也离不开具体语言与形体的表现。不管创作者还是表演者，他们只能借助当下的人物关系和生活状态来引发人们的喜怒哀乐，尤其是诙谐、幽默的演出，更来不及进行人生意义的深刻阐释。它可以把当下表现得淋漓尽致，却顾及不到

---

[*] 原载于《中国广播电视学刊》2005年第10期。

当下存在着的深层心理活动。所以,它就天然地带上了"瞬时快乐"的局限性。

另外,由于"游戏人生""潇洒走一回"的理念和对于思想教育生硬灌输的反抗,综艺节目的创意往往有意无意地回避着"寓教于乐"这一艺术原则,而且,即使力图着意遵循,也会感到难以如愿以偿。在如此短暂的时间里,"教"什么?如何"教"?确实没有可供选择的现成公式。于是,在综艺节目里,我们经常觉得有某种欠缺,不是过于严肃,甚至呆板,就是过分浅薄,甚至低俗。过于严肃、呆板的,很快就被淘汰了,而虽然浅薄、低俗的,反会因为逗人发笑、提供快感,能够不断变换着花样,一路走下来。现在,人们不再期待从中获得什么教益了,已经习惯于一笑了之、看过便忘了。哪个节目如果有几句涉及正面思想教育的话语,肯定会被认为是反面台词。

电视综艺节目沿着自己的道路走到今天,确实遇到了一座关隘——浅薄和低俗。如何摆脱这个处境?怎样提升艺术品位?难道传播者就没有责任么?传播者理应力挽狂澜,焕发电视综艺节目的艺术青春。

二

不论哪一种艺术形式,都会有自身的局限与欠缺。关键在于创作者和表演者如何以自己深厚的功底和高超的技艺去突破、去弥补,使之特色鲜明、风格各异。其中,内容决定形式,形式又反作用于内容;遵循艺术规律,在继承中力求创新。不过,这需要积累和磨炼,需要钻研和推敲。电视综艺节目之所以滑入低俗的态势,节目制作者、传播者方面未能恪尽职守,未能尽心尽责,不能不说是一个重要原因。这种说法,有些人可能会觉得委屈,甚至十分反感。大环境和某些体制确实没有形成提升综艺节目质量、加强审美走势的推力。但是,大众传播的"舆论导向"和"先进文化",难道不是给我们营造了一个宽松和谐的氛围么?没有人硬性规定必须走向低俗啊!

原来,市场经济的利刃正在把社会历史文化的内涵给切割出"传播效果",而增添了感官刺激和拜金主义的双重诱惑,竟使得农业社会的人们迷恋上了后工业社会人们的灯红酒绿,成了巨商大贾的消费对象,从而逼迫得制作者、传播者开始了经营思路的苦苦追随,处于艺术与商品无奈的两难选择之中。

原来,资本帝国"恩赐"给殖民地、半殖民地人们的"插科打诨""集怪猎奇"混合上色情暴力、纸醉金迷,也召唤着人们日益沉沦,远离英雄主义、国家利益、民族精神、人文关怀。除了个人奋斗、个人私欲、个人利害、个人安危,以及眼前的"食槽"、身边的琐事,就再也没有什么可以关心的了。这些,正是对于"接班人演变"的寄托,也是贪污腐败风气的温床!

原来,已经封闭了多年的人们,产生了在电视里出头露面的强烈愿望,有一种不可遏止的"表现欲""表演欲"。电视综艺节目的"互动"形态,恰好迎合了他们的这种心态,于是,争先恐后地蜂拥而至,摩拳擦掌地跃跃欲试。这就使制作者、传播者热衷于此,千方百计动员,尽其所能取悦,希冀于多多益善,期待那滚滚人流和滚滚财源"双喜临门"。

原来,社会竞争潮流带来了前所未有的心理压力,人们渴望消解和释放,希求在生活中更多一些松弛和愉悦。那些新颖奇特的节目内容和嬉笑打闹的形式,就适合了人们的期待,满足了人们的愿望。即使浅薄低俗一些,也能够勉强接受,甚至并不当真,玩笑而已。

如此这般,应该说,电视综艺节目的"身不由己",是一种"多元文化"的边缘化过程,可以任其自生自灭。不过,中华民族的文化发展,从来都是既"独立自主",又"海纳百川"的,我们应该有能力"因势利导""改弦更张"。

三

根据现在的态势,我们是否可以采取以下几种办法:

第一种办法,继续坚持"高雅品位"同"通俗品位"并存,已有的雅俗共赏的节目,毫不动摇地办下去,并且不断加强。大力弘扬民族美德和审美自觉,用最具典范意义的美学理想、美学精神,引导全社会进入崇高的美学境界,让中华文化的血脉继往开来地传承下去,让广大受众长期接受优秀文化传统的熏陶和感染。做到这一点,很不容易,必须承受"收视率下降"的暂时危险,但要坚信,假以时日,必将兴旺。

第二种办法,电视综艺节目的制作者、传播者中,有志者会夜以继日地勤奋学习,研究国内外的成功经验和全球发展态势,把别人的先进经验借鉴过来,为我所用,努力创新,不再吃别人嚼剩的馍,走出自己的电视综艺之路。要有特立独行的勇气,不图眼前的轰动效应,不图到手的高额赢利。这是培养队伍和发挥潜力的根本途径。

第三种办法,加强播出之前的监审,把问题解决在萌芽阶段。节目创作文本、节目录制现场,都应该有人把关,那些低俗的东西,只要一露面,就马上纠正。例如,有的主持人,袒胸露腹,发型怪异,卖弄风骚,谈吐庸俗;还有的主持人,狂妄自大,戏弄观众,自我膨胀,毫无节制。这既是主持人的综合素质问题,也是把关人的标准要求问题。"制造气氛""张扬个性""打破框框""吸引眼球"等,强迫主持人无所不用其极,难道只怪主持人的修为么?当然,主持人也完全应该提高自己的文化修养和品德素养,否则,就会丧失本身的"人格",损害屏幕形象。

第四种办法,在整合媒体各种运营体制的过程中,先行改善频道或节目内部的操作机制,以改革小环境和局部的运行策略来带动和促进大环境和整体的体制改革。特别是评价体系方面的定性与定量分析指标,不要随波逐流,而要努力科学化、现代化。电视综艺节目主持人的屏幕形象,既要保有落落大方、高雅爽朗、轻松潇洒、睿智宽容的共性特征,又要提倡扬长避短、特点鲜明、真切坦诚、热情洋溢的个性风采。千万不要追逐时髦、迎合媚俗,更不要邯郸学步、东施效颦。在当前,我们还是应该注重策划、研究时尚、引导受众、愉悦身心。

以上只是挂一漏万的几点想法,供参考而已。

四

我们从来都认为,电视综艺节目是大有作为的,它不该衰落。现在,一定不要怨天尤人,而是应该反躬自省、反躬自问:我们尽到了媒体的传播责任了吗?

我国的传播媒体,必须成为"以正确的舆论引导人"的现代化工具。我们只有沿着社会主义方向,"以高尚的情操陶冶人",用健康向上的理趣和情趣,提高节目的水准和品位,使广大受众从中得到美感享受,才符合大众传播工作者、新闻工作者的职业道德,才是有"艺术良心"的表现。

西方的有识之士,总是坚持自己的操守,不为时尚和流行所动,不为名声和利益所累,这很值得我们思考。如美国著名节目主持人丹·拉瑟就说过:"我宁可冒着收视率降低的危险,也决不搞新闻节目的娱乐化!"而我们,往往自觉不自觉地被脂粉气和铜臭味弄得头晕眼花,而不知其所止。西方的综艺节目,确实有不堪入目者,也有低迷沉沦者,但是,那是完全被市场经济、商品推销所左右的结果。市场经济肯定会"撕下了罩在家庭关系上温情脉脉的面纱,把这种关系变成了赤裸裸的金钱关系"(《共产党宣言》),我们的广播电视,属于主流媒体,怎么能够完全被市场经济所左右,走"小报化""娱乐新闻"的路呢?如果长期走下去,边缘化和另类表达占据了主流位置,必然导致"数典忘祖""玩物丧志",这不是十分危险的事吗?

广播电视节目的"克隆"现象,在貌似敏感和求新的自我感觉里,已经逐渐养成了某种惰性和惯性,从而极大地忽视了"原创性"。我们的责任,好像就在于无休止地"完成任务""按时播出",好像来不及进一步去思考、研究,日复一日,年复一年,再也无力寻求新的动力和资源。正应了老子的话:"五色令人目盲,五音令人耳聋。"(《老子·第十二章》)纷繁复杂的社会生活,竞争激烈的传播媒体,真是让人目不暇接、耳不暇听,多的是"热运行",少的是"冷思考"。泱泱大国,难道只能跟在别人的后面爬行?直闹得大人孩子都去追著名的"星",造自己的"星",并且乐此不疲。艺术被削平,崇高被放逐,我们总有一天会后悔的。1992年,钱钟书先生有感于当时文化领域的商业化倾向,在接受《人民政协报》记者采访时说:"崇高的理想,凝重的节操和博大精深的科学、超凡脱俗的艺术,均具有非商业化的特质,强求人类的文化精粹,去符合某种市场价值价格的规则,那只会使科学和文艺都'市侩化'。丧失其真正进步的可能和希望。历史上和现代的这种事例还少吗?我们必须提高觉悟,纠正'市侩化'的短视和浅见。"[①]钱先生语重心长的话语,说过十多年了,"市侩化"现象仍然相当严重,我国知识分子的忧患意识和社会责任感也仍然相当强烈,这是怎样的一种尴尬啊!

---

① 王能宪.原创性文化是文化产业的动力和源泉[N].光明日报,2004-9-1.

自古以来，我们的民族，一直崇尚"言行一致""修辞立其诚"，一直厌恶"口是心非""言而无信"。为什么说的是一套，做的却是另一套呢？对受众负责，对人民负责，是要落实到节目策划、节目制作中去的。如果公开申明，我的节目就是为了自己赚钱，也好识别；却往往冠以堂而皇之的名目，好像一切都是为了广大的观众：为你服务，请你参加，让你欢乐，给你大奖（形象的包装，物质的刺激）。这种诱惑，不过是扩大了的"娱乐推销"，只是通过"媒体霸权"，显得更张扬、更铺排；进入"公众形象"，显得更加光鲜、更有魅力。而这，对于人们心灵的躁动、物欲的膨胀，恐怕是一种"饮鸩止渴"的兴奋剂。

媒体的责任，是社会历史的赋予，是时代大潮的期许。内容的铁律，不仅是方针政策的贯彻，更为重要的是思想感情的肝胆相照。形式的反作用，只能推进内涵的深化，绝对不应该让羸弱的身躯套上奇装异服。多样化，是允许主流之外的边缘样态存在的，可是，不应吸纳污泥浊水。"把关人"，不能做"旁观者"，更不能当制卖假冒伪劣的"当家人"。我们不但有责任把握前进的大方向，还要尽心竭力地去"防微杜渐"。

电视综艺节目走向低俗化，是大家都不愿意看到的。我们的生活，的确需要更多的欢声笑语，的确需要更好的赏心悦目。我们寄希望于大众传播媒体的策划者、制作者、管理者，相信他们一定会坚定地向着先进文化的前进方向，奋步疾飞，开拓社会主义中国特色的传播新形态，逐步实现电视综艺节目的民族化、审美化，展现中国老百姓喜闻乐见的、有中国作风和中国气派的时代风采。

2005 年 8 月 25 日
于中国传媒大学播音系

论语言传播的三重空间*

语言的社会性、人文性在语言学研究中应该成为重要的出发点和归宿,而在工具性和技术性层面阐释中,更要给以人文精神的终极关怀。只有如此,才可以打破"语言是交际和交流思想的工具"的视阈,提升到"语言是思想的直接现实"这个高度上来。语言在历史发展的长河中,表现出了相当明显的稳定性,也表现出相对活跃的变异性。长期以来,我们十分重视文字、文字语言和书面作品的研究,而不大重视甚至轻视口语、有声语言、口头创作的研究。因此,口语作为书面语的根本,似乎一直徘徊在语言学研究的殿堂之外,甚至有人认为口语不能登大雅之堂,我们的语言史几乎成了文字语言史。

当然,汉字的发展,便于记录、考证;汉语积字成篇,意象铺排,不重形态;书面语与口语分离……至今仍存在的"重文轻语"现象,表明了语言学研究的难度,不过我们是否在"工具论"的影响下,局限于历史流变的形式,拘泥于一般语言的规则,精于微观技术辨析而疏于宏观人文关怀呢?

语言学研究,必须从社会语言现象入手,去观察、去搜集材料,去进行历时性、共时性研究,不这样做就无法占有广泛的素材、数据,就无法对比、描写。但这只是一个客观分析的角度,只是一种结果性探索。语言的主体性和内省性却提出了另一种主观分析的角度,也可以说是原因性探索。研究语言的主体性和内省性,有利于解释语言的个体性与社会性的关系,有利于描述语言的个别性和一般性的关系,从而深入探寻语言的规律性问题。

从语言传播的角度,开启一面语言主体和内省的门窗,是否可以为语言学研究提供一点思路?

---

* 原载于《世纪之交的应用语言学》,北京广播学院出版社2000年版。

一

语言的发生学依据,还是以恩格斯在《自然辩证法》中那篇著名的《劳动在从猿到人转变过程中的作用》里的论述最为科学和生动,并具有深刻的启示性。"非说不可"的个体需要融入共同的社会需要之中,语言便拓展出人际交流的生存空间。

语言的生存空间,使人们在求生存、求温饱的欲望中,获得了一般动物性中罕见的人类性,极大地提高了存活率,人真正成为社会的节点。语言不但打开了进行生存方式对话的新天地,而且可以叙述个体的人生体验,同时造就了群体(由小到大)的联系纽带,可以抗拒自然灾害和猛兽的侵袭。在语言的生存空间中,肯定存在着语言传播的现象,不过那传播范围比较狭小,传播方式比较单一罢了。否则就难于理解"围猎"时的大声呼喊和个人心愿形成共有的图腾了。

随着语言生存空间的不断扩大和丰富,人类社会的种种"契约"开始出现,一地有一地的习惯,一族有一族的风俗,涉及生存及繁衍的众多"游戏规则"也逐渐约定俗成了。

诸如民谣、民歌,其后的口头文学创作,都是在历时和共时的传播中发展起来,并影响书面语的。到今天,语言的生存空间更加广阔、更加鲜活,可民族性、地域性、人文差异性还是注定了它的芜杂和散漫。

二

社会的进步,经济的发展,使人类的社会交往日益频繁,交际领域十分宽广,加上科学技术的空前发达,传播媒介的迅猛扩张,人们的求发展、求富足的欲望更加强烈,"自给自足"的自律生活升腾为"我为人人,人人为我"的他律要求,正常和正当的功利主义催发了竞争激流中的生命之舟,冲破了显性和隐性的大小樊篱,进入了标准语言的规范空间,并能在其间徜徉遨游,胜似闲庭信步,而以求一逞。

国家的、民族的共同语,给政治、经济、文化、教育、军事、科技带来了共享的资源,带来了德、才、胆、识的创造契机。在"书同文"的伟大规范之后,再发挥"语同音"的历史规范作用,利在当代,功在千秋,应是不争的结论。

语言的规范空间,呼唤着前瞻性的观念与警示性的紧迫感。人人都逃脱不了义不容辞的责任,任何精神和物质的障碍都阻挡不住当代社会契约的强劲拉力。广播电视传播以有声语言为主干或主线,不论是今天的单向传播还是明天的双向互动传播都必须率先垂范,做出榜样,并为营造规范氛围恪尽职守。值得重视的是,广播电视语言传播的非规范化倾向相当普遍,而在文学艺术界更有"解放被普通话取缔的广大领域"之论调,这主要源于对语言生存空间的留恋,对规范空间的本能抗拒。这一空间,充满着规范与不规范、推行规范与抵制规范的较量,且会长期存在。只有当不规范无力生存时,不规范被传媒、被网络文化拒之门外时,才有可能淡化以至消失。但那时,也许新的规范更严格、更冷酷。人们的语言观总是不断更新、不断进步的,这是毋庸置疑的。

三

古今中外历史文化的积淀永远处于动态的凝聚之中,永远会表现在理念与情感融会贯通的语言中。规范,只是一种语言文化广采博收、深化内涵的基本要求,是精神境界提升的必备条件。人类的求发展、求富足没有止境,在信息共享、认知共识之后,必然产生对美学理想的追求,期待着愉悦共鸣。语言上的单调、冷漠、芜杂、散漫、刻板、生硬,是会造成疲惫和厌倦的,无法激发生命活力,这也是电脑不能代替人脑的原因之一。人们向往语言的审美空间,那里洋溢着对生活的热爱,对美感的享受,对未来的憧憬,对创造的欣喜……

进入审美空间的语言,饱含着历史的厚度,时代的高度,哲理的深度,言简意赅,词约义丰,使人心驰神往,流连忘返。这是理想语言学派、阐释语言学派、结构语言学派、功能语言学派等所不能完全覆盖的。

审美空间往往给人以"高处不胜寒"之感,总觉得"起舞弄清影,何似在人间",远不如日常生活中那又自然又随意的语言显得"平民化"。其实,语言的审美空间完全可以做到"从心所欲而不逾矩",不过,那是要花费一定工夫的,即"语言这东西,不是随便可以学好的,非下苦功不可"。如果真的做到"辞达",展现了语言的音美、意美、情美,使语言进入民族化、风格化、意境美、韵律美的境地,发挥出语言的言事省人、言理服人、言情感人的精妙作用,语言创作主体与接受主体都可以获得审美愉悦。到那时,"阳春白雪"和者岂止数十人,"高山流水"知音绝非一二人。

从以上对三重空间语言传播的简浅说明不难看出:

三重空间是相通、相容的,并不隔绝,边界不是鸿沟,生存空间中也有规范部分,也有审美成分;规范空间会存在审美层次;审美空间中肯定有生存空间的鲜活因子和规范空间的坐标要素。

三重空间是由低到高的递进关系,并不脱离,都有遵守基本规则的要求。到了审美空间,特别是返璞归真状态,便达到了"不工者,工之极也"的地步,同生存空间的风貌相当接近,但却属于高级形态。如此螺旋式上升,将在整体上提高全民的文化素质和语言素养。

语言传播可以存在于三重空间中,其理想模式也不是全部归于审美,应视传播内容、传播样式而定,有时"割鸡焉用牛刀",有时要"会当凌绝顶",不可一概而论。但是,语言传播不应只求符合规则,必须弘扬人文精神,引发生命活力,坚持规范、审美的价值取向,这正是研究三重空间的目的和意义。

语言学与应用语言学不宜作茧自缚,而应大踏步地走向现代化,走向世界,走向未来!

大众传播与人际交流*

大众传播,简单说就是以广大群众为对象的传播。威尔伯·施拉姆、威廉·波特的《传播学概论》对其是这样定义的:大众传播是指职业传播者使用机械媒介(如印刷报刊的印刷机、播送广播电视的电讯机械)广泛、迅速和连续地传播信息,以期在大量的、各种各样的传播对象中唤起传播者预期的意念,试图在各方面影响传播对象的一个过程。众所周知,广播电视属于大众传播。现在的问题是,大众传播和人际交流究竟是什么关系?

有人说,要把人际交流引入大众传播,才能使大众传播平等、贴近、亲切、鲜活地发挥作用,否则就会高高在上、格格不入、生硬干巴、死气沉沉。事实是否如此呢?

所谓人际交流属于人类传播,是指面对面地或者通过书信电话进行的交际,这和大众传播最重要的区别就在于"对象"。面对个人,特别是熟人,顾忌很少,几乎可以无话不说,几乎可以旁若无人。而面对大众,特别是生疏的人群,顾忌较多,有时话到唇边留半句,有时弦外之音让人想。应该说,大众传播是人际交流的提高与浓缩,是人类生命活力在公众话语层面的凝聚,是人类审美能力在价值取向中间的升华。

一

人际交流的经验累积性、约定俗成性构成了人际交流的独特个性。

不同交流对象的差异性:同祖父、祖母、父亲、母亲、兄弟、姊妹、同学、同事等,说什么,怎么说,都很不相同。由于这些差异,几乎不能把相似的话语移植到另外的人身上,否则就会闹出笑话。不同时空交流的变异性:面对同一个人,由于时间、地点的不同,说话的内容、方式会产生变异。在

---

* 原载于《声屏经纬》2002年第3期。

自己家里,在街上,又或是结婚典礼,追悼会场,假日旅游,深夜谈心,肯定大异其趣。

交流过程的近切随意性:人际关系的复杂性,呈现出各种交流过程形态。如果要求"亲切自然",那只处于亲友之间。而亲友之间,那交流过程就显得十分亲切、十分随意了,要说什么不必拐弯抹角,怎么说无须字斟句酌。

交流状态的日常自在性:人际交流一般是处于日常生活状态,并不非得刻意打扮,更不必特别讲究表情姿势。除非贵客临门、参加盛典、外交谈判、情人会面,需要注意身份、语言、行为的"合目的性",亲朋好友之间都相当自由自在,以免造成矫揉造作、装腔作势的生疏感、距离感。

我们通常所说的人际交流,一般并不包括那些特殊情况。但从以上就可以看出,大众传播正是从人际交流中提升了那些具有共通性的、普适性的交流过程和交流方式,比一般的人际交流更规范、更准确、更主动、更鲜明,因而更有效、更深刻、更高超、更美妙。

二

大众传播,虽然脱离了人际交流的自然、淳朴的一般态势,但是却仍然来源、植根于人际交流的基本状态。正如优秀的文学作品来源、植根于人类生活一样,甚至比文学艺术同人类生活的关系更密切、更真切,大众传播简直就是人际交流本身的再现和模拟。不过,无论如何,大众传播并不等同于人际交流,它同人际交流的区别还是显而易见的。

首先,传播的性质不同。它是作为国家、阶级、集团的意志表征呈现于世并发挥作用的。它为实施权力而引导舆论,它为掌握舆论而行使权力。世界上绝没有盲目空洞的大众传播。在旧中国,国民党为了维护自己的统治,利用广播、报纸大造舆论,恶毒攻击、污蔑共产党人;共产党为了救人民于水火,发挥广播、报纸的战斗作用,揭露黑暗,鼓舞人民起来抗争,分明体现了两种性质的大众传播。如今,我们的广播电视、报纸刊物,还应该包括网络,都是为人民服务的,是党、政府和人民的"耳目喉舌",不应该把它看作个人的、私有的工具。

其次,传播的任务不同。我们要传播真理和正义的声音,传播人类的精神文明成果,传播中华民族的优良传统,传播我们走向现代化的前进景观,传播我们披荆斩棘的满怀豪情。说一个人,那是在说整个民族;一个人在说,那是整个民族在说。在这里,是没有任何反民族、反科学、反社会主义垃圾的"发言权"的,也没有任何私欲、物欲、兽欲的"发泄场地",当然不应该成为个人表演、个性张扬的"私人领地"。

再次,传播的规格不同。大众传播必须最大限度地遵循社会规范,以便得到最大限度的认同。大众传播要尽量避免误读、误听,所以要使用规范字,使用普通话。在传播中,一定要剔除杂质,清洗污浊,减少无效信息,加深信息内涵,努力实现"真、善、美、新、雅、精"的品位,取缔庸俗,铲除恶俗。

最后,传播的心态不同。人际交流的松弛随意,一到大众传播之中马上变得紧张郑重起来,就是写几句文字,就是一言不发,只要是在报刊上、电视上出现,对自己的要求立即提高了、严格了,一撇一捺、一颦一笑都很在意,至少要给人留一个好印象,不能因为自己的粗心大意做得不得体,贻笑大方,让人把自己看低。

三

目前,大众传播正在发挥着巨大的社会功能,早就成为人民大众精神生活中不可或缺的重要组成部分。有没有不足呢?的确,大众传播存在着诸多问题。择其要者有如下几点:

一是模式化、雷同化。生活的丰富多彩,在大众传播的过程中缺损较多,变形较大。人际交流中那些值得推崇、值得展示的东西,大都未能引起注意;有些虽然显得芜杂却蕴含着精彩内核的东西,并没有被开掘出来;有些表面上看令人眼花缭乱、价值不是很大的东西,反而备受青睐,被一再宣扬。这是因为传播者们缺乏深入观察、捕捉新鲜事物的敏感,总想享受生活的馈赠,总是等待生活的给予,同时又懒得花费心血,下一番"由表及里""由浅入深"的改造制作功夫。那现成的框架、惯常的思路,便具有了强大的吸引力,"克隆"起来既顺手又省力,很多节目就都"似曾相识"了。

二是浅表化、通俗化。"大众文化"的理念左右着人们的价值取向,以为既然是大众传播,当然就无须追求高雅,不必讲究精深。说大家都能说出的话语,播大家都能知晓的景象,稍有难度,就应千方百计地说明白,不惜工本地播完全。一句话能说清楚,如果可能听不出含义,那就毫不犹豫地多说几句,宁可啰唆;一个画面能表现,如果可能看不出内里,那就坚定不移地多加几个画面,宁可拖沓。丰富变成单调,深刻变得浅薄,立体成了平面,幽默滑入调侃,艺术沦为搞笑,审美降到快感。

三是冷漠化、平庸化。文字语言日益粗糙,有声语言更加苍白。那些自诩为"平民"的报纸杂志上的文字似乎越随意越拉杂越有特点,那些一心想"贴近"的广播电视中的节目似乎越懒散越含混越有风格。有人专门寻找远离书面语、酷似口头语的句式章法,一味追求无动于衷、心不在焉的表达方法。以为把人民大众的日常生活情状和语言形态表现得无感受、无文化、无激情、无美感,才叫作"真实""质朴";以为把报纸杂志、广播电视办得越"边缘"、越"时尚",才会受到更多受众的喜爱。有的报纸,版面很多,标题醒目,浏览一下还可以,却几乎没有一篇耐读的;有的节目特技很多,声音刺耳,偶然一看还可以,却几乎不忍继续看下去。人民群众的日常生活中,那语言、景色也是有好有坏、有高有低、有雅有俗、有精有粗的呀!为什么不去提炼精华反而单找糟粕呢?

四是私语化、私欲化。大众传播理应传播大众需要的、先进的、集体智慧过滤的当代精品,而不是人际交流的实况录音、录像。那股文学艺术的思潮,如自然主义、私语化、私欲化的产品,本可以作为一小部分人自娱自乐的消遣,却堂而皇之地进入了大众传播。不是要"张扬个性"么?不是要有"人格魅力"么?于是便用来填充无力支撑的艺术个性空间,以便凸显另类人格去吸引另类人群。于是,人类精神文明的视野里,竟然掺杂了不堪入目的图像,居然出现了难以入耳的语言。丑陋的形象、嘶哑的声音、怪异的姿态、梗塞的语句,都成了"个性鲜明""人格独特"的表征和"媒介成熟""媒体健康"的标志。相反,在这些传播者看来,主流意识形态、主流文化,是"政治宣传"的责任,与"大众"无关,与"个性"无干。

从以上几点可以看出,当前的主要任务,是极力鼓吹大众传播的"平民化""世俗化"呢?还是真诚呼唤大众传播的"厚重化""精品化"呢?这应该是不言而喻的。

四

大众传播历经千辛万苦走到了今天,我们应该珍惜已经取得的成果,继续前行。

社会的发展,时代的进步,构筑了人际交流的广远空间。人际交流的内容和形式、方式和样态,源远流长,色彩纷呈。但是,其间又是鱼龙混杂、泥沙俱下的。人们不满足日常交流状况,才在科学进步和技术发达的可能性里,驻足大众传播的华美景观,企盼它的眼观六路、耳听八方、人文关怀、审美意味创造无限的遐想、生命的活力。我们怎能忽视它的潜质、衰减它的能量呢?

信息高速路的开通,网络化的拓展,固然可以营造更加广阔的领域,不过仅就目前的态势看,仍然被人际交流的话语徜徉其间,所谓大众传播的"第四媒体",虽然增加了现实之外的一个虚拟世界,虽然方便了人们的视听交往,我认为,网络那顺从鱼龙混杂、泥沙俱下的格局说明,它并没有真正从"为个人"向"为大众"转型,并没有从"生存空间"向"规范空间"过渡,而作为体现大众传播特性的"审美空间",只是显示了凤毛麟角的前兆,离大步进入的时间还比较遥远。因此,我们有责任充分利用大众传播的感召力、影响力,一方面努力强化自身,一方面重视抢占网络,双管齐下,承担起时代赋予的提升思想道德、传播科学文化、深化教育审美的历史责任。

区分大众传播和人际交流,意在从理论和实践上廓清二者的差异,避免混淆,或者夸大人际交流的作用,或者削弱大众传播的功能,而不是要造成它们的对立。

事实上,大众传播就是人际交流的再现,只不过不是全盘,而是那些最精彩的部分的呈现。人际交流中就有大众传播的情景,正等待着人们去认知和感受。

缺失和误解,不可避免,关键是如何应对。我们热切地希望,大众传播真正反映出时代的风貌,人际交流充分体现出时代的精神。

试论中国播音学的发展与世界华语播音的融通范式*

汇聚世界华语播音精英,共议语言传播大计,是我们多年的愿望。今天,我们能够邀请到各位与会,由衷地感到高兴。首先,谢谢各位的光临。

我今天的发言内容,可以概括为三个方面:简单介绍一下中国播音学的发展态势;就世界华语播音需要关注的几个问题谈一点浅显的看法;还要阐述关于融通范式的基本观点。

一、中国播音学的发展态势

中国在20世纪20年代就建立了广播电台,但是,一直到40年代才开始积累了一些播音经验的文字,50年代出版了几本经验汇编。1963年9月,北京广播学院创建了播音专业,于是从实践的需要出发,不断编写、修改教材,逐渐形成体系。到1994年10月,《中国播音学》问世,标志着我们这个学科的诞生。这些年,又在基本框架的基础上进行了多方面、多层次的拓展,在这个学科的可能性空间里又填充了许多理论话语,使之成为独树一帜的系列教材和学术论著。

中国播音学的建立,以哲学和美学、新闻学与传播学、语言学及应用语言学、文学艺术为学科支撑,集中研究和确立了三个学科系统:广播电视语言传播规律系统、播音主持艺术理论系统、大众传播与人际交流关系系统。

在广播电视语言传播规律系统中,着重解决传播的"线性""单向性""限时性""强制性"问题。凸显传播者的社会责任、文化责任和道德责任,对受众进行"灌输"和"满足"的有效传播,力求真实准确、迅捷密集、悦耳动听、赏心悦目,引导受众提升思想道德素质、科学文化素质和艺术审美素质。而有声语言传播中,必须坚持表达的典范规格,让受众在耳濡目染、潜

---

* 原载于《聚焦世界华语播音》,北京广播学院出版社2004年版,是"世界华语播音学术研讨会"上的主题发言。

移默化中学习和感悟有声语言表达的规范路径和经典蕴含。处于信息化、数字化迅猛发展的今天，媒体传播什么，已经不再有物质隐秘和权力遮蔽的局限，而怎样传播，却成了更为重要的问题，需要深入研究，精细运作。传播观念的当代转型，必然带来全球媒体新一轮更为激烈的竞争，我们不能不认真对待。

在播音主持艺术理论系统中，我们重点研究了播音主持艺术的根本属性——新闻性；主要任务——为广大受众服务；播音语言特点——规范性、庄重性、鼓动性、时代感、分寸感、亲切感；播音的正确创作道路——有内容、有对象、高质量、高效率；强化语言功力——观察力、理解力、思辨力、感受力、表现力、鉴赏力、调检力、回馈力；播音创作主体必须掌握用气发声、吐字归音、字正腔圆、刚柔相济的基本要领运用内在语、情景再现、对象感和停连、重音、语气、节奏等思想感情的运动状态和表达方法；遵从播音表达的规律——思维反应律、词语感受律、对比推进律、情声和谐律、呼吸自如律、自我调检律，并指导播音实践，努力做到"有稿播音锦上添花，无稿播音出口成章"；无论是新闻评论类、知识服务类、教育欣赏类，还是综艺娱乐类，在广播传播中，都应该达到"以情带声，声情并茂"，在电视传播中，都应该达到"声画和谐，形神兼备"，从而实现多视角、多层面的"信息共享、认知共识、愉悦共鸣"。

在大众传播与人际交流关系系统中，我们提出了语言传播"三重空间"的理论。自从人类产生了语言之后，语言总是在"生存空间"中被使用，求温饱、求生存，人际交流频繁，但局限于本地、本族之间。随着经济的发展，特别是商业贸易的增加，生存空间日益扩大，语言也就在人际交往中愈益准确和丰富。当人们需要更广泛的交流的时候，尤其是当大众传播的广播电视出现以后，语言的"规范空间"愈加受到全社会的重视。规范，应该是人类奋然前行的通衢大道，是人类获得语言传播自由的必经之途。表面上看，似乎是一种规矩和范式，实际上，进入了这种规矩和范式之后，就能够在更广泛、更精美的空间里，自由驰骋，得到更多的受众认同和更深的文化阐释。而"审美空间"所包容的是人们的审美期待和美感享受，它不但剔除了生存空间里的芜杂和混乱，而且赋予了规范空间以极强的生命力和长久的吸引力。语言传播"三重空间"的关系，互相联系，相互依存，却又有高下之分、文野之别。大众传播从来都是人际关系、人与自然关系的反映，但又不能只是原生态的、无取舍的全景式反映。大众传播总要按照自己的价值取向加以剪裁，总要把那些人生百态中的智慧和人类社会中的觉醒展现给广大受众，供他们咀嚼和消化。大众传播如果把快餐文化和垃圾文化当作重点，那就背离了当代广大受众的人文诉求，很难再保持应有的品位与价值。

建构的三个系统，已经体现在我们的播音主持艺术专业的教育和教学中了。我们在高等教育的大专、学士、硕士、博士的各个层次上，培养出了大批优秀人才，他们已经走上了广播电视第一线，发挥着主力军的作用，有一些还到国外、域外媒体从事播音工作，具有明显的实力和潜力。我们积累了丰富的教学经验，出版了一批独家教科书，成为当今中国100多所院校相关专业的通用教材。我们的教师队伍，既有播音主持经验，又有科研成果,并且正在奋力提升着自己的综合素质。

我们的中国播音学,虽然在国内处于领先,在国外独树一帜,但还存在很多不足,需要不断发展和深化,不过,它却已勾勒出全球化视野中语言传播的中国特色和审美优势。世界华语播音的学术共识、表达范式是否也涵孕、跃动在其中了呢?

二、世界华语播音的关注基点

多年来,我们几乎没有中断过对世界华语播音的关注与研究,特别是我国改革开放以来,收听华语广播,收看华语电视,成为我们审视和借鉴国外、域外播音经验的窗口。在同日本、美国、新加坡、德国、英国、法国和我国的台湾、香港的同仁们交流过程中,我们开阔了学术视野,汲取了有益的养分,也感觉到某些存在的问题。现在提出几点想法,就教于各位。

首先,从全球各个媒体的语言传播看,华语传播仍然处于弱势。主要表现在:传播媒体分散,各自为政、各行其道,缺乏有雄厚资本支撑的集中性强、大容量、重量级的强势传播,就连中国的广播电视在境外也还没有形成大面积落地、高强度覆盖的格局;视听群落零散,没有稳定的受众群,显示了传播对象的模糊和漂移;传播内容大多处于类型化、模式化阶段,只有语言的共同体意识,而少有具体节目形态和鲜活人文内容的差异。比较多的华语节目,常常是该国通用语的华文译本,而少有专门量身定做的、确实符合本国、本地华人视听心理习惯的节目。至于那些跨国、跨地域的传播,即使竭力获取受众反馈,也往往事倍功半,只能得到一些显性的、表层的反馈,难以获得隐性的、深层的反馈。因此,根据目前的状况,世界华语播音还很难像全球一些强势媒体那样,吸引雄厚的资金,凸显自己的特色,占据较多的市场份额,影响较多的受众。

其次,世界华语播音的传播内容,还不能同媒体驻在国、所在区域的社会文化背景很好地结合起来,从而进行地缘、亲缘的人文源流的对话,因此往往显得疏离和陌生,受众对于生存和生命的渴望得不到心灵的抚慰,对于知识和理想的追求得不到精神的满足,便会舍弃这样的传播,甚而不再理会它。另外,那些跨国、跨地域的传播,如果不能同对象国家、对象地域的社会文化背景紧密地联系起来,并进行风俗习惯、接受心态的调整,那么,任何自己熟知的、自觉常态的传播,也只能是隔靴搔痒、无的放矢。所谓社会文化背景,不外乎政治经济生活和历史文明积淀所营造的大众人文风貌和社会心理认同。小的像名词术语、翻译称谓,大的如体制机制、民族精神,都应该努力契合。当下的流行和时尚,会奉送给我们随波逐流的机缘,并引诱我们作出迎合与媚俗的选择,有时竟会无力分辨社会的定型和转型、农业与工业、现代或后现代,一味去追逐扭曲、怪异、色情、暴力等。事实上,这就放弃了传者的良知,误入了拜金主义的斜路,即使能够一时满足人们的求异思维或可产生轰动效应,那也是不会长久的,结果将失信于民,终被淘汰。这样的经验和教训,确实值得记取。

再次,华语播音的语言样式,必须走多样化的道路,而不应驻足于日常的琐细谈话。朗诵式、宣读式、讲解式、谈话式,打开了有声语言表达的多样化大门,极大地启示着华语表达的民族化、风格化、意境美、韵律美的千姿百态、色彩纷呈。有声语言表达切忌单调和干瘪,而"人际化""私语化"的恶果,正是语言苍白和感情平淡的根源。当前,访谈类节目大量涌现,有些节目做得很精彩,但是,应该警惕那种庸俗、冗长的倾向。大众传播的具体语境,使我们相当在意自己语言和形象的公信力和感染力,而决不能满足于像生活里的交谈那样随意、那样易碎。

最后,应该明确传播对象的"质"与"量"。传播对象的"质",是指环境、气氛、心理、素养等有关个性的要求;传播对象的"量",是指性别、年龄、职业、人数等一般情况。传播对象,不一定是"真有其人",但我们必须是"心中有人"。因此,我们特别重视"对象感"的把握。华语播音,面对的是华人、华侨、华裔,中老年居多,也不乏青少年,甚或儿童,也包括越来越多的非华裔外国人。他们除了要得到世界大事、各种信息之外,还希望了解中国或者与中国有关的人物、事件,期待着祖国、同胞、同裔的关怀和相互沟通。我们应该多方面地、无微不至地给予支持和帮助。他们中,有的要学习普通话,有的想知道家乡的近况,有的希望了解中国的历史、文学、地理、教育、科技、学术等,有的还想知道中国的外交、经济、军事、旅游、传媒等,还有的盼望联系亲朋好友,广泛结识志同道合者,交流人生经验和世界见闻,有的甚至准备给予物力或财力的捐赠……这些受众,人数或多或少,年龄或大或小,学历或高或低,他们都寄厚望于我们,我们应该熟悉他们,为他们排忧解难。华语播音,除了为他们服务,想他们所想,急他们所急,难道还有别的目的吗?

世界华语播音关注的基点,就在这里。"天行健,君子以自强不息",我们要在全球媒体激烈竞争的今天生存和发展,只有依靠自己的力量,继承民族文化的优秀传统,汲取域外文化的有益养分,群策群力,发愤图强,此外没有别的选择。

三、关于"融通范式"的阐释

世界华语播音的表达式,是属于话语主体实施"话语权力"这一命题的范畴。在广播电视语言传播的过程中,播音创作主体,在话筒前、镜头前,必定要实施媒体赋予自己的话语权力。不论是把文字语言转化为有声语言,还是把内部语言外化为有声语言,都要进行一番改造制作的过程。这个过程,应该是"思维方法、词语序列、表达样态"三位一体的聚集、融合过程,并且舍弃"反复思索"和"人际交流"的维度,而必须专注"大众传播"的走向。

汉语普通话,已经在全世界具有了"公约性"的认同。她不但是我国法律规定的"通用语言",而且是联合国确定使用的六种工作语言之一。虽然有若干方言还在华人聚居区普遍使用,但是,普通话的普及和学习热潮,正方兴未艾。这一历史发展的主流方向和统一趋势,是不可逆转的。当然,各个地域、各个传媒,在各种不同的语境下,呈现着不同的语言差异、地域风俗、交际习惯、社会氛围、人文心态,交织在一起,反映在语言上,产生众多变化,形成各种风格,是很正常的,我们应该大力提倡,积极鼓励。不过,根据对于"全球化"概念的最新解读——"全球化是一种全球关怀的内在化",过去的文化认同又会因为文化的重构而在最初产生地方性认同的区域,经历着并积淀着崭新的体验和感悟。而"知性——感性——理性——悟性"又是播音学科的学术起点和创作心路。所以,我们提出华语播音的融通范式,完全符合"全球关怀内在化"的理念。

世界华语播音的语言范式,仍应坚持"以北京语音为标准音,以北方话为基础方言,以现代典范白话文著作为语法规范"这一定位。从广播电视传播中有声语言的表达看,应该生发出更多的表现形态。在当前的华语播音中,存在着的某些地域方言色调、带有"港台腔"的话语习惯、夹杂外语的表达方式以及语流不够鲜活等问题,完全可以逐步走向融通范式的审美境界。考虑到华语播音的地域性、跨国性、传统性、现代性、权威性、前瞻性的综合需求,世界华语播音的融通范式可以概述为:"有感而发,服务受众;声音悦耳,控纵自如;语意完整,语流畅达;读而不板,说而不演;诵而不浮,讲而不懈;刚而不僵,柔而不媚;落落大方,气韵生动。"以这种表述作为我们基本把握学科理论的前沿性向度和创作实践的导引性尺度,是否妥当?谨此就教于大家。

我们并不希求现在就全方位实现这种融通范式,这应是一种学术理想。在不断探索、深入研讨的过程中,肯定会有不少变更,新鲜见解层出不穷,远见卓识纷至沓来,我们相信世界华语播音的兴旺和成熟,是指日可待的。

我们认识到,全球化绝非"西方化",更不是"美国化",它应该是各个民族携手共进、各展风采、"天人合一"的世界公园。而中华民族一定会在其中显露出自身的绚丽多姿,世界华语播音便是一朵奇葩。

2004年1月8日于北京广播学院
播音主持艺术学院

新闻发言人的口语表达*

新闻发言人是党、政府和人民的喉舌。发言的方式,可能是书面的,也可能是口头的。面对广播电视,应该说主要是口头的,不但出声,而且还要露面。在这种情况下,新闻发言人就要具有口语表达的能力。

口语,就是口头语言,一般称为"有声语言"。它既包括由文字语言转化而成的有声语言,也包括由内部语言外化而成的有声语言。发言人有时按照写好的稿子去说,有时根据记者提问即兴去说,都是有声语言的表达。

有声语言是同人类一起发展起来的。恩格斯在《自然辩证法》中那篇著名的文章——《劳动在从猿到人的发展过程中的作用》里,非常生动地描述了有声语言产生的社会性、心理性需求,即"非说不可"。即使在有了文字以后,有声语言仍然保有着"电光石火,稍纵即逝""一言既出,驷马难追"的鲜活特质。也正因为如此,历史上那些有声有色的游说、论辩、授课、谈话,竟没能够原汁原味地流传下来。自从科举制度实施以后,"重文轻语"的现象相当严重,到今天也还存在。人们极其重视文字的推敲,而忽视有声语言的表达,这是片面的。

人们轻视有声语言的表达,主要是因为"人们都会说话",似乎"不学而能"。事实上,语言传播,有三重空间——生存空间、规范空间和审美空间,应该区分"人际交流"和"大众传播"。广播电视语言传播的公众性、公开性、引导性、典范性,要求在充分反映大千世界和人们的社会存在过程中,必须剔除私语化、私欲化、低俗化、易碎化的芜杂和污秽,推动文明的进步,激发生命的活力。

进入大众传播,进入广播电视,人们的"话语权利",便提升为"话语权力"。播音员、节目主持人、记者、发言人等,都是"话语权力"的使用者。这种"话语权力",既不能萎缩,也不能泛滥。要珍惜它,就要慎重,要真正负

---

* 原为在教育部新闻发言人培训班上的讲课提纲。

起责任。责任是道德的核心,要尊重受众,对社会负责,对受众负责。因此,新闻发言人应该很好地体现出政府的权威性、信息的新颖性,表达出政策的分寸感、话语的亲切感。毛泽东同志曾经说过:"要宣传得好,使人愿意接受。"具体到有声语言,应该做到"情声和谐、声情并茂、悦耳动听、赏心悦目"。不但"说什么"要胸有成竹,而且还要注意应该说什么,不应该说什么,把好关;"怎么说"也要做到水到渠成,怎样才能说得让人听来兴味盎然,入于耳、达于心?这就要求话语主体必须具备一定的语言功力(听、说;有稿、无稿;思维、话语)。

面对话筒和镜头,面对媒体记者的提问、追问,新闻发言人的有声语言表达怎样才能流利、畅达,怎样才能准确、鲜明、生动呢?首先是克服紧张,增强自信,保持积极自如、不卑不亢的状态,既不要冷漠刻板,也不要懒散懈怠;其次是有的放矢,言简意赅,突出主要内容,把握色彩和分量,不应平平淡淡,不应东拉西扯;再次是有感而发,加强沟通,体现方针政策,充满人文关怀,心系人民群众,熟知国情民意;最后是善于驾驭,敏于应对,有时借题发挥,有时顾左右而言他,紧扣发言主旨,避免节外生枝。

2004 年 3 月 11 日于北京广播学院

语言启蒙行动宣言(代序)*

我们祖国的文化宝藏,源远流长,璀璨辉煌。

我们祖国的语言传承,丰富优美,蕴含深广。

当今世界,语言总为民族争光,哲学已向语言转向。

新的世纪,语言雄踞文化层面,理性催动悟性张扬。

我国春秋时期,讲学、游说、舌辩、争鸣,生动活泼的口语造就了人们"口若悬河""能言善辩"的本领,涌现了大批学识渊博、思维敏捷的雄辩家和理论家。秦始皇的"书同文",进一步完备了以统一的文字记录、流传、交际、保存文化(包括语料)这方面的民族大业,立下了不朽功勋。

自从科举制度兴起,"学而优则仕",以文章取士。口语离开了宫廷,走入了民间,日益被正统文化所冷落。偌大的中国,开始了"重文轻语"的漫长历程。至今,历代诗文浩如烟海,口语创作史料匮乏。虽有语音、声韵等研究成果累积丰厚,弥补了口语理论的某些不足,但是,语言竟能映照文化的盛衰、成就文化的存佚,怎不令人深思?时代的发展,促使口语几经奋争,特别是五四运动,大力提倡"白话文",主张"吾手写吾口""怎样想就怎样写",使得口语的地位空前提高。但是,积重难返,书面语仍以不可阻挡之势独领风骚,口语仍受到不同程度的排挤。社会活动中,书面语的使用范围愈益扩大,重要性日益凸显。而口语的使用只停留在日常生活中,或者那些当下的场景里。

广播电视的出现,是有声语言的春天,在这时文字语言退到了从属的地位。尽管以文字稿件作依据的时候居多,"有稿播音"可以锦上添花,但即兴谈话的机会增加了,也能出口成章地进行"无稿播音"了。口语和书面语的语体风格相得益彰地成为电子媒介的传受共享硕果。其间,提出过"绝对忠实于稿件""不要播错一个字"的极端要求,出现过"不喊不革命"的畸形样态,那不过是历史的一瞬。改革开放的大势所趋,仍然激发了语

---

* 原载于《现代传播》2001年第6期。

言的勃勃生机。以经济建设为中心的"喉舌"主功能，同移植、创新带来的节目的"多样化"，终于使有声语言在历经劫难之后，再一次焕发了不可遏止的生命活力。

可惜的是，曾几何时，日常口语又被推崇到了"至高无上"的境地。"越生活越好""越自然越好"，大众传播陷入了人际交流的汪洋大海。字斟句酌、深思熟虑的"有稿播音"，字正腔圆、刚柔相济的"播音语言"，竟成了"与传统观念彻底决裂"的对象；把被叫作"传声筒""念稿员"的专业创作人员，硬是挤到了只与"政治宣传"有关的领域（如新闻节目）里，而在其他领域又几乎无所作为。许多节目，言不及义、语无伦次、囫囵吞枣、胡聊乱侃、差错百出、俗不可耐。一段时间，有声语言的规范空间、审美空间受到了前所未有的攻讦。"不学而能"成了时尚，"语言功力"备受冷落。"重文轻语"虽然披上了"口语至上"的外衣，却仍然掩盖不了对口语的轻视，同"文字至上"不过是"殊途同归"。

多少年来，众多的有识之士，坚持不懈地为"语同音"辛勤劳作。语言学家们殚精竭虑、大声疾呼，人民群众积极响应、热情支持，但是社会却没有给他们提供有利条件，致使这种努力常常事倍功半甚至劳而无功。新中国成立以后，党和政府大力提倡推广普通话，不但将其写进宪法，而且专门颁布了《中华人民共和国国家通用语言文字法》，为语言文字的规范化铺设了一条通衢大道。"语同音"的理想正在逐步变为现实。全国的语言工作者、教育工作者、文学工作者、宣传工作者，包括政治、经济、军事、科学等各个领域的人们，都欢欣鼓舞地、矢志不移地投入了这一利在当代、功在千秋的事业，并且已经取得了可喜的成绩。

但是，这是一项系统工程，确实需要几代人的努力。为了更好、更快地达到我们的目标，特发表语言启蒙行动宣言：

（1）我们认为恩格斯的话是正确的：人们在共同劳作中，"到了有些什么东西非说不可的地步"，才产生了语言。语言是社会发展的需要，从而成为人们共同的心理需要。

（2）我们认为马克思、恩格斯的话是正确的："语言是思想的直接现实。"

（3）我们认为毛泽东的话是正确的："语言这东西，不是随便可以学好的，非下苦功不可。"

（4）我们认为，"有声语言""文字语言"是人类表达思想感情的两种表现形式。二者相辅相成，共存互补，绝不是互相对立、互不相容的，绝不应厚此薄彼、抑此扬彼。"重文轻语"的现象是语言畸形发展的结果，有识之士理应身体力行，改变现状，而不应推波助澜。

（5）我们认为，语言的本质是人文性，语言就是人文精神的音声化。人文精神是对人的关注，是对人类世界的关注。这种关注自有高低之分、文野之分、新旧之分、兴衰之分。每一个时代、每一个人都必然处于某种人文精神的一定氛围、一定引导中。我们应该阐释的当代人文精神，是指中华民族的社会主义时代精神。提倡尊重人、关怀人、引导人、鼓舞人，反对鄙视人、冷落人、腐蚀人、戕害人。思想道德素质、科学文化素质和教育审美素质的提高，必定要通过语言——"存在之家"表达充满人文关怀的"历史整体经验"，播撒精神文明的种子。

（6）语言不仅仅是工具，语言自身就融会着理解和感悟（包括前理解、理解者的视阈)。语言结构材料(语音、词汇、语法)虽然没有"阶级性",但语言本体却具有民族经验性、文化性、思想倾向性、感情倾注性。因此,语言具有"时代感""分寸感"。

(7)语言拒绝"私人化",彰显"社会化"。语言传播应该呈现"三重空间":生存空间、规范空间、审美空间。生存状态下,语言的芜杂、混沌、简单、多向,既具有原生态"当下""在场"的通俗活泼,又容易产生"隔阂""含混""瞬时""误解"。规范状态是一种自由,越规范,自由度越大。审美状态是一种期待,进入审美空间,意味着回投历史文化的"经典"轨迹。

(8)语言是一种权力,"话语权"人人享有。话语权包括:使用有声语言的权力、使用文字语言的权力;把文字语言转化为有声语言的权力、把有声语言转化为文字语言的权力。历史上、世界上,除了失语症患者,没有任何人愿意主动放弃任何一种话语权力,除了虐待狂患者,也没有任何人可以剥夺别人的任何一种话语权力。把语言的使用者强行划分为"说话者"和"念稿者",是一种学阀作风、话语霸权主义。

(9)语言是一种功力。语言功力包括观察力、理解力、思辨力、感受力、表现力、调控力、鉴赏力。语言主体的创作觉悟、语言主体的创作态度、科学的创作观念、正确的创作道路、用气发声、吐字归音、思想感情的运动状态、思想感情的表现方法、语言表达的基本规律、艺术个性的风格特点……都汇聚其中,概莫能外。不重视声音弹性,不重视词语辨析,同不重视思想深度、不重视感情分量一样,不过是"门外谈禅"。

(10)语言传播严格遵守"信息共享""认知共识""愉悦共鸣"的原则。力求杜绝无效信息、冗余信息、信息损耗、信息干扰。要坚持"以事醒人""以理服人""以情感人"的方针。为此,要讲究"语体"——"社会方言"的多样化,在宏观语境和微观语境的统一中,"主观语境"和"客观语境"的融合中,"审时度势""量体裁衣",要舍弃主观意志的"管窥蠡测",避免"削足适履"。

(11)语言传播总是以"单向传播"为基点。语言传播的时间性、时限性,缺乏共时传播的可容性空间。语言传播的视听性、交往性,拒绝"异口同声""同耳重听"。口耳之学,只是"有来有往",而不能"同来同往"。这样,正加重了传播者的责任,严肃了传播者的话语权力。网上的"双向选择""双向互动",也是以此为基点并衍生出各为始端传播者的话语权力。我们不要被"双向"的空间概念诱入时间概念的歧途。

(12)语言行为,自从有了文字以来,就不可避免地包括了"朗读",朗读是对历史文化文本的理解表达过程。文本的视阈融入了朗读者的视阈,朗读者的视域中必定涵化着文本的视阈,在朗读过程中,二者互相得到促进和提高。朗读再创作,从识字就开始了,"人生识字朗读始",伴随着人的一生。朗读只有良莠之分,而无鄙薄之理。轻视朗读,无异于否定文化经典流传的历史,无异于取消文字作品的再造价值。应该在广阔的领域里大力开展朗读活动,提高全民族的语言素质。

(13)语言行为,随着先进文化的引领作用日益强劲,选优汰劣的趋势、扶正祛邪的趋势更加明显。广播电视播音语言作为榜样和表率已经深入人心,不可逆转。任何平等交往、亲切交流,都会出现更加广阔的语域。"柔声细语""虚声嗲气"的狭隘关注,必将被

"大国风度""黄钟大吕"的中国作风、中国气派所取代。交往的平等,并不排斥"灌输"的渠道;交流的亲切,决不摒弃"诤言"的情状。

(14)语言传播,应该表现"一叶落而知秋之将至""余音绕梁三日不绝"。那种"明察秋毫而不见舆薪""一叶障目而不见泰山"的传播,把人们的全部感觉局限在窄小天地里,是不会产生艺术魅力的。我们必须运用大工业生产的历史眼光,调动社会群体的智慧,融会贯通各学科的前沿成果,才可能取得"以一当十""举一反三"的效果。

(15)语言传播,在坚实的基础上,应该发展艺术个性,并形成风格。这是时代的需要,这是美学的召唤。但这要经过长期的历练、群体的支撑。语言的"个性化""风格化",不是"召之即来""一蹴而就"的。有声语言的特色形成过程,是由内而外逐渐显现出来的。依靠自我膨胀和表演自我,一味"张扬个性""角色转换",只能是虚假个性、角色模仿,必然事与愿违、徒劳无益。

(16)语言传播,与其一味专注传播效果,不如首先重视传播过程。"过程"是人类认知的逻辑起点,是环节勾连的规律呈现。播音也好,主持也罢,都在传播过程的终端,都直接面对受众。"以有声语言为主干或主线,出声露面,驾驭节目进程",是他们的共同职责。受众所关注的是节目的整体,是节目的完成式。节目群体的各司其职,犹如八仙过海、各显其能,制作出成品,共同体现在节目中。谁去分辨哪是播音、哪是主持,哪是策划之功,哪是编辑之力?特别是"播音"与"主持",在绝大部分节目中总是融为一体的,你中有我、我中有你,不分彼此,难别主次。"条条道路通罗马",节目形态多种多样,创新领域无限宽广,多元化格局不应简约为二元化对立。至今还一再追问"播音与主持之区别",对提高节目的质量,对节目形态的创新,到底有多少意义?

(17)语言传播,就是有声语言的创作活动,"言语""言说""话语"……只表明论说者的视角,并不指称具体方式。在话筒前、镜头前的语言行为(包括副语言),属于"播音语言"范畴。其表达方式,或者语言样式,基于"非说不可"的根基之上,主要有:宣读式、讲解式、谈话式、朗诵式。它们并不对应哪一种节目、哪一种内容和形式。在具体节目和具体内容形式中,既可以单独使用,也可以混合使用。哪一种样式都可以报告新闻,哪一种样式都可以解说专题。这些样式都可以用于主持节目,也都可以用于现场直播。只要不是简单地"念字出声",只要不是混乱地"随口唾出"。关键是,字词语句的内涵和底蕴是否深刻含蓄地被显现出来。如新闻语言的简洁概括,符合"新近发生的事实的报道"的质的规定性,其表达可以百花齐放,有的人却非要把它"改革"成为(或者增加一些)"人际交流"的话语,还美其名曰"人格化",本来是面向大众的"报告",竟萎缩为面对个人的"倾诉",结果弄得面目全非、不伦不类。这种倾诉,除了在解释性、回叙性的节目中可以适当使用外,在时效性很强的新闻播报中,由于信息密集,稍纵即逝,怎容絮叨?何况,传播内容的重要层次、诸种价值,受众的多重视角、多种需求,怎能用某一个人的认识和理解分而化之、取而代之?这时还要倾诉个人的心曲,无异于"越俎代庖"。而且,这只能看作传播者缺乏语言功力,对新闻语言的内涵和底蕴理解肤浅,自知一旦直陈其事便会捉襟见肘、言之无味,唯有靠增添词语加以"软化""稀释",才能说得清楚,其实,那不过是画蛇添足。此处的"亲和力"只是"心造的幻影"而已。

(18)语言传播,就是"思"与"在"的言说,就是引领"意义"的导向。人民群众的求变、求异,是对创新的期待,是对精神满足的渴望。庄重高雅、平实关切、通俗轻松,都能给人以高尚的精神食粮。但是,舍弃本土文化传统去追新求异、招欢买笑,只能进入后工业文化、后殖民文化、后现代文化的陷阱;"港台腔"的泛滥、"洋泾浜"的回潮,虽然可以走红一时,却招致了"放逐崇高""削平艺术"的恶果。

(19)普通话水平测试的"一级甲等",并不意味着语言规范的尽善尽美,应该以此为起点,向着更高的水平提升。每年9月的"普通话推广周"不仅仅是"语音规范",它应该有更丰富的内容。这样,若干年后,全国会有数亿人达到"一级甲等",从事语言传播的专业要求就会在此之上,达到有声语言的艺术层面、审美层面的水准了。现在的"一级甲等",只是起码的标尺,其中还有或多或少的水分,我们万不能"浅尝辄止"。我们的普通话水平测试工作,也必定会日臻完善。

(20)我们的有声语言,深不可测、幽眇难知,蕴藏着丰富广远的认知特质。关键在于主体的开掘、主体的创造。我们摒弃懒汉懦夫的思想,我们坚持独树一帜的雄心。古人的、外国的、民间的一切生动活泼的语言,都可以进入我们的视野,兼收并蓄、博采众长。"海纳百川,有容乃大",正是中华民族的优良传统。我们的有声语言一定会沿着先进文化的前进方向,建构独具特色的"汉语文化圈",铸造无愧于时代的"汉语经典"。

语言启蒙行动,应该包含以下内容:

领导重视是关键。在那些处于"语言圈"的单位里,领导应该充分认识语言的重要性,树立正确的语言观,并且率先垂范,狠抓措施,坚决落实。

规范语言是主体。社会交往、学校教育、媒体传播、军事训练……必须雷厉风行地、循序渐进地实施语言规范,立即纳入法规,对违法者决不宽容。

广播电视是重点。广播要"声情并茂、悦耳动听",电视要"声画和谐、赏心悦目",从人才的选拔、使用、培养到管理,都提出严格要求,"守土有责",决不姑息迁就。

理论研究是阶梯。理论工作者肩负着历史的重任,应该拒绝"语言无阶级""学术无是非"的无政府主义思潮,以"学术良心""学术正气"为核心,开展学术争鸣,贯注人文关怀,抵制和排除一切腐朽没落的文化观念,批判和澄清一切似是而非的奇谈怪论。

江泽民同志提出"三讲"和"三个代表"的重要思想,使我们的世界观、人生观、价值观提升到了一个新的高度,也使我们的文化观、语言观、传播观、审美观深入到一个新的层面。新的世纪、新的责任、新的动力、新的前景,使我们备受鼓舞、斗志猛增。因此不揣浅陋,特发出语言启蒙行动宣言,殷切希望各方面专家、学者、志士仁人一起行动起来,为祖国语言事业的健康发展贡献我们的力量!

21世纪,是美学的世纪。通过我们甘于寂寞、志存高远的语言启蒙行动,必将迎来语言的百花盛开!

广播电视与语言文字规范化*
——兼谈克服"口语至上"倾向

广播电视事业的发展、各类节目的多样化,丰富了我们的精神生活,这是很好的事情。不过,在听广播、看电视的过程中,我们也常常感到某些美中不足,其中,语言文字不够规范是突出的印象之一。

本来,广播电视是以语言传播为主干或主线的,语言传播具有重要的地位和作用。广播的"声情并茂"和电视的"声画和谐"都离不开语言文字。正因为这样,广播电视的影响越大,它们对于全社会语言文字规范化的引导作用也就越不能低估。胡明扬教授说得好:"当前全社会语言文字规范化意识的淡薄是跟宣传部门和文化部门不了解语言文字规范化的重要性和必要性分不开的。"我非常赞同他的意见:应该"重新掀起一个语言文字规范化的启蒙运动"[①]。在这一方面,广播电视有关部门和有关专业人员确实担负着特别重要、不可推卸的责任。

一

早在1955年10月26日《人民日报》的社论《为促进汉字改革、推广普通话、实现汉语规范化而努力》中就明确指出:"电台广播员、电影和话剧演员,他们也都是语言规范的宣传家,每天有无数的观众和听众有意识地或无意识地在向他们学习。他们在普通话的推广上,过去已经有过很大的功劳,今后在全国范围内有计划地推广普通话的情况下,他们将起更大的作用,自然也就必须加强自己的语言的规范性。"这段话要求宣传家们加强自身的语言规范,抓住了关键。许多宣传家在几十年的工作实践中,已经成了语言规范的表率,在广大听众和观众中产生了影响。但是我们不能不看

---
* 原载于《语文建设》1993年第10期。
① 胡明扬.我谈语文规范化[J].语文建设,1993(7).

到,个人的努力终究是有限的,只有全社会的语言文字规范化意识普遍增强,才能推进规范化的进程。应该承认,这个进程是相当缓慢的,甚至是多有曲折的。至今,这个问题也没有引起切实的重视,也没有采取有力的措施,近些年,广播电视语言传播中的"自流"现象已经相当严重了。

许多严肃的报纸、刊物,一再刊载呼吁和指正的文字,希望广播电视中至少不要出现那么多的错误读音和错字,这反映了广大受众的心声。广播电视的有关部门、有关专业人员也并没有置若罔闻。可是,只能遗憾地说"收效甚微"。到底原因何在呢?我个人认为,一是认识不清,一是措施不力。

二

认识不清,措施不力,主要是认识不清。"口语至上"就是一种带有明显倾向性的观点。

广播电视节目的多样化,在语言传播上显示出了贴近生活、贴近群众的蓬勃生机,受到了听众观众的欢迎。与此同时,本应在语言文字规范化方面逐渐加深认识、逐步提高要求,以利于广播电视社会文化功能的充分发挥。事实上,随着系列台、大版块、直播……诸种形式的起动,大量专业的、业余的主持人涌向话筒,语言传播的规格降低了,语音不准、用词不当、语法不通、语流不畅的现象相当普遍。值得注意的是,面对来自各方面的批评,有些人却振振有词地说什么这才是"口语",这才"自然"。还有人发表文章,论证普通话没有艺术表现力,演员可以使用方言。各种反规范论调居然见诸报刊,更可见推进语言文字规范化形势严峻。

在种种意见中,这种"口语至上"的观点比较突出。这种观点,有意无意地贬低了书面语言以至文学语言,有意无意地推崇日常口语,好像书面语言连同日常口语平起平坐的资格都没有了,这恐怕是完全不顾基本常识的"一种口语至上主义"①了。

广播电视的语言传播,负载着丰富的内容,需要多种表达样式。过去,由于社会的、历史的原因,完全以文字稿件为依据,而且不许播错一个字;今天,可以有稿,也可以无稿,这是一个进步。"但是,如果只看见语言的可变性,因而否定了它的规范,不注重语言的纯洁和健康,那同样也是错误的","我们必须把语言巨匠们对语言的丰富和发展所作出的贡献,和不受约束的无缰之马在语言使用上的捣乱行为严格区别开来"。②

所谓"日常口语",也是分层次的,有的语无伦次,词不达意,也有的口若悬河,出口成章。无论如何,广播电视中的语言文字也应比"日常口语"更讲究一些才对。如果一位主持人在通过热线电话同听众交谈的时候,听众比主持人的语言规范,主持人难道不感到

---

① 在1955年10月召开的"现代汉语规范问题学术会议"上,罗常培、吕叔湘合作的主题报告《现代汉语规范问题》。
② 在1955年10月召开的"现代汉语规范问题学术会议"上,罗常培、吕叔湘合作的主题报告《现代汉语规范问题》。

寒碜么？而且，相当多的内容，包括新闻、评论、文艺欣赏等，"日常口语"是不容易给以精确表现的。普通话作为有一定规范、一定标准的民族共同语，无论过去、现在和将来，都具有极大的表现力和极强的感染力，可以使传播群体和社会个体充分发展他们的个性，描绘出宏伟的大千世界和奥妙的内心世界。

对"日常口语"的偏爱，不仅是对书面语言的作用认识不清，也是对规范化的认识不清，甚至带有某种对规范化的反感。这种反感，不论是出于自身的原因还是出于地域的原因，同样应在克服之列。否则，它给广播电视带来的损害将很难在短时间内消除。

三

在广播电视的语言传播中，跟"口语至上"相联系的，还有一种认识也值得警惕，那就是"迎合受众"。当有人批评那些远离规范的低俗语言的时候，个别电台、电视台的领导竟然说："不迎合受众迎合谁？"避开了"迎合"的实质，把问题引向了"谁"，很有点"雄辩"的味道，但实质是不能避开的。

广播电视传播的引导功能十分重要。在文化、道德、精神、语言各个方面，不能舍弃文明的内涵，不能不注重全民族素质的提高。而"迎合"，就会削弱正确的引导。正如鲁迅先生指出的："若文艺设法俯就，就很容易流为迎合大众，媚悦大众。迎合和媚悦，是不会于大众有益的。"①这个道理同样适用于广播在语言文字规范化方面的引导功能。

日常口语中那些琐碎、芜杂的东西出现在广播电视中，也是一种"引导"，但其产生的负效应也很明显，"电台、电视台都这样说"，在人们心目中，特别是在青少年的心目中，"正确"和"错误"的界限就模糊了，甚至颠倒了。可以毫不夸张地说，对当代部分人群的迎合，正是对当代大部分人和后代人的贻害。

传播学告诉我们："符号共享是传播的基本前提。""同一种符号，对于传播中的一方来说代表的是一种意义，对于另一方来说则可能代表另一种意义。"②我们坚持语言文字的规范化，正是"符号共享"的前提。因此，"我们所需要的是一种高度发展的语言，我们所需要的是一个统一的、普及的、无论在它的书面形式或是口头形式上都具有明确的规范的汉民族共同语。"③只有这样，广播电视的语言传播才有可能满足广大人民群众日益增长的社会主义物质文明和精神文明的需要。

很明显，迎合与媚俗是一条省力、取巧的途径，不需要花费什么气力，不需要付出什么艰辛，就可以达到目的。而"规范化"和"高层次"，则要"投入"广博的学识和不倦的追求。毛泽东同志说得对："语言这东西，不是随便可以学好的，非下苦功不可。""下苦功"就意味着呕心沥血、业精于勤，就意味着摒弃敷衍塞责、哗众取宠。

---

① 鲁迅. 集外集拾遗[M]. 北京：人民文学出版社，1993.
② 沙莲香. 传播学——以人为主体的图像世界之谜[M]. 北京：中国人民大学出版社，1990：241-242.
③ 胡明扬. 我谈语文规范化[J]. 语文建设，1993(7).

四

　　广播电视在语言文字规范化进程中的作用、重要性和必要性,应该走出启蒙运动时期,进入积极宣传、自觉推进的阶段了。现状虽不尽如人意,任务是十分明确的,要求也是十分具体的,因此,前进的态势会有良好的前景。如何在提高认识的同时抓好措施,大概是一项紧迫的工作。因此,建议:

　　(1)国家语言文字工作委员会首先为语言文字规范化立法;

　　(2)广播电影电视部会同国家语言文字工作委员会成立"广播电影电视语言文字规范监督检查领导小组",对播出、放映的节目和影片进行把关和"勘误",避免和纠正不规范的毛病;

　　(3)在广大受众中设立"监督岗"和"监督奖",动员全社会的力量,形成"规范光荣"的社会风尚。

试论中央电视台新闻频道的价值取向*

中央电视台新闻频道的开播,是人们期盼已久的事,大家都很兴奋。2003年第4期《电视研究》发表了几篇文章,指出新闻频道的创建,时机已成熟,是改革的必然。那么,在适时和必然之后,我们似乎还需要进一步探索:作为中央电视台的新闻频道,应该保有怎样的价值取向呢?

一

正确的舆论导向必须得到高度重视。所谓舆论导向,可以包括政治政策导向、思想道德导向、文化教育导向、审美情理导向等。总之,大众传媒——广播电视——尤其是电视(还有网络传播),负有引导和提升社会大众的历史责任。在当前,要更加强调维护国家利益、体现民族形象、捍卫文化安全的时代重任,而不能以任何理由推诿和逃逸。中央电视台是国家级的电视台,应该时时处处注意自己的传播行为,不可有须臾的疏忽和大意,任何节目或栏目、任何语言文字和图像画面都要毫无例外地坚持正确的舆论导向。如此,则国家幸甚,民族幸甚!

在全球历史文化语境下,各强势媒体的竞争,核心就是国家利益及其价值取向丝毫不容侵犯并力求声名远播。而主要手段,就是新闻信息的高质量、高效率传播。争取全覆盖,获得高收视率,拿到高额经济回报,不断扩大再生产,形成良性循环,便是有力的保证。我们要进入强势媒体的行列,创建新闻频道,提升新闻传播的地位和作用,无疑是一个符合规律的做法。

信息化的技术和速率,如此"迅雷不及掩耳"地发展,形成了"不进则退"的态势,我们怎样开拓挖潜、后来居上,确实得花心血、费脑筋,"吃别人

---

* 原载于《电视研究》2003年第11期,发表时略有改动。

嚼过的馍没味道",走老路更是没前途。中央电视台的新闻频道应该有自己独特的价值取向,这大概是没有其他选择的唯一途径。

二

由于新闻频道刚刚创建,经验不足,借鉴也难,存在一些问题在所难免。现在看来,主要是整体建构、节目形态、资源利用、民族特色几方面还显得缺乏新意。例如:《新闻联播》《午间30分》《晚间新闻报道》是原来第一套开办的重头节目,现在,等于新闻频道同第一套联机并轨播出,并不是新闻频道所特有,其他整点新闻、《焦点访谈》《世界报道》《面对面》《国际时讯》等,也是原有的,属于新闻频道自己创建的不多,这样做本无可厚非,都可以理解。关键是作为一个频道,和原来的新闻综合频道比较,在内容和形式上变化不明显。人们比较关注的《央视论坛》《媒体广场》《今天》等,节目形态保存着不少过去的影子,令人耳目一新的感觉并不是很突出。

新闻频道的创建,的确提供了新闻传播的广阔空间,但是如何使它填充丰富而深刻的内容,如何呈现多彩而新颖的样态,的确并不是一件容易的事情。

作为一个大国的国家级电视台,首先,必须在世界上立住脚跟、产生影响。最重要的是:在重大事件、突发事件面前,敢于出席,勇于发言。信息多、传播快,不能有丝毫迟疑和松懈。我们从来不主张"唯时效论",我们历来主张时效、时机并重。我们也不主张新闻工作者是什么"无冕之王",任意报道、随意表态,但我们不能缺席、失语,不能随波逐流、人云亦云。当国际国内的某一件重大、突发事件初露端倪时,高度的政治责任感、锐敏的新闻敏感就会激发起我们的报道欲望,我们便会调动长期的积累和储存的资料,凭着我们的新闻素质、理论功底、传播水准,做好预案,以便随时出席和发言。报道中,胸怀祖国,关注事态,落落大方,不卑不亢。要区别"过程报道"和"政策表态",即"说事儿"和"说理儿"。一定要体现"党、政府和人民的喉舌"的新闻观、传播观,了解情况、把握分寸、保持一致、展现风采。根据具体情况,新闻频道可以"摘发",可以"跟踪",可以超时段现场直播,可以利用整点延长时间插播。一切都是为了让全世界知道:"中国已经到场","这就是中国的声音"。

其次,应该有广阔的新闻视野。重大、突发新闻不会天天都有,时政新闻、社会新闻、珍闻、趣闻等,数不胜数,但要坚决摒弃"娱乐化",拒绝"集怪猎奇""鸡毛蒜皮"的小家子气。此外,是否增加史实新说、人事新证、新闻人物、新闻背景、报刊警语、新书快读、艺海新潮等?我们现在的新闻传播,新闻视野较窄、叙述套话较多,并不完全是形式问题,更不是技术问题,似乎表达了某种无奈,应该调整心态,积极创新。

最后,应该提倡"独家报道",只此一家当然好,更应该有自己的特色。各个媒体都报道,只有我的报道最有特点,而不是转借他人的报道来充实自己的时段。各个媒体应该有资源共享的权利,但突出自己的特色,从选材、采访、拍摄、编辑、播音都保持独特视角并有的放矢,才是自立于世界之林的长久之计。

三

新闻频道的管理和创新,应该确立鲜明的新闻传播理念,谋求较高层次的新闻传播规格,既能保证新闻传播的质量与效率,又能激励改革创新的志向与勇气。

新闻既然是新近发生的事实的报道,那"事实"便成为新闻的生命。新闻必须真实,是"已有的事实",它拒绝道听途说和捕风捉影,它既不是"有闻必录",又不是"会有的事实"。报道必须准确,一是一,二是二,任何夸张和损抑都会失去报道的事实分寸、政策分寸和表达分寸,造成"公信度"的下降,甚至"失信于民",影响今后所有的报道信誉。

新闻传播,应该保证有效信息的畅达,并避免无效信息的干扰,提高报道速度和传播速度。要"迅捷",由信源到信宿"千里江陵一日还",不能迟疑延误。迅捷不应仓促和忙乱,需正确处理直播和录播的关系,特别是直播,更要充分准备、有序运作,保证不出、少出差错。新闻传播还要讲究信息的"密集",最大限度地利用单位时间,增加有效信息的传播数量,减少有效信息的积压。但是,所谓"密集",绝非越多越好,因为"过犹不及",数量过多,就会削弱信息传播的有效性,使有效信息人为地变成无效信息。现在的口播新闻,有声语言的速度越来越快,极大地降低了有效信息的传播质量,给人以语焉不详、内涵贫乏的感觉,是缺乏辩证观点的一种表现。

新闻传播,应该体现雅俗共赏、老少咸宜的大众审美趋向,不能忽视新闻传播中的美学追求。人们在接受新闻报道的过程中,也同样需要得到美感享受。只讲新闻内容清楚,不讲语言审美要求的传播,非常不利于强化吸引力、感召力,如此降格以求,就会沦为弱势媒体,甚而出现"门前冷落车马稀"的景况。

电视传播中,有声语言的作用千万不要低估。新闻播音员、节目主持人在话筒前、镜头前使用有声语言,是在行使党、政府和人民给予的话语权力,不应等闲视之。综艺、娱乐节目中出现的港台腔调、嗲声嗲气,本应得到有效遏制,至今却仍不绝如缕;新闻频道可不要被污染,如在新闻播音中,追求什么"自然地说""亲切地笑",追求什么"人际交流""日常状态",都会导致有声语言质量的下滑。诸如:吐字含混不清,发声沙哑干涩,经常出现差错,表达过于随意,忘记了新闻传播的可信性、权威性,失去了对观众的尊重与负责,离国家级的要求相差太远。就是日常生活里,这样的朗读或说话都相当蹩脚,进入电视新闻传播,就更显得不伦不类、南辕北辙了。如果在字幕上主持人的名字后面,再出现"博士""硕士"等代表学问高深的头衔,也会令人忍俊不禁。有声语言表达优劣同思想文化修养深浅确实密切相关,可是二者绝不能等量齐观,更不能认为思想文化修养深厚就等同于有声语言表达清楚明白。电视新闻传播中,有声语言如果黯然失色,就传达不出精深的思想文化内涵,反会导致视觉和听觉的疲劳,接受心理的烦躁游离。有声语言的传播规格,不但要悦耳动听、赏心悦目,而且要充分表现出中华民族的作风和气派。

在理论上、实践中,都必须清醒地认识到这一点,不应该唯我独尊、我行我素,否则,域外的华语播音正在迅速崛起,他们的汉语普通话有声语言质量和表达水平一旦超越了我们,我们就会非常被动,想再奋起直追,就不得不假以时日了。强势媒体之间的竞争,也同时是有声语言魅力的竞争,这样看,绝不为过。因为过硬的语言功力,正负载着并涵化着本民族的历史文化传统,而且离不开耳濡目染、潜移默化地用心推敲和刻苦锤炼。著名语言学家吕叔湘先生早就明确指出:"人人都使用语言,但是运用语言的能力却大有高下之分。即使在没有受过多少学校教育的人中间,也是有人能说会道,有人笨嘴拙舌。"那么,在受过学校教育的人们中间,是不是也存在有人能说会道,有人笨嘴拙舌呢?这也就是说,受过高等教育的人们中间,并不是人人都能说会道。这个道理讲得如此透彻,就像针对"泛文化论"说的。吕先生接着又说:"演讲术是锻炼口语表达能力的,作文法和修辞学是提高写作能力的。戏剧、广播等等'艺术语言'需要特殊训练。"(以上均见《中国大百科全书·语言文字》卷中《语言和语言研究》一文)所谓"特殊训练",肯定不是一般训练,更不是"不学而能",怎么能认为学问大、思维快,有声语言表达就必然准确、鲜明、生动呢?徐光春同志提出的"德才兼备、声形俱佳"的要求,理应力争达到。

四

新闻频道的管理和创新,已经从"传播什么"的传统认识,逐渐转变为"怎样传播"的当代认识。新媒体的出现,把人类的视觉和听觉延伸到了广阔的空间,不但能闻见雷鸣电闪,又能明察秋毫之末,人类的社会行为,几乎没有什么可以掩盖、遮蔽的了。一个新闻事件,你不报道,有很多人报道;一个重大新闻事件,会迅速成为全球的热门话题。任何一个媒体,如果缺席,如果失语,人们便会忽视它的存在,久而久之,这个媒体便会被人们冷落,直至被人们遗忘。既然任何新闻事实都可以报道,那么,怎样报道、如何传播,就成为一个媒体,特别是国家级媒体管理和创新的关键,就成为各个媒体相互区别、独具特色的标识。面对大千世界的风云变幻,各个媒体之间,总是有真假之辩、是非之争、优劣之论、臧否之说,还会各言其是、各持己见,直到事件结束无果而终,或真相大白胜负分明。长此以往,人们就逐渐在比较、鉴别中认识到各个媒体的价值取向和管理创新水平,同时专注某些媒体,而放弃另一些媒体。人们的选择是无情的,当然也会随着各个媒体不断调整、不断革新的程度,而改变自己对于各个媒体的态度。这也为各个媒体的生存提供了可能性空间,就看竞争的实力和应变的机制如何了。

新闻频道的管理和创新,从世界各媒体的发展看,已经从微观策划,转向宏观创意,从一个栏目的设计,走向整个台、整个频道的传播运作和资源配置。管理也是生产力,它将同人才、资本一起,促进频道的整体提升。"拿来主义"已经远远不够,需要拿出勇气,自己去开拓进取。其中,队伍的建设和优化组合日益显得重要。新闻频道需要有一支特别能战斗的、坚韧不拔的主力军,如星罗棋布的记者站和善于发现新闻线索、敏于报道新闻事件的记者,迅速抓拍新闻场面、深谙镜头效果的摄像师,擅长报告新闻、能同新闻现场沟通的播音员和主持人,等等。现在,有些记者声音和形象都不理想,急需培养或调整;大多数新闻播音员是合格的,只是有些人还无力承担重大新闻的播音或报道,因此令人常有后继乏人之虞;有些节目主持人说话啰唆,冗余度失控,语言表述太差,毫无精彩可言,甚至不及市县级的水平。这都造成新闻频道管理和创新的困难,所以不能不加快深化改革的步伐,严格管理,努力创新。

  以上管窥蠡测,很不成熟。只要有一点可取之处,愿为引玉之砖。

双语播音主持漫议

——赵琳著《双语播音主持艺术》代序

在全球化语境下,世界上很多电台、电视台都开办了"双语节目",从而为双语播音主持工作提供了展现双语功能的平台。这是一个值得重视并应大力推广的事业,是一个极具特色而又前途无限的学科。

一

在人类社会的发展过程中,各种语言也不断地发生、发展、消亡、融合,形成了今天的格局。当年所谓"日不落帝国"的英语,而今广泛使用,并且派生出美国英语、澳大利亚英语等;汉语越来越成为举世瞩目、方兴未艾的语言;有些语种却在日益式微,甚至消失。但是,各个国家、民族的交往,正越发频繁、愈加密切。两种语言,或者两种以上的语言,交互使用,相融对译的情况,不仅在日常交际中,而且在广播电视节目中,变得更为多样,出现了色彩纷呈的形态。

现在,对于什么是双语节目?什么是双语播音主持?并没有深入研究,也没有大家一致的看法。这是任何新生事物都面临的普遍课题,需要我们充分利用这个可容性空间,开拓进取,获得创新性果实。

根据我的理解,对于我们国家来说,所谓双语节目,就是汉—英、汉—德、汉—法、汉—日、汉—俄等两种语言共同存在的节目。所谓双语播音主持,就是交互使用两种语言播音主持。这里需要阐释的是"共同存在"和"交互使用"这两个关键词语。

共同存在,就是在一个节目里,两种语言都存在,共同完成节目的传播任务。它不同于在使用一种语言进行传播的过程中,偶尔使用、个别出现另外某种语言的情况。那标志就是:双语的主体是一个(一个人或两个人)。主体自己必须熟练掌握两种语言,在节目中,一会儿使用这种语言,一会儿使用那种语言;如果由两个人主持,两个人都必须会说这两种语言,用这两种语言表述、介绍、评价、对话。因此，那些给主讲人做翻译、现场同声翻译的情况，主体只限于使用一种语言，不属于我们研究的范围。

交互使用，是指主体自身或者两个主体之间，使用两种语言进行有主有次的、有深有浅的、有繁有简的、有雅有俗的讲解评述。必须根据节目内容的要求加以变化，更要依据受众的期待调整语言的具体布局。不同的内容要有区别，如属于哪个国家、哪个民族的事情；不同的受众就会有不同的文化层次，也会有不同的认知水平。这样，便产生了各种类型、各种形态的双语交互使用的节目。

二

语言学界一直坚持斯大林的观点，认为语言是"交际和交流思想的工具"。如果作为定义，这是不全面的。工具，是一个譬喻，无法成为科学判断。工具，是人之为人的"身外之物"，同人的思维、交际和传播行为不会融合。语言的文化内涵、精神境界、意义认知、审美意识，是任何"工具"所包容不了、指使不动的。现在，一般说法又加上"文化的载体"，也不能显示语言的深广内涵。我们提出："语言是人文精神的音声化。"这个命题，回归了语言本体，揭示了语言实质，进入了人类精神，触及了神经系统，显现了社会语境，厘清了历史轨迹。应该说，语言反映了个体人的人生观，以及个体与群体的关系。为人处世、待人接物、行为举止、礼尚往来，都表达了"言为心声"的民族传统观念，既未夸大，也没贬低。"口耳之学，幽眇难知，只可意会，不可言传"，语言本体的这种随机性、即兴性、主观性、任意性，参与社会语言共同体平台的搭建和互动，虽被规范制约，却自主性极强，这是不能完全用文字记录下来的，也是不能完整无缺照样翻译出来的，更是不可模仿和重复的。任何一种语言，肯定映照出该民族的社会文化历史背景，满足着该群落前行的共同期盼，推展着该民族过去的模糊界定，发见着该民族未来的憧憬蓝图。

每一种语言都有自己的混沌史、启蒙史、开发史、成熟史，现在仍然活跃着的强势语言，尤其存在着扩展史、保有他们的吸引力和话语权。那些衰落的、消亡的语言，已经退出了历史舞台，当然也有他们的萎缩期、衰亡史。但是，我们可以从中看出，无论哪种语言，它的背后总有说不完的话题，道不尽的沧桑。也就是说，语言之下，或者语言之中，那千丝万缕的枝蔓、那丰富多彩的图景、那深邃广远的路径、那奔突涌动的血脉，如果不是浸润其间，耳濡目染，很难领略，更难传承。特别是有声语言的表达，时时处处都隐藏着未知成分，字字句句都包含着习俗积淀。不要以为懂某种语言，能够听说读写，就是掌握了该种语言，不对！那只是皮毛！因为，那思维方式、词语系列、表达诀窍……都还需要更为深刻、丰富的交互转换，都需要更加艰苦、长久的全面体验！否则，就会出现"肚子里有一枝竹子"（胸有成竹）那样的笑话。

三

双语播音主持,是广播电视语言传播中一种特殊的形态。它同日常生活中的双语交际,存在着明显的差异。它要求两种语言都做到"信、达、雅"。

运用中国播音学的理论,应该掌握三个方面的基本原则:

第一,大众传播是传播者通过电子媒介向广大受众进行的"引导性"传播,必须了解其单向性和限时性——反馈不及时、不全面;只能在一定时间内传播,不许超时、空缺、杂乱、中断。要时刻维护国家利益、捍卫文化安全,坚持正确的舆论导向。要灌输受众"应知"的,满足受众"欲知"的,让他们想听、想看、爱听、爱看、耐听、耐看。广播应做到:以情带声、声情并茂、悦耳动听;电视应做到:形神兼备、声画和谐、赏心悦目。二者都要实现"信息共享、认知共识、愉悦共鸣"。

第二,要坚持正确的播音创作道路,体现播音语言特点,熟练掌握播音技巧。努力做到:理解是基础,目的是统率,感受是关键,感情要运动,声音要变化,状态要自如;有稿播音锦上添花,无稿播音出口成章。要强化语言功力,锻炼自己的观察力、理解力、思辨力、感受力、表现力、鉴赏力、调检力、回馈力。要时刻想着受众,时刻尊重受众,一心为了受众,坚决反对"自我表现""张扬个性",坚决抵制迎合与媚俗。

第三,应该深刻认识语言传播的三重空间:生存空间中的语言是人们日常生活中使用的语言,具有随意性、片段性、破碎性、隐秘性、零散性等特点;规范空间中使用的语言是在比较正规的场合使用的语言,人们讲求礼貌和规矩,会把那些私密的、混乱的、模糊的、污秽的话语过滤掉,因此显得公开、规范、正式和明晰;审美空间中使用的语言是追求美感的语言,不仅让人明白内容,而且给人精神上的陶冶,使人感到锦心绣口。这三个空间,当然是以生存空间为源头,为起点,以规范空间为标准,为表率,以审美空间为理想,为经典。三者又是互相补充,相互渗透的,不能剥离,不能割裂。

这样,我们才能接近"信"——准确无误,真实可信;"达"——通顺畅达,美不胜收;"雅"——澄明清净,心旷神怡。双语均能进入佳境,正是我们梦寐以求的传播高度,如此,便可承担起道德责任和文化责任,发挥我们的聪明才智,完成促进社会和谐与世界和平的崇高使命了!

四

当前,我国的外语学习,不能不说陷入了某种误区。据统计,全国数千万人学英语,但是,80%以上的人水平不高;而堪称"翻译"的高级人才,需求极大,竟有90%的缺口!如此众多的人趋之若鹜,却效果很差,特别是进入了轻视母语的歧途,遗忘了母语文化的血脉,忽略了母语在学习外语过程中的基础地位和比较作用,甚至滑到了"数典忘祖"的地步，很值得深思，更值得警惕。至于双语人才，最缺少双语教师，而且成为培养双语人才的瓶颈。这种不正常的现象，究竟是怎样造成的呢？大多数人主要是"被逼无奈"！有的是为了考级，过不去就不能入学、不能升班、不能毕业、不能就业；有的是为了出国，家长所盼，亲友瞩目，硬着头皮去学……总之，大都不是出于自愿。然而，语言的习得，必须先有乐趣，再有喜好，然后才有专心致志，才会成效斐然。因为"语言这东西，不是随便可以学好的，非下苦功不可"（毛泽东语）。学习母语和外语，应该处于互补的状态，不应舍本逐末，不应导致"负迁移"！什么时候，我们不再有强制、逼迫呢？我们急需培养外语翻译、双语教师，也急需培养双语播音主持，但那是在自觉自愿的基础之上的，而且成为他们的理想目标，成为他们学有所成、业有专攻的毕生追求！

我们的双语教育起步较晚，双语的学历教育更是处于摸索阶段，教材建设还缺乏专业论著。这与世界潮流的走向和速度都存在巨大差距，同培养双语人才的要求和格局，也很不适应。而双语播音主持的人才培养，更是迫在眉睫。因为，双语播音主持是双语教学的样板，是双语人才的目标，是双语传播和交流的丰富资源与前沿表现。抓住这个模块，提升它、拓展它，必然引领整个双语人才培养向着更标准、更完美、更广阔、更深邃的境界前行。

赵琳同志，英语基础扎实，在攻读硕士期间，主攻中国播音学。留校任教后，不但担任播音创作基础课的讲授，而且主讲英汉双语播音主持课程。她还应约去中央电视台经济频道采访外国专家、首脑，报道上海OPC会议等重要活动。她的课，资料丰富、典型，讲解通俗、生动，受到学生的普遍欢迎。多年来，她利用课余时间，深入探究，积极钻研，在她的硕士学位论文的基础上，不断充实提高，终于完成了这本专著，填补了这个领域的学术空白，建立了双语播音主持专业的理论体系，实在是难能可贵，可喜可贺！

虽然，这本专著还显得有些稚嫩，理论话语还不够丰满，但是，它却为双语教学、双语播音主持的基本思路、基本观点、基本框架、基本规律，作出了开拓性的贡献。特别是很多院校都开设了这个专业，招生人数与日俱增，这本专著必将成为备受关注、师生必备的教学用书。至于双语节目，还会不断扩展、逐渐多样，双语播音主持的研究任务，必定任重道远，在这个领域，是大有可为的。

预祝这个学科在长足的发展中，日新月异，成为语言传播中的生力军！

言不尽意，可以为序？

张颂写于2007年2月1日

后 记

这本文集整理稿件的时候，北京奥运的圣火传递到了四川境内，离奥运会开幕还有50天了；四川汶川大地震已经过去一个多月了。百感交集，不知如何言说。只能尽力而为，略表寸心。

前些日子，我应某出版社之约，去录了数篇古文。我自己准备得很充分，一心想高质量地完成。但是，当我走进录音棚之后，十分吃惊。录制间狭小而脏乱，空气污浊。录音室虽较宽，可是没有桌子，稿子没有地方放，一直在手里拿着，茶杯得放在地上。顶灯昏暗，当然不会有台灯。我只能戴着眼镜，眯着眼睛看稿子。直立的话筒无法下调到合适的位置，要用比平时大得多的力气，努力提高了声音，听起来才有感觉。竟没有"对讲"，必须戴着耳机。由于录制过程并不顺利，虽然我的错误不多，但竟录了几个小时，加上审听，总共有六个钟头！我已经七十多岁了，哪里承受过如此残酷的折磨！后来，眼睛模糊，声音嘶哑，耳朵生疼。这根本不是"语言录音室"，原来是录乐曲的，丝毫不具备语言录音的条件和设备！这次录音，我切身感受到，什么是"忍气吞声"，什么是"委曲求全"！我郑重提醒大家，今后录音，首先要考察录音棚的情况，遇到这种条件简陋、设备残缺、技术落后的地方，不要"随遇而安"，而要坚决拒绝录音！否则，达不到质量规格，对不起听众，也对不住自己！即使拿到一点"得不偿失"的劳务费，也是"为他人作嫁衣裳"，必定悔不当初，愧疚尤深！虽然这是个别人的作为，却损伤了整个出版社原有的盛名和信誉。

这本文集出版之前，恰逢神七问天、漫步太空凯旋，振奋和自豪油然而生。有感于繁荣富强的祖国日益昌盛和科学技术的发展举世瞩目，我只能竭尽绵薄，并寄厚望于后起之秀。

我们的学术队伍日益壮大，学术论著越来越多，但是，仍不乏陌生者、误解者、轻蔑者、排挤者。这就需要在"深化"的同时，切实做好"启蒙"工作，让有声语言的创作、研究和教学，形成鼎足而立的坚固支撑，把中国播音学的学科建设引向高远的时空，引向国家强势学科之林，引向世界公认学科之列！改革开放30年了。在这30年中，播音主持艺术的实践、教学和理论，都得到了长足的进步。从传播观念到节目形态，从专业队伍不断壮大到学术水平逐步提升，业绩显著，硕果累累。但是，格调低下、话语粗糙、文化含量不高、审美追求迷乱的现象仍然存在，有待改善。"伟大的事业培育伟大的精神，伟大的精神推动伟大的事业"，这是多么令人振奋的声音！

尽管道路是曲折的，只要我们坚持不懈，迎难而上，"独树一帜"的未来，必定属于我们！

感谢中国传媒大学出版社的同志们，是他们，热情举荐这本书的出版，毫不犹疑地做出了决策。特别是责编李水仙博士，冒着酷暑，牺牲休息时间，争分夺秒地付出了辛勤的劳动！

中国传媒大学播音主持艺术学院
广播电视研究中心广播电视语言研究所
张颂写于2008年10月1日

图书在版编目(CIP)数据

播音主持艺术论 / 张颂著. -- 2 版. -- 北京：中国传媒大学出版社，2022.1
(张颂文集)
ISBN 978-7-5657-3116-7

Ⅰ.①播… Ⅱ.①张… Ⅲ.①播音—语言艺术 ②主持人—语言艺术 Ⅳ.①G222.2

中国版本图书馆 CIP 数据核字(2021)第 274299 号

播音主持艺术论（第二版）
BOYIN ZHUCHI YISHULUN（DI-ER BAN）

著　　者	张　颂
策划编辑	赵　欣
责任编辑	高卓毓　赵　欣　张　笛
封面设计	拓美设计
责任印制	阳金洲

出版发行	中国传媒大学出版社			
社　　址	北京市朝阳区定福庄东街 1 号	邮　　编	100024
电　　话	86-10-65450528　65450532	传　　真	65779405
网　　址	http://cucp.cuc.edu.cn		
经　　销	全国新华书店		
印　　刷	三河市东方印刷有限公司		
开　　本	787mm×1092mm　1/16		
印　　张	26		
字　　数	614 千字		
版　　次	2022 年 1 月第 2 版		
印　　次	2022 年 1 月第 1 次印刷		
书　　号	ISBN 978-7-5657-3116-7/G·3116	定　　价	88.00 元

本社法律顾问：北京李伟斌律师事务所　郭建平
版权所有　翻印必究　印装错误　负责调换